ÉMILE MEYERSON

DE L'EXPLICATION

DANS LES

SCIENCES

TOME PREMIER

PAYOT, PARIS

DE L'EXPLICATION

DANS LES

SCIENCES

DU MÊME AUTEUR

IDENTITÉ ET RÉALITÉ, 2ᵉ édition, Paris, 1912, F. Alcan, 1 vol. in-8.

ÉMILE MEYERSON

DE L'EXPLICATION

DANS LES

SCIENCES

... τὴν θατέρου φύσιν δύσμικτον
οὖσαν εἰς ταὐτὸν ξυναρμόττων βίᾳ.
PLATON, Timée.

TOME PREMIER

PAYOT & Cⁱᵉ, PARIS
106, BOULEVARD SAINT-GERMAIN

1921

PRÉFACE

Nous pensons aider à la compréhension de notre travail en en résumant, d'avance, la marche générale. Nous cherchons à établir, dans notre livre Ier, que la conception courante de la science, qui est la conception positiviste, néglige deux constatations qui nous apparaissent comme fondamentales, à savoir d'une part ce fait indubitable que la science est essentiellement ontologique, qu'elle ne peut se passer d'une réalité posée en dehors du moi (chap. Ier) et, d'autre part, sa tendance, tout aussi manifeste, à dépasser la recherche de la loi par celle de l'explication (chap. II). Tout en faisant entrevoir que l'ontologie scientifique peut elle-même, en dernière instance, être considérée comme résultant du besoin d'explication, nous considérons cependant tout d'abord, dans notre IIe livre, les deux tendances sous leur aspect antagoniste, en montrant comment l'explication scientifique aboutit en réalité à la dissolution du monde extérieur dans l'espace indifférencié. En effet, ce que l'explication vise en premier lieu, c'est la *déduction* du phénomène en partant de ses antécédents, dont il devra constituer la conséquence logique (chap. III). C'est là un processus qui repose évidemment sur un postulat, qui n'est autre que la croyance à la rationalité de la nature (chap. IV), rationalité que l'on ne saurait réaliser que par l'application, à la déduction scientifique, du schéma ou processus d'identification (chap. V). Cette application est limitée par l'existence de l'irrationnel, aussi bien dans les sciences physiques (chap. VI) que — du moins autant qu'il est permis de formuler des hypothèses à ce sujet — dans les sciences biologiques (chap. VII). A l'intérieur du vaste champ qui reste dévolu à son action, l'explication scientif. est essentiellement spatiale, et nous en étudions les modalités (chap. VIII) et les possibilités futures (chap. IX), en montrant ensuite comment la science s'y prend pour créer, par « l'état de puissance », un semblant d'explication là où l'identité fait manifestement défaut (chap. X).

Afin de mieux saisir la nature et la nécessité du processus de destruction — si paradoxal à première vue — de la réalité par la raison explicative, nous étudions, dans le III⁰ livre, la tentative d'explication globale de la nature due à Hegel (chap. XI). Les objections que Schelling a formulées contre cette tentative de son émule nous révèlent ensuite l'obstacle auquel se heurte inévitablement toute interprétation purement idéaliste de la réalité scientifique (chap. XII). Un aperçu des rapports entre la doctrine de Hegel et celle d'Auguste Comte nous amène à reconnaître que les deux conceptions ont peut-être plus de points de contact qu'on ne semble l'admettre généralement (chap. XIII), alors qu'une comparaison entre l'édifice érigé par Hegel et les constructions analogues de Descartes et de Kant nous permet de déterminer le trait commun de ces théories, qui n'est autre que la continuité de la déduction qu'elles mettent en œuvre (chap. XIV).

Dans notre IV⁰ livre, enfin, nous tentons d'étudier de plus près encore le fonctionnement de la raison scientifique, en la comparant à la raison philosophique. Après avoir recherché quelle est la véritable attitude de la science à l'égard des systèmes philosophiques (chap. XV), nous revenons (chap. XVI), à la lumière des résultats acquis, à cette question primordiale de l'accord entre la raison et la réalité à laquelle nous avions déjà touché dans notre IV⁰ chapitre. Ayant montré ensuite comment le caractère en apparence paradoxal de notre théorie en fait comprendre l'apparition tardive et l'historique discontinu (chap. XVII), nous terminons en nous efforçant d'établir que la raison humaine, tout en étant antinomique par essence, est cependant une, la même dans tous les domaines et à toutes les époques (chap. XVIII).

En parcourant cette table des matières rapide, le lecteur qui connaît peu ou prou notre travail antérieur (*Identité et réalité*, 2⁰ éd., Paris, 1912) s'apercevra aisément que les deux livres offrent des points de contact multiples. En effet, le domaine de nos recherches est resté le même : il s'agit toujours de théorie de la connaissance, et la méthode également n'a point varié : nous cherchons encore, de préférence, à dégager les principes essentiels de la pensée par la considération des procédés que suit la raison scientifique. Nous tentons cependant de parvenir à nos conclusions (qui se trouvent un peu élargies) par une voie différente de celle suivie dans notre premier ouvrage. Nous avions, autrefois, traité le schéma d'identification comme un énoncé simplement heuristique, en nous appliquant à démontrer ensuite, par une analyse des théories scientifiques, que notre conception du rôle de ce principe offrait bien la clé expliquant aussi bien l'état actuel de la science que son évolution dans le temps. Il semble que cette manière d'exposer la thèse, en cherchant à atteindre, entièrement *a posteriori*, un résultat se rapportant à la logique des sciences, ait dérouté plus d'un lecteur, et des juges fort compétents, tout en appréciant avec bienveillance nos efforts, ont paru la désapprouver. C'est pourquoi nous nous sommes demandé s'il n'était pas possible de parvenir au même résultat par une marche plus proprement logique, en essayant de démonter plus directement le mécanisme de la pensée scientifique. Le processus d'identification venant se rattacher ainsi à la tendance générale à *déduire* la nature, à la concevoir comme rationnelle, comme nécessaire, peut-être trouvera-t-on son intervention dans le raisonnement scientifique mieux motivée.

Cette manière d'envisager le problème présente, en tout cas, l'avantage de le poser sous une forme plus générale que nous ne l'avions fait auparavant. C'est ainsi que nous avons pu, dans le présent travail, nous occuper de modes d'explication qui ne rentrent pas proprement dans le cadre de la science, du moins telle qu'elle est comprise de nos jours. Il est vrai que dans notre ouvrage antérieur déjà nous avions examiné les théories non-mécaniques, c'est-à-dire surtout les théories qualitatives ; mais c'étaient là encore des conceptions dont le caractère rigoureusement scientifique ne pouvait être méconnu. Par contre, nous avions complètement laissé de côté toute tentative d'explication *logique* (ou pseudo-logique) de la nature, telle qu'elle fait le fond de la théorie d'Aristote ou des tentatives des *philosophes de la nature* allemands ; ou du moins n'avions-nous considéré la doctrine péripatétique qu'en tant que, par une déviation manifeste, elle avait donné naissance à une véritable physique qualitative. La marche du présent travail nous permet de combler cette lacune, ne fût-ce que dans une certaine mesure.

On pourrait, sans doute, prétendre que, ces procédés d'explication étant très éloignés de ceux que nous reconnaissons actuellement comme valables, il ne saurait résulter, de leur examen, aucun enseignement utile au point de vue de la connaissance du raisonnement scientifique de nos jours. Mais ce serait-là méconnaître le principe essentiel de l'unité de la raison, principe qui — nous le pensons du moins — recevra une nouvelle confirmation par les constatations auxquelles nous aboutissons. Ainsi nous osons espérer que le lecteur voudra bien reconnaître avec nous que des modes de raisonnement qui, à première vue, nous paraissent les plus étranges, les moins conformes à ceux dont nous avons l'habitude, s'apparentent cependant fréquemment, par plus d'un côté, à ces derniers et peuvent alors servir à nous en faire découvrir des ressorts qui seraient susceptibles de nous rester cachés. C'est le cas, notamment, pour les théories mises en avant par cet homme dont la réputation philosophique — c'est le moins, semble-t-il, qu'on en puisse dire — est une des plus retentissantes qui soient : Hegel.

Ce qu'est le profit que nous entendons tirer de l'examen de l'œuvre de Hegel, le lecteur le verra dans les pages qui suivent. Il y verra comment cet esprit puissant a su, pour ainsi dire d'emblée, pénétrer, au moins partiellement, les véritables principes directeurs de la pensée scientifique, et comment ensuite, entraîné en quelque sorte par sa vigueur même et par la confiance sans bornes qu'il mettait en ses forces, il a édifié sur ces vues justes et profondes un monument monstrueux. Mais les erreurs mêmes de cette pensée comportent parfois des enseignements précieux. Car par suite du sérieux et de la ténacité inlassable avec lesquels Hegel poursuit ses idées jusqu'au bout, par suite de la sincérité avec laquelle il les expose et de son profond dédain pour toute considération tirée du sens commun — un de ses sectateurs anglais a dit justement que Hegel

« cherche à nous instruire en nous choquant », — ses déductions mettent souvent à nu les ressorts véritables et cachés de nos pensées.

Une philosophie est une tentative pour nous mettre d'accord avec nous-mêmes ou, si l'on aime mieux, pour mettre d'accord, étant donné que notre raison est ce qu'elle est, les « réalités » qui nous assaillent de divers côtés. Elle vaut donc surtout par l'ensemble, par le système, et l'on ne peut utilement la critiquer, l'attaquer qu'en embrassant ce système en sa totalité, au moins par ses traits principaux. Or, nous ne le tentons nullement en ce qui concerne le système de Hegel, tout au contraire nous n'en étudions qu'une partie strictement limitée, à un point de vue très particulier. C'est dire que nous ne nous flattons aucunement de l'avoir *réfuté*. Sans doute, le lecteur trouvera-t-il, dans les pages qui vont suivre, plus d'un passage d'où une prétention de ce genre semblerait découler ; mais c'est là, en quelque sorte, un simple défaut de perspective auquel nous n'avons pas su remédier. Nous entendons ici, une fois pour toutes, le redresser, en priant le lecteur d'ajouter, là où cela paraît indiqué, les réserves nécessaires. Les répéter chaque fois eût été fastidieux et eût embrouillé encore une matière déjà suffisamment difficile à éclaircir.

Nous en dirons autant et davantage pour les autres penseurs que nous mentionnons dans le cours de notre travail. Le lecteur à qui ces grands noms sont familiers jugera parfois que les images que nous traçons de ces hommes correspondent bien peu à celles que lui offre le souvenir de ses études, que ces figures se trouvent chez nous déformées en quelque sorte par une vision trop unilatérale, par le parti pris d'une perspective artificielle qui fausse la proportion, en grandissant démesurément une particularité, considérée généralement comme secondaire, au détriment de ce qui apparaît, aux meilleurs juges, comme le contenu le plus essentiel de la doctrine. Mais c'est qu'aussi bien ce ne sont pas ici des images. Pour nous servir d'une métaphore que nous empruntons au domaine de l'art, nous ne prétendons point modeler de figures en ronde bosse, ce que nous voulons, c'est plutôt fixer, par un croquis sommaire, une attitude envers ce problème de l'explication scientifique qui, ici, nous intéresse seul. Nous osons réclamer de ce chef quelque indulgence de la part du lecteur, nous le prions de ne pas nous condamner trop rapidement si, à première vue, le geste — comme dans le contour d'un animal quaternaire ou dans un dessin japonais — semble excessif, outré. Les titres mêmes de nos chapitres sont parfois plus elliptiques encore qu'un titre n'a le droit de l'être. Quand il lira *Hegel, Descartes et Kant*, le lecteur voudra bien se souvenir que nous n'étudierons nullement les rapports entre ces trois penseurs en général, mais que nous nous bornerons à comparer leurs épistémologies et en particulier la manière dont ils ont considéré l'explication du phénomène physique, en tant surtout que cette conception nous paraît susceptible d'éclaircir l'attitude de la science actuelle.

Notre travail, le titre l'indique, a pour base une théorie de la science. Quand nous nous aventurons au delà, sur le terrain de la métaphysique propre, ce sont par conséquent toujours les conceptions de la science qui nous servent de points de départ et de points d'appui et c'est, de préférence, sous cet angle que nous considérons toutes choses. Donc, en réfutant, en déclarant inadmissible telle ou telle doctrine, ce que nous entendons dire en vérité, c'est qu'elle ne saurait être mise d'accord avec la manière dont la science considère ces matières. Or, il existe d'autres « réalités » que celles du monde matériel et de la science — les néo-hégéliens anglais surtout, avec raison, ne se lassent pas d'insister sur ce point. Et comme, d'autre part, notre raison ne se résigne jamais pleinement à ne pas comprendre, les tentatives d'une métaphysique moniste, visant à concevoir le monde à un point de vue unique, sont et seront de tous les temps. Nous n'aspirons nullement à y mettre un terme — dussent-elles s'engager dans les voies de l'idéalisme romantique, voire même dans celles de l'hégélianisme. Nous ne désirons que montrer, aux créateurs futurs de systèmes, avec autant de netteté que possible, les obstacles qu'ils auront à franchir, et notre ambition suprême sera comblée si nos travaux sont reconnus comme faisant partie des *prolégomènes à toute métaphysique future.*

Par suite du rapport intime existant entre le présent travail
et notre livre antérieur, nous sommes obligé, dans maint endroit, de renvoyer le lecteur à ce dernier. D'autres fois, cependant, nous avons cru devoir résumer brièvement les exposés
que nous y avions présentés et enfin, dans quelques cas, surtout quand il nous a paru nécessaire d'ajouter à ces exposés
de nouveaux développements, nous avons, incapable de trouver une forme meilleure, reproduit à peu près textuellement
les phrases dont nous nous étions servi. Nous nous en excu-
sons, de même que de la bigarrure des procédés dont nous
usons dans cet ordre d'idées et que nous n'avons pas su éviter.

Nous n'avons pas su éviter davantage, comme dans notre
travail antérieur du reste, la multiplicité des citations et des
références ; elles constituent un mal inévitable dans une étude
où l'on prétend rechercher le mécanisme intime de la pensée
en étudiant celle d'autrui et l'évolution de cette pensée dans
l'histoire. D'autant que, comme notre point de vue diffère de
celui auquel se sont placés communément les historiens de la
science et de la philosophie, et que notre attention est fréquemment attirée par des questions qui ne les intéressaient que
médiocrement, nous sommes, dans des cas de ce genre, contraint de chercher des éclaircissements, au delà des manuels
et des résumés, dans les œuvres originales elles-mêmes. L'érudition ici n'est pas un hors d'œuvre ni un vain ornement, elle
est partie intégrante de la substance même de la recherche.

Nous nous rendons compte également que l'histoire des
sciences, telle que nous sommes obligé de la présenter, apparaîtra confuse et troublante. En effet, il nous est interdit de la
raconter d'une manière quelque peu suivie ; nous l'avons essayé
dans notre II⁰ Appendice, en ce qui concerne un moment
précis de l'évolution de la chimie, et le lecteur verra, à l'endroit indiqué, ce qui nous a conduit à faire cette exception.
Mais partout ailleurs le détail historique n'est cité que comme
illustrant l'action de tel ou tel procédé intime de la raison. Or,
ces procédés, que nous avons fait notre possible pour déga-

ger, se combinent constamment dans les processus réels de la pensée, de telle manière qu'une phase donnée de l'histoire est susceptible de fournir un exemple pour des tendances d'esprit tout à fait distinctes. Le lecteur aura donc fréquemment l'impression d'entendre parler, des mêmes choses, dans des termes fort différents. Mais c'est là aussi, de toute évidence, un inconvénient inséparable de la méthode choisie. S'il est ici plus sensible encore que dans notre ouvrage précédent, c'est que, prétendant pénétrer un peu plus avant dans les procédés de la pensée scientifique et les décomposant davantage, nous sommes contraint par là même de les montrer ensuite comme s'enchevêtrant d'une manière plus intime.

Nous avons fait entrer dans ce livre (chapitres I et XV) une grande partie du travail qui a été inséré dans la *Revue de métaphysique et de morale* (janvier 1910) sous le titre *La science et les systèmes philosophiques.*

Nous avons reçu, à l'occasion de la publication du présent travail, des témoignages d'estime et d'amitié auxquels nous attachons le plus haut prix. MM. A. Lalande et D. Roustan ont, l'un et l'autre, consenti à relire notre manuscrit en entier et nous ont instruit par des observations fort importantes et dont nous avons profité de notre mieux ; M. L. Robin a bien voulu nous aider pour l'interprétation des textes de Platon. Qu'il nous soit permis de leur exprimer ici notre gratitude.

LIVRE PREMIER

LES DEUX CONSTATATIONS FONDAMENTALES

CHAPITRE PREMIER

LA SCIENCE EXIGE LE CONCEPT DE CHOSE

Bien que la langue soit remplie de tropes assez lointains et que les mots soient arrivés dans certains cas à signifier tout autre chose que ce qu'ils devaient indiquer à l'origine, il n'est pas inutile, quand on entend fixer le contenu d'un terme, de rechercher tout d'abord son étymologie. Celle du mot *explication* est d'une clarté parfaite. Le mot latin *plica*, qui a fait en français *pli*, a la même signification que le terme qui en dérive, et expliquer équivaut donc à peu près à *déplier*, avec cette nuance (que le suffixe *ex*, en tant que comparé à *de*, accentue suffisamment) qu'il s'agit moins de rendre l'étoffe plane et lisse, que de faire sortir, de montrer ce qu'elle cachait dans ses plis. Bossuet emploie le terme dans ce sens littéral : « Nous serons forcés d'avouer qu'il y a dans la graine un principe secret d'ordre et d'arrangement puisqu'on voit les branches, les feuilles, les fleurs et les fruits s'expliquer et se développer de là avec une telle régularité... » et c'est dans un sens déjà dérivé, mais encore très voisin que Boileau dit d'une tragédie qu'elle « agit, marche et s'explique[1] ». Cette acception est, du reste, conforme à la tradition de la philosophie médiévale, comme on le voit par Nicolas de Cusa, qui définit la ligne comme « l'explication du point[2] ».

Des philosophes étrangers, en empruntant le terme au latin, lui ont également conservé parfois ce sens primi-

---

1. Nous empruntons ces deux citations au *Dictionnaire* de Littré, à l'article *Expliquer*, t. II, p. 1570.
2. Cf. R. Eucken, *Geschichte der philosophischen Terminologie im Grundrisse*, Leipzig, 1879, pp. 82, 182.

tif. Ainsi Hegel, en parlant de « l'esprit du monde » dont « la nature demeure toujours la même et qui néanmoins, dans le cours du monde, développe cette sienne unique nature », se sert du terme *explicirt*[1]. Et de même M. Ward, en commentant le philosophe allemand, traite du « processus d'explication » de l'Un absolu[2] et Will. Wallace, à propos des théories de la préformation, parle de l' « explication d'un organisme microscopique[3] ».

Mais, nous le savons tous, ce sens du terme, s'il se rapproche du sens primitif, étymologique, n'est pas son sens habituel, celui notamment dans lequel il est employé dans le langage scientifique. Expliquer signifie pour nous « rendre intelligible ce qui est obscur » ; c'est la définition de Littré, et les deux excellents *Vocabulaires philosophiques*, que la langue française, par un privilège que nous croyons unique, a le bonheur de posséder, sont à ce sujet d'accord avec lui. La définition de M. Goblot est presque identique[4] et M. André Lalande écrit que « expliquer, dans tous les sens, c'est faire comprendre[5] ».

Quel est le lien entre cette acception et l'acception étymologique ? M. Goblot, très justement, indique en quelque sorte comme sens intermédiaire celui de « rendre manifeste ce qui était enveloppé et caché, *explicite* ce qui était *implicite* ». Ainsi donc, quand nous aurons bien scruté, pénétré un phénomène, que nous en aurons rendu apparents les détails les plus ténus, le plus cachés dans ses « plis », nous l'aurons expliqué, c'est-à-dire que notre compréhension dudit phénomène se trouvera être parfaite et que notre intelligence devra dès lors se déclarer entièrement satisfaite.

---

1. Hegel, *Philosophie der Geschichte, Werke*, Berlin, 1837, vol. IX, p. 13.
2. *This is an immanent and self-determining process of explication of the Absolute One.* James Ward, *The Realm of Ends*, Cambridge, 1911, p. 101.
3. *Growth is thus not accretion, but explication and enlargement of a microscopic organism subsisting in the germ.* Will. Wallace, *Prolegomena to the Study of Hegel's Philosophy and especially of his Logic*, 2e éd., Oxford, 1894, p. 152.
4. E. Goblot, *Vocabulaire philosophique*, Paris, 1901, p. 227.
5. A. Lalande, *Vocabulaire philosophique. Bulletin de la Société française de philosophie*, juillet 1905, p. 244.

Il est à remarquer, à ce propos, que le sens étymologique des vocables servant à exprimer, dans les autres langues européennes, le concept de l'explication ne contredit pas cette interprétation. L'italien *spiegare* est étymologiquement identique au verbe français et l'anglais *to explain* est tributaire de la même image. L'allemand *erklaeren*, *rendre clair, éclaircir, mettre en lumière*, procède d'une image physique différente, mais revient finalement à une conception très analogue, puisque l'accroissement de la lumière est évidemment destiné à faire apercevoir des détails qui ont pu échapper à un examen plus superficiel. C'est à la même figure de l'éclairage accru qu'ont recours les termes russe et polonais *obiasnit'* et *objasnic'*, alors que deux autres verbes qu'emploient ces langues slaves (*rastolkovat'* et *wytlomaczyc'*) expriment plutôt l'idée d'une traduction, signification que prend d'ailleurs aussi le verbe expliquer en français, quand on parle par exemple d' « expliquer un texte ».

Le sens que nous venons de déterminer peut-il nous suffire ? Oui, si l'on admet que la tâche de la science consiste uniquement à *décrire* les phénomènes. C'est à peu près, on le sait, la conception d'Auguste Comte, reprise par Kirchhoff et surtout par M. Mach, qui en a fait la base d'une théorie complète de la science. Il est manifeste, en effet, que tout, dans la science, doit dépendre de là, que sa forme et son contenu devront se modifier selon ce que l'on concevra comme étant sa tâche fondamentale.

La conception à laquelle nous venons de faire allusion porte, on le sait, le nom de *positivisme*, et ce terme, du moins en tant qu'appliqué à la théorie de la science, a un sens tout à fait précis. C'est là, remarquons-le en passant, un très grand mérite d'Auguste Comte que d'avoir su créer, au milieu de conceptions philosophiques, qui sont plutôt, par leur nature, fluides, floues, une doctrine nette, à angles arrêtés, quelque chose de rigide que l'on peut véritablement étreindre et que l'on peut sans doute briser, mais qui se prête bien moins à être déformé, ou du moins où toute déformation, toute surcharge se découvrent aisément.

Positivisme signifie (en nous en tenant au contenu épisté-mologique du terme, le côté social de la doctrine ne nous intéressant pas ici) : « abstention de toute métaphysique ». On affirme donc que la science n'a pas à pénétrer le véritable être des choses, qu'elle peut faire abstraction de cet être. La science, ajoute-t-on, ne recherche et n'a à connaître que des rapports, elle est un ensemble de rapports, et sa seule partie essent. lle, ce sont les règles, les lois qui formulent les rapports en question. Même si nous sommes appelés à formuler des suppositions, des hypothèses, elles doivent avoir pour unique objet une règle empirique encore inconnue : « Toute hypothèse physique, afin d'être réellement jugeable, doit exclusivement porter sur les lois des phénomènes et jamais sur leur mode de production[1]. »

Nous espérons pouvoir montrer, comme une conclusion de l'étude à laquelle nous allons nous livrer présentement, que l'affirmation positiviste contient une part de vérité. Mais, prise à la lettre, elle ne résiste pas à l'examen.

Il convient, tout d'abord, de bien se mettre en garde contre une conception qui constitue précisément une de ces surcharges de la doctrine dont nous avons parlé tout à l'heure. L'homme fait de la métaphysique comme il respire, sans le vouloir et surtout sans s'en douter, la plupart du temps. On trouvera dans le présent exposé plus d'une preuve à l'appui de cette affirmation. Mais il serait difficile, semble-t-il, de mieux mettre en lumière cette tendance de l'esprit, qu'en constatant que la formule même par laquelle on prétend exclure toute métaphysique sert bien souvent de fondement à l'édification d'une sorte de métaphysique *sui generis*. Si l'on examine en effet d'un peu plus près la manière dont, le plus souvent, on parle de ces lois, on s'aperçoit qu'elles se trouvent érigées en véritables entités, existant en soi, indépendamment de l'esprit qui les a conçues ou qui les applique. Ce sont des *lois de la nature*. Les rapports auxquels elles servent

1. Aug. Comte, *Cours de philosophie positive*, 4e éd., Paris, 1887, vol. II, p. 312. Cf. plus bas les citations de la p. 44.

d'expression sont les rapports véritables des choses entre elles, rapports que nous pouvons donc connaître, en nous abstenant de toute tentative de connaître les choses en elles-mêmes.

Ce n'est pas là une affirmation contradictoire en soi. Ainsi, pour nous servir d'un exemple mathématique, des expressions affectées d'un facteur imaginaire peuvent fournir entre elles des rapports entièrement réels, et la transcendance de π, comme le fait remarquer Cournot[1], disparaît dans le rapport de la surface de la sphère à celle de son grand cercle. Il ne serait donc pas impossible *a priori* qu'en mettant en rapport des entités inconnaissables parce que liées indissolublement à un élément subjectif, nous aboutissions à une donnée entièrement objective, le subjectif se trouvant éliminé par l'opération. Et de fait c'est ainsi, sans doute, que raisonnent, plus ou moins consciemment, ceux qui croient à l'objectivité, à la réalité en soi, des lois de la nature.

Ils sont nombreux et cela s'explique, car, à première vue, l'opinion semble assez conforme à l'esprit de la science moderne. « Les lois mathématiques du mouvement des astres, dit Ampère, réglaient ce mouvement depuis que le monde existe et bien avant que Képler les eût démontrées[2]. » De même un physicien contemporain d'une haute compétence déclare que « les lois étaient en vigueur avant que les hommes les aient formulées et le seront quand il n'y aura plus d'hommes[3] » et un philosophe de l'histoire contemporain affirme que « le principe d'Archimède existait dans l'essence des choses avant que les solides aient flotté sur des liquides[4] ». Mais si l'on saisit les véritables implications de la théorie, celle-ci ne tarde pas à apparaître comme quelque peu choquante. Sans doute, la nature nous paraît ordonnée ; chaque obser-

<hr>

1. Cournot, *Essai sur les fondements*, Paris, vol. II, p. 21 (§ 215).
2. Cf. Goblot, *Essai sur la classification des sciences*, Paris, 1898, p. 17.
3. M. Planck, *Die Einheit des physikalischen Weltbildes*, Leipzig, 1909, p. 82.
4. A. D. Xénopol, *L'idée de loi scientifique et l'histoire*, Scientia, XII, 1912, p. 40.

vation confirme en nous la conviction de cette ordonnance et chacun de nos actes, chacun de nos gestes, en
tant que visant un but, témoignent éloquemment de la
confiance que nous avons en son existence. Ils témoignent aussi que nous sommes convaincus de ce que cette
ordonnance générale de la nature est faite de telle façon
qu'il nous est possible de la pénétrer [1]. Mais il est clair
que ces propositions générales épuisent tout ce que nous
pouvons connaître dans cet ordre d'idées. Dès que nous
énoncerons une formule particulière, elle contiendra des
éléments qui, manifestement, appartiennent non pas à la
nature, mais à nous-mêmes, éléments dont il sera tout à
fait impossible de la débarrasser.

Songeons, par exemple, à la forme mathématique que
revêtent les règles dans les chapitres de la science les
plus avancés et qui nous apparaît comme la forme la plus
parfaite de la loi, celle vers laquelle elle doit tendre et
semble tendre en effet. Il est sans doute parfaitement
plausible de supposer que la nature elle-même, dans son
tréfonds, est mathématique par essence et nous aurons,
dans un de nos chapitres ultérieurs, à nous occuper de
cette métaphysique du *panmathématisme*. Mais, de toute
évidence, les procédés mathématiques concrets, ceux dont
nous nous servons réellement, sont le produit d'un développement historique où le hasard a dû avoir sa part.
Ainsi, en formulant la loi de la réfraction, nous nous servons de la fonction du sinus, qui nous paraît toute simple,
parce qu'elle nous est familière et que nous possédons
même des tables nous permettant d'en déterminer rapidement la valeur. Mais si nous devions l'exprimer à l'aide
de séries, elle nous apparaîtrait au contraire comme assez
compliquée et nous donnerions au rapport en question
une expression tout autre. Quand un astronome, à l'aide
d'opérations successives et pénibles, calcule, par approximation, les « perturbations » que les corps célestes apportent mutuellement dans leurs mouvements, il n'a aucun

---

1. Cf. à ce sujet plus bas chap. IV, p. 96.

doute que la nature résout ce problème instantanément et que, comme l'a dit Fresnel, elle n'est pas embarrassée des difficultés d'analyse. *Dum Deus calculat, fit mundus.* Cela se peut. Mais très certainement alors, il ne calcule point à l'aide de tables de logarithmes, et sa mathématique ne peut en rien ressembler à la nôtre, dont les formules portent forcément l'empreinte de notre esprit.

Pourrait-on sauver la valeur objective des lois en abandonnant leur forme mathématique ? On a, en effet, tenté d'établir que les lois que l'on a désignées comme *qualitatives* étaient revêtues d'une dignité particulière. Il semble qu'en cherchant à introduire cette distinction, on se heurterait à une forte résistance de la part du physicien pour qui (à bon droit certes) l'expression véritable de la loi ne peut être qu'une expression mathématique. Mais, en ce qui concerne la question qui nous occupe, nous pouvons directement établir que le sacrifice serait stérile. Considérons un énoncé déterminant les propriétés du soufre. Qu'est-ce que le chimiste a entendu désigner par ce dernier terme ? Il n'a certainement pas pensé à tel ou tel morceau particulier de la matière jaune bien connue. Tantôt ce qu'il affirme s'applique à la moyenne des morceaux que l'on est susceptible de rencontrer dans le commerce et tantôt même (quand il dit « le soufre pur ») à une matière quasi idéale, dont nous ne pourrons nous rapprocher qu'à la suite d'opérations multiples ; les propriétés d'un morceau de soufre pris au hasard peuvent s'écarter considérablement de celles de la matière en question. On connaît l'ensemble formidable de travaux auxquels Stas a dû se livrer pour obtenir de l'argent à peu près chimiquement pur ; on sait d'ailleurs, qu'il avait choisi ce corps comme point de départ de ses déterminations parce qu'il lui paraissait offrir des facilités particulières, et l'on sait aussi que l'argent obtenu par lui n'était pas réellement pur, de sorte qu'il a fallu depuis rectifier ses données. On pourrait sans doute faire valoir que, l'argent ou le soufre étant des éléments définis, la matière pure doit, nécessairement, exister dans le morceau du corps que je détiens, que je désigne du même nom, mais que je sais impur. Mais l'existence d'une matière-élément n'est qu'une hypothèse à laquelle on parvient à l'aide de déductions multiples, et l'argent ou le soufre *purs* ne sont que des êtres créés par des théories. Ce sont des *genres*, dans le sens que donnait à ce terme la doctrine de l'Ecole, et le fait que nous attribuons à ce genre une existence substantielle ne modifie en rien cette situation. Ainsi, un coup d'œil sur l'histoire des sciences nous permet de nous assurer que l'humanité entière, pendant de longs siècles, a cru fermement à l'existence de substances, considérées même comme élémentaires, qui, depuis, se sont pour ainsi dire évanouies. C'est le cas des quatre éléments d'Empédocle et d'Aristote. En effet, ce qu'un savant du moyen âge considérait comme étant de l'eau, c'est un ensemble de liquides qui, pour nous, n'ont de commun avec cette combinaison de l'oxygène et de l'hydrogène que son état d'agrégation, et le cas est évidemment le même pour la terre et l'air. On pourrait, en vérité, faire valoir que ces trois éléments n'étaient que les représentants, les symboles de ce que nous qualifions à l'heure actuelle de ce terme d'*état d'agrégation* et qu'à ce point de vue donc la conception n'est pas périmée. Mais c'est que précisément elle n'a pu persister qu'en se transformant, en renonçant à toute prétention à une existence substantielle : les corps solides, liquides ou gazeux sont pour nous des *genres*, nous ne croyons pas qu'il y ait, au fond de chacun d'eux, un solide, un liquide ou un gaz unique et primordial (ce qui était le sens de la théorie des éléments péripatétiques). Mais le cas est encore plus clair en ce qui concerne le quatrième élément, le feu. Car ici, le genre même s'est dissous, les phénomènes que la science classait sous ce chef appartiennent pour nous à des chapitres très divers de la physique et de la chimie, ce sont tantôt des phénomènes de la combustion et tantôt ceux du rayonnement, la *substance* du feu élémentaire semble quelquefois rappeler vaguement l'éther du physicien moderne, d'autres fois nous serions au contraire tentés de rapprocher ce concept de ce que nous qualifions d'énergie, ou bien encore c'est tout autre chose, parfois même (comme quand, chez les alchimistes, le feu entre dans la composition des substances) quelque chose que la science actuelle aurait beaucoup de mal à définir.

Assurément, l'existence de nos *substances* nous paraît, actuellement, beaucoup mieux assurée. Est-elle cependant à l'abri de bouleversements futurs ? Il convient de rappeler que les chimistes ont éprouvé parfois, dans cet ordre d'idées, de belles surprises. Ainsi le corps que, depuis longtemps, la chimie des matières colorantes maniait de préférence, le benzène, s'est révélé tout d'un coup comme contenant des quantités notables d'une substance (le thiophène) qui, par diverses de ses propriétés, lui ressemble étonnamment, tout en ayant une composition très différente, puisqu'elle contient même un élément étranger au benzène, à savoir le soufre. De même les sucreries produisaient (ou du moins isolaient), depuis des générations, des quantités prodigieuses de saccharose prétendument presque pure et l'*analysaient* à tour de bras — il n'est pas exagéré d'affirmer que, depuis de longues années, des milliers de ces analyses étaient exécutées journellement dans l'ensemble de ces usines — sans s'apercevoir qu'elle contenait des quantités notables d'un sucre différent, la *raffinose*.

Mais l'exemple le plus frappant, sans doute, est celui offert par l'eau. Sans parler de Thalès, qui y voyait la substance première dont devaient dériver toutes les autres, on sait que l'eau, pendant de longs siècles, a passé pour un élément. La découverte de sa composition a constitué le point tournant dans la lutte de Lavoisier contre les phlogisticiens, mais en dépit de preuves expérimentales auxquelles le génie de cet homme incomparable prêtait une force démonstrative qu'on serait enclin à qualifier d'irrésistible, on avait tant de peine à renoncer à cette idée que l'eau devait être un corps simple, que Baumé, chimiste notable, en 1798 encore, quinze ans après ces expériences, a pu parler de la « prétendue décomposition et recomposition de l'eau[1] ». Cependant, l'eau, tout en étant un composé, restait, bien entendu, une substance *une* et parfaitement déterminée et même, sans doute, la mieux déterminée de toutes, par les innombrables expériences auxquelles elle était soumise sans cesse. La théorie de Laurent et Gerhardt considérait la formule de l'eau comme un des *types* fondamentaux de la composition des substances en général et personne, certes, ne se fût avisé de douter à l'époque, ni bien des lustres plus tard, que la molécule de l'eau ne fût réellement du H^2O. Or, ce n'est plus l'avis des physico-chimistes de nos jours[2]. Pour eux, le liquide que nous connaissons si bien est une solution, et le dissolvant, déjà, qu'on appelle *hydrol*, n'est pas du H^2O, mais un polymère $(H^2O)^2$ ou $(H^2O)^3$ — on n'est pas tout à fait fixé à cet égard. Quant à ce qui s'y trouve dissous, ce sont des cristaux de glace, plus fortement polymérisés que l'hydrol : les suppositions vont de $(H^2O)^3$ à $(H^2O)^{12}$. Ainsi le genre *eau*, qui paraissait si assuré, disparaît en se scindant.

Le cas n'est pas différent pour les substances que nous qualifions d'éléments : ce qu'on a défini comme de l'azote n'était généralement, jusqu'à la découverte de Lord Rayleigh, qu'un mélange contenant des quantités variables, mais point négligeables d'argon (pour ne pas parler des autres « gaz rares »). Mais beaucoup de chimistes paraissent à l'heure qu'il est assez enclins à croire qu'un certain nombre au moins d'entre nos « éléments » pourraient n'être en réalité que des mélanges de substances fort analogues et pourtant distinctes : la difficulté de préciser certaines constantes, et notamment de déterminer celle qui, au point de vue de la chimie, apparaît comme la plus importante de toutes, à savoir le poids atomique, proviendrait de là, et M. Soddy, par exemple, croit que ce que nous appelons le plomb (et qui serait d'après lui le stade final de la transmutation des corps radioactifs)

---

1. Cf. Appendice II, p. 898.
2. Cf. J. Duclaux, *La constitution de l'eau*, Journal de chimie physique, t. X, Genève et Paris, 1912, p. 74 et *passim*.

serait constitué par un ensemble de substances dont le poids atomique varierait de 206 à 208,5 [1].

En ce qui concerne la physique, la situation est plus claire encore. Jamais nous ne rencontrerons dans la nature le « gaz idéal » de la théorie, ni les cristaux tels que nous les montrent les modèles cristallographiques. Tout cela n'est que généralisation, abstraction, chose de notre pensée, *idée* dans le sens platonicien du terme. Pour nous rendre compte à quel point cette circonstance est inséparable du concept même de la règle, choisissons un exemple en dehors du domaine des sciences physiques. Supposons un historien de la campagne d'Austerlitz. Tant qu'il se bornera à raconter ce qui s'est passé, il pourra s'efforcer de poser la personnalité de Napoléon dans tout son relief, de conserver à cette image tous les traits de caractère qui la rendent singulière, toute sa *napoléonité*, comme eût dit l'Ecole. Mais si, aussitôt après, il fait œuvre de théoricien de l'art militaire, s'il veut raisonner sur cette campagne, en tirer des enseignements, c'est-à-dire établir des règles, cette napoléonité de l'empereur devra s'estomper, l'empereur deviendra simplement *le chef* et ses actions seront examinées en tant que décisions que tout chef d'armées pourra être appelé à prendre dans des conditions analogues.

Il est clair d'ailleurs que, dans ce sens, tout ce qui se passe est évènement historique. Aucun phénomène ne se répète véritablement, toujours il y a, il *doit y avoir* — nous en demeurons assurés par la *loi des indiscernables* — des circonstances qui en diversifient les diverses apparitions, chacune de ces apparitions doit avoir son *quid proprium*, que la loi met délibérément de côté.

La distinction entre le phénomène réel et le fait scientifique paraît à tel point essentielle aux péripatéticiens du moyen âge, qu'un des maîtres de la philosophie de cette époque, le juif Lévi ben Gerson (Gersonide), dont les

1. Soddy, *The Periodic Law from the Standpoint of Radioactivity*, Scientia, XIII, 1913, p. 369.

œuvres, traduites en latin par ordre du pape Clément VI, jouissent en Occident d'une grande autorité, arrive à fonder sur elle une solution du problème si embarrassant du libre arbitre. Il concilie en effet le libre arbitre avec la prévoyance divine, en affirmant que Dieu ne connaît pas le particulier comme tel, mais seulement en tant qu'il est soumis à la loi universelle. Il connaît l'ordre universel et le particulier qui est uni dans cet ordre et prévoit les événements déterminés par cet ordre. Mais le libre arbitre de l'homme peut agir dans un sens contraire à celui de l'ordre universel et, dès lors, les événement prédits peuvent ne pas s'accomplir. C'est là ce que signifie l'expression de l'Écriture selon laquelle « Dieu se repent ». En d'autres termes, Dieu ignore le particulier, parce que le particulier est contingent. C'est là, assurément, au point de vue religieux, une doctrine singulièrement hardie : l'excellent connaisseur de la vie spirituelle de l'époque à qui nous empruntons ces données la qualifie de « monstruosité théologique » [1]. Elle nous fait toucher du doigt à quel point la distinction en question a dû paraître, aux esprits dirigeants de l'époque, essentielle.

Ces analogies médiévales nous éclairent sur l'essence véritable de cette doctrine de l'existence ontologique des lois. Croire que les abstractions, les *idées* dont s'occupe la science existent véritablement en dehors de nous, dans les choses, préexistent aux choses dont elles constitueraient l'essence, c'est professer un *réalisme* dans le sens que l'on donnait à ce terme au moyen âge. Or, il est évident au contraire qu'en cette question les véritables convictions de l'homme formé à l'école de la science moderne sont très nettement nominalistes ou conceptualistes. Il croit, avec saint Thomas, que ce qui existe véritablement, c'est non pas le général, mais le particulier, infiniment divers en vertu de la loi des indiscernables : *existentia est singularium*. Mais comme, d'autre part, ainsi que le

---

1. Husik, *A History of Medieval Jewish Philosophy*, New-York, 1916, pp. xli, 388, 395-396.

remarque justement le même philosophe, la science ne s'occupe que du général : *scientia est de universalibus* [1], la véritable *haeccéité* des choses, pour nous servir de ce terme médiéval, lui échappe totalement et il en résulte forcément que ses lois ne peuvent directement régir le phénomène réel. Il y a là, entre la science et la réalité, entre notre entendement et notre sensation, une véritable lacune, puisque, selon la juste formule de M. Roustan, « tout ce qui est *perçu* par nos sens se morcelle en sensations particulières » alors que « tout ce qui est *conçu* par notre entendement prend la forme d'idée générale [2] ». Si, parfois, nous avons l'illusion contraire, nous la devons uniquement à la grossièreté de nos sens et à l'imperfection des moyens d'investigation mis en œuvre, qui ne nous permettent pas de nous apercevoir de tout ce qui différencie les phénomènes particuliers entre eux. En réalité, la loi, à l'égard du phénomène directement observé, ne peut jamais être que plus ou moins approchée. La loi est une construction idéale qui exprime non pas ce qui se passe, mais ce qui se passerait si certaines conditions (plus ou moins irréalisables en leur plénitude) venaient à être établies : ce ne peut être, selon la classification des logiciens, qu'un jugement hypothétique. Sans doute, si la nature n'était pas ordonnée, si elle ne nous présentait point d'objets semblables, susceptibles de fournir des concepts généraux, nous ne pourrions formuler de lois, et nous verrons plus loin (p. 101) que, poussée un peu plus à fond, cette proposition nous force bien à supposer que le nominalisme de la science moderne est moins complet qu'il n'a l'air à première vue. Mais ce que nous devons retenir ici, c'est le fait indubitable que les lois formulées par nous ne peuvent être qu'une image de l'ordonnance

---

1. Cf. Gonzalez, *Histoire de la philosophie médiévale*, Paris 1890, vol. II, p. 254. Saint Thomas n'a d'ailleurs fait que préciser une conception fondamentale d'Aristote ; cf. Zeller, *Die Philosophie der Griechen*, 3ᵉ éd., Leipzig, 1875, vol. II, pp. 306, 309, 348, et Duhem, *Le système du monde*, etc., Paris, 1913, vol. Iᵉʳ, pp. 182, 146.

2. D. Roustan, *Leçons de philosophie*, vol. I, *Psychologie*, 3ᵉ éd., Paris, s. d., p. 349.

réelle de la nature, elles ne lui correspondent que dans la mesure où une projection peut correspondre à un corps à n dimensions, elles ne l'expriment qu'autant qu'un mot écrit exprime la chose, car, dans les deux cas, il faut passer par l'intermédiaire de notre entendement. La loi particulière n'existait pas, au sens le plus littéral du terme, avant d'avoir été formulée, et elle cessera d'exister le jour où elle sera fondue dans une loi plus générale. Et qu'on le remarque bien, très souvent la loi disparaîtra non pas parce qu'elle constituera dorénavant le cas particulier d'une règle plus générale, mais parce qu'elle se trouvera véritablement abolie, et qu'elle sera reconnue comme n'étant qu'une première et grossière approximation, démentie par des déterminations plus précises. Depuis la loi de Newton, nous savons que les lois de Képler ne peuvent être exactes qu'à peu près, et la théorie cinétique nous enseigne qu'aucun gaz ne peut rigoureusement suivre la loi de Mariotte.

Le cas est le même, en dépit de l'apparence, pour certains énoncés très simples qui, faisant partie de la mécanique « rationnelle », nous apparaissent en quelque sorte comme révélateurs de la raison qui gouverne les choses et, donc, inhérents aux choses elles-mêmes. Personne n'a jamais vu un corps réel suivre uniquement et rigoureusement la règle du mouvement inertial. Pour les objets terrestres, les frottements, etc., s'y opposent et pour des corps célestes le mouvement est compliqué par l'action de la gravitation (sans parler de celle, au moins très probable — bien qu'elle nous échappe actuellement — du milieu éthéréen). D'ailleurs, nous ne savons pas si l'inertie est vraiment une propriété des choses ; il se pourrait fort bien que ce ne fût là qu'une illusion, qu'en réalité elle fût due elle-même à une action du « milieu » et que son apparente rigueur ne fût que « statistique », ne tînt qu'à la grandeur des nombres mis en jeu. Et quant au principe d'Archimède (que M. Xénopol met en cause), il convient d'observer que non seulement, dans la réalité, sa manifestation sera toujours « gênée » par l'adhésion, la viscosité, etc., des liquides, mais qu'en outre la forme déterminée sous laquelle nous sommes obligés de le concevoir ne saurait avoir rien d'objectif. En effet, ce principe implique toute une série de concepts tels que ceux de volume, de poids, etc., qui prennent naissance en quelque sorte spontanément et d'une manière uniforme dans toute intelligence humaine normale ; mais ce sont très certainement des concepts de notre raison. Donc si l'on maintient qu'il y a, dans le principe, un rapport préexistant aux choses, il faudra formuler ce rapport d'une manière très indéterminée. Il faudra dire que l'essence des choses est caractérisée par un trait particulier qui eût pu, à une intelligence les contemplant, inspirer l'idée d'une formule analogue au principe d'Archimède. Mais il faut bien comprendre que l'intelligence que l'on met en cause ainsi n'est pas l'intelligence humaine pure et simple, mais une sorte d'*intellectus angelicus*, une intelligence qui, tout en étant du même ordre que celle de l'homme, lui serait cependant infiniment supérieure, puisqu'il lui aurait été possible de concevoir l'existence du rapport avant l'existence même des liquides et des solides.

Ainsi nous ne pouvons nourrir l'illusion que les lois que nous découvrons soient véritablement des « lois de la nature ». Ce ne sont que des lois de la nature en ses rapports avec notre sensation et notre intelligence. Et sans doute il demeure vrai que nous ne pouvons connaître que des rapports. Mais il faut préciser, restreindre cette proposition, en sous-entendant que les seuls rapports que nous puissions réellement connaître sont ceux où nous-mêmes formons l'un des termes. S'il existe des choses du monde extérieur, il est clair qu'il doit exister des rapports entre elles ; mais ces rapports, nous ne pouvons les connaître, tout comme les choses elles-mêmes, que par rapport à nous.

Cependant, ainsi que nous l'avons indiqué, la théorie que nous venons de critiquer ne constitue en somme qu'une déviation de la véritable conception positiviste. Celle-ci, hostile par essence à toute métaphysique, ne prêterait donc aux lois aucun caractère transcendant, les concevant simplement comme des règles gouvernant nos rapports avec le monde extérieur, l'ensemble de nos sensations. Mais alors une nouvelle et grave difficulté surgit, à savoir une profonde divergence entre ce schéma et l'image que la science, même réduite à un pur ensemble de lois, présente réellement.

Il s'agit là d'un aspect de la doctrine qui, semble-t-il, tend plutôt à échapper à ses adeptes. Ce qui est certain, c'est qu'Auguste Comte lui-même ne paraît avoir, à aucun moment, envisagé les conséquences, pourtant très apparentes dans cet ordre d'idées, de son système ; il a, tout au contraire, parlé fort congrûment des « grossières mais judicieuses indications du bon sens vulgaire, véritable point de départ éternel de toute sage spéculation scientifique [1] ». Mais ses sectateurs ont été quelquefois plus clairvoyants à ce point de vue. Ainsi Stuart Mill a déclaré que les « lois ultimes » auxquelles la science parviendrait dans l'avenir et dont, en attendant, elle se rapprochait chaque jour, se rapporteraient aux sensations qualitatives que nous éprouvons et seraient donc, tout au moins, en nombre égal à celui de ces sensations [2].

Il n'est pas douteux que Mill, ici, a entièrement raison contre Comte ; il ne fait qu'énoncer une conséquence que les fondements de la théorie comtiste entraînent inéluctablement. En effet, d'une part on définit la science comme un ensemble de règles destinées à faciliter la prévision et fondées sur l'expérience, sur les phénomènes qui nous sont connus et, d'autre part, on s'interdit expressément de rechercher ce qu'il y a derrière ces phénomènes. Il ne reste donc, de toute évidence, qu'à relier directement les phénomènes eux-mêmes, c'est-à-dire — le terme *phénomène* ne pouvant ici, du fait de la renonciation à toute recherche de

1. A. Comte, *Cours*, vol. III, p. 205. Il se peut néanmoins que Comte ait obscurément senti ce qui résultait, à ce point de vue, des prémisses posées par lui et que ce soit là la source d'où dérive son affirmation que les diverses branches de la physique (correspondant plus ou moins à nos sensations qualitatives) étaient entièrement irréductibles entre elles. Cf. plus bas, chap. XVI, p. 733.

2. J. S. Mill, *A System of Logic*, 3e éd., Londres, 1851, vol. II, p. 4.

cause, qu'être un synonyme du terme *sensation* — que ce que l'on doit rechercher véritablement, ce sont des rapports entre les sensations conçues comme pures, comme dépouillées de toute ontologie. En d'autres termes, il ne saurait être question des *choses* que nous percevons le matin en ouvrant les yeux, car cette perception, qui semble passive, est en réalité un résultat de l'activité de notre esprit, et le monde des choses du sens commun constitue très certainement une spéculation métaphysique sur les causes de nos sensations, c'est-à-dire une ontologie. Pour éviter celle-ci, il faudrait, en partant des perceptions (données tout d'abord, puisque leur élaboration reste inconsciente), pénétrer jusqu'aux éléments qui les constituent, jusqu'à ces « données immédiates de la conscience » que M. Bergson a eu tant de peine à dégager. C'est entre ces éléments qu'il faudrait ensuite établir des rapports. Ce serait alors une manière de psychophysique, mais en quelque sorte infiniment plus outrancière que la science que nous connaissons sous ce nom, laquelle suppose, il est aisé de s'en apercevoir, la physique avec toute sa conception de la réalité. Une telle science peut-elle être constituée ? Lucrèce déjà, qui avait pourtant de la science une conception tout à fait nette, l'a nié expressément, a affirmé que, sans la constitution préalable de ce monde de choses, nous ne pourrions faire de science d'aucune façon [1]. Malebranche, en développant ce même point de vue, s'est appliqué à montrer qu'en aucun cas nous ne saurions prétendre à mesurer directement, les unes par les autres, les sensations en tant que phénomènes subjectifs, et que toute comparaison entre elles présuppose une réduction à des causes ayant une existence en dehors de nous et par conséquent soumises aux conditions du temps et de l'espace [2]. C'est

---

1. Lucrèce, *De rerum natura*, l. I, v. 423-426.
    Corpus enim per se communis dedicat esse
    Sensus ; quo nisi prima fides fundata valebit,
    Haud erit, occultis de rebus quo referentes,
    Confirmare animus quidquam ratione queamus.
2. Malebranche, *De la recherche de la vérité*, Paris, 1721, XI⁰ éclaircissement, vol. IV, pp. 277 et suiv. — Parmi les philosophes contemporains, c'est

là, semble-t-il, une affirmation fort difficile à contester.

Il ne peut, tout d'abord, y avoir aucun doute sur l'attitude mentale du physicien qui étudie la *nature* : il n'a très certainement, à aucun degré, la conviction de ne rechercher que des rapports entre ses sensations, mais au contraire très nettement celle de pénétrer dans un mystère qui est indépendant de sa sensation à lui. Quand Claude Bernard définit l'expérience comme un « contrôle », au moyen « du raisonnement et des faits », des suppositions formées et qu'il déclare que c'est « le seul procédé que nous ayons de nous instruire de la nature des choses qui sont en dehors de nous [1] », il exprime certainement la foi instinctive de tout savant. Sans doute, on peut prétendre (c'est là le point de vue positiviste) que le savant se trompe sur ses propres sentiments et que, d'ailleurs, l'attitude en question n'influe en rien sur la marche de son travail. Mais c'est là une affirmation manifestement erronée.

D'ailleurs, l'évolution entière de la physique moderne montre clairement à quel point le programme tracé par Stuart Mill s'écarte de la réalité. En effet, cette science suit évidemment une voie directement opposée à celle conduisant à l'établissement de rapports directs entre les sensations. Un des plus éminents théoriciens de la physique contemporaine, M. Planck, considère justement comme un trait caractéristique de la science le fait que dans sa marche elle s'écarte de plus en plus de ce qu'il nomme des « considérations anthropomorphiques », c'est-à-dire de celles où intervient la personne de l'observateur [2], c'est-à-dire encore, en nous servant du vocabulaire philo-

surtout M. F.-H. BRADLEY qui, dans un exposé très approfondi, a fait ressortir combien il est difficile de parvenir à une conception cohérente du monde physique et surtout de ses lois en partant du phénoménisme pur, sans « transcendance. » (*Appearence and Reality*, Londres, 1893, chap. XI, *Phenomenalism*, pp. 123 et suiv.). HEGEL a fort bien saisi que la science s'attache au concept de la chose tel que nous le livre la perception immédiate et accomplit son travail selon la méthode même du sens commun (*Encyclopaedie*, *Logik*, *Einleitung*, § 1).

1. Claude BERNARD, *Introduction à l'étude de la médecine expérimentale*, éd. Sertillanges. Paris, 1900, p. 22.

2. M. PLANCK, *Acht Vorlesungen ueber theoretische Physik*, etc., Leipzig, 1911, p. 3.

sophique, de ce qui a trait au *moi*. M. Hœffding ne fait donc que résumer une situation très apparente en affirmant que « les physiciens, jusqu'en ces derniers temps, ont été, sur ce point, des métaphysiciens [1] ». Ils le seront, vraisemblablement, tant qu'il y aura une physique, car cette attitude, selon toute apparence, leur est nécessaire.

En tout cas, le moins que nous en puissions dire, semble-t-il, c'est que nous n'en savons rien, personne n'ayant jamais essayé d'édifier une science de ce genre. La physique actuelle en est évidemment à mille lieues. Il suffit pour s'en convaincre de suivre l'exposé d'un professeur. Vainement on cherchera au début la plus faible trace des subtiles analyses dont nous avons parlé. Au contraire, chaque phrase, chaque affirmation, si on l'examine, témoignera d'une foi inébranlable dans l'existence de choses, dans leur indépendance de la sensation. Tout ce qui a trait à l'intervention du *sujet*, on le traitera pour ainsi dire entre parenthèses comme une « erreur de jugement » ou bien on le reléguera dans un des chapitres ultimes, qui paraît encore à l'heure actuelle faire à peine partie de la science, à savoir dans la physiologie.

Il serait, pour le moins, superflu de s'appesantir sur cette situation, qui éclate à tous les yeux et que chaque lecteur est en mesure de vérifier par lui-même à l'aide d'un manuel quelconque de « physique expérimentale », le premier venu.

La démonstration paraît moins inutile en ce qui concerne certaines parties déterminées de la physique *théorique* ou *mathématique*. Ce que l'on désigne, en physique, par ce terme de théorie, c'est, on le sait, une conception d'ensemble d'où les phénomènes dont on entend traiter découlent ou se déduisent. Nous traiterons dans notre IIIe chapitre de cette opération de la déduction qui, du moins dans la science de nos jours, s'opère surtout par la voie des mathématiques. Ce que nous devons retenir ici, c'est que ces théories sont de deux sortes. Les unes

---

1. H. Hœffding, *La pensée humaine*, trad. de Coussange, Paris, 1911, p. 278.

(qualifiées souvent d'hypothèses) mettent en jeu des images, prétendant nous apprendre (comme le font notamment les théories cinétiques) que les phénomènes sont la conséquence de telle disposition spatiale ou de tel mouvement de particules plus ou moins matérielles, voire même (comme dans la physique du XVIIIe siècle) de fluides semi-matériels ou immatériels. Les autres, au contraire, partent d'énoncés abstraits, de *principes*. L'intervention, dans la science, de théories du premier genre, de théories à images, a été de tout temps, pour la doctrine positiviste, une sorte d'embarras : nous verrons tout à l'heure comment elle s'est efforcée d'en sortir. Par contre, les théories abstraites, les théories à principes lui ont paru l'idéal même auquel la science devait tendre. Or, il existe (ou du moins il existait, il y a peu de lustres) un chapitre de la physique qui paraît réellement constitué selon ce modèle : c'est la thermodynamique. En effet, cette science, fortement pénétrée de théorie mathématique, peut être tout entière ramenée à deux énoncés très généraux, le principe de la conservation de l'énergie et le principe de Carnot qui, ni l'un ni l'autre, ne semblent mettre en jeu aucune image matérielle ni semi-matérielle. D'autre part, il n'est pas contestable que la thermodynamique joue, dans la physique en général, un rôle considérable et qui, surtout à l'époque dont nous parlons, paraissait appelé à grandir encore. Il n'était donc pas déraisonnable, à ce moment, d'espérer que la science entière, avec le temps, se rapprocherait de plus en plus de ce modèle, si conforme, du moins en apparence, au schéma positiviste.

Disons tout de suite que ces espérances ont été, si l'on ose s'exprimer ainsi, fauchées dans l'herbe. La thermodynamique s'est montrée impuissante à rendre compte de certains phénomènes, tels que la couleur bleue du ciel, que la théorie cinétique est parvenue à expliquer parfaitement ; et, de même, il a été impossible de la mettre d'accord avec les observations sur le mouvement brownien, que tous ceux qui usent du microscope connaissaient depuis près de cent ans, mais sur lequel l'attention des savants n'a été attirée que depuis que M. Gouy l'a rattaché au mouvement moléculaire. Comme le formule M. Smoluchowski, un des savants dont les travaux ont grandement contribué à éclaircir ce domaine, « le mouvement brownien est bien un phénomène qui démontre d'une manière évidente la justesse des raisonnements cinétiques et en même temps l'inexactitude des notions de la thermodynamique [1] », ces notions étant celles dont la généralisation et la transposition en concepts ontologiques constitue la métaphysique énergétique. La théorie du bleu du ciel de Lord Rayleigh constitue une preuve dans le même sens [2].

Il est très caractéristique que ce triomphe du cinétisme sur la thermodynamique, qui s'accompagnait cependant, au point de vue de la marche générale de la science, d'un progrès des plus considérables, ait paru, aux tenants sincères du positivisme, une chose tout à fait regrettable. Leurs sentiments ont été fort bien exprimés dès 1898 par Lucien Poincaré : « L'histoire de la physique, écrivait ce savant, semblable à l'histoire des peuples, ne serait-elle donc qu'un éternel recommencement et devons-nous périodiquement revenir aux conceptions que, dès l'antiquité, les philosophes ont imaginées ? Les progrès de la thermodynamique nous avaient cependant fait concevoir d'autres espérances ; elle semblait pouvoir nous guider à elle seule dans le domaine physique, tout en ne s'appuyant elle-même que sur des raisonnements et des principes formés par la généralisation naturelle de quelques lois expérimentales. Nous faudra-t-il donc toujours avoir recours à des images, à des interprétations mécaniques, sans doute si peu conformes à la nature [3] ? » On sait combien ces regrets sont demeurés inopérants : depuis le moment où

1. Smoluchowski, Bulletin international de l'Académie des sciences de Cracovie, année 1907, p. 1058.

2. Jean Perrin, *Les preuves de la réalité moléculaire. La théorie du rayonnement*, etc., Paris, 1912, p. 225. — Cf. P. Langevin, *Les grains d'électricité*, etc., *Les idées modernes*, etc., Paris, 1913, p. 98.

3. Lucien Poincaré, *Revue annuelle de physique. Revue générale des Sciences*, vol. IX, 1898, p. 429.

ont paru ces déclarations de L. Poincaré (qui a le mérite d'avoir, dans une certaine mesure, devancé les événements, l'évolution étant, à ce moment, dans ses commencements) d'autres faits sont venus accentuer le triomphe de l'atomisme, qui est devenu complet [1].

Etant donné le rôle particulier attribué ainsi à la thermodynamique, on est amené à scruter d'un peu plus près les fondements de cette science, afin de rechercher si réellement elle est aussi conforme au schéma positiviste qu'on a l'air de l'affirmer ou, tout au moins, de l'insinuer. Or, il suffit de jeter un coup d'œil superficiel sur un manuel pour se convaincre combien une telle prétention est insoutenable. Prenons le livre de Henri Poincaré, dont l'autorité est incontestée, et examinons la manière dont les deux principes fondamentaux y sont exposés. Pour le principe de la conservation de l'énergie, nous trouvons que, dès le début [2], il est question de « points matériels ». Que l'on suppose, un instant, l'existence de ces points matériels comme dépendant de notre sensation et que l'on essaie, après, de refaire la démonstration telle que la présente le manuel : elle aura perdu tout sens. Et cela est tout aussi évident, quelques pages plus loin, en ce qui concerne le second principe. La notion fondamentale du principe de Carnot, chacun le sait, est la notion de température. Or, voici en quels termes H. Poincaré la définit : « Par définition, deux corps sont à des températures égales ou en équilibre de température, lorsque, mis en présence, ils n'éprouvent aucune variation de volume. » Ainsi, pour établir le concept de température, celui de *corps*, et de corps ayant un volume déterminé, est indispensable. Est-il besoin vraiment d'insister sur ce point ? Qui donc, en effet, pourrait s'imaginer une température comme autre chose que l'apanage d'un corps matériel ? Ce serait à peu près, selon la fameuse image de Lotze, comme un mal de dents que personne n'aurait.

1. Cf., sur l'historique de cette évolution, chap. IV, pp. 211 et suiv.
2. H. POINCARÉ, *Thermodynamique*, Paris, 1892, pp. 10-11.

Donc, la thermodynamique n'est pas moins ontologique en son essence que n'importe quelle autre partie de la physique et la conviction contraire est une illusion. Nous verrons d'ailleurs tout à l'heure (p. 30) comment cette illusion a pu prendre naissance.

Mais il y a plus, et le physicien est tellement peu capable de se détacher du concept de chose, que, les choses du sens commun ne lui suffisant pas, il en crée d'autres, entièrement à leur image. Tel est le cas par exemple des objets télescopiques ou microscopiques. De toute évidence, la foi en leur existence chez le savant et, par répercussion, sans doute chez la plupart des hommes du commun, est aujourd'hui la même que pour les objets perçus directement. Un éminent histologiste, M. Nageotte, a constaté tout récemment qu'une classe particulière d'erreurs de jugement provient de ce que les observateurs oublient que les images microscopiques ne sont pas à la même échelle que les objets qui les entourent et qu'ils n'ont en réalité perçu que des fantômes [1], et pour le soleil, il n'y a pas le moindre doute que, des deux images que nous en avons selon Descartes [2], à savoir celle d'une petite tache lumineuse et celle d'un corps immensément supérieur de taille à notre terre, la seconde, chez l'astronome d'aujourd'hui, se substitue complètement à la première : le soleil est pour lui une masse incandescente, à peu près analogue à celles qui coulent d'un convertisseur Bessemer. D'ailleurs cette élaboration ne s'arrête nullement aux objets que nous pouvons *voir*, fût-ce par le secours d'instruments, elle s'étend à ceux dont l'existence est simplement inférée. Voici un électricien qui étudie un courant ; cachons le galvanomètre au moyen d'un écran et demandons-lui si le courant continue à passer. Il croira sans doute que nous demandons si un interrupteur n'a pas été tourné par mégarde. Insistons : demandons-lui s'il croit que le courant a cessé de passer du fait seul

<hr>

1. J. NAGEOTTE, *Notice sur les travaux scientifiques* etc., Paris, 1911, p. 9.
2. DESCARTES, *Méditations, Œuvres*, vol. IX, Paris, 1904, p. 31.

qu'il ne peut apercevoir le cadran du galvanomètre. Si l'homme auquel nous nous adressons n'a aucune culture philosophique, s'il est resté préservé du « doute métaphysique », et si nous lui avons bien fait comprendre la portée de notre question (ce qui ne sera pas chose facile, tellement il est peu habitué à mettre en rapport ces deux ordres de considérations), eh bien, s'il est sincère, il nous rira au nez. Le doute, dans ce cas, lui paraîtra aussi injustifié que si nous lui demandions s'il doute de l'existence de sa femme ou de son atelier, simplement parce qu'il n'aperçoit ni l'une ni l'autre au moment donné. Sa croyance aux *objets* des deux catégories est, apparemment, analogue, coule de la même source. Les électriciens ont, de tout temps, tellement cru au courant, ils l'ont tellement *vu*, qu'ils ont fini par le « matérialiser », à peu près à la manière dont un médium spirite prétend matérialiser sa pensée. Quiconque aurait des doutes sur la réalité du courant en tant qu'objet n'aurait qu'à se référer à certaines théories récentes ; ici le courant consiste en un véritable flux d'électrons ; il est d'ailleurs impossible de douter que ces derniers ne soient conçus comme réels, puisque c'est eux qui forment la matière et sont censés par conséquent constituer la source de toute réalité.

Ainsi, non seulement le point de départ de la science est ontologique, puisque c'est le monde des *objets* du sens commun, mais quand elle abandonne ces conceptions ou quand elle les tranforme, ce qu'elle adopte ainsi est aussi ontologique que ce qu'elle abandonne[1]. Cournot déjà avait clairement reconnu cette essence particulière des *théories scientifiques* : « Quoi qu'on puisse dire, déclare-t-il, dans les écoles scientifiques modernes, où l'on craint surtout de paraître faire de la métaphysique, l'atomisme mitigé, aussi bien que l'atomisme pur, implique la prétention de saisir par quelque bout l'essence des choses et leur nature intime[2]. »

1. Cf. à ce sujet plus bas, chap. XV, p. 284, les observations de M. Urbain.
2. Cournot, *Traité de l'enchaînement*, Paris, 1861, p. 264.

Il est même facile de constater que les êtres hypothétiques de la science sont véri*ablement plus *choses* que les
choses du sens commun. En effet, ce qui constitue la
chose, c'est le fait d'être indépendant de la sensation : la
chose reste ce qu'elle est, que je la regarde ou nòn. Or,
l'être hypothétique est manifestement plus indépendant,
plus éloigné de la sensation que la chose du sens commun, puisqu'il n'a jamais fait partie de notre sensation
directe et qu'au moins pour beaucoup d'entre ces êtres,
tels que les atomes chimiques ou les électrons, cette sensation nous apparaît même à peu près impossible. D'autre
part, ce qui distingue la chose de la sensation, c'est le
fait d'être moins fugitive, plus *perdurable* ; mais, sur ce
point encore, l'être théorique prime la chose du sens commun, car il est censé immuable : l'énergie, la masse matérielle, l'atome, l'électron sont absolument constants, éter-
nels, alors que tout ce que nous présente la perception
directe subit sans exception l'influence du temps.

C'est là précisément l'évolution dont nous avons parlé
plus haut et qui, selon M. Planck, fait que la science s'éloigne
de plus en plus de « considérations anthropomorphiques ».

De toute évidence, une science qui serait conforme à
l'idéal positiviste, qui serait réellement phénoméniste,
s'appliquant à mettre directement en rapport les sensations, ne pourrait en aucun cas se livrer à cette tâche qui
consiste à créer des *choses* nouvelles. Mais si l'on veut
concevoir jusqu'où il faudrait pousser le sacrifice, que l'on
songe qu'il atteindrait peut-être jusqu'à la géométrie.
Est-il bien sûr, en effet, que celle-ci ne recèle pas au fond
des conceptions substantialistes ? Pesons cette opinion
d'un grand mathématicien, certainement peu enclin à des
exagérations dans le sens ontologique : « La géométrie
n'existerait pas s'il n'y avait pas de solides se déplaçant
sans modification[1]. » Or, ce solide ne saurait dériver de notre
sensation directe, laquelle nous montre les corps qui se

---

1. H. Poincaré, *L'espace et la géométrie*, Revue de métaphysique, 1895,
p. 638. Cf. Id., *La géométrie non-euclidienne*, Revue générale des sciences,
1891, p. 772. — M. Painlevé est encore plus affirmatif ; les axiomes géomé-

déplacent changeant continuellement d'aspect et de taille, s'il s'agit de la sensation visuelle ; alors que, si nous nous en rapportons à la sensation tactile seule, leurs particularités ne peuvent apparaître simultanément que dans des cas exceptionnels, pour des corps de taille très réduite et de figure très simple ; dans la plupart des cas, pour un aveugle-né, ces particularités ne paraissent que successivement et ne reparaissent qu'à de longs intervalles. Le solide géométrique dont parle Poincaré, et qui est certainement indispensable à la constitution de la géométrie, ne peut donc être qu'une représentation. Il suffit d'ailleurs de mettre en regard d'autres processus par lesquels notre entendement réagit contre les sensations, transforme la réalité (ou la forme si l'on veut) pour se convaincre qu'il ne s'agit nullement, en l'espèce, d'une réaction unique, mais au contraire d'une évolution analogue à toute une série d'autres, d'une action coutumière et constante de l'intellect. Le corps ne restera pas seulement immodifié dans l'espace en ce qui concerne sa figure géométrique, il conservera dans le déplacement *toutes* ses qualités physiques et chimiques : un morceau de soufre ne saurait changer de conductibilité à l'égard de la chaleur et de l'électricité, ni de point de fusion, du fait que je l'aurai transporté d'un lieu à un autre ; et s'il pouvait être transporté sur une planète d'un autre système et que, dans des conditions de température, etc., déterminées, il s'y trouvât en contact avec de l'oxygène, j'affirme qu'il formerait un corps que l'on appelle l'acide sulfureux et dont je puis déterminer d'avance les propriétés. Il y a plus, ayant brûlé un morceau de soufre, j'affirmerai que quelque chose en lui, quelque chose de très essentiel, sa *matière*, a persisté, non seulement en son poids, mais encore (bien que l'on hésite parfois à l'énoncer clairement) qualitativement, puisque le soufre est un *élément* dont l'acide sulfureux constitue un *composé*, conformément à la conviction qu'ex-

triques sur les figures invariables » énoncent sous une forme épurée les propriétés de forme des solides matériels » (*De la méthode dans les sciences*, 1ʳᵉ série, *Mécanique*, Paris, 1910, p. 77).

prime la formule SO². Pour voir à quel point cette conception est analogue à celle du géomètre, nous n'avons qu'à nous imaginer connaître les *figures* des atomes — c'est une supposition qui n'a peut-être rien de véritablement extravagant, après les découvertes récentes. D'ailleurs, pour la rendre pour ainsi dire plus tangible, admettons pour l'instant qu'il s'agisse non pas du soufre, mais du carbone (simplement parce que cet élément est le mieux connu de tous au point de vue chimique). Eh bien, mettons que l'atome de carbone ait réellement la forme d'un tétraèdre (le fameux tétraèdre de Le Bel et de Van't Hoff) : il est certain qu'il aura conservé cette forme quand j'aurai brûlé le charbon.

Il est encore important à cet effet d'observer que la science est *contrainte* de procéder à cette création de *choses* nouvelles. Non seulement en ce sens que des sensations nouvelles, acquises à l'aide de procédés d'investigation de plus en plus perfectionnés, se transforment, pour ainsi dire toutes seules, en choses : tous les jours l'astronome découvre dans le ciel de nouveaux points lumineux et personne ne doute que ce ne soient de nouvelles étoiles, — mais encore parce que les choses d'où elle est partie ne peuvent être maintenues et doivent donc être remplacées par d'autres. Pour s'en convaincre il suffit d'un coup d'œil sur n'importe quel chapitre des sciences physiques. Qu'est-ce qu'un physicien qui étudie un barreau d'acier au point de vue de son élasticité, de sa dilatation par la chaleur et de sa capacité électrique pourrait bien faire du concept de ce barreau tel que le lui présente le sens commun, c'est-à-dire du concept d'un morceau de matière rigide et cohérente ? Il est obligé de lui supposer des lacunes, des pores, et de le résoudre finalement en un complexe de particules discontinues, de molécules. Et comment le chimiste ferait-il pour s'en tenir au concept du soufre en tant que masse jaune et continue ? Il faut qu'il traite des atomes de ce soufre, atomes dont les propriétés seront très différentes de celles du morceau que lui présente la perception directe.

Il est clair, d'ailleurs, que s'il n'en était pas ainsi, si la science s'en tenait véritablement à l'ontologie du sens commun et que l'on retrouvât celle-ci au bout de ses développements, l'affirmation positiviste serait proprement inexplicable. Or, il n'est pas besoin d'insister sur le fait qu'une grande doctrine professée par tant et de si bons esprits se justifie toujours par quelque côté. Cette justification (au moins partielle) résulte ici du fait que la science, tout en prenant le sens commun comme point de départ, détruit elle-même ensuite cette ontologie. Mais — et c'est là ce qu'il y a d'important — elle la détruit toujours au profit d'une ontologie nouvelle.

C'est là l'opération à laquelle la science se livre dans la plupart de ses chapitres. Elle ne le fait pas en thermodynamique puisque, nous l'avons vu, celle-ci ne met en avant aucune hypothèse particulière, cinétique ou autre. Mais cela signifie simplement que l'ontologie du sens commun y reste debout : quand on nous y parlera de *corps*, ce sera un corps tel que nous le connaissons dans la vie de tous les jours et de même la *matière* des points matériels sera plus ou moins (car elle sera censée n'avoir pas de dimensions) de la matière telle que nous la manions d'habitude. Mais précisément parce que cette ontologie nous est habituelle, elle a une tendance à ne plus nous apparaître comme telle, comme une hypothèse métaphysique, mais comme un fait avéré ; alors que l'ontologie inusitée des hypothèses se révèle telle au premier coup d'œil. Et c'est là certainement l'unique source de l'illusion que nous avons constatée tout à l'heure en ce qui concerne le caractère *positif* de la thermodynamique.

Ce que nous venons de reconnaître nous aide à mieux comprendre pourquoi, ainsi que nous l'avons constaté, la formule positiviste de la science se transforme si facilement en une véritable métaphysique des lois. Nous avons, tout à l'heure, attribué cette évolution à l'influence de la tendance métaphysique générale qui caractérise la raison humaine, et c'est là, sans aucun doute, la cause profonde du phénomène. Mais il faut bien reconnaître que cette tendance se manifeste ici dans des conditions très particulières. Si, en effet, comme le veut la doctrine positiviste, la conception du réel qui se trouve au fond de la science s'opposait nettement à la conception métaphysique, on aurait droit de s'étonner de ce qu'une notion d'origine aussi incontestablement scientifique que celle de loi eût pu être dénaturée de la sorte. Pour être plus explicite : Si la loi telle que la connaît la science devait être conçue (ainsi qu'on a l'air de l'affirmer) comme un *rapport sans supports*, si elle faisait réellement abstraction de toute existence en dehors de la conscience, on comprendrait mal que l'on eût cherché à attribuer à cette loi elle-même une existence métaphysique. Mais c'est qu'il n'en est pas ainsi. La science entière repose sur le tuf, peu apparent sans doute (puisqu'on a tenté de nier l'existence de cette assise), mais néanmoins solide et profond de la croyance à l'être indépendant de la conscience. Et c'est sur cette croyance même et non pas, en dépit de l'apparence, sur la théorie positiviste que s'appuie en réalité la conception de l'existence métaphysique des lois : l'existence du monde des objets paraît à tel point assurée qu'on en arrive à supposer que même les rapports entre ces objets, tels que les détermine l'intelligence humaine qui les contemple, doivent exister, cependant, indépendamment de cette intelligence. Donc, si la métaphysique des lois n'est pas conforme au véritable esprit de la science, pourtant, en tant que métaphysique, elle ne fait que développer un germe que la science contient incontestablement. Nous pouvons aussi retourner cette proposition : l'existence même de cette métaphysique des lois nous fournira alors une nouvelle confirmation de ce que la science, même purement légale, est en réalité saturée de métaphysique.

Ainsi la science véritable, la seule que nous connaissions, n'est en aucune façon et dans aucune de ses parties conforme au schéma positiviste. Ce que donnerait la stricte application de ce dernier, nous ne le savons pas, puisque, encore un coup, nous ignorons même si cette application est possible, c'est-à-dire si l'on peut vraiment, selon ce schéma, construire quelque chose qui ressemble à une science et que nous avons plutôt lieu de soupçonner que l'entreprise serait tout à fait chimérique. Mais ce qui paraît certain, c'est que, si elle venait à être établie, cette science réellement positiviste ne pourrait, en aucune façon, ressembler à la nôtre.

CHAPITRE II

LA SCIENCE RECHERCHE L'EXPLICATION

Il est aisé de constater, en effet, que la théorie positiviste repose au fond sur une erreur psychologique palpable : il n'est pas exact qu'en faisant de la science, nous
ayons uniquement pour but l'action. Cette conception provient surtout, comme on sait, de Francis Bacon, qui en a
fait le fondement de sa philosophie et y a insisté, sans se
lasser, dans des passages sans nombre : « Le but vrai et
légitime de la science, dit-il dans une de ces déclarations,
n'est autre que de doter la vie humaine de nouvelles in-
ventions et de nouvelles richesses [1]. » Hobbes a repris
cette théorie en affirmant que le « but du savoir est le
pouvoir [2] » et Comte définit, de manière tout à fait analogue : « toute science a pour but la prévoyance » et « science
d'où prévoyance, prévoyance d'où action [3] ».

Or, cette conception s'est substituée à une autre, plus
ancienne, à laquelle elle s'est opposée sciemment et qu'elle
a cherché à supplanter, comme on le voit notamment chez
Bacon. En effet, Platon déjà fait ressortir que la géométrie, en dépit de l'apparence, ne poursuit aucun but pratique et « n'a tout entière d'autre objet que la connaissance », le point de départ de toute science étant l'éton-

1. Francis Bacon, *The Works*, 1857, vol. II, p. 444. *Novum Organon*, lib. I,
aph. 81 ; cf. par exemple *ib.*, *De Augmentis*, lib. II, cap. II, p. 315 ; lib. III,
cap. IV, p. 341 ; lib. VII, cap. I, p. 388 ; *Redargutio philosopharum*, *Works*,
éd. Montagu, Londres, 1829, vol. XI, pp. 435, 466, 474.

2. Hobbes, *Elements of Philosophy*, *Works*, éd. Molesworth, Londres, 1835,
vol. I. — Cf. *ib.* *Leviathan*, Londres, s. d. (Dent), p. 363.

3. Aug. Comte, *Cours de philosophie positive*, vol. II, p. 20, vol. I, p. 51.
Cf. vol. VI, p. 618 : « voir pour prévoir ».

nément que l'homme éprouve à l'égard de la nature [1], et Aristote, tout en reprenant cette conception sur « l'étonnement et l'admiration qui, à l'origine comme aujourd'hui, conduisirent les hommes à la philosophie », déclare que « l'homme a naturellement la passion de connaître » et qu'il existe un savoir « dont l'objet ne peut être ni l'agrément ni le besoin », savoir dont font partie notamment les mathématiques [2].

Au moyen âge, il est à peine besoin d'y insister, étant donné le prestige dont jouissait alors la pensée d'Aristote, cette manière de voir règne en maîtresse. Mais à la Renaissance même, Montaigne l'exprime sans équivoque. « Il n'est désir plus naturel que le désir de connaissance. Nous essayons tous les moyens qui nous y peuvent mener... la vérité est chose si grande que nous ne devons dédaigner aucune entremise qui nous y conduise [3]. »

Pour Pascal, de même, il semble aller de soi que « les curieux et savants... ont pour objet l'esprit » et que dans les choses spirituelles règne « la curiosité proprement [4] ». Spinoza, à son tour, déclare que « tout effort dont la raison est en nous le principe n'a d'autre objet que la connaissance » et que « l'âme, en tant qu'elle use de la raison, ne juge pas qu'aucune chose lui soit utile, sinon ce qui conduit à la connaissance [5]. »

Ce n'est pas là, contrairement à ce que tendrait à faire croire le positivisme courant, une conception abandonnée par la science moderne. Jacobi, à qui Fournier avait reproché (ainsi d'ailleurs qu'à Abel) d'étudier des mathématiques très abstraites au lieu de se tourner plutôt vers le mouvement de la chaleur, répondit que « le but de la

1. Platon, *La République*, l. VII, 527 a. b. — Cf. Burnet, *L'aurore de la philosophie grecque*, tr. Reymond, Payot, Paris, 1919, p. 11. M. Burnet fait d'ailleurs ressortir avec raison que le trait distinctif de la pensée grecque, c'est la puissante curiosité dont ce peuple était doué et qui lui permit de recueillir et d'utiliser les petits bouts de savoir qu'avaient acquis les barbares (*ib.*, p. 28).
2. Aristote, *Métaphysique*, livre Ier, chap. Ier.
3. Montaigne, *Essais*, Paris, Flammarion, vol. IV, p. 187.
4. Pascal, *Pensées et opuscules*, éd. Brunschwicg, Paris, 1917, p. 544.
5. B. Spinoza, *Éthique*, livre IV, prop. xxvi (éd. Appuhn, p. 469).

science, c'est uniquement l'honneur de l'esprit humain [1] »
et M. Lowell, le célèbre astronome américain, définit :
« L'objet entier de la science est d'expliquer et de rendre
plus compréhensible l'univers qui nous entoure [2]. » Auguste
Comte, tout en ne niant pas absolument cet esprit de curiosité scientifique, déclare que ce penchant est « un des
moins impérieux de notre nature ». C'est la conséquence
inévitable de son système et c'est là que l'erreur psychologique éclate, car cette soif de savoir, chacun de nous la
sent en lui-même. C'est au point que Littré, dans la *Préface d'un disciple* au *Cours*, ne croit pas pouvoir maintenir, sur ce point, l'enseignement de son maître. Il ne
conteste pas « que l'objet (de la science idéale) est de
satisfaire à un besoin de l'esprit humain porté par une
impérieuse nécessité à affirmer le dernier mot des choses
ou, tout au moins, à le chercher » et que c'est là « un fait
d'observation prouvé par l'étude de chaque époque, de
chaque peuple, de chaque individu ; il n'est pas permis
de refuser de l'apercevoir ; c'est ici un fait comme tant
d'autres, son existence nécessaire dispense d'en discuter
la légitimité ». Il plaide seulement pour qu'on reconnaisse
qu'en se livrant à ces recherches, on essaie « inutilement
de résoudre d'insolubles problèmes [3] ». Cela se peut, mais
ce n'est pas là la question et d'ailleurs Comte, on l'a vu,
a présenté les fondements du positivisme d'une manière
toute différente.

Que si l'on veut connaître l'avis, sur ce point, de savants autorisés, on n'a que l'embarras du choix ; nous nous
contenterons de citer un petit nombre de passages d'auteurs à peu près contemporains à Comte ou postérieurs.
Cuvier, dans la préface à sa grande œuvre, les *Leçons
d'anatomie comparée*, affirme que « les faits appellent les
faits. Quelque riche qu'on en soit, on en désire toujours [4] » ; Claude Bernard parle de « l'excitation constante

1. Enriques, *La critique des principes et son rôle dans le développement
des mathématiques*, Scientia, XII, 2, 1912, p. 78.
2. P. Lowell, *The atmosphere of Mars*, Scientia, XIX, 1ᵉʳ janvier 1916, p. 19.
3. Auguste Comte, *Cours de philosophie positive*, 4ᵉ éd., Paris, 1877, p. xxxv.
4. Georges Cuvier, *Leçons d'anatomie comparée*, Paris, 1805 (an XIV), p. x.

donnée par l'aiguillon de l'inconnu » et de la « soif scientifique sans cesse renaissante [1] ». De toute évidence, ni Cuvier ni Claude Bernard ne pensent à l'*utilité*, même dans un sens très général, des recherches qu'ils vont entreprendre, et ce qui les pousse, c'est la pure curiosité scientifique. De même H. Poincaré déclare que non seulement nous ne nous résignons pas aisément à « ignorer le fond des choses », mais qu'à son avis ce sentiment prime celui qui nous pousse à agir : « A mes yeux, c'est la connaissance qui est le but et l'action qui est le moyen [2]. » Ce désir de connaître devient, chez le savant, une véritable passion. Au moment où Pasteur, encore élève à l'Ecole Normale, arrivé à la phase terminale de ses recherches sur les acides tartriques, va procéder à la constatation décisive, l'émotion l'étreint si fort, qu'il ne peut plus regarder dans le polarimètre [3]. Or, il est à peine besoin de le faire ressortir, ce travail, d'une importance théorique de premier ordre, ne visait aucun résultat pratique.

Il n'est pas vrai que notre intelligence se déclare satisfaite de la simple description d'un phénomène, si minutieuse soit-elle. Même si la science est en mesure de soumettre un phénomène, dans tous ses détails, à des lois empiriques, elle cherche au delà ; elle l'a toujours fait et elle continue à le faire à l'heure actuelle. Si l'on affirme le contraire, la marche entière de la science, dans le passé et dans le présent, devient une énigme, ou plutôt une sorte de gigantesque et monstrueuse absurdité. Nous avons cité autrefois à ce propos ce qui s'est passé pour l'attraction newtonienne [4]. La loi qui régit les phénomènes de cet ordre est d'une clarté et d'une simplicité qu'on ne saurait surpasser ; comment se fait-il que les astronomes et les physiciens, à partir du moment même où elle fut formulée, aient cherché au delà, comment se peut-il qu'ils aient

1. Claude BERNARD, *Introduction à l'étude de la médecine expérimentale*, éd. Sertillanges, Paris, 1900, p. 353.
2. H. POINCARÉ, *La science et l'hypothèse*, Paris, s. d., p. 258. Sur la valeur objective de la science, Revue de métaphysique, 1902, p. 266.
3. E. GOBLOT, *Traité de logique*, Paris, 1918, p. 22.
4. *Identité et Réalité*, pp. 46 et suiv.

considéré cette attraction comme une énigme ? A cet exemple topique, on pourrait en ajouter d'autres. Ainsi, à l'autre bout en quelque sorte du domaine de la science (puisqu'il s'agit d'une région où, à l'encontre de ce qui a eu lieu en astronomie, les mathématiques n'ont presque pas encore pénétré), à savoir dans les sciences biologiques, on constate que la recherche de ce qui dépasse la règle pure et simple, la loi empirique, est tout aussi active. Les uns voudraient établir des explications modelées entièrement sur le type de celles usitées dans les sciences physiques ; les autres déclarent cette tâche irréalisable et font intervenir la finalité ; mais les uns et les autres paraissent d'accord pour admettre que la loi empirique ne suffit en aucune façon à l'explication des phénomènes. Dans cet ordre d'idées, les discussions qui se poursuivent sans cesse entre les deux partis sont même particulièrement intéressantes ; on y peut voir en effet de combien près les deux genres d'explication se touchent, au point que l'un semble saisir immédiatement ce qui échappe à l'autre. Les démonstrations du finaliste se ramènent toutes à ce type : tel phénomène ne peut être réduit à l'action exclusive de causes antécédentes : donc, il est nécessaire de faire intervenir le concept de fin. Alors que l'anti-finaliste même, parlant d'un organe, raisonne instinctivement, chaque fois qu'il ne fait pas intervenir expressément des considérations mécanistes, etc., comme si cet organe avait été créé en vue de ses fonctions. Le physiologiste, comme l'a constaté Claude Bernard, si peu favorable cependant lui-même au finalisme, est, pour ainsi dire, en dépit de lui-même poussé à se servir des conceptions finalistes [1].

Ainsi les biologistes semblent attirés pour ainsi dire invinciblement par l'un ou par l'autre système. Est-il nécessaire d'indiquer combien cette situation apparaît paradoxale, si l'on adopte le schéma positiviste ? La loi devant

---

1. Claude Bernard, *Introduction à l'étude de la médecine expérimentale*, éd. Bertillanges, Paris, 1900, p. 140. Les finalistes, non sans quelque raison, triomphent de ces aveux du créateur de la physiologie moderne, cf. par exemple Driesch, *Der Vitalismus als Geschichte und Lehre*, Leipzig, 1905, p. 131.

contenter notre esprit, on ne s'explique point cette intrusion du concept de *fin*, si étranger manifestement à l'esprit de la science moderne. A supposer que, par une sorte d'entraînement traditionnel (vicieux évidemment) ou par le désir (plus légitime celui-là selon le credo comtiste) d'unifier la nature, le biologiste fût poussé tout d'abord à rechercher des explications physiques, il devrait, aussitôt après avoir constaté son impuissance à cet égard dans un cas précis, revenir pour ainsi dire automatiquement à la règle empirique pure. Mais, en fait, il agit la plupart du temps très différemment. Sans doute, il ne serait pas impossible de citer des exemples où, devant le saugrenu évident d'une conception téléologique, on est revenu à la loi empirique. Mais dès que la théorie finaliste présente réellement une consistance quelconque, elle ne cède généralement que devant l'explication physique et, inversement, dès que celle-ci fait défaut, l'idée d'une fin semble s'imposer impérieusement à l'esprit du biologiste. C'est là évidemment la source des accusations incessantes de finalisme occulte, que l'on entend formuler contre des hommes qui, cependant, à juger *grosso modo*, devaient paraître à l'abri de ce reproche, tels que par exemple les protagonistes de la théorie évolutionniste et, en première ligne, Charles Darwin lui-même [1].

On peut citer, dans le même ordre d'idées, l'exemple d'Auguste Comte qui, hostile par principe, on vient de le voir, à toute explication allant au delà de la loi, l'était davantage encore à toute conception finaliste. Cependant, il n'hésite pas à définir en ces termes le but de la biologie : « Etant donné l'organe ou la modification organique, trouver la fonction ou l'acte, et réciproquement [2]. » Il est certain que le concept d'une *fonction* à laquelle un organe

1. Cf. S. Bohn, *Idées nouvelles sur l'adaptation et l'évolution*, Scientia, vol. XVIII, 4 août 1915, p. 86, et Henri Piéron, *Les intérêts nuisibles à l'espèce devant les théories transformistes*; ib., vol. IX, 1911, p. 203. — Des accusations analogues ont été formulées contre E. Haeckel, cf. L. Roru, *Schelling und Spencer*, Berne, 1901, p. 33.

2. *Cours*, III, p. 211.

se trouve en quelque sorte prédestiné est un concept finaliste au premier chef.

C'est donc qu'en réalité finalistes et anti-finalistes se placent sur un terrain commun, professent une foi qui leur est commune : ils croient manifestement les uns et les autres qu'il faut, aux phénomènes, une explication en dehors de la loi, au delà de la loi.

Bien entendu, ce que nous venons de constater pour l'astronomie et la biologie vaut pour le vaste champ intermédiaire des sciences physico-chimiques tout entier. Partout la recherche de l'explication s'établit en maîtresse. Voici un exemple entre mille. En octobre et novembre 1911, un « Conseil de physique » se réunissait à Bruxelles, qui comprenait dans son sein, on peut le dire, les sommités de la science physique de l'Europe entière. Il suffira d'indiquer qu'il y avait là, pour la France, Henri Poincaré, M. Brillouin, Mme Curie, MM. Langevin et Perrin et, parmi les étrangers, MM. H.-A. Lorentz (qui a présidé l'assemblée), Nernst, Planck, Jeans, Rutherford, Kamerlingh Onnes et d'autres encore, presque aussi célèbres. Or il suffit de jeter un coup d'œil sur le recueil publié par le *Conseil* et qui rend compte des communications qui y ont été faites et des discussions qu'elles ont provoquées, pour constater que le but unique de tout ce travail consistait dans la recherche d'une véritable théorie physique, d'une supposition relative au mode de production (si odieuse à Auguste Comte et si inadmissible, en effet, d'après sa conception de la science). On veut une hypothèse susceptible d'expliquer toute une série de phénomènes constatés d'une manière indubitable par des savants autorisés et qui contredisent nettement toutes les théories qu'on avait formulées jusqu'à ce jour. Rien n'égale l'ardeur avec laquelle ces éminents savants poursuivent la recherche de cette conception, si ce n'est le profond dépit (le terme n'est pas trop fort) qu'ils manifestent devant l'impossibilité de construire une image cohérente, vraisemblable, de ce qui se passe en réalité.

Qu'il s'agisse véritablement de cela, et non pas de la

récherche de lois, c'est ce dont, semble-t-il, aucun lecteur attentif et impartial de ces pages de haute science ne saurait douter. Les règles empiriques, on les a, et l'on sait aussi dans quel cas chacune d'elles doit être appliquée. Le malheur est que si, d'après une série de ces lois, on s'est formé une image de la réalité qui pourrait produire ces rapports, cette image est contredite par ce qui résulte d'autres lois, valables en d'autres circonstances. Voici au surplus quelques passages probants. M. Einstein constate que l'hypothèse faite par M. Planck (il s'agit de l'hypothèse des *quanta d'énergie*), « si simplement qu'elle permette d'obtenir la formule de Planck, n'en paraît pas moins singulière et déconcertante quand on l'examine de plus près ». En effet « nous devons nous faire une image de la manière dont circulent les éléments d'énergie. Puisqu'ils sont si éloignés les uns des autres aux basses températures, ils doivent circuler de manière tout à fait indépendante. De plus, un *quantum*, si l'on veut pouvoir parler d'une oscillation périodique simple des atomes, doit rester lié au même atome pendant au moins la durée d'une demi-oscillation. S'il passe ensuite à un autre atome, ce ne peut être qu'à un atome voisin du premier, et naturellement selon les lois du hasard... Pour échapper à cette conclusion on devrait faire sur le déplacement des *quanta* des hypothèses tout à fait invraisemblables. » Ce sont là des circonstances qui font que la théorie de M. Planck « ne constitue pas véritablement une théorie au sens ordinaire du mot, en tout cas, pas une théorie qui puisse être, dès maintenant, développée de manière cohérente ». Le célèbre physicien déclare encore qu'il « faudrait se former une image » du « mécanisme qui produit une accumulation de l'énergie rayonnante », et regrette d'avoir à admettre une propriété « bien que nous ne voyions pas par quel mécanisme elle peut être expliquée ». Il constate que les « difficultés que rencontre une théorie satisfaisante de ces phénomènes fondamentaux paraissent actuellement insurmontables. Pourquoi un électron prend-il, dans un métal frappé par les rayons de Rœntgen, la grande énergie cinétique observée pour les rayons cathodiques secondaires ? Tout le métal se trouve dans le champ des rayons de Rœntgen, pourquoi seulement une petite partie des électrons prend-elle cette vitesse de rayons cathodiques ? D'où vient que l'énergie n'est absorbée qu'en des points extrêmement peu nombreux ? En quoi ces points diffèrent-ils des autres ? Nous restons sans réponse devant ces questions, comme devant beaucoup d'autres [1]. » Il loue M. Nernst d'avoir « beaucoup fait pour présenter ces questions sous une forme concrète », c'est-à-dire d'avoir essayé de concevoir une véritable image de la réalité, et refuse d'accepter pour la probabilité qu'on fait intervenir dans ces phénomènes une définition purement mathématique, en réclamant une « définition physique [2] », c'est-à-dire encore se rattachant à une image réelle.

Nous avons cru devoir particulièrement insister sur ces déclarations de M. Einstein, parce qu'il s'agit d'un des protagonistes de la phase la plus récente de la physique : on sait en effet que ce savant est, avec Minkowski, l'auteur du célèbre « principe de relativité » (ou plutôt, *des* principes de relativité, car il en a proclamé successivement deux, entre lesquels il y a divergence) qui menace de bouleverser si profondément la physique traditionnelle, et sa part dans l'étude des phénomènes dont s'est occupé le *Conseil* de Bruxelles a été également des plus considérables.

D'ailleurs, il est aisé de relever, chez les autres participants de cette assemblée, des phrases qui montrent que ces savants pensent, en cette matière, tout à fait comme M. Einstein. Ainsi M. H.-A. Lorentz, l'illustre physicien hollandais, déclare, dans son discours d'ouverture présidentiel, qu'on « ne saurait se contenter d'admettre qu'un vibrateur moléculaire, exposé au bombardement des ato-

1. *La théorie du rayonnement et les quanta. Rapports*, etc., publiés par P. LANGEVIN et M. de BROGLIE, Paris, 1912, pp. 420, 429, 431, 436.

2. *Ib.*, p. 438, cf. *ib.*, p. 115 : Une définition purement mathématique de la probabilité est « choquante », car dès lors « l'équation de Boltzmann n'a pas de contour physique ».

mes d'un gaz, ne puisse prendre l'énergie que par des portions finies d'une grandeur déterminée ; nous avons le droit d'exiger qu'on imagine entre les molécules gazeuses et le vibrateur un mode d'action qui conduise à ce résultat », ce qui est évidemment exiger une théorie relative au mode de production et une image ; dans le cours de la discussion, il mentionne divers « artifices » qu'il avait imaginés, concernant ce mode de production et qui, malheureusement, n'ont donné aucun résultat. M. Planck estime qu'il « serait sans doute désirable qu'on puisse donner de la probabilité thermodynamique une définition physique valable dans tous les cas », mais qu'il « n'est effectivement pas possible d'en trouver une dans l'état actuel de nos connaissances » et c'est pourquoi cette définition physique doit rester, pour le moment, indéterminée. M. Brillouin parle d'un modèle qui ramène les discontinuités d'énergie à des discontinuités de structure (c'est-à-dire encore, qui substitue à la constatation physique une image censée l'expliquer) et Lord Rayleigh, qui n'assistait pas aux séances, expose dans une lettre que la théorie des éléments d'énergie a, sans doute, « déjà conduit à des conséquences intéressantes, grâce à l'habileté de ceux qui l'ont appliquée », mais qu'il est néanmoins « difficile de la considérer comme donnant une image de la réalité [1] ».

Il est remarquable que, devant l'échec dûment enregistré de toutes les tentatives d'explication, aucun des assistants n'ait eu l'idée de proclamer qu'il fallait renoncer aux efforts de ce genre et se contenter de formules purement empiriques. M. Planck a bien constaté que deux physiciens, M. Larmor et M. Debye, paraissaient vouloir « se placer à ce point de vue phénoménologique ». Mais l'auteur de la théorie des *quanta* a aussitôt ajouté qu'il lui paraissait impossible d'en rester là [2] et les assistants ont paru acquiescer complètement à cette manière de voir : ils ont continué à parler théorie, image réelle et mode de

1. *Ib.*, pp. 6, 14, 49, 115-116, 123-124.
2. *Ib.*, p. 100.

production, comme si le point de vue purement phénoméniste ne leur avait jamais été suggéré.

Il est vrai que M. Planck, tout en rejetant les opinions
de MM. Larmor et Debye, a cru devoir motiver son attitude
de manière à ne pas heurter de front l'orthodoxie positiviste. Il est, a-t-il dit, « de la plus haute importance de
chercher les relations qui peuvent exister entre le *quantum*
d'action et d'autres constantes physiques, à la fois pour
fixer et élargir sa signification ». Il est certain, en effet, que
toute théorie physique, tant soit peu adaptée aux observations, a une importance énorme au point de vue du développement de la science, même purement légale, bornée
à la prévision des faits. Une science privée de théorie
apparaîtrait en quelque sorte comme entièrement achevée,
statique, alors que la vraie science, nous le sentons, doit
être en flux, évoluer, progresser. Mais cela n'empêche que
des considérations de cet ordre paraissent d'une insuffisance flagrante pour expliquer l'attitude de curiosité pas-
sionnée des participants du *Conseil* de Bruxelles. Pour ne
parler que de M. Einstein, comment motiver ses *pourquoi?*
ses *d'où vient ?* Comment expliquer l'intervention constante de l'image, du modèle physique et l'ardeur avec
laquelle il le réclame ? Et quel sens pourrait présenter le
reproche d'invraisemblance s'il ne s'agissait d'une véritable hypothèse sur le mode de production, sur ce qui *se
passe réellement ?* Dans le domaine des lois purement
empiriques, tout est d'une vraisemblance égale. Il faudrait,
semble-t-il, en général, une interprétation singulièrement
astucieuse pour faire rentrer tout cela dans le schéma positiviste. La vérité est que, si un vrai positiviste avait été là,
il se serait sans doute levé dès les premières paroles pour
protester vivement : Vous vous donnez une peine inutile,
vous poursuivez une chimère, ou plutôt vous faites œuvre
anti-scientifique, puisque vous recherchez manifestement
une hypothèse sur ce qui se passe dans l'espace, sur les
dessous réels des phénomènes, alors que vous devriez vous
borner à rechercher des lois et à ne formuler que des suppositions relatives à des lois.

Pourra-t-on prétendre qu'il s'agit, en l'espèce, d'une tournure d'esprit propre aux savants, d'une sorte de propension vicieuse que leur inspirerait le genre particulier d'occupation auquel ils s'adonnent, à l'encontre du commun des hommes ? Il est à remarquer qu'Auguste Comte lui-même a été d'un avis contraire, qu'il a considéré que la tendance à chercher au delà de la loi, à s'enquérir des causes, était l'attribut de l'intelligence dénuée de culture scientifique, alors que le véritable savant réagissait contre ce penchant [1]. Mais il est aisé de se convaincre à quel point le fondateur du positivisme avait raison dans la première partie de son affirmation (sinon, nous l'avons vu, dans la seconde). Il suffit de discuter avec un homme instruit, mais n'ayant qu'une culture scientifique peu approfondie, pour voir aussitôt surgir des questions telles que : « Qu'est-ce, au fond, que l'électricité ? » ou bien des objections comme : « Mais on ignore ce qu'est véritablement l'électricité ! » Or, sous l'une ou l'autre forme, ce que l'on demande, ce n'est évidemment pas un ensemble de lois (que l'interlocuteur suppose connues), mais une théorie, théorie qu'on voudrait conçue en termes du sens commun ou du moins de la théorie mécanique. On peut aussi poser directement la question de la conception positiviste de la science, en demandant par exemple à un tel interlocuteur de reconnaître qu'une pratique magique quelconque, si elle était constamment suivie de résultats heureux, suffirait pour établir une loi, à l'égale de n'importe quelle expérience physique. Cela est strictement exact d'après la définition d'Auguste Comte, puisqu'il est entendu qu'on doit s'abstenir de toute recherche portant sur le « mode

1. Cf. par exemple *Cours de philosophie positive*, 4ᵉ éd., Paris, 1877, vol. II, p. 169 : « Nous ne pouvons évidemment savoir ce que sont au fond cette action mutuelle des astres et cette pesanteur des corps terrestres... les esprits entièrement étrangers aux études scientifiques peuvent seuls s'en occuper aujourd'hui. » *Ib.*, p. 268 : « Tous les bons esprits reconnaissent aujourd'hui que nos études réelles sont strictement circonscrites à l'analyse des phénomènes pour découvrir leurs lois effectives... et ne peuvent nullement concerner... leur mode essentiel de production. » Il est clair que Comte, ici et là, fait appel au sentiment des savants, qu'il oppose à celui de la foule.

de production ». Mais très certainement, notre interlocuteur n'admettra pas ce point de vue et l'on est à peu près sûr d'aboutir à cette objection : « Je ne puis pas m'imaginer *comment* cela se serait fait, alors que, pour toute expérience physique, je conçois parfaitement que l'intervention d'une matière, d'une force, etc., a pu produire ce changement. » On peut encore s'assurer que les personnes qui croient à l'efficacité de pratiques magiques font sans doute valoir les succès obtenus dans des expériences précédentes, mais ne manquent jamais d'appuyer cet argument par une théorie, prétendant expliquer comment, par l'action d'un agent ou d'une force mystérieuse, dont le commun des hommes a tort de méconnaître le pouvoir, et qu'il est d'ailleurs incapable de mettre en mouvement, les phénomènes constatés ont dû être immanquablement produits.

C'est qu'en effet le rôle prépondérant de l'explication dans la science ne se constate pas uniquement par l'ardeur avec laquelle nous la recherchons, mais encore par la satisfaction intime et profonde que nous éprouvons quand nous croyons l'avoir atteinte ou du moins avoir atteint quelque chose qui ressemble de près ou de loin à une telle explication. Chacun peut en faire directement l'expérience sur lui-même, en s'initiant à une théorie mécanique qu'il ignorait précédemment ; si cette théorie est peu ou prou adaptée aux faits, il aura certainement le sentiment de comprendre le *pourquoi* des faits en question. De grands savants, sans aucun parti pris anti-positiviste, par simple souci de préciser leur méthode, l'ont constaté : « Si je puis faire un modèle mécanique, dit Kelvin, je comprends ; si je ne peux pas en faire un, je ne comprends pas » — et l'évolution tout entière de la science confirme cette assertion. Il suffit en effet d'ouvrir un manuel quelconque, à n'importe quel chapitre, pour se convaincre que la science est remplie de ces théories explicatives, et il n'est pas besoin de pénétrer bien profondément dans l'histoire de la pensée scientifique pour constater qu'il en a été ainsi à toutes les époques, que jamais il n'a existé quoi que ce fût méritant véritablement le nom de science et ressemblant de près ou de loin au schéma positiviste. Ainsi l'existence de la science explicative est un *fait*, fait que l'on aurait presque envie de qualifier de brutal, à tel point sa matérialité ressort en face des chétifs artifices que l'on a mis en œuvre pour tenter de le faire rentrer dans le cadre de la théorie ou, au moins, d'en atténuer l'importance. Comte cependant, on le sait, a été à ce sujet d'une franchise parfaite, du moins dans les passages où il expose sa doctrine sous la forme la plus complète : tout ce qui a trait au mode de formation d'un problème, c'est-à-dire toute théorie explicative, doit être impitoyablement chassé de la science. Un autre penseur encore, dont on n'est pas habitué à voir le nom accouplé à celui du fondateur du positivisme (bien que son attitude envers la science fût, nous le verrons dans le cours de ce travail, à maints égards analogue) a rejeté en bloc la science explicative tout entière : c'est Hegel. Sans doute ce philosophe n'entend-il pas condamner toute explication en général ; au contraire, il a tenté de réaliser un système complet de ces explications, mais conçu dans un esprit entièrement différent de celui qui dirige les efforts de la science dans ce domaine, efforts qui lui apparaissent comme entièrement vains et absurdes, au point qu'il estime qu'il n'y a rien à en retenir. — Il faut évidemment une grande audace et une confiance illimitée dans la certitude des déductions que l'on opère pour heurter de front ce fait indubitable de la science explicative, comme l'ont fait ces deux philosophes.

En ce qui concerne Comte, il convient cependant d'ajouter que parfois, cédant sans doute dans une moindre mesure à la rigoureuse logique de ses idées préconçues et davantage à son puissant instinct scientifique, il s'est exprimé d'une manière moins tranchante ; sa conception revient alors à celle qui reconnaît aux théories figuratives une certaine utilité, en tant que destinées à relier les phénomènes provisoirement, là où une liaison légale fait encore momentanément défaut, et à préparer ainsi l'éta-

blissement de cette liaison, c'est-à-dire la découverte de
nouvelles lois, qui reste, en définitive, l'unique, le véritable but de la science. C'est ainsi que, ne pouvant pas
entièrement méconnaître la tendance irrésistible de notre
esprit à dépasser les constatations résultant d'une généralisation pure et simple de données expérimentales, il cherche à l'expliquer par le penchant que nous éprouverions
à préparer les voies à des progrès ultérieurs. Il arrive
même à déclarer que « quoi qu'on en puisse dire, l'empirisme absolu serait non seulement tout à fait stérile, mais
même radicalement impossible à notre intelligence, qui,
en aucun genre, ne saurait évidemment se passer d'une
doctrine quelconque, réelle ou chimérique, vague ou précise, destinée surtout à rallier et à stimuler ses efforts
spontanés, afin d'établir une indispensable unité spéculative, sans laquelle l'activité s'éteindrait nécessairement [1]. »
Mais toujours il maintient qu'au fond c'est la conception
positive seule, c'est-à-dire l'établissement d'un rapport
purement légal, qui pleinement satisfait ou du moins devrait satisfaire notre esprit, les explications n'intervenant
que là où les conceptions positives font défaut : « Ce
besoin de disposer les faits dans un ordre que nous puissions concevoir avec facilité (ce qui est l'objet propre de
toutes les théories scientifiques) est tellement inhérent à
notre organisation, que, si nous ne parvenions pas à le
satisfaire par des conceptions positives, nous retournerions inévitablement aux explications théologiques et métaphysiques auxquelles il a primitivement donné naissance. »

Après Comte, on s'en est naturellement tenu plutôt à
cette sienne seconde manière, d'apparence moins paradoxale que la première. On a sans doute continué à développer les anciennes hypothèses et à en créer sans cesse
de nouvelles et l'on a, comme de tout temps, subordonné
tout dans la science à la recherche et à l'établissement de
ces hypothèses, mais on a fait le possible pour dissimu-

1. *Cours*, vol. IV, p. 471.

ler ce fait, pour traiter, au moins en apparence, les conceptions figuratives comme quelque chose de secondaire, comme une sorte d'appendice dont on regrettait ne pas pouvoir se passer provisoirement et dont il fallait se débarrasser au plus tôt. Ainsi Rankine, dans un travail théorique qui a fait autorité, demandait qu'en formulant des théories on s'appliquât, dans la mesure du possible, à étendre le processus d'abstraction. On parviendrait ainsi à un « corps de principes » qui, édifiés uniquement par l'induction, « seront dégagés de l'incertitude qui forcément s'attachera toujours même à celles d'entre les hypothèses mécaniques dont les résultats sont le plus complètement confirmés par l'expérience ». Rankine n'entend cependant pas écarter complètement, dans les théories, la méthode hypothétique, il reconnaît que « dans presque toutes les branches de la physique moléculaire une théorie hypothétique est nécessaire », mais il n'y voit qu'une « phase préliminaire en vue de réduire l'expression des phénomènes à de l'ordre et à de la simplicité, avant qu'il ne soit possible d'accomplir quelque progrès, en formulant une théorie abstraite [1] ». On est même allé jusqu'à prétendre qu'il n'y avait là qu'une exigence particulière à certains esprits individuels, d'autres (évidemment supérieurs) n'éprouvant pas le besoin d'y avoir recours. C'est l'illustre Clerk Maxwell qui s'est exprimé en ces termes [2] et l'on ne saurait, certes, trouver de preuve plus frappante de l'influence vraiment prodigieuse que le puissant esprit d'Auguste Comte a exercée sur les générations qui ont suivi, qu'en constatant que cette opinion émane de l'homme qui a consacré une grande partie de ses efforts à l'établissement de théories mécaniques et dont l'œuvre principale, le *Traité de l'électricité*, est toute entière dominée par cette préoccupation de l'explication mécanique des phénomènes électriques.

Il semble que toute la série d'observations que nous

<hr>

1. W.-J. Macqorn RANKINE, *Outlines of the Science of Energetics*, The Edinburgh New Philosophical Journal, July-Oct. 1855, p. 124.
2. Cl. MAXWELL, *Scientific Papers*, Cambridge, 1890, vol. II, p. 219.

venons de noter comporte cette conclusion inévitable : Pas plus chez le savant que chez l'homme de sens commun, la loi ne suffit à expliquer le phénomène. Elle joue, certes, un rôle immense dans la science, puisqu'elle permet la prévision et, partant, l'action. Mais elle ne contente pas l'esprit qui cherche, au delà d'elle, une *explication* du phénomène.

Que si maintenant nous revenons à ce que nous avons constaté, dans notre premier chapitre, au sujet de la création de nouvelles *choses* par la science, il devient clair que ce qui pousse celle-ci à procéder ainsi, c'est justement ce besoin d'explication dont nous nous occupons en ce moment. Pourquoi le physicien, en parlant de la dilatation, etc., d'un barreau d'acier, ne peut-il le considérer simplement sous les espèces que lui fournit le sens commun ? Évidemment parce que ce phénomène de la dilatation serait alors inexplicable, alors qu'il semble s'expliquer si nous supposons le barreau composé de particules séparées par des intervalles, censés s'agrandir quand le barreau se dilate.

Ainsi ces deux puissantes tendances, celle qui pose, comme substrat des phénomènes, un monde de réalités ontologiques et celle qui poursuit l'explication de ces phénomènes, se combinent et s'enchevêtrent dans la science. Elles s'enchevêtrent si bien, qu'il est pour ainsi dire impossible de parler congrûment des manifestations de l'une d'entre elles sans par là même aborder le domaine de l'autre. Il nous semble aller en quelque sorte de soi que la véritable explication soit en même temps une explication réelle, par ce qu'il y a au-dessous du phénomène, par ce qui *est*. Seuls, les habitants d'un asile d'aliénés, dit avec raison Hartmann, pourraient tenter des explications physiques à l'aide de concepts sciemment irréels[1].

Nous verrons, dans un de nos chapitres ultérieurs (t. II, p. 261) qu'il est possible de concevoir les deux tendances

1. Hartmann, *Das Grundproblem der Erkenntnistheorie*, Leipzig, s. d., page 22.

comme étant issues au moins partiellement de la même
source et que sans doute même notre penchant ontologique, le fait que la sensation se transforme, instantanément, en perception n'est lui-même au fond qu'un produit
du besoin d'expliquer ces sensations. Mais, pour le moment, il vaut mieux que nous posions les deux tendances
non seulement comme distinctes, mais encore comme anta-
gonistes, ce qu'elles sont en un certain sens, puisque,
comme nous le verrons dans notre second livre, la science,
en menant ses explications jusqu'au bout, finit par détruire
cette réalité ontologique qui, d'abord, paraissait lui être
indispensable.

LIVRE II

—

LA MARCHE DE L'EXPLICATION

[illegible]

[illegible]

CHAPITRE III

LA DÉDUCTION

Tout le monde sait que ce que le savant recherche au delà de la loi est fréquemment désigné par le vocable de *cause*, qui devient, dans ce sens, à peu près synonyme du terme *explication* : quand on connaîtra la ou les causes du phénomène, ce dernier sera expliqué et l'esprit se déclarera satisfait.

« L'esprit de l'homme, dit Claude Bernard, ne peut concevoir un effet sans cause, de telle sorte que la vue d'un phénomène éveille toujours chez lui une idée de causalité. Toute la connaissance humaine — ajoute le grand biologiste — se borne à remonter des effets observés à leur cause [1]. »

C'est l'affirmation de Platon : « Tout ce qui naît procède nécessairement d'une cause, car rien de ce qui est né ne peut être né sans cause [2] », et Aristote énonce de même : « La nature ne fait quoi que ce soit sans motif raisonnable ni en vain [3]. »

Est-il possible de rattacher cette recherche de la cause au sens du mot *expliquer* que nous avons déterminé plus haut ?

Constatons d'abord que la cause, dans le sens pour ainsi dire le plus vulgaire (nous verrons tout à l'heure en quoi il est fautif, ou du moins incomplet), est quelque chose qui est antérieur, dans le temps, au phénomène

1. Claude Bernard, *Introduction à l'étude de la médecine expérimentale*, avec des notes critiques, par le R. P. Sertillanges, Paris, 1900, p. 54.
2. Platon, *Timée*, 28 a.
3. Aristote, *Œuvres*, tr. Barthélemy Saint-Hilaire, *Traité du Ciel*, l. III, ch. xi, § 2.

qu'il s'agit d'expliquer ou à son *effet*. Notons en outre que, fréquemment, on remplace ce terme de cause par cet autre de *raison*. Chez Spinoza, par exemple, cette substitution est constante [1] et Leibniz est là-dessus entièrement d'accord avec lui. Mais il précise davantage le sens du terme *raison* en y ajoutant des qualificatifs : il parle de raison *déterminante* ou *suffisante*.

Ces deux adjectifs se complètent évidemment. A quoi en effet la raison doit-elle suffire ? Apparemment à déterminer, à produire le phénomène. « Je considère comme étant une cause suffisante, dit Hobbes [2], ce à quoi rien ne manque pour la production de l'effet », et Leibniz lui-même parle du « grand principe, peu employé communément, qui porte que *rien ne se fait sans raison suffisante; c'est-à-dire que rien n'arrive sans qu'il soit possible, à qui connaîtrait assez les choses, de rendre une raison qui suffise pour déterminer pourquoi il en est ainsi et non pas autrement* [3] ».

Donc cause et effet doivent s'entraîner, s'impliquer mutuellement. « La connaissance de l'effet dépend de la connaissance de la cause et l'enveloppe », dit Spinoza [4].

Mais du moment qu'il y a *raison*, c'est donc qu'il ne peut s'agir que d'une opération de notre raison. Ainsi la raison d'un phénomène doit avoir une nature telle qu'elle suffise à déterminer ce phénomène dans notre raison. En d'autres termes, nous devons pouvoir, par la cause ou raison, à l'aide d'une pure opération de raisonnement, conclure au phénomène. C'est ce que l'on appelle une déduction. La cause, dès lors, peut se définir comme le point de départ d'une déduction dont le phénomène sera le point d'aboutissement. Et il est en effet d'expérience commune qu'une déduction de ce genre une fois accom-

---

1. Cf. par exemple dès le début de l'*Éthique* (1re partie, proposition XI « Autre démonstration ») : « Pour toute chose il doit y avoir une cause ou raison assignable, aussi bien pourquoi elle existe que pourquoi elle n'existe pas » (éd. Appuhn, p. 40).
2. Thomas Hobbes, *Of Liberty and Necessity. The Moral and Political Works*, Londres, 1750, p. 484.
3. Leibniz, *Opera philosophica*, éd. Erdman, Berlin, 1840, p. 715, § 7.
4. B. Spinoza, *Éthique*, éd. Appuhn, 1re partie, Axiomata, p. 24.

plie, notre raison se déclare satisfaite — sauf cependant à demander ensuite les raisons de la cause et ainsi de suite, dans une régression indéfinie.

Que si maintenant, revenant à notre sens étymologique du verbe expliquer, nous voulons y rattacher les considérations qui précèdent, nous ne pouvons pas mieux faire que de nous rappeler le passage de Bossuet et l'image particulière qu'il suggère. Toutefois, pour mieux mettre en lumière le côté essentiel de cette image, oublions pour le moment qu'il s'agit d'un développement partant de la graine (nous aurons l'occasion de revenir plus tard sur cette partie de la phrase) et ne pensons qu'aux feuilles et fleurs qui se déplient. Si ces feuilles et ces fleurs, qui ont eu l'air d'apparaître si subitement sur l'arbre, s'y trouvaient déjà, précédemment, toutes formées, mais simplement repliées, il aurait donc été possible à un observateur attentif, en examinant les boutons, en dépliant (ou *expliquant*) leur contenu, d'apercevoir ces branches et ces feuilles, alors que le processus naturel n'en montrait encore aucune trace ; et dès lors leur apparition subséquente n'aurait plus présenté pour lui aucun mystère ; elle se serait trouvée expliquée.

Ainsi expliquer un phénomène veut dire sans doute, comme sens intermédiaire, rendre manifeste ce qui était enveloppé ; mais il faut comprendre que cela s'applique à la fois au phénomène considéré comme effet et à sa cause ou à ses causes. Il suffit d'ailleurs de considérer la réalité d'un peu plus près pour comprendre pourquoi il doit en être ainsi. Ce que nous considérons, en premier lieu, comme un phénomène, ce qui nous semble surtout devoir être expliqué, c'est un changement, une modification dans le temps, c'est le fait qu'il y a eu un *avant* et un *après* qui se distinguaient l'un de l'autre. « La chose, dit le mathématicien Riemann, resterait ce qu'elle est, si rien d'autre ne s'y ajoutait. C'est là ce qui crée l'impulsion de chercher, à tout changement, une cause [1]. » L'explication

1. B. Riemann, *Gesammelte mathematische Werke*, 2ᵉ éd., Leipzig, 1892, p. 522.

consiste à montrer qu'étant donné l'ensemble des antécédents, ce qui s'en est suivi pouvait en être inféré par déduction, n'en était que la *conséquence logique*. En effet, le processus, pour nous satisfaire, doit être purement rationnel, alors que la loi empirique contient des éléments qui sont étrangers à notre raison, que celle-ci eût pu concevoir autres qu'ils ne sont. C'est là apparemment ce qu'elle ne peut pas faire, sans renier sa propre essence, à l'égard des éléments que nous qualifions, pour cette raison, de rationnels, et le terme *cause* ou *raison suffisante* implique cette conviction qu'il est possible de concevoir un phénomène comme quelque chose qui, selon notre raison, ne pouvait pas ne pas se produire, dont le contraire nous apparaîtrait comme absurde, comme impliquant un désaccord, non seulement avec les faits (ce qui est le cas de l'énoncé empirique), mais encore avec des éléments essentiels de notre raison. « Il est manifeste, dit Hobbes, dans un passage qui suit directement sa définition de la cause suffisante, que tout ce qui se produit se produit nécessairement : car tout ce qui est a eu une cause suffisante pour le produire, ou bien alors il n'aurait pas été [1]. » Ainsi ce que nous cherchons, quand nous parlons de comprendre un phénomène, c'est à le concevoir comme nécessaire, à « faire voir qu'il dépend nécessairement de jugements nécessaires », comme le dit excellemment M. Lalande à propos précisément du terme *expliquer*. « C'est le terme *doit*, déclare un biologiste contemporain, qui distingue ce qui est causal de ce qui est simplement relatif à une fonction empirique [2]. »

Il y a là, de toute évidence, une particularité caractéristique et, d'ailleurs, très essentielle de la raison humaine. « Il est de la nature de la Raison de considérer les choses non comme contingentes, mais comme nécessaires », dit Spinoza [3].

---

1. Hegel a, de même, insisté sur ce fait que « l'examen auquel se livre la pensée » implique « cette exigence de montrer la nécessité de son contenu » (*Encyclopaedie, Logik, Werke*, vol. VI, Berlin, 1840, p. 3, cf. *ib.*, p. 14).

2. H. Damsch, *Naturbegriffe und Natururtheile*, Leipzig, 1904, p. 42.

3. B. Spinoza, *Éthique*, livre II, prop. xliv (éd. Appuhn, p. 219).

On peut, sans doute, définir tout autrement le terme de cause. Écartons tout de suite l'interprétation qui ramène ce concept à ne contenir rien de plus que celui de succession. Cela revient, en effet, à confondre cause et loi. C'est ce qu'ont fait notamment Berkeley et Hume et, plus tard, Taine, Helmholtz, Hannequin et M. Ostwald [1], et cette théorie, prise à la lettre, aboutirait à une sorte de positivisme outrancier, affirmant qu'il est inconcevable que nous recherchions quoi que ce soit au delà de la loi ; alors que Comte lui-même admet que cette recherche existe, mais se contente de la trouver blâmable. Il est inutile de faire ressortir, d'ailleurs, après ce que nous avons reconnu au chapitre II, combien peu cette confusion entre la loi et la cause est conforme à l'esprit qui anime véritablement la science.

On peut, d'autre part, faire valoir que le terme de cause, dans la signification où nous l'employons d'habitude, est le concept de quelque chose qui est une source de changements et qu'il implique donc un élément actif, ainsi que cela appert de l'expression *cause agissante*. Cela est exact sans doute. Mais il suffit de l'observation la plus superficielle pour constater que ce concept n'est pas celui dont use la science. En effet, la cause agissante ne peut être clairement conçue que comme dérivant d'une volonté, laquelle doit viser une fin. Or, la science — du moins telle que nous la concevons actuellement — écarte toute finalité ou, du moins, ne la tolère qu'à titre provisoire [2]. Elle cherche, manifestement, à comprendre la nature comme le produit d'une nécessité aveugle, résultant de mouvements d'une matière inerte. Ainsi l'explication causale dans son sens scientifique consiste précisément à écarter tout ce qui peut avoir trait à ce concept de *cause agissante*.

On peut enfin insister sur ce fait, qui est indubitable, que nous parlons de cause surtout dans l'ordre de l'existence,

---

1. Cf. *Identité et réalité*, pp. 1 et 2.
2. Cf. à ce sujet plus bas pp. 253 et suiv.

alors que le concept de raison est réservé à l'ordre de la connaissance. Partant de là, on peut déclarer que Spinoza, Hobbes et Leibniz se sont abusés et que la confusion entre *cause* et *raison* constitue l'erreur primordiale d'une certaine philosophie : c'est la raison seule qui permet qu'on en tire la conséquence, alors que de la cause au contraire on ne peut conclure à son effet [1].

Il est certain que, si nous considérons la réalité, cette manière de voir ne peut que nous paraître entièrement justifiée. Pour aucun phénomène que nous observerons, nous ne pourrons véritablement déduire de l'antécédent le conséquent ; et l'on peut hardiment affirmer que jamais, dans l'histoire tout entière du savoir humain, il n'a été fourni aucune explication qui fût entièrement conforme au schéma que nous venons de tracer, car les déductions les plus hasardées des sectateurs d'Aristote au moyen âge, comme les théories le plus parfaitement mécanistes des physiciens modernes, contiennent des éléments purement empiriques. Il est vrai ; mais c'est simplement une preuve que l'humanité sur ce point, comme sans doute sur bien d'autres, poursuit un but inaccessible, transcendant, ce n'est pas une preuve que cette poursuite n'existe pas. En réalité, il est aisé de s'en apercevoir, les éléments empiriques de ces déductions n'y figurent pour ainsi dire qu'à titre provisoire ; on les accepte pour le moment parce qu'on ne peut faire autrement, parce qu'on a conscience que le problème est à tel point ardu, que le moindre progrès dans la voie qui mène vers sa solution doit déjà être considéré comme un triomphe de la raison. Mais toujours il y a, derrière cette acceptation, une réserve mentale, à savoir la croyance que la règle empirique pourra être éli-

1. F.-H. Green a bien exposé à quel point cette distinction entre la cause et la raison est essentielle au point de vue de la conception positiviste (*The Logic of J.-S. Mill, Works*, 6 th impression, Londres, 1911, p. 300). En effet, la cause, devenant l'antécédent empirique, se subordonne dès lors à la loi. Green, qui est hégélien (et même un des pères du néo-hégélianisme anglo-américain), non seulement n'accepte pas cette manière de voir, mais déclare que « l'antithèse absolue entre le rapport de raison à conséquence et celui de cause à effet forme une partie de la fausse antithèse entre la pensée et la réalité » (*Ib.*, p. 302).

minée plus tard, remplacée par une déduction rationnelle. Toujours nous demeurons convaincus, au fond de nous-même, que, comme le dit excellemment M. Goblot, « là où l'expérience et l'induction nous font découvrir un ordre constant, il y a certainement une nécessité logique encore à découvrir », car « nous ne pouvons pas nous contenter de vérités de fait, il nous faut des vérités de droit [1]. »

C'est ce que nul n'a senti plus profondément que Georges Cuvier, et ce témoignage est particulièrement probant, non seulement parce qu'il met en jeu un des plus grands noms de la science de tous les temps, mais parce qu'il s'agit de biologie, science où les déductions rationnelles n'ont jusqu'ici pénétré que dans une faible mesure. Il est manifeste d'ailleurs que Cuvier, s'il était au courant de l'acquis proprement philosophique de son époque (comme le montre la manière dont il cite Kant et même — pour les réfuter — les travaux des « philosophes de la nature » allemands) n'était cependant guidé, en l'occasion, par aucune considération théorique, mais qu'il était simplement désireux de préciser les méthodes de sa science sur un point qui, à juste titre, lui paraissait d'une grande importance. C'est, en effet, en examinant le rôle que jouent, dans les diverses classes animales, les organes dont ces êtres sont doués, que Cuvier arrive à l'affirmation suivante : « C'est dans cette dépendance mutuelle des fonctions et ce secours qu'elles se prêtent mutuellement, que sont fondées les lois qui déterminent les rapports de leurs organes et qui sont d'une nécessité égale à celle des lois métaphysiques ou mathématiques. »

Ce n'est pas là, chez le grand savant, une remarque faite en passant, mais une conviction profonde, l'une des bases de son œuvre tout entière. Il constate qu'un « animal qui ne peut digérer que de la chair doit, sous peine de destruction, avoir la faculté d'apercevoir son gibier, de le

---

1. E. Goblot, *Le concept et l'idée*, Scientia, XI, janvier 1912, et *Sur le syllogisme de la première figure*, Revue de Métaphysique et de Morale, XVII, mai 1909. — Cf. Id., *Essai sur la classification des sciences*, Paris, 1898, pp. 25, 32, 49, 50, et *Traité de logique*, Paris, 1918, pp. 107, 196.

poursuivre, de le saisir, de le dépecer... Ainsi jamais une
dent tranchante et propre à découper la chair ne coexis-
tera dans la même espèce avec un pied enveloppé de corne,
qui ne peut que soutenir l'animal et avec lequel il ne peut
saisir. De là la règle que tout animal à sabot est herbi-
vore ; et ces règles encore plus détaillées, qui ne sont que
des corollaires de la première, que des sabots aux pieds
indiquent des dents molaires à couronne plate, un canal
alimentaire très long, un estomac ample ou multiple, et
un grand nombre d'autres rapports du même genre. »
Ce sont là des lois qui « ont, pour ainsi dire, été déduites,
par le raisonnement, des connaissances que nous avions
de l'influence réciproque des fonctions et de l'usage de
chaque organe. L'observation les ayant confirmées, nous
nous trouvons en droit de suivre une marche contraire
dans d'autres circonstances ; et lorsque l'observation nous
montre des rapports constants de forme entre certains
organes, nous devons en conclure qu'ils exercent quelque
action l'un sur l'autre [1]. »

« Comme nous voyons clairement, dit-il encore dans la
même œuvre, la cause de ces rapports entre les organes
de ces deux fonctions (il s'agit en l'espèce du mode de
respiration d'une part et de la manière dont s'accomplit
le mouvement du fluide nourricier d'autre part), nous
sommes autorisés à présumer que d'autres rapports également constants qui existent entre elles sont aussi fondés sur quelques causes du même genre, quoiqu'elles ne
soient pas aussi évidentes pour nous. » Comme exemple
de ces relations constantes et dont nous ne comprenons
pas la raison, Cuvier cite le fait que, parmi les animaux à
double circulation, ceux qui reçoivent l'air directement
dans leurs poumons ont les deux troncs de leurs artères
rapprochés et armés de ventricules musculaires unis en
une seule masse, alors que ceux qui respirent par bran-
chies ont les deux troncs séparés [2].

1. G. Cuvier, *Leçons d'anatomie comparée*, recueillies, etc., par C. Dumé-
ril, Paris, 1805 (an XIV), pp. 47, 53, 57.
2. *Ib.*, pp. 48 et suiv.

Dans un ouvrage postérieur et destiné en quelque sorte
à résumer, pour le grand public, les résultats les plus
importants de son œuvre scientifique, dans le fameux *Dis-*
cours sur les révolutions de la surface du globe et sur les
changements qu'elles ont produites dans le règne animal,
Cuvier insiste encore une fois, avec beaucoup d'énergie et
de netteté, sur ces vues. Il est, dit-il, « un grand nombre
de cas où notre connaissance théorique des rapports des
formes ne suffirait point, si elle n'était appuyée sur l'observation ». En effet, on peut se rendre compte des raisons
qui motivent la corrélation entre les divers traits qui caractérisent la classe des animaux à sabots en général ; mais
« si l'on descend ensuite aux ordres et subdivisions de la
classe des animaux à sabots... les raisons de ces conditions
subordonnées commencent à paraître moins claires. On
conçoit bien encore en gros la nécessité d'un système
digestif plus compliqué dans les espèces où le système
dentaire est plus compliqué... Mais je doute que l'on eût
deviné, si l'observation ne l'avait appris, que les rumi-
nants auraient tous le pied fourchu, et qu'ils seraient les
seuls qui l'auraient ; je doute qu'on eût deviné qu'il n'y
aurait de cornes au front que dans cette seule classe ; que
ceux d'entre eux qui auraient des canines aiguës manque-
raient, pour la plupart, de cornes, etc.

« Cependant, puisque ces rapports sont constants, il
faut bien qu'ils aient une cause suffisante ; mais comme
nous ne la connaissons pas, nous devons suppléer au
défaut de la théorie par le moyen de l'observation ; elle
nous sert à établir des lois empiriques qui deviennent
presque aussi certaines que les lois rationnelles, quand
elles reposent sur des observations assez répétées ; en
sorte qu'aujourd'hui quelqu'un qui voit seulement la piste
d'un pied fourchu peut en conclure que l'animal qui a
laissé cette empreinte ruminait. » Sans doute, « il est
impossible de donner des raisons de ces rapports ; mais
ce qui prouve qu'ils ne sont point l'effet du hasard, c'est
que toutes les fois qu'un animal à pied fourchu montre
dans l'arrangement de ses dents quelque tendance à se

rapprocher des animaux dont nous parlons, il montre
aussi une tendance semblable dans l'arrangement des
pieds [1] ». Toutes ces considérations servent d'ailleurs à
appuyer cet énoncé qui, comme le passage que nous avons
cité en premier lieu, et d'une manière plus précise encore,
si c'est possible, rapproche les sciences biologiques des
mathématiques : « Tout comme l'équation d'une courbe
entraîne toutes ses propriétés ; et de même qu'en prenant
chaque propriété séparément pour base d'une équation
particulière on retrouverait, et l'équation ordinaire, et
toutes les autres propriétés quelconques, de même l'ongle,
l'omoplate, le condyle, le fémur et tous les autres os pris
chacun séparément, donnent la dent ou se donnent réciproquement ; et en commençant par chacun d'eux celui
qui posséderait rationnellement les lois de l'économie
organique pourrait refaire tout l'animal [2]. »

Cuvier s'est-il trop hasardé en énonçant cette dernière
affirmation ? C'est là ce que, dès la génération suivante,
Blainville croyait pouvoir établir [3] et il semble bien que,
depuis, la science lui ait donné raison contre son grand
prédécesseur [4]. Mais, au point de vue auquel nous nous
plaçons en ce moment, cette constatation est dénuée de
portée. En effet, en supposant que Cuvier se fût trompé
d'un bout à l'autre et qu'il n'y eût rien à retenir de son
système (ce qui n'est certainement pas le cas), cela prouverait simplement qu'il avait mal apprécié la constance
des rapports étudiés ; cela ne prouverait pas (ce qui est le
seul point qui nous intéresse ici) qu'il avait tort d'affirmer
que l'existence de rapports constants fait présumer celle
d'un lien intérieur. Tout au contraire, le fait qu'il ait conclu
à un tel lien en se fondant sur des constatations qu'à
l'heure actuelle on est porté à considérer comme insuffisantes, serait plutôt une preuve de plus de la vigueur avec

1. *Discours*, etc., 6ᵉ éd., Paris, 1830, p. 102, 105, 107.
2. *Ib.*, p. 102.
3. Blainville, *Ostéographie des mammifères*, vol. 1ᵉʳ, Paris, 1839, pp. 36-39.
4. Cf. B. Petronievics, *La loi de l'évolution non-corrélative*, Revue générale des Sciences, 30 avril 1912.

laquelle agit la tendance à laquelle il a obéi, et qui a pu égarer un esprit de cette qualité jusqu'à faire naître en lui des illusions concernant les résultats de ses recherches.

Or, il ne peut y avoir nul doute en ce qui concerne cette tendance. Pour Cuvier, la biologie n'est nullement une science purement descriptive. Elle doit au contraire rechercher de véritables explications, des rapports nécessaires. Les lois empiriques ne peuvent lui suffire ; l'observation ne fait que préparer l'avènement de la théorie, laquelle, donc, constitue le seul et véritable but que vise la connaissance scientifique. Cette théorie doit être rationnelle, elle doit rechercher des rapports susceptibles d'une démonstration comme ceux qui caractérisent les propriétés des figures géométriques. Sa voie ne peut donc être que celle de la déduction, c'est là sa véritable essence.

Cependant, à regarder d'un peu plus près les textes de Cuvier, une difficulté surgit. Ce dont nous nous occupons en ce moment, c'est la voie de la déduction purement causale. Mais ce n'est pas là à quoi pense Cuvier, en parlant des rapports entre les divers organes des animaux. Au contraire, ce qui le guide manifestement, c'est surtout l'idée de fin. Faudra-t-il donc qu'en acceptant les vues de Cuvier sur la rationalité nécessaire de la science, nous y mêlions ses conceptions finalistes, c'est-à-dire que la déduction vers laquelle tend la science nous apparaisse comme composée d'éléments empruntés, pour ainsi dire sans distinction, à des considérations tantôt de cause et tantôt de fin ?

Nous nous sommes déjà occupé de ce concept de fin et de son rôle dans les sciences biologiques et avons reconnu qu'il y joue en effet le rôle d'un principe explicatif, d'un facteur servant à rendre rationnels des rapports purement empiriques (p. 37). C'est une question sur laquelle nous aurons l'occasion de revenir plus tard. Pour le moment, il nous suffira de constater que Cuvier lui-même a très certainement entendu limiter ses considérations finalistes aux sciences de l'être organisé. Il reste de lui une œuvre des plus remarquables, l'*Histoire des progrès des sciences naturelles depuis 1789 jusqu'à nos jours*, où, dans un magnifique tableau, il embrasse toutes les sciences de son époque (le terme *sciences naturelles*, chez Cuvier, comprenant également *les sciences physiques*). Or, en traitant la physique, de la chimie, etc., Cuvier ne fait intervenir nulle part ombre de considérations finalistes ou téléologiques et manie son sujet entièrement dans l'esprit de la science post-galiléenne et post-cartésienne. C'est le phénomène du choc qui lui semble constituer la seule explication véritable de tous ceux que nous observons dans les sciences physiques [1] et l'on voit clairement, par la manière dont il parle de ces futures explications, que (comme on pouvait, certes, s'en douter d'avance) les règles qu'il avait formulées en ce qui concerne la rationalité des sciences biologiques, il les estimait applicables, à plus forte raison, aux sciences physiques. Seulement, dans ce domaine, il ne pouvait plus être question de finalité et la rationalité ne pouvait donc être atteinte que par l'application du concept de cause.

« La partie la plus essentielle du rapport causal, dit Riehl dans un travail remarquable [2] mais qui paraît avoir été assez peu remarqué, n'est pas ce qui a trait au temps, mais son contenu logique. Ce que la causalité accentue, c'est la possibilité de relier des événements qui sont séparés par le temps, à l'aide d'une conclusion. » Il y a plus : le contenu logique prime à ce point tout le reste, que la manière dont la cause et l'effet se comportent relativement au temps nous apparaît en quelque sorte comme indifférente. On a beaucoup discuté, autrefois, sur la question de savoir si la cause devait toujours, dans le temps, précéder son effet ou si elle pouvait lui être simultanée. La vérité est que nous nous servons du terme de cause indifféremment dans les deux cas, que nous l'employons notamment fort bien pour caractériser le rapport de deux propriétés que nous nous représentons toutes deux comme

---

1. Cf. plus bas les passages que nous citons p. 70.
2. A. Riehl, *Causalitaet und Identitaet. Vierteljahrsschrift fuer wissenschaftliche Philosophie*, 1re année, Leipzig, 1877, p. 373.

inhérentes à la matière, et donc comme permanentes, comme quand nous disons, par exemple, que l'affinité du soufre pour l'oxygène est cause de sa combustibilité. Il n'y a pas là de véritable incorrection de langage, mais seulement la constatation que l'une de ses propriétés peut *se déduire* de l'autre.

Il n'en est pas moins remarquable que la langue (et non seulement la langue courante, mais encore la langue philosophique elle-même) tende à établir une similitude étroite des termes, et parfois comme une sorte de confusion ou, si l'on aime mieux, de véritable identification entre le rapport dans le temps et le rapport logique. Ainsi le « conséquent » et la « conséquence » paraissent n'être séparés que par une nuance, et nous parlons de « l'antériorité logique » d'un concept [1]. Quant au terme *suite*, nous nous en servons indifféremment dans les deux sens ; le *Vocabulaire* de M. Lalande, après avoir consigné, comme premier sens du mot : *ce qui suit autre chose, ce qui y succède*, note, comme sens différent : *ce qui suit d'autre chose, ce qui en résulte ; conséquence logique*, et constate qu'il arrive à signifier (comme dans une phrase de Leibniz où il est question de la « suite naturelle des choses ») la *relation de dépendance logique ou causale* elle-même [2]. Nous aurons l'occasion de revenir tout à l'heure sur cette singularité de la terminologie.

1. On peut voir, par exemple, que M. Goblot, dans son récent *Traité de logique* (Paris, 1918), se sert constamment des termes *antérieur, postérieur, conséquent*, etc., dans le sens logique, sans y ajouter aucun qualificatif (cf., par exemple, p. 192), ce qui d'ailleurs, étant donné la nature de son ouvrage, ne peut prêter à aucune confusion. Ajoutons que ce philosophe insiste lui-même sur le fait de cette étrange identification et qu'il formule une théorie tendant à l'expliquer (cf. plus bas p. 113).

2. A. Lalande, *op. cit.*, article *Suite* (*Bulletin de la Société de philosophie*, 17e année, nos 3 et 4, mars-avril 1919, publiés en mai 1919, p. 120). — On peut d'ailleurs constater toute une série de phénomènes linguistiques relevant évidemment d'une tendance analogue. Ainsi le mot *puisque*, formé, au point de vue étymologique, pour signifier un rapport dans le temps, est au contraire un de ceux dont la langue se sert pour indiquer le plus nettement le rapport de raison à conséquence. Le terme *rapport* lui-même en est venu à prendre, dans la langue populaire, la signification précise de *cause* : *il n'est pas venu, rapport à la maladie de sa fille*. Et il suffit de placer bout à bout deux phrases pour que le lien causal s'impose aussitôt à l'esprit : *Apparenté comme il l'est, il réussira* ou *il est malade, il ne peut venir*. — Nous emprun-

L'étroite connexité que l'esprit humain établit entre la recherche de la cause et les conceptions ontologiques est manifeste. Nous avons déjà mentionné (p. 21) que l'on qualifie généralement de théorie une conception quelconque, figurative ou abstraite, d'où les phénomènes sont susceptibles d'être déduits et nous avons indiqué, au début du présent chapitre (p. 53), la synonymie réelle entre les termes *cause* et *explication*. Mais, au surplus, rien n'est plus aisé que de se convaincre directement de la connexité en question. Ainsi, la forme la plus caractéristique de la question qui déclenche la recherche causale est celle qui débute par *pourquoi ?* Or, c'est à des questions de même forme que répondent, nous l'avons vu, les hypothèses figuratives des sciences. C'est donc qu'elles ont été imaginées en vue de satisfaire à notre tendance causale, au penchant de concevoir la réalité comme nécessaire ou raisonnable. Si le physicien (comme nous l'avons exposé p. 29) dissout la barre de fer cohérente en molécules qui vibrent, c'est pour pouvoir *déduire* ensuite de cette réalité les phénomènes de la dilatation, de l'élasticité, etc., et de même si le chimiste suppose l'existence de l'élément soufre dans une substance, c'est pour pouvoir en déduire les réactions qu'elle présente. Il est d'ailleurs tout aussi facile de reconnaître que l'ontologie du sens commun ne fait pas exception à ce point de vue. Pourquoi me suffit-il de tourner la tête pour voir la table paraître et disparaître alternativement ? C'est que la table est une *chose*, qu'elle existe en dehors de moi, dans l'espace, et que les mouvements de ma tête, dans l'espace, peuvent dès lors régler ses apparitions.

La nature particulière des théories ou hypothèses figuratives est cause d'un phénomène qui a, de tout temps,

tons ces observations à une très intéressante communication que M. Brunot a faite, le 3 juin 1920, à la Société française de philosophie sur *Le vice essentiel des méthodes grammaticales d'analyse*. — Notons que la manière dont les deux phrases se trouvent placées dans le complexe est indifférente au point de vue du sens : *il réussira, apparenté comme il l'est et il ne peut venir, il est malade* ne signifiant pas autre chose que les complexes primitifs. C'est une remarque qui n'est pas sans intérêt au point de vue de la théorie par laquelle on a cherché à expliquer la confusion (cf. plus bas, chap. IV, p. 114).

beaucoup étonné les savants et les philosophes, à savoir la grande faiblesse que présentent souvent leur base ou du moins ce qu'on jugerait, à première vue, devoir jouer ce rôle. Pour prendre un exemple bien connu, tout le monde sait la place prépondérante que prend, dans la chimie de nos jours, et plus particulièrement dans la chimie organique, le concept de valence ; c'est là véritablement, comme le constate M. Ladenburg, « une des bases essentielles » de cette science. Or, le même savant se voit amené à reconnaître que « l'idée de la valence, sans tenir compte de la base mathématique ou mécanique qui pour le moment lui fait encore défaut, peut être considérée comme vacillante et incertaine et qu'il n'en existe aucune interprétation qui puisse, d'une façon conséquente, embrasser tout le domaine de la chimie ». Il est à remarquer que ce chimiste n'est nullement un adversaire de la théorie, qu'il a au contraire puissamment contribué à développer certaines de ses conséquences et tenté de pallier à de graves défauts qu'elle présentait (notamment par sa fameuse formule « prismatique » de benzène, destinée à écarter l'objection fondée sur le fait que l'alternance des liaisons simples et doubles ne crée pas de cas d'isomérie). Il conclut d'ailleurs que les chimistes devront, malgré tout, continuer à s'en tenir à cette idée de valence [1].

C'est là certainement l'avis de l'immense majorité des chimistes théoriciens contemporains ; on s'en aperçoit non seulement par la teneur générale des publications, mais encore par les progrès que la théorie de la valence opère, en s'annexant de nouveaux domaines. On trouvera l'historique d'une de ces conquêtes dans le beau livre de MM. Urbain et Sénéchal, qui représente le dernier mot de la science, dans un chapitre particulièrement difficile et intéressant, parce qu'entamé tout récemment et encore en voie d'évolution rapide. Ces auteurs célèbrent les mérites de M. A. Werner, qui a réussi à édifier, dans le do-

---

1. A. LADENBURG, *Histoire du développement de la chimie depuis Lavoisier jusqu'à nos jours*, trad. Corvisy, 2ᵉ éd., Paris, 1911, p. 299.

maine des complexes inorganiques, « un système rationnel
de formules de constitution », lequel y a apporté « une
clarté nécessaire ». « Avant que Werner eût édifié le système qui repose sur une conception de la valence particulière aux électrolytes... la chimie des cobaltammines
et des dérivés analogues du platine, du rhodium, du
chrome, etc., n'intéressait qu'un nombre restreint de spé-
cialistes ; aucun autre chimiste ne s'en souciait. » Mais
« actuellement nous assistons à un revirement complet.
Cette partie de la chimie nous paraît aussi claire qu'elle
nous paraissait confuse. » C'est ce qui fait que « malgré
ses imperfections » la théorie de la valence « reste précieuse, parce qu'elle jette une vive clarté dans la chimie
des complexes métastables, dont la richesse en dérivés et
en séries diverses serait sans elle d'une inextricable confusion ».

Les auteurs ont d'ailleurs clairement conscience de la
nature de ces « imperfections » de la théorie, puisqu'ils
déclarent que « la notion de valence apparaît comme assez artificielle » et que « la rigueur nécessaire pour l'élever à la hauteur d'un principe scientifique lui fait certainement défaut [1] ». Ce qui est particulièrement intéressant
à constater, c'est qu'en étendant le domaine de la valence,
on a encore accru dans une mesure considérable les difficultés intrinsèques de cette conception. Le chimiste habitué aux formules de la chimie organique ne peut qu'être
violemment choqué tout d'abord par celles de M. Werner
et de son école, où l'oxygène apparaît trivalent et l'azote
quadrivalent (l'eau comme l'ammoniaque ayant « l'indice
de coordination » *un* [2]).

M. Werner lui-même reconnaît cette situation. En effet,

1. G. Urbain et A. Sénéchal, *Introduction à la chimie des complexes,*
Paris, 1913, p. 50-53.

2. *Ib.*, p. 52. Il n'est pas inutile d'insister un peu sur ces divergences, car,
à mesure que la théorie s'installe plus fortement dans la science, les savants
sont aptes à les ressentir de moins en moins vivement. Ainsi l'expression de
MM. Urbain et Sénéchal selon laquelle les théories de Werner seraient « calquées sur celles de la chimie organique » (*ib.* p. 321) pourrait induire en erreur. L'appréciation est juste si l'on pense à la manière dont M. Werner
utilise la symétrie propre à l'octaèdre, cette partie de l'hypothèse étant en

après avoir cité ces paroles de Kékulé : « L'atomicité est par conséquent la propriété fondamentale des atomes, propriété qui est aussi constante et immuable que le poids atomique lui-même », l'auteur déclare que l'on a dû, dans la suite, abandonner cette conception du fondateur de la « chimie de structure ». « Par là, continue M. Werner, le concept de valence a perdu la simplicité de sa forme primitive... L'importance principale du concept de valence, qui consiste à fournir une base assurée pour l'établissement de formules de structure, s'évanouit ainsi. » On est obligé de supposer que la valence varie selon la combinaison avec tel ou tel élément, selon la température et la pression et probablement aussi selon d'autres facteurs physiques (tels que le dissolvant dans le sein duquel la réaction s'opère). « C'est là la raison pour laquelle au concept de valence de la chimie contemporaine la forme précise fait, à tel point, défaut [1]. »

Certes, les chimistes ont eu d'excellentes raisons pour accepter toutes ces anomalies (nous nous expliquerons d'ailleurs plus longuement sur cette matière pp. 300 et suiv.), mais on voit nettement que la lumière que la théorie a apportée, selon le jugement compétent de MM. Urbain et Sénéchal, dans une partie jusque-là obscure et confuse de la science, ne provenait certainement pas de la clarté particulière de la conception qui lui servait de base.

Dans d'autres cas, nous ne pouvons faire valoir des aveux aussi explicites des savants théoriciens eux-mêmes, mais il est facile de reconnaître directement que la situation est analogue. Ainsi l'on a jugé de tout temps (ou du

effet strictement *calquée* sur celle du tétraèdre de Le Bel et de Van't Hoff (cf. à ce sujet plus bas p. 301). Mais en ce qui concerne le concept fondamental de la théorie, celui de valence, il y a, non pas accord, mais contradiction manifeste, contradiction que l'on s'efforce d'écarter ensuite à l'aide d'une hypothèse auxiliaire.

1. A. Werner, *Neuere Anschauungen*, etc., Brunswick, 1913, pp. 18, 24, 26. — Cf. *ib.*, p. 35 : « Nous arrivons par conséquent à cette conclusion, que la théorie étroite de la valence ne permet point de déduire des représentations utiles concernant la formation et la constitution de ces combinaisons et c'est pourquoi nous nous voyons forcé de déduire la constitution de ces combinaisons en nous basant sur leurs propriétés et sans tenir compte des conceptions ordinaires sur la valence. »

moins, pour être plus précis, jusqu'au xxᵉ siècle, c'est-à-dire, jusqu'à l'avènement des théories électriques, mais en faisant abstraction, bien entendu, de la période du moyen âge, où l'explication péripatétique par la matière et la forme fut en honneur) que l'idéal de l'explication scientifique, c'était l'explication par le phénomène du choc. « Une fois sorti du phénomène du choc, dit Cuvier qui, en cette matière encore, pénètre et résume admirablement les fondements du *credo* scientifique de l'époque, nous n'avons plus d'idée nette des rapports de cause à effet », et il constate avec regret que « à quelque généralité qu'on ait conduit chacune d'elles [sc. les théories physiques], il s'en faut encore beaucoup qu'elles aient été ramenées aux lois du choc, qui seules pourront les changer en véritables explications[1] ». Or, rien n'est plus certain que le fait que le phénomène du choc est lui-même tout à fait inexplicable par essence et, qui plus est, cette situation avait été suffisamment mise en lumière, bien avant l'époque où écrivait Cuvier, aussi bien par la philosophie que par la science elle-même. La discussion philosophique se rattache surtout au nom de Hume[2] et ce dernier visait, comme on sait, le cœur même du problème que nous traitons en ce moment. Il entend, en effet, démontrer que le conséquent ne peut, par aucun effort de la pensée pure, être déduit de l'antécédent et, dans ce but, il s'attaque au phénomène qui, nous l'avons dit, passait pour le prototype du rationnel, à savoir le choc. « La première fois, dit Hume, que l'on voit le mouvement communiqué par impulsion, par exemple dans le choc de deux billes sur le billard, on peut dire que ces deux événements sont *conjoints* ; mais on n'oserait prononcer qu'ils soient *connexes* ; cette dernière assertion ne saurait avoir lieu qu'après avoir observé plusieurs exemples de la même nature. Or quel changement est-il arrivé qui ait pu susciter cette nouvelle idée, je dis l'idée de connexion ? Tout se réduit à ce que l'on peut prédire le second à l'ap-

---

1. CUVIER, *Histoire des progrès des sciences naturelles depuis 1789 jusqu'à nos jours* (Œuvres complètes de BUFFON, supplément, t. I), Paris, 1826, p. 2.
2. Cf., en ce qui concerne les précurseurs de Hume, Appendice I.

parition du premier [1]. »En d'autres termes, les conséquences du choc mécanique peuvent être décrites à l'aide d'une loi, mais ne sauraient jamais être déduites à l'aide d'une opération purement rationnelle.

De leur côté, les savants, dès la seconde moitié du XVIIᵉ siècle, s'étaient donné infiniment de peine pour parvenir à une explication rationnelle du choc; c'était là le véritable but des diverses théories corpusculaires, dynamiques ou mixtes qui ont été mises en avant, et les discussions retentissantes qui ont eu lieu à ce propos, surtout au XVIIIᵉ siècle, ont mis hors de doute l'échec complet de toutes ces tentatives [2]. Cependant cette situation n'a nullement empêché les physiciens d'agir comme si le phénomène du choc était entièrement expliqué, présentant une « idée nette des rapports de cause à effet »; ils ont manifestement continué à le considérer comme *rationnel*, en cherchant à y ramener d'autres phénomènes physiques et en les considérant à leur tour comme expliqués si cette réduction avait l'air de réussir.

Mais il est, peut-être, plus significatif encore que la démonstration pourtant, semble-t-il, si complètement probante de Hume n'ait pas eu le don de convaincre tous les philosophes. C'est ainsi notamment que Riehl, Avenarius et H. Cohen ont prétendu tirer du principe de la conservation de l'énergie cette conséquence que, du moment où il y avait « constance » de ce qu'ils estimaient constituer la caractéristique essentielle du phénomène, il devait y avoir liaison rationnelle entre l'antécédent et le conséquent, et que, par ce fait, la démonstration même se trouvait être caduque [3]. Or, il est presque inutile de le faire ressortir, c'est là attribuer au principe une signification qu'il ne peut, à aucun degré, comporter. Il y a, sans doute, quelque chose qui se conserve, mais il est impossible de donner de ce quelque chose, de cette « éner-

---

1. Hume, *Essais philosophiques sur l'entendement humain*, trad. Renouvier et Pillon, Paris, 1878, p. 469.

2. Cf. à ce sujet *Identité et réalité*, pp. 63 à 75.

3. Cf. H. Hœffding, *Der Totalitaetsbegriff*, Leipzig, 1917, p. 78.

gie », dont l'expression mathématique est cependant parfaitement déterminée, aucune définition verbale. Et il est parfaitement inexact, en dépit de certains termes dont les physiciens usent couramment (et que les philosophes ont tort de prendre parfois trop à la lettre) que l'énergie qu'on retrouve au bout d'un changement *vaille autant* que celle que l'on a constatée au début. L'énergie, tout en restant soi-disant « constante », se *dégrade* sans cesse et, dans les conditions où nous sommes forcés d'opérer, une petite partie seulement de cette énergie dégradée (par exemple de l'énergie calorique) peut être retransformée en énergie supérieure (par exemple, en énergie cinétique à notre échelle). Il n'est donc pas exact que la considération de l'énergie, dans ce sens, détermine vraiment le côté essentiel du phénomène. La considération de l'entropie est, en vertu du principe de Carnot, beaucoup plus importante. Or, l'entropie n'est pas constante, mais augmente sans cesse, et cet accroissement continuel constitue le véritable ressort du devenir, du changement dans le monde.

Il est, par contre, tout à fait remarquable que des penseurs éminents aient à tel point méconnu l'enseignement essentiel de Hume. Cela nous donne une idée de la puissance de l'instinct philosophique qui pousse la pensée humaine à affirmer la déductibilité, la rationalité du monde extérieur, et l'attitude des physiciens dans cette question du choc cesse dès lors de nous étonner.

De même, nous ne nous étonnerons point de constater que la science, pour expliquer des phénomènes qui sont pourtant palpables, familiers, se sert fréquemment d'êtres plus ou moins fictifs, créés par elle *ad hoc : obscurum per obscurius*, a-t-on dit souvent, et l'on pourrait même dire : le clair par l'obscur, si l'on définit ces termes dans le sens de la théorie positiviste, qui ne reconnaît de légitime que la réduction d'un phénomène moins familier à un autre plus familier. L'explication de la chaleur, que nous connaissons par la sensation directe, à l'aide du fluide calorifique, être dont la nature fictive ne fait en

ce moment aucun doute pour nous, était évidemment de
ce type. Mais on peut faire des constatations analogues
en ce qui concerne la physique contemporaine. La tendance à expliquer la chaleur et la lumière par l'éther,
fluide mystérieux, à propriétés contradictoires, rentre dans
le même ordre d'idées. Pour les atomes eux-mêmes, avant
les découvertes des derniers lustres qui ont permis de
les approcher de si près, la situation était en grande partie
analogue ; les preuves à l'aide desquelles on concluait à
leur existence n'étaient ni bien directes, ni très concluantes ; mais il suffisait que l'on pût, par le moyen de
cette supposition, expliquer un certain nombre de phénomènes, pour que la plupart des physiciens et surtout des
chimistes y crussent absolument ; c'est ce qui a permis à
des philosophes qui avaient trop confiance dans la théorie
positiviste de la science, tels que Stallo, ou à des savants
qui, en dépit de leur mérite dans une partie circonscrite
de la science, manquaient de véritable instinct scientifique au point de vue des principes généraux, d'attaquer
l'atomisme en général, en le déclarant anti-scientifique[1].

La situation est, peut-être, plus apparente encore en ce
qui concerne la forme la plus récente des hypothèses physiques, à savoir l'hypothèse électrique de la matière. Quoi
de plus étrange en effet, au point de vue de la théorie du
phénomène *familier*, que cette conception, qui ramène
l'ensemble des choses à n'être que des manifestations,
variées en apparence, d'un unique processus fondamental,
le processus électrique ? Expliquer la chaleur et la lumière
dont j'ai la sensation immédiate, voire même l'action
mécanique que je suis en mesure d'exercer directement à
l'aide des organes de mon corps, par l'électricité, que je
suis incapable de percevoir directement, dont je ne puis
ressentir les effets qu'en tant que mécaniques — cela ne
semble-t-il pas contradictoire ? Et ne l'est-il pas tout autant
de vouloir ramener ce phénomène mécanique, qui me

---

1. Il est remarquable qu'Auguste Comte, au contraire, a eu, en cette
matière, le sentiment juste, et a déclaré la théorie atomique une « bonne
hypothèse ». (*Cours*, vol. VI, p. 64.)

donne au moins l'illusion du compréhensible, à un autre, que l'on pose d'emblée comme inexplicable, puisqu'on le déclare ultime et que l'imagination même la plus dévergondée ne saurait le prétendre *rationnel*, conforme aux exigences intimes de notre entendement? Cependant rien n'est plus certain que le fait que cette théorie n'a nullement choqué les tendances instinctives des physiciens, lesquels l'ont au contraire accueillie avec une faveur marquée ; à l'heure qu'il est, on peut l'affirmer hardiment, la science entière en est remplie, au point que toutes les hypothèses que l'on y rencontre s'y rattachent peu ou prou. Donc, cette autorité, cette force explicative de la théorie, cela est tout à fait manifeste, ne saurait provenir ici en aucune façon du fait fondamental, qui demeure un X mystérieux, insondable.

La tendance à créer des êtres fictifs en vue d'une explication est si fortement enracinée en nous, qu'il a fallu se prémunir contre elle par un énoncé spécial. C'est là en effet, à ce qu'il nous semble, le véritable sens (du moins dans le domaine scientifique) du fameux « rasoir d'Occam » qui interdit de « créer des êtres au delà de ce qui est nécessaire ». Que l'époque des « formes substantielles » ait eu particulièrement besoin d'un frein de ce genre, cela n'est point douteux, comme il est certain que ce frein s'est montré, en grande partie, inopérant : Molière encore, tant de siècles après Occam, s'est moqué de la *vertu dormitive* des physiologistes de son temps. Mais c'est que Molière, avec le tact sûr du génie, a mis le doigt sur un cas d'abus extrême et flagrant. Cette vertu dormitive, en effet, ne servait que pour le cas particulier en vue duquel elle avait été inventée. Que si, au contraire, on avait pu, à l'aide de cet être, évidemment fictif, déduire plusieurs phénomènes, il n'est pas certain que l'hypothèse eût été aussi condamnable. C'est pourquoi la théorie de la chaleur-fluide, qui suppose cependant l'existence d'un être tout aussi fictif que la *vertu dormitive*, était une excellente théorie scientifique. Elle expliquait en effet, comme on sait, d'une manière fort satisfaisante, un nombre immense de faits alors connus et fournissait ainsi une image tout à fait acceptable de la réalité, et elle constituait en outre un instrument de recherche de premier ordre : c'est avec son aide que Black avait formulé la théorie de la chaleur latente et celle de la chaleur spécifique, et Sadi Carnot encore s'en est servi pour établir son principe. Elle trouvait sans doute beaucoup de difficulté à s'accommoder d'un certain nombre de constatations frappantes, telles que les expériences de Davy et de Rumford, et même de certains faits d'expérience vulgaire (les unes et les autres ayant trait à la production de la chaleur par le frottement). Mais ceux qui s'étonnent de cette situation et, de ce chef, blâment les grands physiciens de la première moitié du XIX° siècle qui, tel Biot, se constituaient les champions ardents de cette théorie, montrent par là que, tout comme ceux qui jugent sévèrement Aristote et ses sectateurs du moyen âge, parce qu'ils s'accommodaient d'une théorie qui expliquait fort mal le mouvement du jet [1], ils ne comprennent point le rôle véritable des théories physiques. Les théories sont indispensables à notre intellect, parce que nous ne pouvons vivre sans une image de la réalité. Et la réalité étant partiellement d'essence irrationnelle, il est certain d'avance qu'aucune image que nous puissions en concevoir ne pourra jamais lui être complètement adéquate. Par le fait, *toutes* les théories un peu générales qui aient jamais dominé la science ont toujours dû laisser de côté des faits dont elles ne pouvaient rendre compte et d'autres qui les contredisaient directement. Ceux qui en doutent n'auront qu'à se référer au *Conseil* de Bruxelles dont nous avons parlé plus haut ; ils y verront à quel point ce fait indubitable et que nous constatons à tout moment qu'une cuillère en argent ne brille pas dans l'obscurité contredit toutes les théories

---

1. Bien avant Black, l'attention des physiciens avait été attirée sur les phénomènes de la production de la chaleur par le frottement; on les expliquait couramment, à cette époque, à peu près comme nous le faisons aujourd'hui, par l'accroissement du mouvement des particules (Cf. G.-E. STAHLII *Fundamenta chymiae dogmatico-rationalis et experimentalis*, Nuremberg, 1732, p. 19).

modernes sur le rayonnement, qui forment cependant la base de la physique actuelle [1].

Une autre hypothèse, qui a sombré un demi-siècle avant celle de la chaleur-fluide, offre avec la vertu dormitive de Molière une analogie peut-être plus étroite encore. Le phlogistique n'est, en effet, autre chose que la *vertu de la combustibilité*. Ce fut néanmoins aussi une admirable théorie scientifique, comme le reconnaissent infailliblement tous ceux qui se donnent la peine d'étudier d'un peu près la science de l'époque. Sans doute est-il paradoxal de vouloir diminuer le mérite de Lavoisier, un des grands hommes les plus authentiques de la science de toutes les époques, et seul le préjugé nationaliste, poussé à ses limites extrêmes, a pu motiver chez M. Ostwald une attitude de ce genre. Mais cela n'empêche que le mérite des phlogisticiens est considérable. Ils ont, il est vrai, négligé intentionnellement les faits permettant de conclure à une augmentation du poids par la combustion, faits très généralement connus déjà à l'époque où naissait leur doctrine et que Jean Rey notamment avait expliqués avec une grande perspicacité ; mais, ce faisant, ils usaient simplement du privilège inhérent à toute théorie, dont toutes d'ailleurs ont profité plus ou moint largement et dont aucune conception un peu générale en science n'a jamais pu se passer (et, ajoutons-le, ne pourra sans doute jamais se passer). Ils se sont appuyés sur ce principe, qui semblait évident, que la similitude des propriétés indiquait la présence de composants analogues. A quel point cette conception dominait alors la chimie entière, l'histoire de l'*acidum pingue* en offre un exemple frappant. Le fait que Black avait péremptoirement établi que la chaux perdait de son poids en se transformant en chaux vive n'a nullement empêché l'acceptation universelle (même par Lavoisier à ses débuts) de la théorie selon laquelle un corps hypothétique, cet *acidum pingue*, devait y avoir pénétré. C'est que, dans cette transformation, la chaux acquérait

---

1. P. Langevin et M. de Broglie, *op. cit.*, pp. 12, 16.

des propriétés bien tranchées et que, selon les idées régnantes, ce changement ne pouvait être que la conséquence de l'intervention d'un principe porteur de la qualité [1]. C'est une manière de voir à laquelle la chimie moderne a entièrement renoncé, mais elle ne l'a fait que pas à pas, et le fait de ce changement d'attitude ne doit pas nous empêcher de reconnaître ce que l'ancienne manière de voir avait de naturel, de conforme aux tendances les plus profondes du véritable esprit scientifique et combien, par suite de son abandon contraint et forcé, l'explication véritable des phénomènes chimiques, des propriétés qui paraissent et disparaissent dans les réactions, est devenue plus malaisée. En effet, le phlogistique, la combustibilité, *passait* d'un corps à l'autre, et ce fait primordial, qu'on était en mesure de démontrer par des expériences multiples et concluantes et qui fournissait ainsi un appui inappréciable aux théories qualitatives de la nature en général, paraissait assez important pour qu'on négligeât quelques constatations, qui apparaissaient comme des faits sporadiques, paradoxaux. Sans doute, à mesure que le temps avançait, que des découvertes élargissaient le champ des connaissances, les nouveaux faits devenaient de plus en plus rebelles au cadre de la théorie. Mais tel était son prestige, on avait à ce point le sentiment d'être dans la bonne voie, que les auteurs mêmes des plus étonnantes, des plus mémorables d'entre ces découvertes, Priestley, Cavendish, Scheele, s'efforçaient aussitôt de les formuler de manière à faire ressortir qu'elles étaient conformes à l'hypothèse phlogisticienne, en expliquant par des hypothèses auxiliaires tout ce qui paraissait lui échapper, voire même en laissant résolument dans l'ombre, le cas échéant, ces constatations, considérées comme dénuées de toute importance théorique. Ce fait, l'emprise formidable que la théorie du phlogistique a exercée sur des hommes de la valeur des trois chimistes que nous avons nommés et qui doivent certainement être

---

1. Cf. *Identité et réalité*, pp. 368 et suiv.

rangés parmi les plus illustres « découvreurs » de faits
de toutes les époques et de toutes les sciences, suffirait,
semble-t-il, à lui tout seul, même en l'absence des raisons
intrinsèques que nous avons fait valoir, à démontrer la
haute valeur scientifique de la théorie. Il est tout aussi
significatif, à cet égard, que Black ne l'ait abandonnée
qu'en 1791, c'est-à-dire bien des années après que, selon
le jugement de la postérité, elle fût devenue, par les travaux de Lavoisier et de ses disciples, entièrement insoutenable [1]. De même, les circonstances qui ont accompagné
son établissement et son maintien nous prouvent à l'évidence (tout comme l'historique de la théorie de la chaleur-
fluide et de mainte autre hypothèse) que le souci de l'explication, la volonté tenace d'en étendre à tout prix le
domaine, priment à tel point, dans la marche de la
science, toute autre considération, que les vérités qui ont
d'abord paru les plus plausibles, les faits les mieux acquis,
sont mis de côté, intentionnellement oubliés en quelque
sorte, quand surgit une théorie plus large, permettant de
réduire en système, de relier par une déduction un nombre
beaucoup plus considérable de phénomènes.

Au moment où parut Lavoisier, il y avait ainsi, en chimie, d'une part un nombre considérable de faits rattachés
les uns aux autres par une conception théorique considérée comme indubitable ; et d'autre part un nombre notable et surtout grandissant de constatations qui s'accommodaient mal de cette théorie ou qui, même, la contredisaient
directement. Mais il a fallu un esprit d'une essence bien
supérieure encore à ceux d'un Cavendish, d'un Scheele,
d'un Priestley — quelque grands que fussent ces hommes
de science — pour réunir ces faits, en apparence disjoints,
en un faisceau et en faire jaillir une nouvelle conception
explicative. On ne saurait mieux caractériser cette véritable révolution que ne l'a fait Cuvier peu de temps après
qu'elle fut accomplie. « La théorie nouvelle, dit le grand
biologiste, n'est qu'un lien qui rapproche heureusement

1. Cf. Appendice II.

des faits reconnus en des temps et par des hommes très différents... Mais c'est précisément la création de ce lien qui constitue la gloire incontestable de Lavoisier. Jusqu'à lui, les phénomènes particuliers de la chimie pouvaient se comparer à une espèce de labyrinthe dont les allées profondes et tortueuses avaient presque toutes été parcourues par beaucoup d'hommes laborieux ; mais leurs points de réunion, leurs rapports entre elles et avec l'ensemble, ne pouvaient être aperçus que par le génie qui saurait s'élever au-dessus de l'édifice et en saisirait le plan d'un œil d'aigle [1]. »

Ainsi, contrairement à l'apparence, ce n'est pas de la solidité de la constatation ou de la supposition présumées fondamentales que les théories scientifiques tirent leur prestige. Le fait que, dans le choc, le rapport entre la cause et l'effet n'est pas plus clair que dans n'importe quel autre phénomène, n'a pas empêché les explications mécaniques de dominer la science physique tout entière, de même que la nature contradictoire du fluide éthéréen et la faiblesse (jusqu'en ces derniers temps) des démonstrations en faveur de l'existence d'atomes n'ont nullement arrêté le développement des théories dans ces deux domaines, et que la nature fictive du fluide calorique ou du phlogistique n'a pas constitué un obstacle pour l'emprise exercée par l'une et l'autre conception sur des esprits scientifiques des mieux trempés. Pour le phlogistique, la situation est particulièrement nette (et c'est pourquoi nous avons traité ce cas avec un peu plus de détails) : A nous, qui sommes séparés par plusieurs générations de celle qui vivait sous la domination de l'hypothèse, cet être paraît à tel point fictif, que nous avons de la peine à concevoir que l'on ait cru à son existence, à comprendre même ce que c'était proprement que cet « élément », cet « oxygène négatif », comme on l'a appelé quelquefois, et quel rôle il devait jouer en telle ou telle circonstance.

Mais si l'autorité des théories, leur « force explicative »

1. G. Cuvier, *Histoire des progrès*, etc., vol. 1ᵉʳ, p. 70.

ne viennent pas de ces faits fondamentaux, il reste donc qu'elles aient leur source dans le procédé même qui les caractérise, à savoir dans la déduction elle-même. Et il en est en effet ainsi : nous *voulons* les phénomènes explicables et cela ne peut se faire, nous l'avons vu, qu'en établissant un lien logique entre l'antécédent et le conséquent. C'est ce qui fait que toute opération qui conduit ou qui, seulement, a l'air de conduire à cette explication, à cette compréhension, nous apparaît aussitôt revêtue d'un prestige particulier. C'est ce qui nous fait comprendre aussi ce fait qu'une théorie ne disparaît jamais que devant une autre théorie. Nous avons constaté quelque chose d'analogue plus haut, en parlant de la manière dont causalité et finalité dans les sciences biologiques se rejoignent et se saisissent pour ainsi dire l'une l'autre, en ne laissant pas de place entre elles pour la légalité pure. Le phénomène est encore bien plus marqué dans le domaine des sciences physiques, en ce qui concerne la lutte entre les diverses conceptions causales. L'histoire de la théorie du phlogistique nous le montre clairement et Cuvier, sur ce point également, a eu le sentiment très net de la véritable marche des choses. Énumérant les belles et nombreuses découvertes qui précédèrent la naissance de la chimie nouvelle, il dit : « Mais ces expériences, tout en faisant sentir l'insuffisance de la théorie du phlogistique, n'en donnaient pas immédiatement une meilleure[1]. » Jamais une théorie ne meurt, si l'on ose user de ce terme, de sa belle mort, par suite de sa faiblesse constitutionnelle, ou de vieillesse, c'est-à-dire uniquement parce qu'on a découvert, dans la suite, des faits qui cadrent mal avec ses suppositions fondamentales : toujours il faut qu'elle soit assassinée, comme le prêtre de Némi, par celle qui lui succédera. On ne la détrône que s'il y en a une autre, prête à en hériter, et tant que cette héritière ne se présente pas, on s'accommode de tous les échecs, on s'arrange de toutes les difficultés.

1. *Ib.*, p. 65.

Donc, qui dit théorie figurative dit déduction. Mais la réciproque, cela est évident, n'est pas vraie, puisque, nous l'avons vu, la science connaît, en dehors de ces conceptions, des théories abstraites, fondées sur des principes (cf. plus haut p. 22). La science, en effet, se sert aussi de la déduction pour rattacher directement ses énoncés les uns aux autres, sans l'intervention de représentations figuratives. Ainsi, de par la découverte newtonienne, les lois de Képler se déduisent de la loi d'attraction universelle, la même qui régit les phénomènes de la chute que nous observons sur la terre, et en vertu des travaux de Maxwell et de Hertz, les lois de l'optique se déduisent désormais de celles qui régissent les phénomènes électriques. Chaque pas fait dans cette voie constitue un progrès scientifique, puisque, réduisant le nombre des énoncés qu'il nous faut retenir, il produit une économie d'effort intellectuel. Cet emploi de la déduction rentre dans le cadre de la théorie positiviste de la science, laquelle le considère par conséquent comme le seul emploi légitime: la déduction doit partir d'une loi pour aboutir à une autre loi, — l'hypothèse, si elle n'est pas elle-même une supposition relative à une loi, devant être, nous l'avons vu, rigoureusement bannie ou du moins considérée comme un simple bouche-trou provisoire. D'ailleurs la déduction ne modifie en rien le caractère des lois, qui restent des énoncés fondés uniquement sur l'expérience. Il ne saurait, par conséquent, dans ce système, être question à aucun degré de nécessité logique.

Cependant, telle est la force du penchant qui pousse la raison humaine à concevoir le monde extérieur comme nécessaire que cette tendance s'introduit parfois, en quelque sorte subrepticement, dans les exposés positivistes les plus orthodoxes. Cela date de loin. En effet, déjà Sophie Germain, après avoir cité le fameux passage où d'Alembert déclare que « l'Univers, pour qui saurait l'embrasser d'un seul point de vue, ne serait, s'il est permis de le dire, qu'un fait unique et une grande vérité » poursuit : « Ajoutons que, suivant notre conviction intime, ce fait unique

doit être nécessaire. Et en effet, nous cherchons l'essence
ou la nécessité de chaque chose et ces deux expressions
sont équivalentes car, lorsque nous connaissons l'essence,
nous voyons que l'être auquel elle appartient ne saurait
ni n'être pas, ni être différent de ce qu'il est [1]. » Evidemment, le concept de la nécessité logique se trouve établi
ici avec toute la clarté possible. Et pourtant l'auteur se
montre, d'autre part, imbu de la conviction que les hypothèses telles que les échafaudait Descartes et où « étayé
par un petit nombre de connaissances certaines, l'homme
de génie a essayé de suppléer, en admettant des suppositions gratuites, à ce qui lui manquait d'observations positives » ont abouti à établir entre les choses « des relations
purement fantastiques » ; mais c'était là la « marque d'un
temps qui venait de finir » et « les efforts de l'esprit humain
changèrent-ils alors entièrement de direction ». En effet,
« jusque-là on avait toujours cherché la cause des phénomènes. On commença alors à les considérer en eux-
mêmes. Au lieu du *pourquoi,* on voulut savoir le *comment*
de chaque chose. » Ainsi « nous devons finir par amener
les différentes branches de notre savoir à une harmonie
qu'elles durent autrefois à notre seule imagination [2]. » C'est
du positivisme très net et l'on comprend que Sophie Germain ait été reconnue par Comte et ses disciples comme
un de leurs ancêtres spirituels.

On pourrait sans doute objecter que, précisément en sa
qualité de précurseur, la célèbre mathématicienne a pu ne
pas concevoir clairement toutes les conséquences qu'en-
traînait sa manière de penser. Voici donc un exemple tout
à fait récent. M. Goblot s'exprime généralement, au sujet
des hypothèses et des lois, d'une manière entièrement
conforme à l'épistémologie positiviste. « L'hypothèse est

---

1. Sophie GERMAIN, *Considérations générales sur l'état des sciences et des
lettres aux différentes époques de leur culture. Œuvres philosophiques,*
Paris, 1879, p. 158. Le texte porte *ni être, n'être pas différent,* ce qui est un
non-sens et une coquille évidente (l'édition en est remplie). L'édition originale (Paris, 1833) donne d'ailleurs (p. 57) la leçon correcte. — Sophie Germain
semble avoir emprunté cette notion, en partie, à Laplace, cf. Appendice III.

2. *Id.,* pp. 145, 151, 154, 230.

une anticipation de la loi. Elle est la loi elle-même arbitrairement construite par l'esprit. » Quant à l'idée de cause, elle est « obscure et multivoque ». Les savants s'y sont fort peu intéressés, car elle a peu d'importance pour eux. « C'est que l'idée précise, univoque et claire de *loi* est la seule qui soit opérante dans le raisonnement inductif[1]. » Or, M. Goblot, nous l'avons vu plus haut (p. 59), est convaincu que, partout dans la nature, l'ordre constant n'est que la manifestation extérieure d'un ordre logique intérieur et que, d'ailleurs, l'esprit humain ne se contente pas de vérités de fait, mais réclame des vérités de droit. Il faut dès lors que les lois soient reconnues comme telles directement, sans le secours d'hypothèses sur le mode de production. Cela, sans doute, est impossible à l'heure actuelle, mais cela pourra s'accomplir dans un avenir en quelque sorte idéal. « Si toutes les lois étaient connues, le monde de l'expérience serait tout pénétré de clarté... On ne voit pas ce qui resterait à découvrir. Les lois elles-mêmes ne seraient plus seulement des relations constantes, ni même des relations empiriquement nécessaires : elles seraient sans doute des relations logiquement nécessaires[2]. »

Il y a là, manifestement, une conception tout à fait étrangère au véritable positivisme[3]. Sans doute, dans la pratique, les deux théories semblent se confondre dans

1. E. Goblot, *Traité de logique*, Paris, 1918, pp. 291, 295. Cf. Id., *Essai sur la classification des sciences*, Paris, 1898, p. 47 : « La causalité... est une notion transitoire, que la science rationnelle s'efforce d'éliminer et dont le rôle est même si peu important, dans l'explication théorique des phénomènes, que les savants n'ont même pas senti le besoin d'en préciser le sens équivoque et obscur. »

2. Id., *Traité de logique*, Paris, 1918, p. 381.

3. On peut noter, dans cet ordre d'idées, que Comte lui-même, tout en constatant le rôle du raisonnement dans la science, dans le sens que nous avons exposé p. 81, et en insistant sur le fait qu'il tend à se substituer à l'observation directe (cf. plus bas, p. 87), est cependant si loin d'assigner à la déduction une influence prépondérante, qu'il proteste expressément contre toute « vicieuse exagération » dans ce domaine et déclare que « le nombre des lois vraiment irréductibles est nécessairement beaucoup plus considérable que ne l'indiquent » les « dangereuses illusions fondées sur une fausse appréciation de notre puissance mentale et des difficultés scientifiques » (*Cours*, vol. VI, p. 601).

un même schéma, puisqu'elles ne recherchent, l'une et l'autre, que des lois et s'efforcent de les formuler de manière à leur faire embrasser le plus de phénomènes possible, de les déduire d'énoncés de plus en plus généraux : l'espoir de l'établissement ultérieur de la nécessité logique des lois, étant une vue lointaine, a l'air de rester à cet égard entièrement inopérant. Mais il y a cette différence essentielle que, si les deux doctrines formulent les mêmes prescriptions, ce n'est pas pour le même motif : le positiviste n'est guidé que par la considération de l'efficacité de l'effort, alors que, pour M. Goblot, la déduction présente, au point de vue de la pensée, une valeur en elle-même, toutes les déductions n'étant en effet que des fragments, des chaînons détachés d'une grande chaîne et destinés d'ailleurs à se nouer ultérieurement dans cette chaîne, qui embrassera la totalité des phénomènes de l'univers et les démontrera tous nécessaires, conformes à la raison. Ainsi la déduction ne s'opère plus uniquement en vue de l'action, elle vise encore l'explication. C'est une conséquence d'ailleurs que M. Goblot n'a pas manqué de préciser lui-même. L'analyse expérimentale, dit-il, « n'a pas seulement pour but une prise de possession des puissances naturelles par la volonté de l'homme, mais aussi de rendre la nature intelligible ; elle tend à la soumettre non seulement à la volonté de l'homme, mais aussi à son intelligence [1] ».

A première vue, cette théorie a l'air d'effectuer une sorte de synthèse ou du moins de compromis fort heureux. Elle aboutit, en effet, à maintenir le schéma positiviste, tout en lui donnant une base naturelle et plus conforme à notre psychologie véritable, puisqu'il est tenu compte de cette soif de connaître que nous sentons tous en nous et qui est le véritable ressort moteur de la science. Il n'est donc pas étonnant que cette manière de concevoir le rôle de la déduction paraisse plausible. Par le fait, nous croyons que des conceptions de ce genre se retrouvent

____

1. *Ib.*, p. 285-286.

au fond de maints exposés, surtout de savants, en apparence tout à fait conformes à l'épistémologie de Comte et de M. Mach ; mais c'est à M. Goblot qu'appartient le mérite incontestable de les avoir précisées.

Nous reviendrons, dans notre quatrième livre (pp. 222 et suiv.) sur cette théorie et nous verrons alors quel est son véritable fondement philosophique et à quelles difficultés elle se heurte à ce point de vue. Ce que nous devons constater ici, c'est que, du fait même qu'elle adopte le schéma positiviste, la théorie méconnaît, tout comme celle du positivisme propre, le caractère ontologique de la science, le fait manifeste que celle-ci part du sens commun et que, comme nous l'avons établi (cf. pp. 30 et suiv.), détruisant cette métaphysique, elle est aussitôt obligée d'en inventer une autre, qu'elle ne peut détruire une ontologie qu'à l'aide d'une autre ontologie, puisque, de toute évidence, elle ne saurait déduire quelque chose de réel d'un concept n'ayant pas de réalité, qu'au contraire l'élément de réalité, le caractère ontologique se trouve même, dans les êtres créés par la science, grandement intensifié, si on les compare aux objets du sens commun. De ce chef, la théorie se montre donc, tout comme la doctrine positiviste et pour les mêmes raisons, en désaccord avec la marche véritable de la pensée scientifique.

CHAPITRE IV

Au fond de cette poursuite de l'explication par la science il y a évidemment un postulat : c'est l'affirmation que la nature est explicable, en d'autres termes que sa manière d'agir est conforme aux voies suivies par notre raison. C'est là une supposition que la pensée humaine a formulée dès l'aube de son évolution. « Anaxagore et avant lui Hermotime, nous dit Aristote, ont proclamé que c'est une intelligence qui, dans la nature aussi bien que dans les êtres animés, est la cause de l'ordre et de la régularité qui éclatent partout dans le monde. » Il semble cependant qu'il y ait, dans l'affirmation de cet accord mystérieux, et (comme nous le verrons dans la suite) fort imprécis, une thèse à laquelle notre entendement n'aime guère avoir recours, au moins d'une manière directe, dans ses raisonnements immédiats, et dont il chercherait plutôt à s'affranchir. Le prestige de la conception positiviste de la science — prestige tout théorique sans doute, nous l'avons vu au précédent chapitre, mais néanmoins prestige très réel, il est facile de s'en convaincre par l'étude aussi bien de travaux d'épistémologie que de livres de science — repose certainement en grande partie sur ce sentiment obscur qu'en se passant d'*hypothèses*, de *métaphysique*, on n'aurait pas besoin de faire appel à l'accord entre la nature et l'intellect. C'est un sentiment justifié en partie, mais en partie seulement, et il est intéressant, au point de vue de la légitimité, dans la science, des déductions théoriques en général, d'examiner cette importante question d'un peu plus près.

Ce que l'on remarque tout de suite, c'est que, dans un certain sens, l'affirmation de cet accord est indispensable à toute science. C'est ce que proclame l'énoncé d'Hermotime que nous venons de citer, puisque le règne de l'intelligence dans la nature y apparaît comme nécessaire à la régularité, à la légalité même. Cela ressort d'ailleurs, immédiatement, de cette simple réflexion : pour raisonner sur la nature, il faut bien que nous la supposions jusqu'à un certain point adéquate à notre raison. Admettons d'ailleurs, pour un instant, qu'il soit réellement possible d'édifier une science conforme à l'idéal positiviste, composée de lois et de suppositions relatives à des lois, sans aucune théorie sur l'être; il est certain que même un tel corps de doctrine comportera des interpolations et des extrapolations. Personne n'a jamais essayé de tout mesurer directement, c'est une tâche que nous sentons aussi impossible qu'oiseuse, et il est évident que l'immense majorité des faits, des données dont on se sert aussi bien dans les laboratoires que dans la vie de tous les jours, sont et seront toujours des données interpolées, déduites. Il n'est pas douteux que, de ce chef, nous sommes contraints, même en croyant nous en tenir à l'expérience stricte, à en dépasser continuellement les limites. Ainsi qu'Auguste Comte l'a admirablement formulé lui-même, la science est essentiellement destinée à dispenser, autant que le comportent les divers phénomènes, de toute observation directe, en permettant de déduire, du plus petit nombre possible de données immédiates, le plus grand nombre possible de résultats. « N'est-ce point là en effet, ajoute-t-il, l'usage réel, soit dans la spéculation, soit dans l'action, des lois que nous parvenons à découvrir entre les phénomènes réels ? » De même, dans un autre passage, il déclare que « l'esprit positif... tend toujours à agrandir, autant que possible, le domaine rationnel aux dépens du domaine expérimental, en substituant de plus en plus la prévision des phénomènes à leur exploration directe [1]. » Sans doute, le terme

1. Aug. Comte, *Cours de philosophie positive*, 4ᵉ éd., Paris, 1877, vol. Iᵉʳ p. 99, vol. II, pp. 600-601.

rationnel n'a-t-il pas, ici, la signification que nous lui don-
nons, conformément d'ailleurs à l'usage commun ; il ne
signifie point : *réductible à des éléments ne provenant que
de notre raison*. Mais Comte a raison en ce sens que même
l'explication par la loi qu'il envisage seule, et qui n'est
pas une explication véritable, mais seulement un achemi-
nement vers l'explication (laquelle ne peut intervenir, en
effet, qu'une fois le rapport légal établi), ne saurait s'accomplir que par une opération de notre raison ; cette opération n'aurait aucun sens, si nous ne supposions qu'il y a,
sur ce point, *conformité entre la raison et la nature*, que
celle-ci, par exemple, dans les intervalles entre les constatations expérimentales est aussi *continue* que notre entendement le pose pour ainsi dire d'instinct.

Ce n'est pas cependant que, comme on le dit parfois,
nous prêtions à la nature plus de régularité qu'elle n'en a
réellement ; nous sommes au contraire intimement convaincus que la nature, jusqu'au plus profond de ses manifestations, est gouvernée inéluctablement par des lois
rigoureuses. Comte, cependant, ne semble pas de cet avis.
L'auteur du positivisme concevait-il vraiment l'existence,
dans la nature, de phénomènes entièrement arbitraires,
soustraits à toute loi ? On hésite à l'admettre, et pourtant
son attitude, dans cet ordre d'idées, paraît assez troublante.
« Les lois naturelles, véritable objet de nos recherches,
déclare-t-il dans le volume final de son *Cours*, ne sauraient
demeurer rigoureusement compatibles, en aucun cas, avec
une investigation trop détaillée[1]. » On pourrait croire, à
première vue, qu'il n'exprime là que cette vérité, pour
nous évidente, que les lois, étant l'expression de l'état
momentané de nos connaissances, doivent forcément, à
mesure que la science avance, céder la place à d'autres.
Mais ce serait prendre le contre-pied de sa conception.

Nous avons tout à l'heure traité la croyance à l'existence
métaphysique des lois de *surcharge* de la conception positiviste : c'est que nous pensions à la doctrine telle qu'elle

—————
1. *Ib.*, vol. VI, pp. 637-638.

paraît professée à l'heure actuelle par la plupart des hommes autorisés qui s'en disent partisans. Que s'il s'agit au contraire des opinions d'Auguste Comte lui-même, la situation est beaucoup moins claire. Pour Comte, en effet, les lois découvertes, si elles atteignent un certain degré de généralité (comme, par exemple, la loi de Mariotte), doivent demeurer à tout jamais. Toute recherche ultérieure tendant à les ébranler, ou seulement à en modifier ou à en préciser le contenu, est jugée parfaitement oiseuse et doit être rigoureusement proscrite. C'est là un thème sur lequel Comte est revenu à maintes reprises et au sujet duquel il s'est exprimé avec l'énergie la plus grande. Accumulant les termes de réprobation, il a déclaré « incohérents ou stériles », procédant d'une « curiosité toujours vaine et gravement perturbatrice », d'une « puérile curiosité stimulée par une vaine ambition », les travaux où l'on se sert d'instruments de mesure trop précis ; il a protesté hautement contre « l'abus des recherches microscopiques et le crédit exagéré qu'on accorde trop souvent encore à un moyen d'investigation aussi équivoque » et n'a pas hésité à invoquer, contre « l'active désorganisation » dont le système de connaissances positives lui paraît menacé par suite de ces tentatives, le bras séculier du « véritable régime spéculatif de l'avenir[1] ». Il est curieux de constater — la coïncidence évidemment n'est pas purement fortuite — que Comte, à l'appui de cette bizarre méfiance à l'égard d'instruments de vision trop perfectionnés à son gré, eût pu invoquer le témoignage du plus grand de ses ancêtres spirituels. Bacon ne connaissait, en fait de microscope, que la lentille simple, et il parle avec de grands éloges des services qu'elle rend et surtout de ceux qu'on peut en attendre. Par contre le télescope, qui venait d'être inventé, lui apparaît comme un moyen d'investigation fort suspect[2]. Sans doute, Bacon avait des excuses qu'on ne peut faire valoir en faveur de Comte. Pour bien faire ressortir combien l'attitude de ce dernier à l'égard du microscope

1. Cf. *Identité et réalité*, pp. 6 et suiv.
2. Bacon, *Novum Organon*, livre II, § 39.

s'écarte de tout ce que professe la science, il suffira de cette citation de deux physiciens de laboratoire contemporains qui, sans aucune préoccupation théorique, constatent simplement un état de fait. « De tous les instruments de physique, disent MM. A. Cotton et H. Mouton, celui qui a rendu le plus de services dans toutes les branches de la science considérées dans leur ensemble est probablement le microscope [1]. »

Evidemment, s'il doit nous être interdit à tout jamais de toucher aux lois en question, c'est que ces lois doivent présenter la formule définitive des véritables rapports entre les choses, c'est-à-dire doivent constituer des êtres ontologiques. Mais si, d'autre part, nous devons nous abstenir de recherches trop minutieuses, de peur d'ébranler ces lois, c'est donc que nous ne pouvons pas parvenir à d'autres, plus précises, et qu'au dessous de cette nature réglée et dont nous pouvons connaître les lois véritables, il n'y a qu'un amas de faits confus, entièrement soustraits à toute règle, en tant du moins qu'il s'agit de règles connaissables de nous.

C'est là, sans doute, une affirmation surprenante. Cependant elle ne constitue point, dans l'histoire de la pensée humaine, un exemple isolé. Platon, dont la conception de la science se trouvait à bien des égards à l'antipode de celle du positivisme, puisqu'à l'encontre de ce renoncement à toute tentative d'explication qui fait le fond de la doctrine de Comte, il croyait fermement à la rationalité foncière, à l'explicabilité de l'univers, concevait quelque chose d'analogue. Pour lui, en effet, la régularité de la nature, sa légalité, n'était précisément qu'un corollaire de cette rationalité ; à telle enseigne que là où celle-ci cessait, l'autre ne pouvait subsister, les faits véritablement inexplicables, non-rationnels, devant être forcément, de ce chef, simplement fortuits, échappant à toute connaissance [2].

---

1. A. Cotton et H. Mouton, *Les ultramicroscopes et les objets ultramicroscopiques*, Paris, 1906, p. 1.

2. Cf. Zeller, *Die Philosophie der Griechen*, 3ᵉ éd., Leipzig, 1875, vol. II, 1ʳᵉ partie, p. 543, 2ᵉ partie, p. 336.

Aristote, en cette question comme en bien d'autres, en dépit des divergences de principe qui le séparaient de son maître, paraît avoir tout simplement suivi les traces de ce dernier, et l'on retrouve chez lui cette supposition de l'existence de faits soumis au hasard seul [1]. Mais c'est là une partie de la doctrine qui, en dépit de la grande autorité des noms de ses auteurs, n'a eu, semble-t-il, dans l'antiquité même, qu'un succès limité, la doctrine directement opposée des stoïciens, qui insistait au contraire sur le déterminisme absolu de tous les phénomènes de l'univers, y compris ceux de la volonté (nous en parlerons un peu plus bas, p. 111), ayant bientôt prévalu.

On pourrait, d'un autre côté, penser à rapprocher la doctrine de Comte de certaines conceptions tout à fait modernes de la science. On sait, en effet, qu'un grand nombre d'énoncés parfaitement valables apparaissent au savant moderne non seulement comme n'appartenant pas à la nature, aux choses elles-mêmes — car cela va de soi, et la supposition de Comte se révèle, sur ce point, purement extravagante, entièrement contraire au véritable esprit de la science, qui est, nous l'avons reconnu, un esprit plutôt nominaliste ou tout au moins conceptualiste — mais comme ne caractérisant que le monde à notre échelle. Au-dessous de ce monde des masses visibles, du monde *molaire*, il y a (nous l'avons vu par les discussions du *Conseil* de Bruxelles) un monde tout différent, ou plutôt il y en a plusieurs, d'abord celui des molécules et ensuite celui des atomes ou sous-atomes. Nos lois habituelles, n'ayant été déduites que par l'observation du monde molaire, ne sont donc applicables qu'aux phénomènes de ce dernier. Leur existence est due à ce que, le nombre des particules élémentaires que chaque phénomène de ce monde met en jeu étant excessivement grand, des régularités s'établissent par le simple jeu des lois du hasard. Ces régularités sont donc purement *statistiques*, à peu près comme, dans un grand pays, il meurt presque

---

1. Cf. *ib.*, vol. II, 2e partie, pp. 428, 650.

le même nombre d'hommes tous les ans, alors que, cependant, le décès de chaque individu est dû à des causes multiples et fort diverses, causes que le statisticien peut se permettre d'ignorer (hors le cas d'un cataclysme général, bien entendu) tout en formulant des règles suffisamment précises. Ne semble-t-il pas qu'il y ait là une brillante confirmation de la théorie de Comte, un monde de règles strictes superposé à un autre où ne règne que le hasard ?

Il n'en est rien cependant, et il est aisé de s'en convaincre. Pour passer des phénomènes moléculaires aux phénomènes molaires, nous faisons intervenir les lois du hasard, en nous fondant sur le calcul des probabilités, parce que nous ignorons l'enchaînement véritable des phénomènes moléculaires, atomiques, sous-atomiques, etc., et que ce procédé nous permet précisément de faire abstraction de cette ignorance, d'éliminer (pour nous servir d'une image mathématique) cette inconnue de nos calculs, en ne commettant que des erreurs qui, tant qu'il s'agit de phénomènes molaires, phénomènes grossiers par conséquent, restent imperceptibles. Mais nous n'en demeurons pas moins convaincus que les phénomènes sous-jacents, moléculaires, etc., obéissent eux aussi à une légalité tout à fait stricte. Et la preuve, c'est qu'à l'encontre de ce que commandait précisément Auguste Comte, nous ne cessons d'étudier ces phénomènes de plus en plus près, que nous nous appliquons à inventer à cet effet des méthodes de plus en plus minutieuses et que nous avons perfectionné nos instruments de recherche, et notamment le microscope, si odieux, on vient de le voir, au créateur du positivisme, bien au delà des limites assignées à son fonctionnement dans la première moitié du xixᵉ siècle. Les phénomènes dont s'est occupé le *Conseil de physique* de Bruxelles (cf. chap. II, pp. 36 et suiv.) appartenaient sans exception aux mondes sous-moléculaire et sous-atomique. Les savants réunis dans cet aréopage ne sont pas parvenus à édifier une théorie explicative de ces faits, mais leurs débats mêmes mettent hors de doute, comme nous l'avons fait ressortir, qu'ils admettaient implicitement qu'il devait y en avoir une et que, seule, la perspicacité des physiciens avait été en défaut. Quant aux lois qui régissent ces phénomènes, ils prétendaient les connaître, et l'on ne s'avance pas beaucoup en affirmant que, sur les points mêmes où cette connaissance était imparfaite, leur conviction de l'existence de telles lois n'était pas effleurée du doute le plus léger.

Bien avant qu'il ne fût question de l'emploi du concept de probabilité en physique, Sophie Germain, en expliquant qu'une indication fondée sur la probabilité « atteste notre ignorance », ajoutait aussitôt que « si on connaissait parfaitement » les diverses circonstances du phénomène « on saurait que l'événement est inévitable ou qu'il est impossible et cette impossibilité serait évidente pour l'instant qui précède immédiatement celui pour lequel la réalisation du même événement serait aussi évidente [1] ». Ici, on le voit, l'emploi de la probabilité s'allie au déterminisme le plus strict. Cela est tout aussi évident pour les données de la statistique humaine dont nous avons parlé. Calculer la probabilité d'une éventualité telle que le décès d'un individu (en vue, par exemple, de déterminer la prime en cas d'assurance sur la vie) non seulement n'empêche point de concevoir cette éventualité comme rigoureusement conditionnée par des causes particulières, mais on sait que des déterministes se sont précisément fondés sur la régularité des résultats statistiques pour y échafauder une démonstration de leur doctrine.

Afin de mieux éclaircir comment la loi statistique, fondée sur le hasard, est cependant compatible avec le déterminisme des phénomènes moléculaires sous-jacents, il ne sera peut-être pas inutile de nous servir d'un exemple. Voici un liquide dont nous connaissons la température. C'est une donnée précise qui est susceptible d'entrer dans une foule d'énoncés, c'est-à-dire de fournir la base d'un

1. Sophie Germain, *Considérations générales sur l'état des sciences et des lettres aux différentes époques de leur culture, Œuvres philosophiques*, Paris, 1878, p. 161.

grand nombre de prévisions qui seront toutes vérifiées avec beaucoup d'exactitude. Ce n'est cependant qu'une indication statistique, qui exprime ce qu'est la moyenne des mouvements moléculaires caloriques dans le liquide en question. Si nous observons une goutte de ce liquide à l'aide d'un bon microscope, nous avons beaucoup de chances d'y découvrir, sinon ce mouvement moléculaire lui-même, du moins des mouvements de particules minimes directement causés par les chocs des molécules : c'est le mouvement brownien. Or, à l'égard d'une particule isolée mue par ce mouvement, on ne peut plus parler de température ; en effet, il ne s'agit plus de moyenne, puisque nous avons la particule individuelle devant nous. Il n'empêche que les mouvements de cette particule nous apparaissent comme entièrement déterminés par les chocs qu'elle reçoit : c'est là, en effet, la supposition même qui forme la base des calculs de M. Perrin.

Ainsi, ces conceptions sur le rôle du hasard et de la probabilité ne peuvent prêter aucun appui à la thèse de Comte, et ses suppositions au sujet de la manière dont les lois sont susceptibles d'être ruinées par l'étude de phénomènes trop minutieux ne présentent qu'une ressemblance purement superficielle avec les idées récentes sur ce qui se passe dans les mondes moléculaire et sous-moléculaire. Faut-il donc attribuer à ce penseur, qui se montre par ailleurs si pénétré de l'esprit de la science moderne, des vues franchement indéterministes dans le genre de celles de Platon et d'Aristote ? Voici qui, en tout cas, fournit une présomption du contraire. Parlant du rôle des mathématiques, Comte déclare que « la physique organique tout entière et probablement aussi les parties les plus compliquées de la physique inorganique, sont nécessairement inaccessibles, par leur nature, à notre analyse mathématique, en vertu de l'extrême variabilité numérique des phénomènes correspondants », et un peu plus loin il ajoute que ces phénomènes, pourtant, « sont soumis à des lois mathématiques », mais que « nous sommes condamnés à les ignorer toujours à cause de leur trop grande complication [1] ». Il est donc tout au moins fort probable qu'il concevait ces phénomènes trop minutieux dont il défendait l'accès à la science avec tant de rigueur, comme rentrant précisément dans l'ordre de ceux qui, tout en étant parfaitement déterminés, étaient régis par des lois impénétrables à l'entendement humain. Sur quoi étaient fondées ces croyances de Comte, qui vont si directement à l'encontre de ce que professe la science depuis Galilée et Descartes, c'est ce qu'il est, sans doute, fort malaisé d'indiquer. Par contre, on aperçoit clairement les motifs qui les lui ont dictées et qui n'ont aucun rapport avec les théories proprement épistémologiques du positivisme ; il s'agit, en effet, d'opinions inspirées par des considérations sociologiques, notamment sur la nécessité d'une autorité inébranlable [2]. Comte a d'ailleurs lui-même constaté d'autre part que « la sensation la plus terrible que nous puissions éprouver est celle qui se produit toutes les fois qu'un phénomène nous semble s'accomplir contradictoirement aux lois naturelles qui nous sont familières [3] ». Or, cette sensation ne peut provenir que de ce que l'idée de phénomènes qui échapperaient réellement à l'emprise de la légalité (à moins qu'ils ne soient gouvernés par le libre arbitre d'êtres agissants) nous est, en dépit de Platon, d'Aristote et de Comte lui-même, inconcevable, et l'on a vu que l'attitude entière du savant moderne (telle que la révèlent par exemple les discussions du *Conseil* de Bruxelles) concourt à cette démonstration.

Mais si la science de nos jours conçoit l'univers comme gouverné rigoureusement par des lois, elle ne croit cependant point (nous l'avons vu pp. 6 et suiv.) connaître véritablement ces lois. Il semble donc que tout ce que nous puissions énoncer dans cet ordre d'idées se borne précisément à cette affirmation générale de la *légalité* parfaite de la nature.

Cette proposition suffit en effet, mais à la condition de

1. A. Comte, *l. c.*, vol. I⁰⁰, pp. 114-117.
2. Cf. plus bas, livre III, chap. xiii, p. 180.
3. A. Comte, *l. c.*, vol. I, p. 52.

comprendre que, par le fait même d'affirmer cette légalité, nous stipulons implicitement qu'elle doit être d'une essence particulière, à savoir faite de telle façon que nous puissions en recevoir la révélation. Car, enfin, si nous ne connaissons pas *les* lois de la nature, nous sommes cependant arrivés à formuler *des* lois, et tout le monde sait de reste que, pour ce faire, nous n'avons même pas attendu la science : pour vivre, pour agir, il nous a fallu prévoir, et nous ne pouvions le faire qu'en supposant qu'il nous était possible de connaître des règles auxquelles — ne fût-ce que *grosso modo* ou même qu'en apparence — les phénomènes obéissent. Ce n'est même pas là un postulat particulier à l'intelligence humaine. « Devine ou tu seras dévoré » est, selon le mot juste de Fouillée [1], un principe auquel tout être organisé, si bas que nous nous le figurions, doit obéir — à moins, bien entendu, que nous nous l'imaginions, comme Descartes, conformé à l'instar d'un mécanisme pur et simple, sans sensations et sans actes de volonté.

Qu'il y ait là véritablement une condition particulière, allant au delà de ce que serait une légalité purement abstraite, conçue en soi ou, si l'on veut, perceptible uniquement à une intelligence d'ordre supérieur, telle que l'*intellectus angelicus* des scolastiques, on peut le rendre sensible en considérant par exemple les lois des mouvements planétaires, telles qu'elles nous ont été révélées par Képler et par Newton. Sont-ce là véritablement les règles auxquelles obéissent les corps célestes ? Nous n'en savons rien, ou plutôt nous savons que d'ores et déjà, par suite du fait que nous avons pu déterminer avec un peu plus de précision les rapports entre les phénomènes, plusieurs de ces lois ne nous apparaissent plus que comme des règles simplement approximatives (cf. plus haut, p. 16).

Il n'en reste pas moins ce fait primordial que ces lois ont pu être formulées et que, telles quelles, elles nous permettent des prévisions d'une exactitude vraiment prodi-

1. A. Fouillée, *Les origines de notre structure*, etc., Revue philosophique, XXXII, 1891, p. 576.

gieuse. Or, il suffit d'une connaissance rudimentaire de la mécanique céleste pour se rendre compte que la découverte de ces lois est due en première ligne à une circonstance déterminée, à savoir à la manière particulière dont les mouvements, dans notre système planétaire, se trouvent arrangés. Si les trajectoires des planètes s'approchaient beaucoup plus près qu'elles ne le font réellement, les perturbations seraient infiniment plus fortes et les trajectoires, finalement, auraient assumé des figures à tel point irrégulières qu'aucun Képler n'eût pu y reconnaître le tracé fondamental d'une ellipse. Mais surtout si les masses des planètes étaient moins insignifiantes à l'égard de celle du soleil, ou si nous vivions sur un corps stellaire faisant partie d'un système de trois corps de masse presque égale, la complication des mouvements serait telle que la découverte des lois les régissant eût été indéfiniment retardée, voire même rendue, à une intelligence du même ordre que la nôtre, quasiment impossible.

Il suffit du reste, pour s'en rendre compte, de considérer la genèse des découvertes de Képler. Il se trouve en effet que ce grand savant est du petit nombre de ceux qui ont tenu à nous renseigner, au moins partiellement, sur les voies qu'avait suivies leur intelligence. C'est ainsi que l'on voit que ce qu'il y avait au fond de toutes ses découvertes, c'est une sorte de panmathématisme ou de pythagorisme très général, la ferme croyance que les mouvements célestes devaient être arrangés conformément à des proportions mathématiques très simples. Dans sa première œuvre, le *Mysterium cosmographicum*, il croit pouvoir établir, en partant de la notion astrologique des « trigones », que les distances des planètes correspondent aux cinq corps réguliers inscrits dans la sphère et, dans l'*Harmonice Mundi*, il cherche à appliquer à l'astronomie les proportions des intervalles musicaux, entièrement selon le modèle des théories attribuées d'ordinaire à Pythagore lui-même [1]. Bailly, dans son *Histoire de l'astronomie* juge

---

1. Cf. BAILLY, *Histoire de l'astronomie moderne*, nouvelle éd., Paris, 1785, vol. II, p. 6.

très sévèrement ces tentatives. « Dans tous ces rapports harmoniques, dit-il, il n'y a pas un rapport vrai ; dans une foule d'idées, il n'y a pas une vérité. Il [Képler] redevient homme après s'être montré esprit de lumière [1]. » Mais Delambre, à propos des mêmes hypothèses, estime qu' « à bien considérer les choses, on pourrait dire, au contraire, que Képler s'est toujours montré le même » et que, si sa manière de procéder doit être qualifiée de *folie*, comme le prétend Bailly, c'est « cette folie qui a fait la gloire de Képler, en le conduisant à la découverte de ses lois immortelles [2] ». C'est en effet en essayant toutes sortes de proportions, guidé sans doute tantôt par de simples analogies, et tantôt par des conceptions plus précises, comme celle de la *conservation* [3], qu'il a fini par trouver les rapports véritables. Mais, encore un coup, tout cela n'aurait pas eu de sens sans la croyance inébranlable dans la simplicité des rapports qu'il recherchait. Il s'est trouvé que Képler, avec le coup d'œil pénétrant du génie, avait choisi, pour appliquer ces idées, un champ exceptionnellement propice ; on peut même dire que la nature, à ce point de vue, a dépassé ses espérances, car il avait commencé par essayer, pour les trajectoires des planètes, de la ligne ovoïde et ce n'est qu'après coup qu'il s'est rendu compte que c'était l'ellipse — qui est à l'égard de celle-ci une courbe plus simple — qui répondait véritablement aux observations. Mais il est clair qu'en supposant les complications dont nous avons parlé plus haut, il ne serait parvenu, par cette voie, à aucun résultat réel.

Il ne s'agit pas ici, nous avons à peine besoin de le faire ressortir, d'affirmer que ces arrangements manifestent une finalité foncière, qu'ils sont, par exemple, la conséquence d'un décret de la Providence qui a tenu essentiellement à constituer le monde planétaire de telle façon que ses ressorts pussent être reconnus par l'homme. Rien ne s'oppose,

1. *Ib.*, p. 120.
2. DELAMBRE, *Biographie Universelle* (Michaud), article *Keppler*, pp. 526 et suiv.
3. Cf. à ce sujet plus bas, chap. XVII, p. 333.

au contraire, à ce que nous admettions que l'état particulier du système solaire est la conséquence d'une évolution dont nous pourrons, un jour, découvrir les lois. Il n'en faut pas moins reconnaître qu'il y a là un état particulier, ainsi que cela résulte de cette simple réflexion mathématique (car il s'agit ici, évidemment, de la simplicité des figures et des calculs mathématiques) que le cas *simple* constitue généralement, à l'égard du cas plus compliqué, une solution singulière et, dès lors, un cas infiniment moins probable.

Que si, maintenant, de la contemplation du système solaire, nous nous tournons vers celle de la nature en son ensemble, nous reconnaîtrons qu'il y a en elle des traits analogues à ceux que nous venons d'apercevoir. Tous les phénomènes s'enchaînent sans doute, mais ils ne s'enchaînent point inextricablement. Tout au contraire, ils semblent mystérieusement arrangés en des sortes de séries, de telle façon que notre intelligence, et même l'intelligence la plus rudimentaire d'un organisme de la série animale, en peut aisément extraire de quoi fabriquer des règles et des prévisions.

En effet, ces règles, nous le savons, ne peuvent avoir pour objet que des concepts généraux, des *genres* ; il faut donc que la nature soit faite de telle façon que nous puissions constituer de tels concepts. Ainsi — et ce n'est là évidemment qu'un aspect particulier de cette question — nous ne pouvons formuler des prévisions que si les phénomènes se répètent. Or, aucun phénomène ne saurait se reproduire exactement dans la nature, toujours il y aura des circonstances qui le diversifieront de celui que nous aurons observé antérieurement, ne fût-ce que le changement du lieu, par suite du déplacement continuel de la terre et du système solaire tout entier, ou la position des astres au ciel, qui ne peut jamais être la même à deux moments consécutifs. Si la configuration du ciel étoilé exerçait une influence prépondérante sur la marche des phénomènes, les animaux et les hommes primitifs seraient incapables de rien prévoir dans la vie, et par conséquent de vivre ; et si une telle influence appartenait au lieu, nous-mêmes, qui n'avons aucun moyen de reconnaître si nous en changeons, serions dans le même cas. Mais il n'en est rien et, qui plus est, nous en avons le sentiment immédiat, quoique imprécis. Nous savons sans doute qu'un phénomène est lié à tous les autres, qu'il est la conséquence de l'état de l'univers au moment précédent, l'univers entier, selon le mot de Leibniz, étant « tout d'une pièce comme un océan [1] ». Mais nous sentons en même temps qu'il existe, en ce qui concerne l'ensemble des conditions qui influent sur le phénomène, une sorte de hiérarchie, les choses s'arrangeant de telle manière qu'un tout petit nombre seulement de ces conditions exercent une action vraiment notable et dont il est nécessaire de tenir compte en vue d'une première approximation, l'action des autres pouvant alors être conçue comme aboutissant à des « perturbations » de l'action principale. Ainsi, aucun gaz, sans doute, ne suit strictement la loi de Mariotte ; mais un certain nombre d'entre eux, dont celui que nous avons continuellement sous la main, à savoir l'air atmosphérique, la suivent cependant d'assez près et dans des limites suffisamment étendues pour qu'elle ait pu être formulée et pour que, ensuite, l'étude des « anomalies » (que Comte, on l'a vu, entendait proscrire) ait pu servir de point d'appui aux généralisations encore plus fécondes de la théorie cinétique.

Le puissant esprit de Montaigne déjà avait reconnu ce trait particulier, à la vérité difficile à préciser, mais néanmoins fort caractéristique, de notre réalité. « Comme nul événement et nulle forme ressemble entièrement à une autre, dit-il dans le chapitre VIII du livre III des *Essais*, aussi ne diffère nulle de l'autre entièrement. Ingénieux mélange de nature : si nos faces n'étaient semblables, on ne saurait discerner l'homme de la bête ; si elles n'étaient dissemblables, on ne saurait discerner l'homme de l'homme [2]. » M. Arthur Balfour a trouvé, pour désigner la

---

1. LEIBNIZ, *Opera philosophica*, éd. Erdmann, p. 505.
2. MONTAIGNE, *Essais*, Paris, Flammarion, vol. IV, p. 194.

qualité spéciale de ce « mélange ingénieux de nature » une expression particulièrement heureuse : il l'appelle sa « structure fibreuse [1] ». Ces séries de phénomènes cohérents dont nous venons de parler ressemblent en effet aux fibres d'un tissu organique, qui ne sont sans doute pas entièrement indépendantes de ce tissu, auquel elles adhèrent du reste fortement par les deux bouts, mais dont, entre ces deux points, les attaches sont légères et en petit nombre, de sorte que la fibre peut, au moins *grosso modo*, être isolée. Bien entendu, comme tout à l'heure pour le système planétaire, il n'est nullement nécessaire que nous rattachions au concept de cet arrangement une idée de finalité. Rien ne nous interdit au contraire d'espérer que si, un jour lointain, nous pénétrions plus profondément dans le mystère des choses, nous y découvririons, avec la solution de bien d'autres mystères, les raisons de cette *structure* particulière. En tout cas le fait même de cette structure saute aux yeux de tout observateur, pour peu qu'il y veuille prêter attention.

Ce fait explique d'ailleurs et, dans une certaine mesure, justifie l'affirmation de l'existence ontologique des lois. Si nous ne pouvons, en effet, supposer que *nos* lois régissent les phénomènes, nous devons cependant admettre qu'il existe (ou, pour parler avec M. B. Russell, *subsiste, subexiste*) dans les phénomènes quelque chose qui correspond non pas seulement à la *légalité*, mais encore à *nos* lois.

Ainsi, le savant le plus déterminé à limiter son étude à des lois et à des suppositions concernant des lois (selon le précepte d'Auguste Comte) est bien obligé de stipuler un accord entre la nature et notre intellect, accord concernant d'abord la légalité en soi de la nature (qu'il conçoit comme illimitée) et ensuite la concevabilité de cet accord pour l'intelligence humaine. Comte lui-même, du reste, nous l'avons vu, non seulement posait implicitement la première partie de cet énoncé, mais allait au delà,

____

1. Arthur J. BALFOUR, *L'idée de Dieu et l'esprit humain*, tr. BERTRAND, Paris, 1916, p. 292.

puisqu'il supposait notre intellect capable de découvrir les véritables lois de la nature. Il n'a pas parlé de ce à quoi fait allusion la seconde partie de l'énoncé, mais il n'est pas impossible qu'un sentiment imprécis, mais néanmoins réel de cette *structure* l'ait poussé à formuler cette étrange proposition, en vertu de laquelle la science devait renoncer absolument à certaines recherches, déclarées radicalement inutiles à l'homme et qui devaient d'ailleurs être frappées de stérilité, telles que les recherches sur la constitution physique des astres. Tout le monde sait que la science, quelques lustres à peine après la publication du *Cours de philosophie positive*, a infligé à cette prédiction un démenti éclatant. Non seulement nous sommes maintenant, par les résultats de l'analyse spectrale, très au courant de la composition chimique des corps célestes visibles, mais encore ces résultats ont abouti à des constatations fort importantes sur la terre même et dont par conséquent le comtiste le plus orthodoxe ne saurait nier l'utilité. Ainsi l'hélium a été découvert (comme son nom, du reste, l'indique) sur le soleil avant de l'être sur la terre, et c'est là, on ne l'ignore point, une substance qui, dans les conceptions modernes de la transmutation radioactive des éléments, joue un rôle de premier ordre, puisqu'on suppose qu'elle fait partie de tous les atomes sans exception (ou tout au moins, de tous ceux susceptibles de ces transmutations). Un autre élément encore, appelé *nebulium*, a été découvert récemment dans les nébuleuses, mais est resté jusqu'à présent introuvable sur la terre. Comte a cherché à motiver son interdiction en faisant ressortir qu'il « existe, dans toutes les classes de nos recherches, et sur tous les grands rapports, une harmonie constante et nécessaire entre l'étude de nos vrais besoins intellectuels et la portée effective, actuelle ou future, de nos connaissances réelles. Cette harmonie... dérive simplement de cette nécessité évidente : nous avons seulement besoin de connaître ce qui peut agir sur nous d'une manière plus ou moins directe et d'un autre côté, par cela même qu'une telle influence existe, elle devient pour nous tôt ou tard un moyen certain de connaissance »[1]. Il est clair que, pris à la lettre, ce raisonnement ne peut se justifier : toutes les parties de l'univers que nous percevons peuvent et doivent même, directement ou indirectement, agir sur nous, et une partie qui n'aurait avec nous aucun rapport possible serait quelque chose non pas « que nous n'aurions pas besoin de connaître », comme le formule Comte, mais que nous ne connaîtrions pas, dont nous n'aurions pas conçu l'existence, en un mot quelque chose d'inexistant. Mais si l'on fait attention à cette expression de l'*harmonie nécessaire*, on ne peut se défendre de l'impression que ce qu'il y avait peut-être, à ce moment, au fond de sa pensée, c'est l'idée de cette structure particulière de la nature, qui fait que nous pouvons formuler des lois, ainsi que la conviction que, pour ce faire, nous devons pouvoir tout d'abord négliger ce qui se passe loin de nous. Son tort serait donc d'avoir trop généralisé, d'avoir transformé en une condition essentielle et permanente de toute recherche scientifique ce qui n'est, en réalité, que la condition d'une première approximation, de l'effort qui a pour but d'isoler la *fibre* ; les efforts subséquents doivent tendre au contraire à rétablir les liaisons coupées avec l'ensemble du tissu, c'est-à-dire à rectifier l'énoncé de manière à tenir compte, dans la mesure du possible, sinon de toutes les conditions (ce qui dépasse l'intelligence humaine), du moins du plus grand nombre, afin de se rapprocher de la réalité, où ce phénomène n'est qu'une partie intégrante du grand Tout.

Pour comprendre quelle est la véritable attitude du savant dans cette question primordiale de l'accord présumé et nécessaire de la raison et de la réalité, il suffit du reste de l'observer impartialement, non pas au moment où il prétend faire la philosophie de sa science, mais quand, simplement et instinctivement, il *fait de la science*. On s'aperçoit aisément qu'en passant des considérations strictement « positives » (c'est-à-dire relatives à des rap-

<hr>

1. A. Comte, *l. c.*, vol. II, p. 11.

ports, à des suppositions sur des lois) à des hypothèses sur l'être, il n'a pas du tout l'impression, ainsi que le lui ordonne la théorie positiviste, de changer de domaine, de sortir de celui de la science pour aborder celui de la métaphysique, qu'il n'a même pas conscience, la plupart du temps, que son attitude à l'égard de la réalité s'est modifiée, qu'il fait désormais appel à un accord entre la raison et la réalité qu'il ne supposait pas tout à l'heure.

Il ne peut y avoir aucun doute à ce sujet en ce qui concerne les savants du passé. Duhem, dont la très grande autorité en ces matières se trouve ici doublée du fait de ses idées personnelles, diamétralement opposées à cette manière de voir, écrit : « Que plusieurs des génies auxquels nous devons la physique moderne aient construit leurs théories dans l'espoir de donner une explication des phénomènes naturels, que quelques-uns même aient cru avoir saisi cette explication, cela n'est pas douteux[1]. » Il constate aussi que les grandes théories scientifiques, et notamment les doctrines des péripatéticiens, des atomistes, de Descartes, de Boscovich, étaient entièrement dominées par des conceptions métaphysiques et n'étaient par le fait que le prolongement de systèmes philosophiques[2], preuve évidente que les unes et les autres visaient le même but, à savoir l'explication de la réalité. Mais, même en parcourant les travaux de ceux qui se servent actuellement de ces concepts hypothétiques, sans excepter les plus prudents d'entre eux, on sent qu'ils leur attribuent un tout autre degré de réalité qu'à un pur concept mathématique : le lecteur a pu s'en convaincre ample-

1. P. Duhem, *La théorie physique*, Paris, 1906, p. 46. — M. Planck est encore plus affirmatif ; il constate « que tous les grands physiciens ont cru à la réalité de l'image du monde » (*Die Einheit des physikalischen Weltbildes*, Leipzig, 1909, p. 36). — M. Wundt compare les théories de « l'économie » et de la « convention » aux fictions légales qui abondent dans l'histoire du droit ; ce sont des tentatives qui visent à établir la genèse de la connaissance indépendamment de toute son histoire réelle ; même le partisan le plus déterminé de ces conceptions est forcé de reconnaître que les principes de la science n'ont pas réellement été créés par cette voie (*Die Prinzipien der mechanischen Naturlehre*, Stuttgart, 1910, pp. 7-8).

2. P. Duhem, *l. c.*, pp. 11 et suiv.

ment par ce que nous avons cité des débats du *Conseil* de Bruxelles.

Sans doute, les affirmations explicites de réalité sont devenues un peu plus rares tout récemment : les anathèmes de Comte et de M. Mach y sont certainement pour quelque chose, et nous verrons d'ailleurs, dans notre IV° livre (pp. 157 et 189 et suiv.) qu'en effet, dans le courant des dernières générations, un changement notable s'est produit en ce qui concerne la véritable attitude de la science en cette matière, changement auquel le positivisme n'a pas été étranger. Mais la raison la plus apparente réside probablement dans le fait que les hypothèses scientifiques elles-mêmes sont en train de subir une transformation profonde, de « muer », si l'on ose se servir de ce terme, par suite de l'instauration de la théorie électrique de la matière, dont nous avons parlé au précédent chapitre (p. 73). Il n'empêche que les savants, dès qu'ils mettent en jeu les atomes et l'éther, raisonnent implicitement comme si c'étaient, non pas des concepts, mais des choses réelles, voire même les seules choses réelles, puisqu'elles doivent expliquer toute réalité [1]. Loin de limiter la science aux lois, ou de considérer les hypothèses comme un surrogat provisoire à des lois futures, les savants subordonnent manifestement et constamment les secondes aux premières. Duhem nous fournit d'excellents exemples de cette subordination [2]. Ainsi, quand l'op-

---

1. M. PLANCK affirme expressément que les atomes ou les électrons sont aussi réels que les corps célestes ou les objets qui nous entourent et que les physiciens contemporains « parlent le langage du réalisme et non pas celui de M. Mach » (*l. c.*, pp. 33, 37). — H. POINCARÉ déclare de même (*Science et Méthode*, Paris, 1908, p. 186) que dans les sciences physiques le terme « existence » n'a pas le même sens qu'en mathématiques, « il ne signifie plus absence de contradiction, il signifie existence objective ». On a vu plus haut (p. 26) que COURNOT déjà avait reconnu clairement quelle est la véritable attitude de la science à l'égard du mécanisme.

2. P. DUHEM, *l. c.*, pp. 33, 35. — Dans un opuscule récent, M. PLANCK a fait ressortir à quel point ce processus est général et caractérise le véritable sens de l'évolution de la science. Ainsi, nous classons maintenant l'acoustique avec la mécanique, et d'autre part le magnétisme et l'optique avec l'électrodynamique. Ce qu'on appelait autrefois la *physique de la chaleur* se trouve scindé, la chaleur rayonnante est rangée avec l'optique (et l'électrodynamique), alors que le reste est traité à propos de la mécanique et de la théorie cinétique (*l. c.*, p. 6).

tique range les phénomènes du prisme et de l'arc-en-ciel dans la même catégorie, alors que les anneaux de Newton sont classés avec les franges d'interférence de Young et de Fresnel, ou quand la biologie traite la vessie natatoire des poissons comme homologue du poumon des mammifères, l'une et l'autre de ces sciences obéissent à des considérations de pure théorie, à des conceptions hypothétiques. Et l'anomalie la plus flagrante qu'on découvrira dans l'application d'une loi (par exemple le phénomène de Gouy à l'égard de l'impossibilité du mouvement perpétuel) paraîtra *expliquée* dès que la théorie pourra en rendre compte.

C'est là aussi la raison de ce fait indubitable, mais qui, à la lumière de la doctrine positiviste, ne peut apparaître que comme une anomalie inexplicable et, d'ailleurs, blâmable au plus haut point : à savoir que si nous nous laissons aller à réfléchir aux *lois véritables* de la nature (dans le sens où, pour Comte, la loi de Mariotte devait être une telle loi), nous ne pourrons détacher notre pensée de considérations sur l'être véritable des choses. En effet, tout le monde sait que les lois physiques se présentent comme affectées en général d'une sorte de coefficient qualitatif, malaisé à définir sans doute, mais néanmoins fort réel ; ce ne sont pas ou ce ne sont que fort rarement des lois de la physico-chimie en général, mais ce sont des lois de tel ou tel chapitre de la science. Sans doute, des liaisons de plus en plus étroites ont été établies parmi ces divers chapitres, et la science a fait de grands efforts pour ramener tous les phénomènes à un modèle unique ; mais ce travail est loin d'être achevé. En faisant abstraction des phénomènes biologiques, dont l'étude à ce point de vue, on peut le dire, commence à peine, on constate qu'il reste, dans la science actuelle, trois grandes divisions nettement distinctes, à savoir la mécanique, l'électricité (à laquelle on rattache aussi tout ce qui concerne l'étude du magnétisme, de la lumière et de la chaleur rayonnante) et enfin la chimie. Éliminons encore celle-ci ; sa spécificité repose, en effet, sur cette constatation qu'il existe des matières indécomposables, ultimes, des éléments, qualitativement différents. Or, c'est là une supposition que notre sentiment intime n'agrée qu'avec répugnance et qui est, du reste, battue en brèche par toute une série de constatations et de considérations [1], et cette situation ne nous permet point de penser aux phénomènes chimiques comme constituant le véritable fond des choses. Mais il n'en est pas ainsi pour les phénomènes mécaniques et les phénomènes électriques. Les uns ou les autres sont susceptibles de nous apparaître comme *ultimes*, comme constituant la trame réelle des choses et comme devant, par conséquent, servir à expliquer tous les autres phénomènes. Jusqu'en ces derniers temps, les physiciens ne doutaient point que ce rôle dût appartenir aux phénomènes mécaniques, mais, nous l'avons dit (p. 107), depuis quelques lustres la situation s'est modifiée à ce point de vue et à l'heure actuelle l'opinion scientifique, dans sa grande majorité, incline à considérer les phénomènes électriques comme fondamentaux. Cependant la conception plus ancienne compte encore bien des représentants autorisés et la physique se trouve plutôt, à cet égard, dans un état de transition ou, si l'on veut, de lutte entre deux courants opposés. Or, c'est là précisément une circonstance qui nous permet de constater ce fait remarquable que les lois se trouvent en quelque sorte dans un état de sujétion à l'égard des théories, en ce sens que leur connaissance, loin d'être indépendante (comme le suppose la doctrine positiviste) de celle de l'être, nous apparaît au contraire comme postérieure à celle-ci. En effet, si nous supposons que la nature est, en son fin fond, mécanique, ses véritables lois devront être toutes des lois de mécanique, alors que, si les phénomènes premiers doivent être des phénomènes électriques, toutes les lois que nous connaissons devront se ramener aux lois de l'électricité. Si Comte affirme (après Blainville) que « tous les effets naturels peuvent être conçus comme de simples résultats nécessaires, ou des lois de l'étendue, ou des lois du mouve-

---

1. Cf. à ce sujet plus bas, p. 302.

ment ¹ », c'est qu'à ce moment, oublieux de son propre principe ordonnant de faire rigoureusement abstraction de tout ce qui concerne le *fond* des phénomènes, et entraîné par les croyances scientifiques intimes de son époque, il suppose implicitement que tous les phénomènes ne peuvent être, au fond, que des phénomènes mécaniques.

Que ce ne soient pas là des considérations en quelque sorte abstraites, ne trouvant leur application que dans cette question un peu lointaine des phénomènes « premiers », on peut s'en convaincre en examinant ce qui s'est passé pour un coin des sciences physiques où, par un privilège unique, les phénomènes n'ayant trait qu'au déplacement semblent à peu près indépendants de ceux du reste de l'univers. On devine que nous voulons parler de l'astronomie de notre système solaire, lequel, tel que nous le comprenons maintenant en vertu du principe de Newton, semble offrir une image — très simplifiée, cela va sans dire — de ce que pourrait être notre conception de l'univers en général, le jour où nous aurions réussi à le résoudre en un mécanisme. On a même voulu voir dans cette circonstance le facteur qui aurait déterminé la tendance de notre science actuelle vers l'explication mécanique : l'astronomie planétaire étant parvenue de bonne heure à un développement qui ressemblait à un achèvement et ayant frappé les esprits par sa belle ordonnance, on aurait conçu l'idée que toutes les autres sciences devaient lui ressembler. Nous espérons que le lecteur, au cours de ce travail, acquerra la conviction que les causes de cette tendance sont bien plus profondes et que si le désir d'imiter en physique l'ordonnance du système solaire a pu jouer un rôle dans son évolution, cela n'a pu être qu'un rôle accessoire. Mais, dans le cas actuel, l'analogie est précieuse. En effet, il suffit d'un coup d'œil sur l'histoire de l'astronomie planétaire, pour se convaincre qu'il était à peu près impossible de formuler des lois tant soit peu précises des mouvements apparents de ces astres sur la sphère céleste, tant

1. A. Cours, *l. c.*, vol. Iᵉʳ, p. 106.

qu'on ignorait quels étaient « en réalité » ces mouvements dans l'espace. On avait beau entasser des sphères selon le système d'Eudoxe ou des épicycles selon celui de Ptolémée, on ne pouvait arriver qu'à des approximations très grossières, insuffisantes même au point de vue de la marge d'erreur, pourtant très considérable, des instruments de mesure imparfaits qu'on 'possédait. Il est manifestement impossible de se figurer qu'on eût pu établir quoi que ce fût ressemblant, même de fort loin, aux lois de Képler, sans que la conception copernicienne du mouvement héliocentrique fût préalablement acquise.

Mais, on le sait de reste, nous ne pouvons plus, à l'heure actuelle, nourrir l'espoir de voir la science résoudre la réalité sensible en un mécanisme, ni, en général, en aucun système rationnel, et dès lors les lois que nous formulerons ne pourront jamais prétendre à la dignité de véritables lois de la nature, elles ne seront jamais que l'image — très éloignée sans doute du modèle — de cette légalité foncière qui la régit, image éphémère, dépendant à la fois de la nature de notre esprit et de l'état changeant de nos connaissances. Cependant, il n'est pas nécessaire d'invoquer cette conviction, laquelle sans doute n'est devenue générale qu'assez récemment, pour comprendre quelle est la véritable attitude du physicien à l'égard des lois qu'il formule. Il suffit de constater qu'à propos de tel ou tel domaine particulier que ces lois concernent, le physicien a le sentiment net qu'il n'est *pas encore* parvenu à en résoudre les phénomènes en un tout rationnel (quelle que puisse être du reste son opinion sur la possibilité ultérieure d'une telle résolution). Dès lors, il ne peut considérer ces lois que comme approximatives, et il cherche toujours à interpoler avec prudence. Sa méthode peut se comparer à celle du mathématicien qui compose ses courbes à l'aide de droites infiniment petites ou qui, en déterminant leur rayon de courbure à tel point précis, a l'air de les résoudre en arcs de cercle. En réalité, cependant, il ne fait ni l'un ni l'autre, et ce que les inventeurs du calcul infinitésimal ont créé, ce sont précisément des procédés permettant l'emploi d'artifices de ce genre, sans que, pour cela, on s'écartât de la vérité.

En résumant ce que nous venons de reconnaître au sujet des présomptions qui sont à la base de toute science, nous dirons que celles formulées aussi bien par Auguste Comte que par les positivistes de nos jours ne diffèrent pas essentiellement de celles qu'on est obligé de faire en reconnaissant à la science théorique son rôle véritable. Il n'y a, entre les unes et les autres, qu'une différence de degré, Comte et les positivistes d'aujourd'hui n'étant d'ailleurs pas à ce sujet d'un avis complètement identique, mais assignant cependant à cette espèce d'harmonie préétablie entre notre raison et le monde extérieur des limites bien plus étroites que ne le fait en réalité la science, en édifiant ses théories. On pourrait affirmer, dans ce sens, que le nominalisme de la science moderne est moins complet qu'il n'en a l'air à première vue. M. B. Russell fait observer que comme « les vérités générales et *a priori* doivent avoir la même objectivité, la même indépendance de l'esprit que possèdent les faits particuliers du monde physique », il s'ensuit que « la logique et la mathématique nous forcent d'admettre une espèce de réalisme dans le sens scolastique, c'est-à-dire d'admettre qu'il y a un monde des *universaux* et des vérités qui ne portent pas directement sur telle ou telle existence particulière. Ce monde des universaux doit subsister, quoiqu'il ne puisse pas exister dans le sens même que celui dans lequel les données particulières existent [1]. » Rien de plus juste en effet. Aucun savant ne doute que, si loin que nous poussions d'une part les déductions mathématiques et d'autre part les recherches physiques, les premières resteront entièrement d'accord avec les secondes et continueront à en fournir le cadre. C'est donc qu'il y a, dans les choses, de la mathématique, qu'il y a, à ce point de vue, accord parfait entre nos sensations et notre entendement.

---

1. Bertrand Russell, *L'importance philosophique de la logistique*. Revue de Métaphysique XIX, mai 1911. Le texte de M. Russell porte *universels*, nous ne croyons pas trahir sa pensée en y substituant le terme plus usité dans ce sens.

Mais l'accord nous apparaît tout aussi complet en ce qui concerne la *légalité* des phénomènes. En outre, il y a aussi un accord, beaucoup moins précis, mais néanmoins réel, qui fait que cette légalité est perceptible à notre entendement, ce qui, nous l'avons vu, entraîne l'affirmation que la réalité a une *structure* et que, notamment, il doit exister en elle quelque chose qui au moins correspond, d'une manière quelconque, à notre concept du genre. A tous ces points de vue, la science de nos jours est donc véritablement réaliste dans le sens médiéval du terme, elle croit à l'existence, dans les choses, de ce qui est manifestement un concept de notre raison [1].

Mais, nous l'avons dit, le fait même que l'homme, de tout temps, a raisonné sur la nature, prouve qu'il l'a toujours supposée parfaitement rationnelle et, donc, déductible. On pourrait objecter, à la vérité, que cette foi n'était pas complète, puisque toutes nos déductions scientifiques sont profondément mêlées d'éléments purement empiriques. Mais nous avons vu aussi que ces éléments ne marquent en quelque sorte que des pierres d'attente : en dernier terme, Cuvier nous l'a dit, toute règle empirique réellement valable doit cacher un rapport rationnel. C'est donc que ce qu'on vise en réalité, c'est la déduction totale de la nature. En cherchant une cause à tout phénomène l'homme affirme implicitement qu'il croit la nature entièrement explicable. C'est ce qui fait que toutes les définitions de la cause ou de la raison suffisante (cf. plus haut, p. 53) impliquent déjà ce postulat.

Mais nul n'a insisté sur l'universalité de cette liaison nécessaire et rationnelle de toutes les parties du grand Tout avec plus d'énergie ni d'éloquence que les anciens stoïciens : « Nos adversaires, dit Alexandre d'Aphrodisias en

---

1. La parenté intime entre la conception moderne de la légalité et la théorie platonicienne des idées a été fort bien mise en lumière par VAILATI (*Scritti*, Leipzig et Florence, 1911, p. 676), qui a insisté notamment sur le fait que le point de départ de cette théorie, ce fut le besoin de créer un point d'appui contre des doctrines philosophiques qui, insistant sur la mutabilité et corruptibilité des choses, paraissaient détruire toute possibilité d'une stabilité quelconque dans la nature.

résumant leurs doctrines, enseignent que ce monde est un ; qu'il contient en soi tout ce qui est ; qu'une *nature vivante, intelligente, raisonnable* le gouverne et que tous les êtres y demeurent soumis à d'éternelles lois, qui procèdent par série et enchaînement, si bien que ce qui se produit d'abord devient la cause de ce qui se produit ultérieurement. De cette façon, toutes choses sont enchaînées entre elles, et dans le monde rien n'arrive, que nécessairement quelque autre chose ne s'ensuive et ne s'y rattache comme à sa cause ; non plus que rien de ce qui suit ne peut être détaché de ce qui précède, étant impossible qu'on ne le considère pas comme une conséquence de ce qui précède et comme un résultat qui s'y relie étroitement. En un mot, tout ce qui arrive a pour conséquence une autre chose, qui en dépend nécessairement, comme de sa cause ; de même que tout ce qui arrive a pour antécédent une autre chose, à laquelle il est lié comme à sa cause. Rien n'est effectivement, ni rien n'arrive sans cause dans le monde, parce que rien n'y est séparé de tout ce qui précède. Qu'on y songe, le monde serait divisé, déconcerté, et ne resterait plus un monde un, dirigé d'après une disposition et une économie une, s'il s'y produisait quelque mouvement sans cause. Or, ce serait introduire dans le monde un semblable mouvement, que de supposer que tout ce qui se produit n'a pas antécédemment sa cause, d'où suit nécessairement tout ce qui est et tout ce qui se produit. A en croire nos adversaires, il est aussi impossible que quelque chose soit sans cause, qu'il est que quelque chose se fasse de rien. Et c'est de l'infini à l'infini que, suivant eux, se déploie d'une manière évidente autant qu'imperturbable ce régime de l'univers [1]. » Ce qu'il faut particulièrement retenir de ce beau morceau, c'est que ces philosophes ne posaient pas seulement l'universelle détermination des phénomènes, mais encore le fait que leur liaison doit nous apparaître comme nécessaire. C'est bien l'affirmation de la rationalité complète de l'uni-

---

1. NOURRISSON, *De la liberté et du hasard*, Essai sur ALEXANDRE D'APHRODISIAS, suivi du *Traité du Destin*, Paris, 1870, p. 260.

vers, et certes jamais ce postulat, qui fait le fond de notre raison même, n'a trouvé d'expression plus parfaite. Les modernes n'y ont rien ajouté et les déclarations bien connues de Spinoza dans cet ordre d'idées : « Il n'est rien donné de contingent dans la nature, mais tout y est déterminé par la nécessité de la nature divine à exister et à produire quelque effet d'une certaine manière » ou : « Les choses n'ont pu être produites par Dieu d'aucune manière autre ni dans aucun ordre autre, que dans la manière et dans l'ordre où elles ont été produites [1] », n'ont l'air, la forme théologique ou pseudo-théologique mise à part, que de résumés de l'exposé que nous avons cité. De même encore le célèbre passage de l'Introduction à la *Théorie analytique des fonctions* de Laplace, où ce dernier insiste sur l'enchaînement nécessaire de tous les phénomènes de l'univers [2], semble constituer une sorte de paraphrase de ces déclarations.

C'est ce même postulat qui se trouve être la cause déterminante de cette similitude des termes servant à caractériser la relation logique des phénomènes et leur relation dans le temps, similitude qui va, nous l'avons relevé (p. 65), jusqu'à confondre parfois ces deux concepts pourtant si différents. Cette constatation n'a peut-être pas attiré en général, de la part des logiciens, autant d'attention que semble en mériter une anomalie aussi étrange. M. Goblot [3] cependant en a été justement frappé. Après avoir constaté que « l'antériorité logique n'est pas du tout une antériorité », il poursuit : « Ce qui explique cette métaphore, c'est que notre pensée discursive se voit obligée d'admettre le conséquent *après* qu'elle a admis le principe : l'ordre intemporel de dépendance logique prescrit à la pensée l'ordre temporel de ses assertions discursives. » Ainsi, c'est uniquement parce qu'en exposant en toute forme une déduction, nous avons l'habitude d'énoncer la raison avant la

---

1. Spinoza, *Éthique*, 1re partie, prop. XXIX et XXXIII (éd. Appuhn, pp. 84 et 92).
2. Cf. Appendice III.
3. Goblot, *Traité de logique*, Paris, 1918, p. 19.

conséquence que nous aurions la tendance de nous servir, pour celle-ci, d'un terme qui tend manifestement à la confondre avec ce qui est postérieur dans le temps. Peut-on vraiment considérer que cette circonstance purement extérieure suffit à expliquer un phénomène aussi anormal, aussi nettement caractérisé et aussi général du reste, puisque, comme M. Goblot le constate, il se reproduit à peu près dans toutes les langues? D'autant que, comme il est aisé de s'en rendre compte, la circonstance en question ne constitue en aucune façon un trait véritablement essentiel de cette relation logique. On ne saurait prétendre, en effet, que la notion de la conséquence s'offre toujours à notre esprit postérieurement à celle de sa raison. Cela est vrai, sans doute, comme le dit M. Goblot, du raisonnement discursif développé; là nous énoncerons certainement l'antécédent logique avant son conséquent. Mais ce n'est pas par là (M. Goblot, dont la théorie tend en général à réduire, dans le raisonnement, l'importance du syllogisme, le sait mieux que personne) que notre pensée a commencé. Tout au contraire, elle a commencé par chercher et, dans l'immense majorité des cas, par chercher l'*explication* d'un phénomène. Sans doute, n'y a-t-il pas là une règle sans exception, et M. Goblot a-t-il parfaitement raison de traiter d'erreur l'affirmation selon laquelle l'induction aurait « toujours et nécessairement pour but de découvrir la cause d'un fait donné [1] ». Il arrive certainement qu'on cherche les effets d'une cause donnée; ainsi un chimiste, ayant réussi à produire, per la synthèse, une combinaison nouvelle, pourra chercher si elle n'est pas susceptible d'être utilisée comme agent thérapeutique, comme colorant, etc. Mais ce sont là des cas, sinon véritablement rares, du moins beaucoup plus rares que ceux où la recherche part du fait qu'elle entend expliquer : Platon nous l'a dit, la science a pour point de départ l'étonnement, et l'affirmation de Riemann aboutit à la même conclusion. M. Goblot lui-même constate que l'erreur rele-

---

1. *Ib.*, p. 290.

vée par lui est tout à fait commune : cela provient, sans aucun doute, de ce que le processus en question, qui tend à remonter d'un phénomène à sa cause, constitue la voie que notre raisonnement suit d'habitude, pour ainsi dire instinctivement, le processus opposé étant l'apanage d'une pensée scientifique plus réfléchie et plus mûrie.

Ainsi, le conséquent logique se présentant à notre esprit, de préférence, avant son antécédent, il devient tout à fait bizarre que l'on ait choisi précisément ces termes pour les désigner.

La véritable raison de l'anomalie est plus profonde ; elle tient, non pas à une circonstance extérieure, mais à l'essence même des deux concepts et à leur liaison intime : si la langue tend à les identifier, c'est qu'il y a véritablement identification dans notre pensée, c'est que ces deux relations, au fin fond de notre conception du monde extérieur, n'en font qu'une seule. En vertu de la conviction irréfragable de la rationalité essentielle du monde, nous concevons, nous devons irrésistiblement concevoir que tout rapport de succession manifeste — et cache en même temps — un rapport de dépendance logique. L'antérieur *ne peut* être autre chose que la cause du postérieur ; il *doit* en contenir l'explication. Cela n'apparaît pas à première vue, mais il suffira de chercher, de bien regarder, pour voir apparaître cette liaison, on n'a qu'à bien développer, à *expliquer* tout ce qu'implique l'état précédent, pour que l'état qui lui succède se trouve *expliqué*.

Enfin, ce qui prouve encore que l'homme a toujours cru la nature explicable, c'est que, dès ses premiers pas dans ce domaine, il a essayé de la deviner, ou du moins d'en deviner la trame essentielle, en considérant comme secondaire, comme devant être démêlé plus tard, voire même comme purement « accidentel », comme indigne de l'attention du véritable penseur, ce qui ne se laissait pas deviner ainsi — on a vu plus haut (pp. 90 et suiv.) comment, chez Platon et chez Aristote, une partie des phénomènes de la nature échappe à toute rationalité et, sans doute, leurs devanciers professaient-ils, en cette matière, des opinions analogues. Toujours est-il que ces philosophes essaient véritablement de déduire la nature. Le point de départ de ces « déductions globales » nous paraît à l'heure actuelle, la plupart du temps, plutôt bizarre ; même quand nous parvenons à saisir, tant bien que mal, l'observation physique (ou peut-être météorologique) qu'il y avait au fond, nous ne laissons pas d'être étonnés que l'on ait pu lui attribuer une importance suffisante pour en déduire l'univers entier. Mais il faut bien se rendre compte que ce n'est là, en réalité, que constater une fois de plus — de manière frappante pour nous parce qu'il s'agit de choses très anciennes, très éloignées de nous — l'éternelle faiblesse de tout point de départ d'une théorie explicative ayant la prétention d'embrasser une partie notable de la nature ; et celles-ci, on le sait, voulaient l'embrasser toute. L'essentiel, encore un coup, n'est pas ce point de départ, mais la déduction elle-même. Et d'ailleurs, du moment qu'on est fermement convaincu que la nature est tout entière compréhensible, n'est-il pas indifférent au fond de partir d'un phénomène ou d'un autre ? Pourvu qu'il soit analysé avec justesse, nous devons atteindre, à travers lui, le vrai principe (ou les vrais principes) créateurs, et, dès lors, tout le reste doit se dérouler par le raisonnement : que ce soit la dent, l'omoplate ou le condyle que l'on tient, toujours on retrouvera le même squelette entier, Cuvier nous l'a dit, comme le géomètre retrouve la courbe, avec toutes ses propriétés, indifféremment par l'une quelconque de ces dernières.

La situation est encore analogue pour la théorie qui, pendant de longs siècles, a paru résumer pour ainsi dire aux yeux du monde tout le travail de l'intelligence grecque, à savoir la théorie d'Aristote. Infiniment plus parfaite, à bien des égards, que les cosmogonies ioniennes, puisque le Stagyrite a construit sur un terrain préparé par la critique d'Héraclite, par celle des sophistes et de Socrate, elle présente également un essai de déduction globale de la nature. Comment s'opère effectivement cette déduction,

par quel moyen, à l'aide des concepts de matière et de
forme, les phénomènes se constituent, c'est ce que les
manuels enseignent suffisamment pour que nous puissions
nous abstenir de l'exposer ici. Contentons-nous de relever
que la déduction domine le système entier. Tout doit se
ramener au syllogisme, et Aristote ne connaît de démonstration scientifique que par le syllogisme, cette démonstration, comme l'a justement formulé Zeller, étant chez
lui une conclusion résultant de prémisses qui sont elles-
mêmes nécessaires [1]. C'est au point que l'on a pu dire que
la science d'Aristote était, non pas une physique, mais une
logique. C'est là, en effet, l'impression qu'en reçoit un
homme élevé à l'école de la science moderne. Mais il est
clair que, pour le maître du péripatétisme, aussi bien que
pour ses sectateurs de l'antiquité et du moyen âge, les
deux se confondent, puisque la nature ne peut être que
logique [2].

Il faut remarquer, à la vérité, qu'il y avait, dans la
science péripatétique, autre chose encore qu'un appareil
purement logique. Comme son point de départ se trouvait dans les quatre qualités premières, elle avait tendance
à développer une véritable physique qualitative. Elle réunissait ainsi dans son sein deux tendances scientifiques
distinctes et dont le conflit devenait parfois manifeste,
comme dans les discussions sur le *mixte* [3]. Mais d'autre
part cette double nature était pour la doctrine une source
de force considérable, en lui permettant souvent de mieux
s'adapter aux circonstances : l'alchimie notamment, avec
ses éléments qualitatifs, mais dont les qualités diffèrent
de celles des quatre éléments d'Aristote, est bien sortie de
cette conception qualitative de la nature. Mais c'est là un
aspect du système que, pour le moment, nous laisserons

1. ZELLER, *Philosophie der Griechen*, 3ᵉ éd., Leipzig, 1875, vol. II, 2, p. 232.
2. M. HœFFDING (*La pensée humaine*, Paris, 1911, p. 144) observe, avec justesse, que les catégories ne sont, pour Kant, que la forme de notre pensée,
tandis qu'Aristote les comprenait, d'une façon immédiate, comme des prédi-
cats de l'existence.
3. Cf. *Identité et réalité*, p. 362.

entièrement de côté, en nous en tenant exclusivement à son aspect logique.

Nous éprouvons, devant le point de départ de la théorie, presque le même étonnement ou du moins un étonnement du même genre que celui que nous inspirent les systèmes des Ioniens. Il est vrai qu'ici nous apercevons plus clairement par quoi était déterminé le choix des quatre substances élémentaires (empruntées d'ailleurs, comme on sait, à Empédocle) : elles étaient certainement surtout l'expression de ce que nous appelons aujourd'hui les états d'agrégation de la matière. Mais comment Aristote a-t-il pu attribuer une importance à tel point dominante précisément à ces sortes de phénomènes ? Et s'il est vrai (comme cela paraît, en effet, probable) que le choix des quatre qualités fondamentales qui créent ces substances et qui apparaissent donc, en quelque sorte, comme les éléments des éléments, était déterminé par une conviction profonde de la primauté du toucher, dont relève la constatation de ces qualités, comment a-t-on pu se contenter de ces premières expériences ? Sans doute, l'observation concernant le peu d'importance relative du point de départ des théories explique-t-elle qu'on ait pu, pendant tant de siècles, fermer les yeux sur la faiblesse de ces constatations fondamentales. Mais, tout comme pour les systèmes ioniens, il y avait encore quelque chose de plus. Si l'on dédaignait en quelque sorte l'expérience nouvelle, se hâtant plutôt, par l'analyse logique des phénomènes les plus fréquents, les plus familiers, de remonter aux principes, pour redescendre aussitôt à des explications complètes de l'ensemble de la nature, c'est qu'on était convaincu que c'était là le procédé le mieux approprié à la connaissance de cette nature. On croyait pouvoir arriver rapidement, et même pour ainsi dire immédiatement, à connaître la véritable essence des choses et à la définir exactement. Ceci fait, la tâche du physicien, comme le précise un péripatéticien ancien, devait se borner à « démontrer chacune de ses propositions, en les tirant de l'essence des corps, de leur puissance, de ce qui convient le mieux à leur perfection, de leur génération, de leur transformation¹ ». Ainsi tout ce dont le physicien pouvait avoir besoin devait pouvoir se déduire de la définition même, à l'aide de quelques principes rationnels, et l'expérience nouvelle *ne pouvait* rien apporter de nouveau.

C'est là un état d'esprit qui, sans doute, paraît fort éloigné du nôtre. Il n'est cependant pas impossible de lui trouver un parallèle à une époque très rapprochée de nous. Hegel, nous le verrons plus tard, a entrepris une tâche sinon identique à celle que se proposaient les Ioniens ou Aristote, du moins fort semblable, en ce sens que, tout en ne prétendant pas déduire la nature entière, il croyait cependant pouvoir recréer, par sa métaphysique, tout ce qu'il y avait en elle d'essentiel. Or, un des hégéliens les plus autorisés de notre époque, M. Mac Taggart, en exposant comment le maître a établi les fondements de sa logique (qui sert, comme nous le reconnaîtrons, de point de départ à sa *philosophie de la nature*), dit : « Ce qui est nécessaire, ce n'est pas autant de rassembler une masse considérable d'expériences, pour la travailler ensuite, que d'étudier soigneusement et de près une partie quelconque, quelque petite qu'elle soit. La chaîne entière des catégories est renfermée dans n'importe quel phénomène ². » Nul doute que Hegel n'eût parfaitement souscrit à cette déclaration, et l'on voit combien cela se rapproche des principes qui guidaient les Ioniens.

Il n'empêche que, si nous nous plaçons devant un phénomène précis, il paraît y avoir là, pour l'homme élevé à l'école de la science moderne, une sorte de gageure ou de parti pris presque inconcevable. Ainsi on raconte que, le Père Scheiner ayant communiqué sa découverte des taches du soleil à son provincial, celui-ci lui aurait répondu que cela ne pouvait être. « J'ai lu, lui aurait-il dit,

---

1. Geminus, citation conservée par Simplicius. Cf. P. Duhem, *Le système du monde, histoire des doctrines cosmologiques de Platon à Copernic*, Paris, 1913, vol. II, p. 77.
2. John M. T. E. Mac Taggart, *Studies in the Hegelian Dialectic*, Cambridge, 1896, p. 19.

plusieurs fois mon Aristote tout entier et je puis vous affirmer que je n'y ai rien trouvé de semblable. Allez, mon fils, tranquillisez-vous et soyez certain que ce sont les défauts de vos verres ou de vos yeux que vous prenez pour des taches dans le soleil. » Montucla, qui rapporte cette anecdote, croit qu'il s'agit d'un conte fait par quelqu'un qui a voulu s'égayer aux dépens des péripatéticiens[1]. Cela se peut et cela serait tout à fait dans l'esprit des polémiques de l'époque, comme on le voit par l'exemple de Galilée. Galilée, qui n'est pas seulement un des génies les plus puissants dont l'histoire des sciences ait gardé la mémoire, mais qui est encore un admirable écrivain et un polémiste des plus redoutables, sait très adroitement mettre en lumière ce côté faible du système de ses adversaires qui, dit-il, sont convaincus qu'il faut opérer des recherches, non pas dans le monde, dans la nature, mais dans des textes, qu'il s'agit uniquement de confronter ces textes. « Car les hommes de cette sorte croient que la philosophie est quelque livre, pareil à l'Enéide ou à l'Odyssée. » Et il ajoute (c'est à Képler qu'il écrit) : « Que ne puis-je, avec toi, rire longuement[2] ! » Il est de fait qu'en donnant à l'argument cette forme saisissante, par laquelle le savoir scientifique est assimilé purement et simplement à l'érudition, c'est-à-dire à un savoir ayant des limites fixes et incapable de progresser indéfiniment, Galilée lui prête une apparence très saugrenue. Mais à supposer qu'il y eût, parmi ses adversaires, des hommes professant des opinions de ce genre, ils ne formaient certes pas la majorité, et leurs opinions ne découlaient pas des fondements de la doctrine régnante. Ce qu'ils croyaient plutôt, c'est que la physique, tout en différant grandement, au point de vue de la forme, des mathématiques (puisqu'elle devait emprunter son schéma uniquement à la logique), devait cependant leur ressembler, en ce qu'étant également une science purement rationnelle, elle pouvait, comme

1. Montucla, *Histoire des mathématiques*, Paris, 1758, vol. II, p. 227.
2. Galilée, *Opere*, Edizione Nazionale, Florence, 1890 et années suiv., t. X, pp. 421-423, lettre à Képler, 19 août 1610.

celles-ci, ajouter simplement en progressant, selon l'expression de Duhem, de nouvelles vérités à d'autres vérités, tout aussi incontestables et déjà précédemment acquises. Le progrès en mathématiques (et sans doute les adversaires de Galilée croyaient-ils, tout autant que lui-même, à la possibilité d'un tel progrès) devait laisser debout la géométrie d'Euclide. Il n'était certainement pas contradictoire de supposer qu'il pût en être de même en physique. L'expérience, n'intervenant tout au plus que pour vérifier des déductions résultant de principes qui apparaissaient incontestables, était donc une superfétation, c'est-à-dire, au fond, inutile, les vrais progrès devant venir surtout des progrès de la déduction. Ou bien si l'expérience pouvait prétendre à quelque utilité, c'est uniquement en tant qu'elle stimulait cette déduction, c'est-à-dire en tant que ses résultats trouvaient place dans le cadre, plus ou moins élargi, de la théorie régnante. Que si, au contraire, l'expérience prétendait combattre celle-ci, on pouvait hardiment la négliger ; il ne pouvait s'agir que d'une erreur qui certainement s'expliquerait tôt ou tard, et vouloir bouleverser à cause de minuties de ce genre un corps de doctrines aussi complet et aussi fermement assis, eût été de la folie [1].

Peut-être, d'ailleurs, la divergence entre les péripaté-

---

[1] Il est à remarquer, de même, qu'un autre aspect de cette théorie, qui nous choque beaucoup, devait paraître bien moins paradoxal aux bons esprits de cette époque, à savoir l'admiration excessive qu'elle impliquait pour les écrits des anciens. A ce point de vue, en effet, les novateurs de la Renaissance ne différaient pas essentiellement de leurs adversaires. L'idée première de la Renaissance, idée d'ailleurs juste et surtout *salutaire*, était à peu près celle-ci : ces anciens dépassent tellement les générations qui les ont suivis, que le mieux que nous ayons à faire est de revenir à leur doctrine pure et simple, en la dégageant de toutes les déformations qu'y ont apportées les siècles qui nous ont précédés, siècles barbares, « gothiques ». Quand on combattait l'autorité d'Aristote et de Ptolémée, c'est au nom d'autres anciens, de Platon, de Démocrite, d'Archimède, d'Aristarque de Samos. La révolte contre l'autorité des anciens en général était une attitude exceptionnelle de quelques esprits isolés, tels que Giordano Bruno, François Bacon (qui cependant, à l'occasion, invoquait des anciens, tels que les atomistes, etc.), ou Paracelse, et cette autorité n'a été affaiblie que graduellement, parce qu'en étudiant les anciens de plus près on s'est aperçu de leur désaccord et qu'on apprit ainsi à imiter leurs méthodes de recherche plutôt que de se fier aveuglément à leurs doctrines.

ciens et leurs adversaires était-elle, à cet égard, moindre qu'elle ne paraît à première vue. Beaucoup d'entre ces derniers croyaient, tout aussi fermement que les partisans d'Aristote, à la rationalité de la nature. Les anciens atomistes étaient certainement de ce nombre et c'est également dans ce sens que fut comprise par la grande majorité des physiciens, à partir de la Renaissance, la doctrine du mécanisme universel. Ce qui séparait les deux partis, c'était non pas le fait de la déduction, mais sa forme. Les péripatéticiens entendent se servir exclusivement de la déduction logique, alors que leurs adversaires, se référant constamment à des images spatiales, ont donc recours à la déduction mathématique. « J'estime véritablement, écrit, vers la fin de sa vie, Galilée, que le livre de la philosophie est celui de la nature, lequel se trouve perpétuellement ouvert devant nos yeux, mais parce qu'il est écrit en caractères différents de ceux de notre alphabet, ne peut pas être lu de tous. Or, les caractères de ce livre sont des triangles, des carrés, des cercles, des sphères, des cônes, des pyramides et d'autres figures mathématiques très propres à une lecture de ce genre[1]. »

Y a-t-il réellement dans ces deux genres de déduction deux procédés différents au fond, ou peuvent-ils se ramener finalement à un schéma unique ? C'est la grosse question des rapports de la logique et des mathématiques qui se pose ici, et l'on sait combien vivement elle a été agitée dans le monde philosophique au cours des derniers lustres et quelle est la valeur des travaux qu'elle a fait naître, aussi bien en Italie avec MM. Peano, Padoa et leurs disciples, qu'en France et en Angleterre avec M. Bertrand Russell, le regretté Couturat et tant d'autres. Les profondes observations de Henri Poincaré sur le raisonnement mathématique[2] rentrent également dans ce domaine. Pour Poincaré, la déduction telle que la pratiquent les sciences mathématiques est entièrement distincte du syllogisme et

---

1. GALILÉE, *Opere*, éd. d'Alberi, Florence 1842, vol. VII, p. 355, Lettre à Licati (1641).

2. H. POINCARÉ, *La science et l'hypothèse*, Paris, s. d., pp. 11 et suiv.

peut se ramener au type du « raisonnement par récurrence ». Cette théorie a été vivement combattue par M. Goblot, qui est cependant d'accord avec Poincaré sur l'impossibilité de réduire la déduction mathématique au syllogisme, mais qui nie l'importance du rôle du raisonnement par récurrence et croit pouvoir établir que ce qui domine la marche de tout véritable raisonnement déductif en général (et du raisonnement mathématique en particulier), c'est une « activité constructive » de l'esprit, aboutissant à des « constatations logiques [1] ». Ce sont là de très importantes questions dont nous nous sommes efforcé de faire abstraction : plus loin, à propos du concept d'identité, nous aurons l'occasion d'étudier d'un peu plus près un coin particulier de ce domaine difficile. Contentons-nous de noter ici qu'au point de vue qui nous occupe l'une et l'autre déductions se comportent semblablement, paraissent exercer sur l'esprit la même autorité, sont créatrices des mêmes attitudes mentales ou du moins d'attitudes très analogues. C'est ce qui fait que nous nous sommes permis tout à l'heure, afin de mieux faire comprendre l'attitude de ceux qui usaient, en science, d'un système de déduction logique dont l'emploi, dans ce domaine, nous choque comme une anomalie, d'invoquer l'exemple des mathématiques.

Constatons encore, dans le même ordre d'idées, avec quelle aisance les deux genres de déduction semblent se substituer l'un à l'autre : le système d'Aristote, qui constitue l'application la plus achevée de la déduction logique exclusive, et qui peut donc, de ce chef, être considéré comme un *panlogisme*, descend en droite ligne et immédiatement du système de Platon, dont il conserve, en grand nombre, des traits dominants et qui est cependant, à bien des égards, l'expression la plus complète du *panmathématisme* [2]. Pour Platon, le fin fond de la nature, ce que nous appelons actuellement, d'un terme kantien, la

---

1. Goblot, l. c., pp. 165, 256 et suiv., 271.
2. Au sujet du sens précis que nous attribuons à la première syllabe de ces termes de *panlogisme* et de *panmathématisme*, on voudra bien se repor-

chose en soi, est mathématique et n'est que mathématique. Tout le réel se compose uniquement de figures de géométrie [1]. Et, bien entendu, tout est aussi rationnel, ou du moins tout ce qui est véritablement réel ; ce qui n'est pas rationnel est en quelque sorte en dehors de l'univers, cela n'est pas connaissable, étant régi par le hasard seul [2].

A la Renaissance, le péripatétisme subit une éclipse, et c'est le mathématisme qui revient en honneur. Descartes le réduit en système ; chez lui la mathématique est au centre de tout et doit suffire à tout. Dès lors aussi, évidemment, tout ne peut être que rationnel et l'on doit pouvoir arriver à la physique par la déduction — mathématique cette fois — en partant de certains principes. Ainsi le panlogisme péripatéticien et le panmathématisme et panmécanisme platonicien et moderne se rencontrent dans cette foi en la rationalité complète et, partant, en la déductibilité de la nature.

Sans doute, antérieurement encore à Descartes, Bacon avait proclamé l'avènement d'une science toute différente, fondée sur l'expérience et où la déduction, sous quelque forme que ce fût, ne pouvait jouer qu'un rôle entièrement subordonné. Mais sa doctrine a, en réalité, exercé fort peu d'influence sur la marche de la science, aussi bien à l'époque de la Renaissance qu'aux siècles suivants [3]. Le parti-pris anti-déductif de l'illustre chancelier était par trop contraire aux tendances intimes de l'époque et, ajoutons-le (quoique ce soit un immense mérite de sa part d'avoir tenté cette réaction, en partie certainement justi-

---

ter au chap. XIV (pp. 130 et suiv.). Pour ce qui concerne le panmathématisme considéré en tant que *panalgébrisme* ou *pangéométrisme*, cf. chap. XV, p. 204.

1. On a, sans doute, interprété parfois la pensée de Platon, en ce qui concerne son panmathématisme, d'une manière toute différente. Nous n'avons aucune compétence pour nous prononcer dans le débat, nous nous contentons (en nous bornant aux philosophes contemporains) d'invoquer l'autorité de MM. Brunschvicg (*Les étapes de la philosophie mathématique*, Paris, 1912, pp. 43 et suiv.) ; Rodier (*Études sur la signification et la place de la physique dans la philosophie de Platon*, Paris, 1919, passim et notamment pp. 38, 49, 60, 64, 74) et Burnet (*Greek Philosophy*, Londres, 1914, p. 312).

2. Cf. plus haut, p. 90.

3. Cf. *Identité et réalité*, p. 437.

fiée), contraire aussi aux véritables tendances de la science
et de l'esprit humain. Descartes, comme beaucoup de ses
contemporains sans doute, ne paraît même pas avoir bien
compris le sens de la doctrine. Il voyait en Bacon surtout
le vigoureux lutteur, menant un furieux combat contre
l'adversaire commun, la science péripatétique ; mais pour
le reste, il a si peu saisi la portée de cette théorie, qu'il se
croyait en parfait accord avec son auteur [1].

C'est Descartes, incontestablement, qui a été le véritable législateur de la science moderne. Sans doute, si profonde et ineffaçable qu'ait été l'empreinte laissée par cet
esprit, puissant entre tous, ce serait exagérer que d'affirmer que le physicien de nos jours continue à s'inspirer
sans réserves des vues de l'auteur des *Principes* ; mais
les fondements du credo scientifique moderne s'en rapprochent beaucoup à bien des égards. Nous ne sommes
plus convaincus que tout dans la nature soit mathématique,
mais nous voudrions bien que cela fût, car le mathématique nous apparaît toujours comme le seul rationnel, et
ce n'est qu'à l'aide de la déduction mathématique que
nous cherchons à comprendre la nature et à l'expliquer.
« Ce qui fait l'originalité de la méthode en physique, dit
M. Bouasse, traitant de la *Méthode appliquée en physique
générale*, est... l'importance qu'y prend le raisonnement
déductif... La physique cherche dans son domaine à recons-
truire le monde, à le déduire par voie purement syllogistique d'un principe général une fois admis. Personne ne
conteste que c'est là, que ç'a toujours été là le but avoué
des physiciens [2]. » Venant à parler ensuite d'une branche
de la physique qui s'est développée de bonne heure, à
savoir de la catoptrique, l'auteur ajoute : « Il semble que
je rabaisse étrangement le rôle de l'expérience, le principe découvert, elle n'interviendrait plus que pour vérifier
les déductions de géométrie : dans l'espèce son rôle était

1. Cf. G. Milhaud, *Descartes et Bacon*, Scientia, XXI, mars 1917, pp. 188
et suiv.).
2. H. Bouasse, *De la méthode dans les sciences*, 1re série, 2e éd., Paris,
1910, p. 124.

par conséquent inutile. Si étrange que cela paraisse, il en est bien ainsi... [1] » M. Bouasse considère d'ailleurs, à juste titre, que ces observations valent non pas pour la physique seule, mais pour toutes les sciences. La physique se trouve simplement être « de toutes les sciences de la nature, celle dont la méthode est fixée depuis le plus longtemps, alors que tant d'autres tâtonnent encore à la chercher ». C'est pourquoi « on peut la prendre comme type d'une science expérimentale achevée. En fait, toutes les autres s'efforcent de lui ressembler ».

M. Bouasse a tout aussi raison d'affirmer que ce trait n'est pas particulier à la science contemporaine, mais vaut pour la science de toutes les époques. La science n'a jamais varié en ce qui concerne la recherche de la théorie et de la rationalité et, sans doute, ne variera jamais, étant donné qu'il s'agit là d'une exigence primordiale de l'esprit humain ; les physiciens du Conseil de Bruxelles, on l'a vu, se sont montrés aussi ardents dans la poursuite de ce but que n'importe lequel de leurs prédécesseurs.

1. *Ib.*, p. 126.

CHAPITRE V

L'IDENTITÉ ET L'IDENTIFICATION

Revenons encore à l'image suggérée par la phrase de Bossuet, aux feuilles et aux fleurs qui s'expliquent. Quelle est la source de la satisfaction que l'esprit éprouve de cette *explication* (le terme pris, cette fois, dans les deux sens) ? C'est, nous l'avons vu, le fait que les feuilles, que nous avions cru tout d'abord apparues subitement, se sont révélées à nous comme préformées, préexistantes. Nous avons expliqué le phénomène, le changement, en déduisant le conséquent de l'antécédent, en montrant que le conséquent était nécessairement tel qu'il a été, ne *pouvait pas* être différent de ce qu'il a été, parce qu'il se trouvait déjà implicitement contenu dans cet antécédent. Il n'a fait que s'expliquer, se déplier, mais c'est cette unique circonstance du dépliement qui fait toute la différence entre cet antécédent et ce conséquent ; pour tout le reste, il n'y a rien de changé, rien de créé, rien de détruit, les choses sont restées dans l'état où elles étaient. Et c'est évidemment dans le fait d'avoir pu montrer cela, d'avoir pu réduire le changement frappant mais purement apparent à une identité sous-jacente et réelle, que le sentiment de la satisfaction que nous fait éprouver l'explication a sa source.

Quoi d'étonnant à cela ? Rappelons-nous la déclaration de Riemann : nous ne cherchons une cause que parce qu'il y a changement. Donc le moyen le meilleur (et en réalité, nous le verrons tout à l'heure, le seul moyen) consistera à montrer que le changement n'existe pas.

D'ailleurs, il s'agit de raisonner, et le concept d'identité joue, on le sait de reste, dans tout raisonnement, un rôle prédominant. C'est là, certainement, une vérité primordiale que l'humanité a sentie de tout temps, mais Leibniz, semble-t-il, est le premier à avoir exprimé nettement ce fait indubitable que l'identité constitue l'idéal de toute pensée rationnelle [1]. Il ne se lasse pas d'insister sur cette proposition fondamentale que « dans les vérités nécessaires a lieu la démonstration ou réduction à des vérités identiques [2] ». Cependant, implicitement, cette vérité que seul l'identique est réellement conforme aux exigences de notre raison se trouvait déjà contenue dans la conception éléate du monde sensible. En effet si, chez Parménide, ce monde apparaît sous les espèces d'une sphère, semblable en toutes ses parties et immobile, c'est-à-dire sans diversité dans le temps et l'espace, c'est qu'un tel monde, seul, nous semblerait rationnel.

C'est à cette conception de l'être des Éléates que se rattache certainement celle de Platon sur le rôle du Même et de l'Autre en tant que substances composant aussi bien l'âme que le monde extérieur. C'est le Même seul qui produit une connaissance raisonnable [3].

Un siècle après Leibniz, Condillac formule avec beau-

1. H. HÖFFDING, *Der Totalitaetsbegriff*, eine erkenntnisstheoretische *Untersuchung*, Leipzig, 1917, p. 14. — Cf. Ib., *La pensée humaine*, tr. de COUSSANGES, Paris, 1911, pp. 73 et 142. M. Höffding a d'ailleurs fait ressortir, d'autre part, que chez les Grecs apparaît « formulé avec l'énergie de la pensée » qui leur était propre, « le principe d'identité, la volonté absolue d'obtenir l'unité de la pensée avec elle-même... l'idéal absolu auquel la pensée tente de rapprocher toute connaissance » (*ib.*, p. 124).

2. LEIBNIZ, *Opera philosophica*, éd. Erdmann, p. 83. — Cf. Ib. *Opuscules et fragments inédits*, éd. Couturat, p. 17 : « Absolute necessaria propositio est quae resolvi potest in identicas »... *Ib.* : « ... pervenitur ad demonstrationem seu identitatem. » *Ib.*, p. 518 : « Alioqui veritas daretur quae non posset probari a *priori* seu quae non resolveretur in identicas, quod est contra naturam veritatis, quae semper, vel expresse vel implicite, identica est. » Cf. aussi *ib.*, pp. 18, 374, 387, 388, 513, et COUTURAT, *La logique de Leibniz*, Paris, 1903, p. 210.

3. PLATON, *Timée*, 37 a : « Puis donc que l'âme a été faite du mélange de ces trois parties, savoir la nature du Même, celle de l'Autre et enfin l'essence (intermédiaire), et puisqu'elle a été divisée et assemblée selon des proportions... » Pour « l'essence intermédiaire », cf. le passage antérieur de PLATON, *ib.*, 35 a, dont on trouvera une traduction dans l'admirable travail de M. L. ROBIN sur *La Place de la physique dans la philosophie de Platon*, Paris, 1919, p. 53, note 1. — Cf. aussi *Timée*, 28 a.

coup de vigueur des idées analogues. « Je conviens, dit-il dans la *Langue des calculs*, que dans cette langue comme dans toutes les autres, on ne fait que des propositions identiques, toutes les fois que les propositions sont vraies », et dans sa *Logique* il affirme que « l'évidence de raison consiste uniquement dans l'identité [1] ». Tout récemment, un philosophe dont l'opinion fait autorité a vivement insisté sur l'importance de ces considérations. « La logique et la mathématique, dit M. Hoeffding, exigent la similitude de la pensée dans sa forme la plus rigoureuse et idéale, en tant qu'identité absolue, car ce n'est que par cette voie qu'il devient posssible de conclure et de calculer avec rigueur », et, dans d'autres passages, il constate que « l'identité est la mesure de la pensée, la condition de toute formation de concept, de jugement et de conclusion » et que c'est là « notre principe de pensée le plus élevé et le plus clair, le principe des principes [2] ».

Un coup d'œil sur n'importe quel livre de mathématiques suffit d'ailleurs pour nous convaincre à quel point Leibniz avait raison. Ce qui caractérise le plus généralement une proposition, c'est que les divers termes dont elle se compose sont reliés par un signe d'égalité, et de même une démonstration ne consiste généralement qu'en une série d'équations qui se suivent.

Cette constatation présente cependant, incontestablement, un côté paradoxal. Le vrai principe d'identité, A = A, a l'air d'une simple tautologie ou si l'on veut, selon la nomenclature de Kant, d'une formule purement analytique. Il paraît pouvoir servir, tout au plus, à simplifier les termes de l'énoncé, en faisant disparaître ce qui, dans les concepts que nous entendons relier, serait reconnu identique, à peu près comme nous le faisons en effaçant les termes qui se répètent, dans une équation, des deux côtés du signe d'égalité. Or, il nous faut ici manifestement autre chose, il nous faut une formule synthétique. Comment le

1. CONDILLAC, *La langue des calculs*, Paris, an VI, p. 60. — *Logique*, Paris, an VI, p. 177.

2. HÖFFDING, *La pensée humaine*, pp. 22 et 276.

principe d'identité parvient-il à jouer ce rôle, comment peut-il constituer un instrument en vue du progrès de notre pensée ?

La vérité est que le principe d'identité, tel que nous l'appliquons dans nos raisonnements, n'est jamais purement analytique. Aucun savant ni philosophe, et très probablement aucun homme sain d'esprit n'a jamais eu l'idée d'énoncer A = A dans le sens d'une parfaite tautologie, car cet énoncé, il n'aurait pu en effet que le répéter indéfiniment, sans que sa pensée fît le moindre progrès.

Examinons l'application du concept d'identité en mathématiques, dans des cas très simples. On est en train de démontrer l'égalité des deux triangles et l'on proclame : *la ligne AB est égale à elle-même*. Pourquoi a-t-on besoin de formuler cette apparente tautologie ? C'est que sans doute il existait des circonstances qui, si peu que ce soit, pouvaient m'induire à concevoir une idée différente : la ligne *AB* bordait l'un des triangles par son côté droit et l'autre par son côté gauche; mais c'est une ligne, et je dois me rappeler que, comme telle, elle n'a pas d'épaisseur, qu'il s'agit donc de la même longueur. Ou bien les deux triangles dont on entend démontrer l'égalité étant posés différemment, il s'agit de rappeler qu'ils ont *néanmoins* même base, et ainsi de suite. Voici encore deux points C et C' dont il s'agit de démontrer qu'ils doivent coïncider, ne former en réalité qu'un seul et identique point : c'est que ce point, on y est parvenu par deux voies différentes ; on pourrait juger, à première vue, qu'il y avait là, en effet, deux points distincts, et il a donc fallu démontrer le contraire. De même encore personne (à moins qu'il ne s'agisse d'un artifice déterminé, par exemple d'ajouter une même grandeur aux deux côtés d'une équation) n'écrira $a^2 - b^2 = a^2 - b^2$ mais on peut écrire $(a + b)(a - b) = a^2 - b^2$. C'est, sans doute, ce que l'on appelle une équation *identique*, mais l'identité ne saute pas immédiatement aux yeux (du moins pour un débutant en mathématiques), car ce qui se trouve écrit des deux côtés du signe d'égalité n'est pas identique par le fait : c'est d'une part un produit et d'autre part une somme. Le signe d'égalité signifie simplement que les choses sont égales par certains côtés ou le seront sous certaines conventions. Par exemple, si nous remplaçons a et b par des nombres naturels et exécutons les opérations indiquées par les signes, le résultat numérique sera, des deux côtés, le même ; ou bien si nous manipulons le produit $(a + b)(a - b)$ d'après des règles connues, nous arriverons à le transformer effectivement en $a^2 - b^2$. Mais ce n'est qu'à ce moment là qu'il y aura véritablement identité — identité que nous nous abstiendrons d'écrire, car il n'y aurait aucune utilité à le faire.

Ainsi $A = A$ n'est jamais, dans la réalité, une véritable tautologie. Si nous avons cru devoir énoncer cette formule, c'est qu'il y avait des raisons qui pouvaient nous faire croire qu'il n'y avait pas identité, qu'il y avait là deux choses différentes et non pas une seule et même chose. $A = A$ est toujours, dans notre pensée, suivi d'une sorte d'appendice sous-entendu et commençant par « quoique... » ou « en dépit du fait que... ». Il doit y avoir *quelque chose*, une circonstance quelconque, qui diversifie le second A du premier, et ce que l'énoncé affirme, c'est qu'au point de vue qui m'intéresse en ce moment cette circonstance est sans influence.

Hegel a insisté avec beaucoup de vigueur sur cette importante observation. « L'énoncé $A = A$, dit-il dans la dernière partie de sa *Science de la Logique*, sous sa forme positive, n'est tout d'abord rien d'autre que l'expression d'une tautologie vide. C'est pourquoi on a remarqué avec raison que cette pensée est dépourvue de contenu et ne conduit pas plus loin. » Mais « la vérité n'est complète que dans l'unité entre l'identité et la diversité » et le principe d'identité est en réalité « d'essence non seulement analytique, mais encore synthétique ». Il « contient plus qu'il ne paraît signifier, à savoir... la différence absolue elle-même[1] ». La *Logique* de l'*Encyclopédie* précise cette pensée. « La forme de l'énoncé [sc. $A = A$] le contredit déjà,

---

1. HEGEL, *Wissenschaft der Logik*, 1re partie, vol. II, pp. 33, 35.

car un énoncé promet une différence entre le sujet et le prédicat, alors que celui qui est en question n'accomplit point ce que sa forme exige. » Hegel en déduit que « l'identité ne doit pas être comprise comme une identité abstraite, avec exclusion de la différence », et il ajoute plus loin : « Il est vrai que le concept et aussi l'idée sont identiques à eux-mêmes, mais seulement en tant qu'ils contiennent en même temps en eux la différence. » En formulant une identité, même sous sa forme la plus fruste et la plus rigoureuse, nous supposons ou nous posons en même temps une diversité, car sans cela l'énoncé ne nous servirait de rien et « penser devrait être dénoncé comme l'occupation la plus superflue et la plus ennuyeuse [1] ». Ainsi notre esprit exige « dans la différence, l'identité et, dans l'identité, la différence [2] » et « le différent est posé simultanément comme identique avec lui-même et avec le tout [3] », de sorte que, par exemple, « cause et effet sont différents et, en même temps, identiques [4]. » Il y a là évidemment une contradiction, mais c'est une contradiction *nécessaire* : « L'autre, le négatif, la contradiction, la dispute font partie de la nature de l'esprit. » C'est pourquoi « la

---

1. Hegel, *Encyclopaedie*, I. Thl., *Logik* (*Werke*, vol. VI), éd. *Henning*, Berlin, 1840, pp. 230-232. La *Logique* figure dans la grande édition des œuvres de Hegel, publiée par les soins de ses disciples (Gans, Henning, Michelet, etc.) sous deux formes différentes, d'abord aux volumes III, IV et V, sous le titre de *Wissenschaft der Logik*, et ensuite, sous une forme plus brève, comme première partie de l'*Encyclopaedie der philosophischen Wissenschaften im Grundrisse*, au volume VI. La première partie de la *Wissenschaft der Logik* (vol. III des Œuvres), dont Hegel avait lui-même préparé une nouvelle édition, avant sa mort, et la *Logik* de l'*Encyclopaedie*, mise au point d'après des notes prises par des disciples dans ses cours, datent, sous leur forme actuelle, de la même époque, celle qui a immédiatement précédé la mort de l'auteur. Les deux autres volumes de la *Wissenschaft* (vol. IV et V des Œuvres) sont au contraire la reproduction de la première édition de cette œuvre, parue en 1814 et 1816. Nous citerons les deux ouvrages comme *Wissenschaft der Logik* (le premier volume d'après l'édition de Stuttgart, 1832, et les deux autres d'après celle de Berlin, 1834) et comme *Encyclopaedie, Logik*. Dans la 2ᵉ partie de la *Wissenschaft der Logik* (p. 237), Hegel dit que « l'identité abstraite que cette connaissance (la connaissance analytique) reconnaît seule comme sienne » est « essentiellement identité du divers ». C'est évidemment (la différence de nomenclature en ce qui concerne l'identité abstraite mise à part) la même conception que dans l'œuvre postérieure.

2. *Encyclopaedie, Logik*, p. 237.

3. *Ib.*, p. 317.

4. *Ib.*, p. 395.

logique ordinaire se trompe en déclarant que l'intellect exclut complètement, de son intérieur, la contradiction. Au contraire, toute conscience contient l'unité et la séparation et, par conséquent, une contradiction[1]. »

Toutefois Hegel — et c'est là une circonstance qu'auront devinée tous ceux qui ont une connaissance, même superficielle, de sa pensée — n'est pas parvenu à cette constatation par l'analyse de la déduction mathématique. C'est en effet un des traits les plus marquants de la physionomie de ce puissant penseur, dont les singularités sont si fortement accusées, que le peu d'autorité que les mathématiques (qu'il connaît cependant et qu'il semble même avoir étudiées avec beaucoup de zèle) exercent sur son esprit. C'est là une particularité qui le distingue fortement de Kant, dont on a pu dire avec raison qu'il était un « newtonien philosophe ». La pensée de Hegel, en cette circonstance comme en bien d'autres, semble cependant se rattacher assez étroitement à celle de son grand prédécesseur ; mais c'est par la théorie des antinomies. Chez Kant, on le sait, ces antinomies sont au nombre de quatre ; ce sont d'ailleurs des notions ayant trait à des conceptions cosmologiques. Hegel, tout en appréciant hautement cette théorie des antinomies, qu'il estime constituer « un progrès très important de la connaissance philosophique », la trouve insuffisante et en élargit énormément les limites. « L'antinomie, dit-il, ne se trouve pas seulement dans quatre objets particuliers empruntés à la cosmologie ; on la trouve dans *tous* les objets de tous les genres, dans toutes les représentations, conceptions et idées. Savoir cela et connaître les objets en cette qualité fait partie du côté essentiel de la réflexion philosophique[2]. »

1. *Philosophie des Geistes, Werke*, vol. III, 2ᵉ partie, Berlin, 1845, pp. 25, 26.
2. *Encyclopaedie, Logik, Ib.,* p. 103. — De même, *Wissenschaft der Logik,* 1ʳᵉ partie, vol. 1ᵉʳ, p. 224 : « Mais une compréhension plus approfondie de la nature antinomique ou, plus exactement, dialectique de la raison concrète montre tout concept en général comme une unité de moments opposés. » Et *Phænomenologie* (*Werke,* vol. II, Berlin 1832), p. 16 : « Le commencement, le principe ou l'absolu, ce que l'on énonce en premier lieu et d'une manière immédiate, n'est que le général... la transition, ne fût-ce que vers un seul énoncé, contient une transformation en un autre (*ein Anderswerden*), qu'il

Il est clair que, la pensée de Hegel étant tout à fait générale, elle doit s'appliquer également aux conceptions mathématiques. Cette application présente, comme toute introduction des mathématiques dans le raisonnement, le grand avantage de préciser la pensée. Mais nous devons aussitôt avertir le lecteur qu'en interprétant ainsi la conception de Hegel, nous nous écartons quelque peu de l'interprétation qu'il en a fournie lui-même. En effet, Hegel, non seulement n'est pas parti de considérations mathématiques, mais a affirmé expressément que ses observations sur la marche du raisonnement, telles que nous venons de les résumer, ne s'appliquaient en général point au raisonnement mathématique [1]. C'est là une matière sur laquelle nous reviendrons un peu plus tard et nous verrons alors quelle était la source de cette anomalie dans la pensée du philosophe. Pour le moment, et afin de mieux saisir le développement de cette pensée, ne craignons pas de retourner encore, un peu en dépit de Hegel lui-même, aux raisonnements mathématiques que nous avions mis en avant.

S'il nous a fallu démontrer l'identité $(a + b)(a - b) = a^2 - b^2$, c'est que les deux termes de l'équation ne nous avaient pas tout d'abord semblé identiques. De même les points C et C' ne nous ont paru coïncider qu'après démonstration et enfin, pour reconnaître que la ligne AB était égale à elle-même, il nous a fallu passer par-dessus le *en dépit de*, qui, nous l'avons vu, accompagne toute application du principe d'identité. Donc les deux termes à identifier, à un moment donné, nous ont paru se distinguer l'un de l'autre par un indice quelconque, être *divers*, sans quoi, cela est bien simple, nous n'aurions eu qu'un

faut ensuite faire disparaître, c'est-à-dire constitue un compromis. » C'est ce qui fait d'ailleurs qu'un « soi-disant énoncé fondamental ou principe de la philosophie, s'il est vrai, est, de ce chef également, faux, en tant qu'il n'existe que comme énoncé fondamental ou principe » (*ib.*, p. 19).

[1] Les hégéliens sont, dans cet ordre d'idées, demeurés fidèles à l'esprit de leur maître et ainsi M. Mac Taggart, par exemple, repousse avec quelque indignation une objection de E. v. Hartmann contre la méthode dialectique, en faisant valoir qu'il s'agit d'un raisonnement fondé sur les mathématiques (*l. c.*, pp. 94-95).

seul terme et n'aurions pas pris la peine de formuler notre énoncé, qui n'eût été alors qu'une véritable tautologie dénuée d'intérêt. Or, ces termes n'étant certainement que des concepts, des choses de pensée (la figure ne servant qu'à soutenir l'imagination défaillante), ils n'étaient donc pas identiques à ce moment; comment dès lors ont-ils pu le devenir ? Uniquement parce que nous nous sommes décidés à déclarer négligeable ce que nous y avions vu tout d'abord de différent. Mais cet élément de diversité n'a pas disparu pour cela; il existe toujours et rend en réalité l'énoncé contradictoire.

Ainsi, cette contradiction, qui se trouve au fond de l'énoncé géométrique le plus simple, accompagnera ma pensée partout. En effet, je ne puis raisonner qu'en appliquant le concept d'identité, en identifiant des choses, des concepts qui m'ont d'abord paru divers. C'est donc que, partout et toujours, je suis condamné à affirmer *simultanément*, comme l'a bien dit Hegel, l'identité et la diversité de ces choses et de ces concepts. Si je veux raisonner, si j'entends que ma pensée progresse, je n'ai pas d'autre choix que, tout en ayant conscience de la diversité et retenant fortement cette notion dans mon esprit (c'est le processus de la mise à nu de cette contradiction inhérente que Hegel appelle, en invoquant d'ailleurs le nom de Platon, sa *dialectique*) [1], de la *dépasser* [2].

Ce que nous venons de reconnaître au sujet de l'énoncé qualifié généralement de « principe d'identité » nous fait

[1]. Nous n'entendons nullement, par cette définition, épuiser la signification de ce terme dans la doctrine hégélienne. Ce n'est là qu'un des aspects de ce concept qui y joue un rôle si important, et c'est celui qui nous intéresse ici. Cf., entre autres, pour un aspect différent de cette même notion Wallace, *Prolegomena*, 2ᵉ éd., Oxford, 1894, p. 287.

[2]. Hegel se sert du terme *aufheben* et M. Boutroux, dans l'admirable exposé qu'il a donné de sa doctrine au cours de la discussion sur la thèse de M. René Berthelot *Sur la nécessité, la finalité et la liberté chez Hegel*, a fait ressortir l'importance capitale que prend ce terme dans la philosophie hégélienne (*Bulletin de la Société française de philosophie*, avril 1907, p. 142, cf. *ib.*, pp. 162 et suiv. les observations de M. R. Berthelot sur le même sujet). Hegel, qui affectionne particulièrement les étymologies (parfois fantaisistes) et jusqu'à des jeux de mots — c'est en effet, selon la pénétrante observation de M. E. Rignano (*Les diverses mentalités logiques*, Scientia, vol. XXII, août 1917, p. 128), en sa double qualité d'Allemand et de métaphy-

comprendre comment il peut jouer le rôle d'un énoncé synthétique, servir au progrès de notre pensée. Il ne formule pas l'identité déjà préexistante dans notre esprit, déjà reconnue, ce qui serait oiseux, il la fait reconnaître, il l'introduit là où nous ne reconnaissions pas son existence. Et il accomplit cette fonction en nous faisant voir que, des mille traits que nous pouvions observer à l'égard de tel ou tel concept, seul un petit nombre importait véritablement au point de vue du raisonnement dans lequel nous nous sommes engagés, les autres étant entièrement indifférents et pouvant, de ce chef, être éliminés, ignorés, traités comme s'ils n'existaient pas.

Il s'agit ici, le lecteur l'aura saisi, d'un point tout à fait fondamental de la théorie du raisonnement. Nous nous permettons donc d'insister plus longuement et de citer notamment l'exemple d'un raisonnement géométrique un peu moins rudimentaire. Nous choisissons celui qu'offre la démonstration pythagoricienne du carré de l'hypoténuse et nous demandons la permission de remettre sous les yeux du lecteur cette antique figure, qui rappelle à chacun de nous ses premiers pas dans le domaine de la science ; figure vénérable entre toutes, non seulement par le rôle que le théorème et sa démonstration ont joué dans le développement de la géométrie grecque, mère de toutes les sciences dont s'honore l'esprit humain, mais encore, mais surtout précisément par ce fait que, depuis plus de deux millénaires, toutes les intelligences qui se sont ouvertes à la compréhension scientifique du monde ont dû commencer par là leur ascension : rappelant ainsi à chacun

sicien, un *auditif* au premier chef—insiste sur le double sens que présente le vocable en question, puisqu'il signifie à la fois *garder* et *abolir* (l.c., p. 191, cf. ib., p. 167, où Hegel a l'air de dire au contraire que ce sont les philosophies antérieures qui contiennent les postérieures *aufgehoben* dans leur sein — mais c'est là, sans doute, comme le reconnaîtront tous ceux qui connaissent peu ou prou la pensée hégélienne, une simple coquille par inversion). Cf. aussi, sur les jeux de mots chez Hegel, Will. WALLACE, *Prolegomena*, 2e éd., Oxford, 1894, p. 12. — TRENDELENBURG (*Logische Untersuchungen*, Berlin, 1840, vol. I, p. 59) croit que de vouloir remonter jusqu'à Platon constitue, de la part de la dialectique hégélienne, une prétention entièrement injustifiée et que le maître dont elle pourrait se réclamer dans l'antiquité serait plutôt Proclus.

de nous que, quelque immense que soit l'acquis de la civi-
lisation accumulé par le génie des grands hommes, par le
labeur de générations innombrables, nous ne pouvons
cependant en profiter réellement que si nous nous en rendons dignes par notre labeur individuel, en obéissant à
ces mots de Gœthe : « Ce que tu as hérité de tes pères,
acquiers-le pour le posséder [1]. »

Rappelons donc, ce que sans doute peu de nos lecteurs
auront oublié, qu'après avoir tracé le triangle rectangle

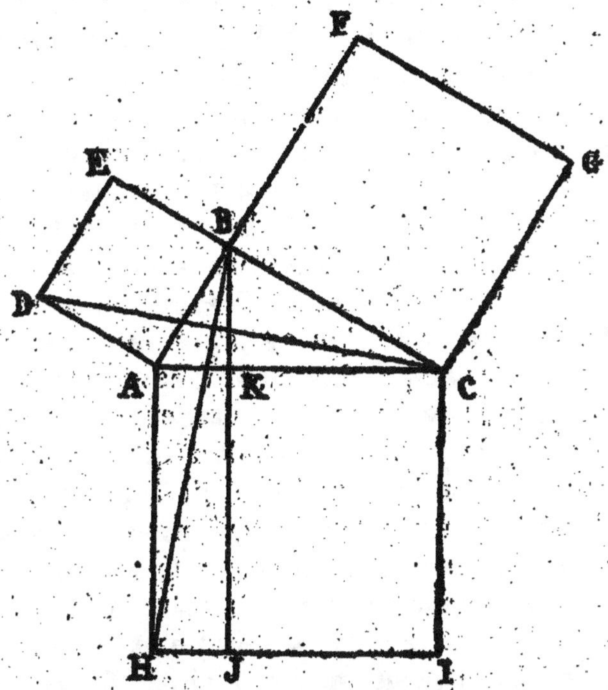

ainsi que les trois carrés, on tire la perpendiculaire *BKJ* et
ensuite deux droites auxiliaires *DC* et *BH*. On commence
alors par démontrer l'égalité des deux triangles *ADC* et
ABH. Ces deux figures, comme l'établit la démonstration,
sont réellement *identiques*, et ce qui les distingue, c'est
uniquement la position qu'elles occupent dans la figure
totale. De cette égalité de deux triangles, on passe à celle
entre le carré *ABED* et le rectangle *AKJH*. Ici, les deux
figures sont manifestement dissemblables. Mais on démon-

1. Gœthe, *Faust*, 1ʳᵉ partie, v. 329-330.

tré qu'elles ont néanmoins même superficie. Pour ce faire, on établit que chacune d'elles doit être le double d'un triangle, et ces deux triangles sont précisément ceux dont on a précédemment établi l'identité. On répète l'opération de l'autre côté et finalement l'on se convainc, par un coup d'œil sur la figure, que les deux rectangles mis côte à côte forment bien le carré érigé sur l'hypoténuse.

Ainsi, l'on a bien procédé d'égalité à égalité, en mettant chaque fois de côté, en négligeant sciemment, en déclarant indifférente au point de vue du raisonnement, la diversité qui s'opposait à l'identification. L'était-elle au point de vue de notre attention, c'est-à-dire de la conception telle que notre esprit l'a formée tout d'abord ? Assurément non, car, dans ce cas, le travail de la démonstration eût été nul, et nous nous souvenons tous qu'il n'en a pas été ainsi, qu'elle a exigé au contraire, de la part de notre intelligence, une tension tout à fait notable. Là même où l'identification s'établit parfaite, dans l'égalité entre les deux triangles, les choses, si l'on ose s'exprimer ainsi, ne vont pas toutes seules. Sans doute, sommes-nous tous pleinement convaincus d'avance, préalablement même à toute géométrie, que le déplacement dans l'espace ne peut en rien entamer l'identité, que la position, au point de vue de cette identité, constitue une circonstance parfaitement indifférente. Cependant, et quoique les deux triangles ne soient en réalité qu'un seul et même triangle, qu'on aurait tourné simplement de 90° autour du point *A*, telle est ici la disparité de cette position, il y a si peu d'analogie, au point de vue de leur rôle dans la figure totale, entre les deux triangles, que celui qui écrit ces lignes, quoique près de cinquante années se soient écoulées depuis, se rappelle parfaitement l'étonnement qu'il a éprouvé de cette démonstration d'identité, et la difficulté avec laquelle, tout d'abord, il retrouvait les droites à tracer, difficulté qui n'était évidemment que la traduction de ce que les figures avaient d'*inattendu*, et donc de ce même étonnement. Probablement bien des lecteurs auront, sur ce point, des souvenirs analogues.

Entre les carrés et les rectangles, il ne saurait plus être question de véritable identité, et pour égaler les uns aux autres, il faut évidemment sous-entendre que la forme est indifférente au point de vûe de l'aire. D'ailleurs, sur ce point encore, il a fallu que l'on nous *montrât* le rapport entre le triangle et la figure rectangulaire respective ; c'est que la situation n'est pas tout à fait la même dans les deux cas, sans quoi les deux figures rectangulaires seraient semblables : l'artifice consistant précisément à approprier le même triangle, de manière analogue, tantôt à un rectangle et tantôt à un carré, parce qu'on se sert chaque fois, comme base, d'un côté différent du triangle ; ce qui fait, bien entendu, que les deux figures rectangulaires doivent se trouver à la fois dissemblables de forme et égales de superficie. Et si finalement nous avons bien reconnu, au premier coup d'œil sur la figure, que les deux rectangles, ajoutés l'un à l'autre, formaient le carré construit sur l'hypoténuse, il a cependant fallu ce coup d'œil ou le souvenir de la manière dont nous avions, avant de commencer la démonstration, partagé le carré en ces rectangles. C'est ainsi que nous sommes parvenus à écrire $AC^2 = AB^2 + BC^2$, à mettre en rapport, à réunir par un signe d'égalité ce qui nous avait paru tout d'abord absolument différent, à savoir d'un côté deux carrés et de l'autre un seul. Mais, bien entendu, ce signe d'égalité comporte une restriction, il n'a trait qu'aux aires, à tous les autres points de vue, et notamment en ce qui concerne leur forme et leur position, les différences subsistent.

Le rôle du concept d'identité est tout à fait analogue dans le raisonnement algébrique. En reprenant notre exemple de tout à l'heure, nous constaterons que pour démontrer que $(a + b)(a - b) = a^2 - b^2$, on se servira tout d'abord d'un théorème sur la multiplication des sommes algébriques et que l'on écrira :

$$(a + b)(a - b) = a^2 + ab - ab - b^2$$

Il va de soi qu'en écrivant cette équation on n'entend pas soutenir que les termes des deux côtés du signe d'égalité soient identiques à tous les points de vue, ce qu'ils ne sont apparemment pas, puisqu'il y a, à gauche, un produit et à droite une somme de quatre produits. Ce qu'on affirme (nous l'avons vu) c'est qu'il y a identité, si l'on adopte certaines conventions, par exemple qu'il y aura identité du résultat si l'on remplace les lettres a et b par des nombres quelconques. C'est-à-dire qu'ici encore on déclare que les divergences très apparentes entre les deux termes sont, au point de vue auquel on entend se placer, sans efficacité et peuvent, donc, être entièrement négligées. On observe ensuite que dans la somme algébrique de quatre termes un seul et même terme ab apparaît d'abord comme positif et ensuite comme négatif. Or, on a précédemment établi qu'un nombre n'est pas modifié par le fait qu'un autre lui est ajouté et retranché en même temps. Donc, $+\ ab$ et $-\ ab$ *s'annulent*, c'est-à-dire qu'il est, toujours en supposant les mêmes conventions, indifférent de les écrire ou de les omettre.

Ce sont là, évidemment, des démonstrations très élémentaires et plus d'un lecteur aura souri de l'insistance avec laquelle nous avons cru devoir en exposer la marche. Mais il est clair que *toutes* les démonstrations mathématiques sont de ce type. Toute déduction mathématique, en effet, se compose d'une suite ou (pour nous servir d'une expression que H. Poincaré appliquait à son schéma du raisonnement par récurrence) d'une *cascade* d'équations, et chaque fois qu'on écrit un signe d'égalité, il va de soi que ce qu'on place à droite et à gauche de ce signe ne peut pas être réellement identique; que ce ne peut être la répétition véritable de la même formule — car alors le raisonnement n'avancerait pas — mais qu'il s'agira d'une identité qu'on reconnaîtra en considérant les choses à un point de vue déterminé. Tout l'art du raisonnement mathématique consiste précisément à choisir ce que l'on pourra négliger, éliminer — \it en vertu des conventions immuables des mathématiques, comme l'est par exemple celle qui reconnaît l'invariabilité d'une figure géométrique transportée dans l'espace, soit en vertu d'*identités* précédemment démontrées — de manière telle que ce qui restera nous fournira une affirmation nous rapprochant du but que nous poursuivons. Le raisonnement sera d'autant plus beau, d'autant plus *élégant* que le pas que l'on accomplira sera plus considérable, c'est-à-dire que l'affirmation à laquelle on arrivera finalement sera plus inattendue. Mais il faut aussitôt ajouter que c'est à la condition que le rythme de ce progrès soit quelque peu adapté à l'intelligence, sinon du commun des mortels, du moins du commun des mathématiciens. Que si au contraire le grand *inventeur* ou *découvreur*, à l'esprit de qui les rapports se révèlent pour ainsi dire directement, néglige trop de décomposer ses pas de géant, de manière à faciliter à ceux qui le suivront l'accès des hauteurs où il s'est élevé, il risque de rester longtemps incompris ou d'être traité même, le jour où l'on aura enfin reconnu son mérite, de « génie abrupt », ainsi que cela est arrivé pour ce malheureux enfant qui était un des plus authentiques génies mathématiques du XIXᵉ siècle : nous avons nommé Evariste Galois. Hegel qui, nous le verrons dans un chapitre ultérieur (tome II, pp. 40 et suiv.), professait à l'égard des mathématiques des idées assez étranges, s'est vivement élevé contre le fait qu'au cours d'une démonstration géométrique on procède parfois à une construction qui, tout d'abord, n'apparaît point comme *nécessaire*, c'est-à-dire comme indiquée par le contenu même du théorème ou, comme il le formule, « ne procède pas du concept du théorème » ; la construction « se trouve ordonnée et l'on doit obéir aveuglément à la prescription et tirer justement les lignes en question, alors qu'on pourrait en tirer un nombre infini... ; après coup on reconnaît bien aussi que ces lignes étaient appropriées au but, mais l'appropriation n'est, de ce chef, qu'extérieure [1] ». Hegel, à l'égard de qui la nature, semble-t-il, s'était montrée plutôt parcimonieuse au point de vue du don mathématique et qui avait cependant fait un effort con-

---

1. HEGEL, *Phaenomenologie*, *Werke*, vol. II, Berlin, 1832, p. 31. Cf. sur le contexte de ce passage, tome II, p. 43.

sidérable (sans doute un peu tardivement) pour s'assimiler ce savoir, a dû éprouver, en face de raisonnements plutôt élémentaires, ce sentiment de l' « abrupt » que le mathématicien (s'il est loisible de comparer des choses fort petites à d'autres très grandes) ressent en présence des raisonnements de Galois. Nous avons du reste plus haut, à propos des lignes auxiliaires de la démonstration pythagoricienne, fait une remarque analogue. La démonstration est si surprenante qu'elle en paraît un peu artificielle : l'élève a tout d'abord l'impression d'assister à une sorte de tour de prestidigitation merveilleux, mais assez malaisé à réussir. Il y a, de ce chef, quelque chose de fondé dans le sentiment de Hegel et l'on ne peut mieux le confirmer qu'en constatant que Leibniz, qui était, on le sait de reste, un des plus grands mathématiciens de tous les temps, a exprimé un avis analogue, en accusant les géomètres d' « extorquer l'assentiment du lecteur » et de « contraindre l'esprit plutôt que de l'éclairer [1] ».

On pourrait, dans une certaine mesure, diminuer ce sentiment de surprise, en suivant une marche plus analytique, en faisant par exemple ressortir dès le début de la démonstration et en ne perdant jamais de vue que ce à quoi l'on tend, c'est à établir un rapport entre les diverses aires, en montrant comment on peut rechercher de divers côtés des figures qui sont appropriées à ce but ; cela pourrait rendre la démonstration plus « psychologique », mais ce serait certainement au détriment de cette élégance synthétique, qui en fait un monument précieux de l'esprit ingénieux des Hellènes. On peut aussi estimer qu'il serait peu profitable de vouloir l'alourdir de cette façon et que mieux vaut lui substituer une marche différente, comme le font quelquefois des manuels récents. Mais il faut bien com-

---

1. Leibniz, *Opuscules et fragments inédits*, éd. Couturat, Paris, 1903, p. 33 : « *Nam geometræ accurate quidem sua demonstrant, sed animam cogunt magis quam illustrant, in quo quidem admirationem sibi majorem pariunt, dum invito Lectori assensum extorquent, eumque arte improvisa circumveniunt, sed memoriæ atque ingenio Lectoris non satis consulunt, quia rationes causasque naturales conclusionum quo modo occulunt, ut non facile agnoscatur modus quo sua inventa obtinuere.* »

prendre que, quoi qu'on fasse, on n'évitera point totalement le sentiment de surprise, l'impression d'un artifice
dans les déductions mathématiques. Ce sentiment n'est en
effet que l'expression de ce fait que, procédant d'égalité en
égalité, on est cependant parvenu à rapprocher, à relier
par un signe d'égalité des concepts qui se trouvaient, auparavant, fort éloignés l'un de l'autre. En d'autres termes,
il est l'expression de ce qui se trouve, dans cette déduction,
de nouveau, de non-présent à notre conscience. Or, c'est
ce nouveau, ce non-conscient préalablement que nous
recherchons précisément, c'est pour en avoir la révélation
que nous faisons des mathématiques, et celles-ci ne nous
sont précieuses que dans la mesure où elles nous le révèlent, où elles se révèlent, selon la nomenclature de Kant,
véritablement synthétiques. Poincaré a dit qu'en introdui-
sant ce concept de *jugements synthétiques a priori* Kant
n'a fait que baptiser la difficulté que présente, à ce point
de vue, l'explication du raisonnement mathématique, au
lieu de le résoudre [1]. Cela est juste dans une grande mesure, mais Kant n'en a pas moins eu le mérite de préciser
les données du problème. Le fait que ces énoncés sont *a
priori* montre qu'ils devaient faire partie préalablement,
de quelque façon que ce soit, du contenu de notre intellect, puisque nous avons pu en effet les en faire sortir sans
recourir à des constatations extérieures, à de véritables
expériences ; mais il est clair qu'ils ne s'y trouvaient
qu'implicitement : l'élève à qui on va expliquer la multiplication de $a + b$ par $a - b$ sait fort bien ce que c'est
qu'une somme, une différence, une multiplication ou un
carré, et pourtant il ignore encore qu'en multipliant la
somme de deux chiffres par leur différence, il obtiendra
la différence des carrés des deux chiffres. Et de même
l'élève à qui on va démontrer le théorème de Pythagore
connaît parfaitement la définition du triangle rectangle,
mais n'a pas conscience que cet énoncé s'en déduit : si on
lui demandait de construire un triangle rectangle tel que

1. H. Poincaré, *La science et l'hypothèse*, Paris, s. d., p. 10.

la somme des carrés des côtés dépassât de 1/10 le carré de l'hypoténuse, il ne trouverait l'énoncé du problème nullement absurde et se livrerait sans doute à de nombreuses tentatives et mensurations avant de se convaincre de l'impossibilité de la tâche. Exiger que la révélation que nous a apportée la déduction mathématique « procède du concept du théorème », comme le demande Hegel, c'est exiger, étant donné la simplicité foncière des concepts mathématiques, qu'il n'y ait pas de révélation du tout. Hegel lui-même s'en est rendu compte dans une certaine mesure, car, dans son système, il a eu soin de mettre les mathématiques à part, de leur attribuer des raisonnements d'une nature particulière, entièrement distincts de ceux auxquels on se livre dans d'autres branches du savoir, et il n'a pas essayé en somme, en dépit d'incursions multiples dans ce domaine, de réformer les mathématiques comme il l'a fait pour les sciences physiques ; tout porte à croire, au contraire, que quand il les enseignait (ce qu'il a fait à plusieurs reprises) il le faisait à peu près à la manière habituelle, sans trop y mêler la déduction par le concept [1].

En résumant ce que nous venons d'exposer à propos de la manière dont notre intellect applique le concept de l'identique, nous dirons que ce qu'il importe de reconnaître surtout, c'est le rôle actif de ce même intellect. Car, sans doute, notre raison ne pourrait-elle agir comme elle le fait s'il ne préexistait point, dans les concepts qu'elle manipule ainsi, quelque chose qui correspond à cette notion de l'identité : la situation, de ce chef, est tout à fait analogue à celle que nous avons constatée au chapitre précédent (p. 99) pour l'existence du *genre*. Mais cet élément rationnel préexistant, notre raison intentionnellement — bien que cette intention reste souvent inconsciente — en grandit l'importance au point de faire, en quelque sorte, résorber en lui le concept entier dont elle s'occupe, puisqu'elle affirme que ce concept est iden-

---

1. Cf. à ce sujet plus bas, chap. XI, p. 44.

tique à un autre dont elle le sait cependant distinct. La raison, de ce chef, exerce une véritable contrainte sur les concepts, elle leur impose l'identité ou la leur *suppose*, si l'on veut bien donner à ce vocable le sens qu'il a dans le terme *enfant supposé*.

Il est certain que la manière dont se trouve énoncé, le plus souvent, ce qu'il est convenu d'appeler le principe d'identité et le nom même dont on décore ce principe ne correspondent pas tout à fait à son rôle véritable, d'où précisément l'affirmation erronée selon laquelle il ne serait qu'une tautologie. C'est ce qui fait que Stanley Jevons, dans son système logique, a cru devoir formuler, à côté du principe d'identité, un énoncé différent, qu'il qualifie de principe de la *substitution des semblables* (*the substitution of similars*) et dont il conçoit l'application d'une manière fort analogue à celle dont nous avons exposé l'intervention du concept d'identité dans la démonstration mathématique [1].

Mais en réalité, Hegel nous l'a appris, le principe d'identité tautologique ne joue et ne peut jouer aucun rôle dans la marche de nos raisonnements ; *toujours*, même quand nous affirmons traiter d'identiques, nous ne traitons que de semblables, que nous rendons identiques en écartant momentanément ce qui les diversifie. Et comme, d'autre part, la dépendance où se trouve le principe de Jevons du concept de l'identité est manifeste, il vaudrait peut-être mieux choisir une appellation qui ferait ressortir à la fois le rôle actif de l'énoncé et ce qui fait qu'il se rattache à l'énoncé tautologique du principe d'identité dont il doit, en réalité, assumer le rôle. Nous proposons le terme *schéma* ou *processus d'identification*, étant entendu que dans ce dernier vocable la partie terminale doit avoir son sens plein, tel qu'elle le présente par exemple dans le mot *simplification*. Identification ici signifiera donc non

---

1. W. Stanley Jevons, *Logic*, s. l. n. d. (*The Primers*, edited by Prof. Huxley, etc.), p. 75. — Cf. Id., *The Principles of Science*, Londres, 1892, pp. 5 et 9. On trouvera, dans ce dernier ouvrage, pp. XIII et suiv. et 21, des indications au sujet des penseurs qui ont précédé Jevons dans cette voie.

seulement l'acte par lequel nous reconnaissons l'identique là où il existe, mais encore l'acte par lequel nous ramenons à l'identique ce qui nous a, tout d'abord, paru n'être pas tel.

Observons, en outre, que si toute démonstration mathématique nécessite l'application continue du processus d'identification, le concept qui constitue le point de départ d'une telle démonstration n'a pu également être formé que grâce à l'intervention du même processus. En effet, ce que nous avons entendu démontrer par le théorème de Pythagore, ce n'est pas quelque chose qui a trait à un triangle rectangle défini, c'est au contraire une proposition concernant *tout* triangle rectangle en général. Les logiciens se sont beaucoup occupés des procédés à l'aide desquels notre raison parvient à former ces concepts généraux. Mais ici, il nous suffira de constater que, pour concevoir un triangle rectangle en général, il faut que nous mettions de côté ce qui caractérise telle ou telle figure en particulier, comme par exemple ses dimensions ou la grandeur des angles. Ces particularités, nous les déclarons négligeables au point de vue de l'opération à entreprendre. C'est donc que, là encore, nous avons, au fond, réduit du divers à de l'identique. Et il en va de même pour n'importe quelle démonstration mathématique, toutes mettant nécessairement en œuvre des concepts généraux.

Que si maintenant nous nous rappelons ce que nous avons reconnu (chap. Ier, pp. 9 et suiv.) au sujet des concepts qui se trouvent à la base des lois de la physique, il devient évident que ces concepts à leur tour sont forcément le produit d'une opération analogue. Un énoncé ayant trait au soufre présuppose, on l'a vu, la constitution du *genre* soufre, opération qui ne peut s'effectuer que si l'on prête attention uniquement à ce que les différents morceaux que l'on rencontre dans le commerce ont de commun, en négligeant ce qui les diversifie. On a par conséquent, là aussi, procédé par identification.

Toutefois, et cela est important à constater, si le processus mental, dans ces trois cas, est essentiellement le même, il n'est cependant pas appliqué dans les mêmes conditions. Il s'agit bien, partout, d'identifier du divers en vue d'un raisonnement ; mais la phase du raisonnement où cette opération intervient n'est pas la même. Quand nous formons le concept d'un genre, soit dans les mathématiques, soit dans les sciences physiques ou naturelles, c'est que nous avons été frappés par une ressemblance. C'est cette ressemblance qui nous fait concevoir l'être abstrait que nous désignons comme *triangle*, *soufre* ou *homme* et, de même, la ressemblance de certains phénomènes fera naître le concept de *phénomène électrique*. Au moment où nous formons ces concepts, nous savons sans doute que nous allons raisonner sur eux, mais nous ignorons encore ce que seront ces raisonnements. C'est-à-dire que le processus, ici, précède le raisonnement proprement dit. L'identification a donc beau être faite au profit d'un raisonnement, elle n'en semble pas moins spontanée, naturelle.

Il en va tout autrement dans la déduction ou démonstration mathématique. Sans doute, à chaque pas particulier que fait la démonstration, au moment où, par exemple, on a saisi ce qu'il y a de commun entre deux figures, on crée en l'affirmant, en reliant les deux concepts par un signe d'égalité, un *genre*, et il pourrait donc sembler, de ce chef, que l'on a procédé entièrement selon la voie que suit la raison dans cette dernière opération. Mais ce serait précisément perdre de vue qu'il ne s'agit là que d'une phase de la démonstration ; de toute évidence, celle-ci, considérée en son ensemble, n'admet point une interprétation de cette sorte. L'élève devant les yeux de qui l'on dresse la figure du triangle rectangle entouré des trois carrés n'aperçoit certainement aucune relation de similitude entre la somme des aires de deux de ces carrés et l'aire du troisième. Cette relation résulte pour lui simplement tout d'abord d'un décret : c'est l'énoncé du théorème, et le fait que cet énoncé est suivi d'une démonstration prouve précisément qu'il n'y a là rien que l'on puisse percevoir immédiatement, mais quelque chose qu'il faut établir, qu'il faut rechercher des similitudes, des identités, afin de parvenir, par leur enchaînement, à celle que l'on vise. Ainsi, ici, c'est la marche du raisonnement qui doit nous amener à reconnaître la similitude, la possibilité d'appliquer le schéma d'identification, laquelle est donc loin de s'imposer d'elle-même à l'attention. Elle s'impose si peu que, même pour les phases intermédiaires, nous l'avons constaté, l'élève a tout d'abord de la difficulté à retrouver les figures géométriques dont il lui faudra relier les aires par le signe d'égalité, et qu'une fois ces figures retrouvées, il hésite à reconnaître cette égalité.

C'est là, évidemment, c'est dans cette application particulière du schéma, par laquelle elle contraint véritablement notre intellect, qu'il faut chercher la raison de la résistance que l'esprit oppose parfois à la démonstration telle que la formulent les mathématiques. Hegel, précisément parce que peu doué dans cet ordre d'idées, n'est pas mauvais juge en l'occasion. Ce qu'il trouve blâmable, on l'a vu, c'est le fait que la démonstration ne procède pas du concept du théorème et que les constructions auxquelles on a recours n'apparaissent point tout d'abord comme nécessaires, comme découlant de ce concept même. Qu'est-ce à dire et que faudrait-il donc pour le satisfaire ? Il faudrait tout simplement se borner à progresser uniquement à l'aide de similitudes que suggéreraient le concept et la figure. C'est la marche que suit notre raison en concevant le genre, et il n'est pas douteux que cette marche apparaît, en son essence même, plus spontanée, plus naturelle. Mais on aperçoit aussi à quel point elle est étrangère au véritable esprit de la démonstration mathématique, laquelle sans doute progresse à l'aide du même processus d'identification, mais à la condition de le diriger, de ne pas lui permettre de suivre la pente naturelle de l'esprit, mais de l'amener à choisir et à trouver ce qui pourra le rapprocher du but prédéterminé.

Le processus d'identification, si essentiel, nous venons de le constater, au point de vue du raisonnement mathématique, trouve-t-il aussi son application dans le raisonnement des sciences physiques, en dehors de ce que nécessite la formation même du concept du genre ? Nous n'avons, pour répondre à cette question, qu'à nous rappeler ce que nous avons reconnu, précédemment, au point de vue de la déduction et de la rationalité. Nous avons vu, en effet, que la physique entend rattacher l'antécédent et le conséquent par un lien rationnel, en démontrant que le conséquent est la conséquence *nécessaire* de l'antécédent. Or, Leibniz nous l'a dit, les vérités nécessaires doivent pouvoir se réduire à des vérités identiques. C'est donc que nous devrons pouvoir démontrer que le conséquent est identique à l'antécédent — sauf bien entendu certaines particularités qui l'en distingueront, mais que nous déclarerons (comme nous l'avons fait pour la démonstration mathématique et la constitution du genre) négligeables. En d'autres termes, il doit y avoir, si un phénomène doit paraître expliqué, rationnel, égalité entre la cause et l'effet.

C'est là ce que Leibniz a clairement aperçu et formulé avec toute la netteté désirable. Il déclare que « l'effet intégral peut reproduire la cause entière ou son semblable » et que « l'effet entier est toujours équivalent à sa cause pleine [1] », et cet énoncé lui paraît à tel point évident qu'il s'en sert pour une démonstration par l'absurde : « Il s'en suivrait, écrit-il en voulant démontrer qu'une proposition est erronée, que la cause ne pourrait être restituée en entier, ni substituée à son effet, ce qui, on le comprend aisément, est entièrement contraire aux habitudes de la nature et aux raisons des choses [2]. »

L'importance unique du rôle que joue le concept d'identité dans le raisonnement causal n'a pas échappé à l'attention de Riehl. Son travail porte en effet le titre « Causalité et identité » et le passage que nous avons cité (p. 64) est immédiatement suivi des considérations sui-

1. Leibniz, *Mathematische Schriften*, éd. Gerhardt, Halle, 1860, vol. VI, p. 439, et Ib., *Opera philosophica*, éd. Erdmann, p. 716.
2. Leibniz, *Mathematische Schriften*, éd. Gerhardt, vol. VI, p. 206.

vantes : « Par cette détermination [de la causalité en tant qu'établissant un lien logique entre les événements séparés par le temps] on trouve, en même temps, la transition entre la signification subjective de la causalité et sa signification objective. Cette transition s'accomplit à l'aide du principe d'identité, lequel gouverne nos conclusions en général et, par conséquent, est valable aussi pour les conclusions causales... La condition préalable pour qu'il y ait conclusion causale, c'est une équation entre l'antécédent et le conséquent... Exactement, dans la même mesure où ils sont identiques, il y a possibilité de les relier par une conclusion et, par conséquent, c'est dans la même mesure aussi que l'on peut former une image causale. Nous expliquons un changement si et dans la mesure où nous réussissons à le ramener à l'être immodifiable ou à une suite identique (par exemple à un mouvement uniforme et rectiligne). C'est pourquoi nous pouvons aussi définir la causalité comme l'application du principe d'identité au temps ou, plus exactement, à la suite des événements... [1] »

Ainsi, le schéma d'identification appliqué au phénomène dans le temps prend une forme particulièrement régulière, en ce sens que le « quoique » sous-entendu est toujours le même : les choses sont restées ce qu'elles étaient, en dépit du fait qu'entre les deux observations il s'est écoulé du temps. Elles ont persisté dans le temps.

Cependant, cela est certain, elles nous ont paru avoir changé, sans quoi nous ne nous serions pas mis en peine de chercher une explication. Qu'est-ce donc qui a pu les diversifier, quelle est la circonstance — circonstance sans

---

1. Nous avons dit plus haut le peu de retentissement du travail de Riehl. Dans une certaine mesure, il s'explique par le fait que non seulement son contenu scientifique est plutôt pauvre (l'allusion, assez peu nette, comme on a pu le voir, au mouvement rectiligne et uniforme est à peu près ce qu'on y trouve de mieux dans cet ordre d'idées, les phrases où il est parlé du mécanisme sont encore bien moins claires, *l. c.*, p. 383), mais que le concept même de la causalité est compliqué et embrouillé par des considérations qui contredisent la définition principale. Ainsi, l'auteur a l'air d'accepter la définition d'après laquelle la causalité serait la tendance à ramener l'extraordinaire au familier (*ib.*, p. 378). Comme on le verra au chap. XV, il y a là, semble-t-il, un phénomène plus général et revêtu, de ce chef, d'une signification précise.

importance, cela va sans dire, c'est là le postulat qu'implique l'identification — qui a pu se trouver modifiée ?

Les objets du monde extérieur, formant l'ensemble de nos perceptions, ne sont soumis qu'à deux sortes de conditions tout à fait générales, à savoir aux conditions de temps et à celles d'espace. Le postulat causal consiste à nier, à éliminer l'influence du temps. Il ne nous reste donc que l'espace. Ainsi, ce qui a pu se modifier, c'est la disposition spatiale, et l'explication la plus parfaite consistera à montrer que ce qui existait avant a subsisté après, que rien ne s'est créé et rien ne s'est perdu, que, par suite du phénomène, aucun changement n'est intervenu — sauf en ce qui concerne la situation spatiale. L'explication la plus parfaite d'un changement ne peut consister qu'en sa réduction à une fonction spatiale.

Nous comprenons mieux, à présent, ce qui rend si satisfaisante pour l'esprit l'explication de l'apparition des feuilles qui fait le fond de l'image de Bossuet. Et nous voyons aussi comment il se fait que, comme nous l'avons fait ressortir au début de ce chapitre, les deux sens du terme *expliquer* se touchent et se confondent presque dans cette image. C'est que c'est là véritablement une explication modèle, toutes devant être au fond conformes à ce type.

Qu'il en soit réellement ainsi dans les sciences physiques, nous en avons fourni autrefois d'abondants exemples [1]. La théorie mécanique tout entière n'est évidemment qu'un système tendant à réduire la réalité à un ensemble de parties immodifiables et produisant tous les changements par leur déplacement seul : cela se voit clairement dès l'origine de cette conception, dans le monde antique, chez Démocrite et chez Lucrèce et, en dépit de la masse énorme de savoir scientifique qui s'est interposée entre cette époque et la nôtre (on peut affirmer, semble-t-il, sans exagération aucune, que, quel que fût le développe-

---

1. *Identité et réalité*, chap. II à V. Cf. aussi les chap. VII et XVII du présent travail.

ment intellectuel et artistique des Grecs de l'époque de Démocrite, leurs connaissances physiques réelles ne dépassaient pas celles de peuples très primitifs), les savants modernes pensent, en ce qui concerne ces principes, absolument comme ces anciens : ils voudraient pouvoir expliquer l'ensemble des phénomènes par des constructions figuratives dans l'espace et — comme nous l'ont appris les débats du *Conseil* de Bruxelles — considèrent comme un échec, comme une entrave au développement de la science, quand les choses ne peuvent, par un artifice quelconque, s'arranger ainsi. De même, les principes de conservation tirent leur autorité en première ligne de ce qu'ils tendent à faire prévaloir l'idée que certains concepts (considérés pour cette raison même comme revêtus en quelque sorte d'une importance, d'une dignité particulière), tels que la vitesse, la masse, l'énergie, persistent à travers tous les changements, se conservent et ne font que changer de place. Nous avons montré aussi que ce rôle explicatif du déplacement ne se limite pas à la forme mécaniste ou atomistique de la science, qui est sa forme actuelle (comme elle a été celle d'une partie au moins des physiciens anciens), mais qu'elle s'applique généralement à toute physique qui suit une voie véritablement scientifique et que, notamment, la science péripatétique du moyen âge, en tant qu'elle échappait au schéma proprement logique et tendait à constituer une physique et une chimie qualitatives, en était tributaire. Cela se manifeste clairement par le rôle que jouent les « qualités substantielles » en se déplaçant [1], et nous en avons rencontré, dans le présent travail, un exemple suffisamment frappant dans la théorie du phlogistique et dans la manière dont elle expliquait toute une série de phénomènes chimiques par le déplacement de la *vertu de combustibilité* [2].

Ainsi, cela est important à noter, toute véritable explication scientifique d'un phénomène dans le temps repose au fond sur la permanence de quelque chose, d'un concept

---

1. Cf. *Identité et réalité*, chap. X, pp. 356 à 385.
2. Cf. plus haut pp. 77 et suiv.

quelconque. Parfois, quand il s'agit de concepts très généraux, la science a cru devoir formuler clairement cette permanence : ce sont alors les principes de conservation proprement dits. D'autres fois au contraire elle l'énonce d'une manière plus ou moins implicite ou la laisse même tout à fait sous-entendue ; mais il suffit alors d'un peu d'attention pour la dégager. Ainsi, la chimie prélavoisienne n'a jamais affirmé expressément que la qualité de combustibilité devait être considérée comme indestructible ; mais il est clair qu'en posant l'existence du phlogistique, qui n'était qu'une hypostase de cette qualité, et en traitant ce phlogistique en substance qui passait d'une combinaison à l'autre sans s'évanouir jamais, elle impliquait bien cette notion de conservation. Enfin, il arrive aussi que l'on ne définit que d'une manière incomplète ce dont la théorie exige en réalité la conservation, et ici c'est la science contemporaine qui nous en offre un exemple typique, par sa formule de la conservation de la matière. On énonce généralement ce principe de telle manière qu'il n'a trait qu'à la constance du poids dans une réaction chimique. Or, il est aisé de se convaincre que ce n'est pas là tout ce dont la théorie chimique actuelle stipule la conservation. L'ensemble de cette vaste construction implique en effet, dans chacun presque de ses détails, aussi bien dans les théorèmes de la chimie physique ou chimie générale, que dans les formules de la chimie proprement dite, la permanence d'éléments, du moins dans les réactions chimiques ordinaires (c'est-à-dire en exceptant, par exemple, les transformations des corps radioactifs) : le soufre doit rester soufre, l'hydrogène, hydrogène. Sans doute serions-nous bien embarrassés d'indiquer clairement ce qui, dans l'élément soufre, se conserve quand il entre dans une combinaison : c'est évidemment pour cette raison que nous n'énonçons point cette partie du principe. Mais nous supposons certainement que quelque chose *doit* se conserver : c'est là ce qui fait que nous qualifions le soufre d'élément et l'anhydride sulfureux de combinaison et que nous écrivons la formule de ce gaz SO_2.

La proposition que nous avons formulée plus haut au sujet du rapport entre principes de conservation et théories explicatives peut se retourner : tout énoncé de conservation tend à donner naissance à une théorie explicative. C'est là ce qui fait que ce dont on énonce la conservation et ce qui n'est tout d'abord, bien entendu, qu'une abstraction scientifique, telle que la chaleur ou la combustibilité, nous éprouvons un besoin en quelque sorte irrésistible de l'hypostasier ontologiquement, de le transformer en *être*.

Ce n'est pas là, pour nous, une constatation nouvelle, ce n'est qu'une forme un peu différente et surtout un peu plus précise de la tendance dont nous avons parlé au chapitre III de ce livre (pp. 72 et suiv.), tendance qui pousse notre entendement à créer des êtres fictifs — si ces êtres lui semblent pouvoir servir à l'explication des phénomènes — et à l'égard de laquelle l'apophtegme d'Occam constitue une barrière utile, mais trop souvent insuffisante. Les exemples d'hypostases de ce genre abondent. Ainsi la chaleur, parce qu'on croit en pouvoir affirmer la conservation, devient le *calorique* et la combustibilité, pour des raisons analogues, le *phlogistique*. Ce sont là des exemples du passé ; mais il est manifeste que la science actuelle est animée du même esprit. La simplification newtonienne des formules de Képler, en montrant qu'elles se déduisaient de la supposition d'une expression mathématique unique, demeurant invariable dans le temps, fait naître immédiatement le concept de *force*, cette force étant sans aucun doute, de la manière dont on la présente dans les manuels, un être ontologique ; et même l'énergie, en dépit du fait patent qu'elle n'est qu'une intégrale, et qu'il est tout à fait impossible (quoi que disent les manuels) d'en fournir une définition verbale [1], tend manifestement à se transformer en un tel être. C'est là sans doute une tendance qui se manifeste moins dans la science véritable que dans le domaine un peu trouble qui la borde ; mais si peu d'importance qu'on veuille attribuer à l'énergétisme philosophique de M. Ost-

---

1. Cf. *Identité et réalité*, pp. 309 et suiv.

wald, la naissance d'une conception où l'énergie apparaît comme une véritable *chose-en-soi* et même comme la seule chose-en-soi véritable [1] n'en est pas moins suffisamment caractéristique à ce point de vue.

C'est évidemment aussi l'étroite parenté entre théories explicatives et principes de conservation, le caractère explicatif de ces derniers — c'est-à-dire le fait qu'ils nous apparaissent comme étant conformes aux exigences de notre raison, comme constituant une étape dans la voie de la rationalisation du réel qui est le but véritable de toute science — qui fait qu'ils nous semblent revêtus d'une dignité particulière, bien supérieure à celle de simples lois empiriques : ils jouissent en quelque sorte de la double autorité des lois et des théories, puisque l'accord de la raison et de la nature semble se manifester en eux. C'est pourquoi nous nous contentons, dans des cas de ce genre, de preuves insuffisantes. Bien plus, nous avons la tendance, dès qu'il s'agit de conservation, à passer outre à des constatations qui semblent aller à l'encontre de l'énoncé et que nous nous efforçons dès lors d'expliquer à l'aide d'hypothèses auxiliaires ou d'artifices analogues de toute sorte. Ce qui s'est passé à propos du calorique de Black et des efforts qu'on a faits pour écarter en les « expliquant » les objections très apparentes qui résultaient de la production de la chaleur par le frottement, rentre dans cet ordre d'idées. Nous en avons parlé (p. 75) à propos des théories : mais c'est que précisément, nous venons de le voir, dans ce domaine de la conservation, théorie et loi se touchent et se confondent dans une certaine mesure. Dans ce cas particulier, il est en effet évident qu'en défendant la théorie du calorique, on maintenait en même temps l'affirmation de la conservation de la chaleur qui lui servait de base. On ne saurait d'ailleurs douter que cet état d'esprit soit encore celui de la science de nos jours. Une preuve palpable en a été fournie tout récemment, par les discussions qui se sont produites au moment où furent découverts les phéno-

---

1. Cf. *ib.*, pp. 387 et suiv.

mêmes de la radioactivité. Il est évident en effet qu'en leur signification immédiate, ces constatations paraissent contredire le principe de la conservation de l'énergie, puisqu'on y voit apparaître une énergie, sans qu'il soit possible de relever la disparition d'aucune autre. Or, tous ceux qui ont raisonné sur ces phénomènes sont partis manifestement de ce postulat implicite — qu'on n'éprouvait même pas le besoin d'énoncer dans l'immense majorité des cas, tellement il paraissait *allant de soi, naturel* — que l'énergie dont on constatait l'apparition ne *pouvait pas* être créée *ex nihilo*, qu'elle ne pouvait constituer que la transformation d'une énergie préexistante, quoique se dérobant à notre perception ; ceci en dépit du fait que le principe de la conservation de l'énergie ne peut en aucune façon être considéré comme étant placé, par les démonstrations sur lesquelles il repose, hors de toute atteinte, ni même comme ayant une base expérimentale très ferme.

En dehors même des sciences physiques proprement dites, dans le domaine de la biologie, un exemple frappant nous est offert par les théories de la préformation ou de l'emboîtement des germes, qui ont joui, pendant longtemps, d'une vogue considérable. Selon ces conceptions, tout organisme, avec toutes les particularités le caractérisant, devait se trouver renfermé, *préformé*, dans son germe, lequel devait même déjà contenir, simplement réduits de taille, mais complets en dehors de cette circonstance, les germes de tous les êtres auxquels cet organisme primitif, ses descendants et les descendants de ces descendants devaient dans l'avenir donner le jour, si lointain que dût être cet avenir. « Les recherches des modernes nous ont appris, et la raison l'approuve, dit Leibniz, que les vivants dont les organes nous sont connus, c'est-à-dire les plantes et les animaux, ne viennent point d'une putréfaction ou d'un chaos, comme les Anciens l'ont cru, mais de semences *préformées*, et par conséquent, de la transformation de vivants préexistants. Il y a de petits animaux dans les semences des grands, qui, par le moyen de la conception, prennent un revêtement nouveau, qu'ils s'approprient, et qui leur donne le moyen de se nourrir et de s'agrandir, pour passer sur un plus grand théâtre, et faire la propagation du grand animal... Et ce qu'on vient de dire des grands animaux a encore lieu dans la génération et la mort des animaux spermatiques plus petits, à proportion desquels ils peuvent passer pour grands ; car tout va à l'infini dans la nature. Ainsi non seulement les âmes, mais encore les animaux sont ingénérables et impérissables ; ils ne sont que développés, enveloppés, revêtus, dépouillés, transformés... » Ces lignes datent de 1714, mais déjà près de vingt ans auparavant Leibniz écrivait : « ...Les transformations de MM. Swammerdam, Malpighi et Leeuwenhoek, qui sont les plus excellents observateurs de notre temps, sont venues à mon secours et m'ont fait admettre plus aisément, que l'animal, et toute notre substance organisée, ne commence point, lorsque nous le croyons, et que sa génération apparente n'est qu'un développement, et une espèce d'augmentation [1]. »

Leibniz, on le voit, invoque les résultats obtenus par des biologistes ses contemporains. C'est qu'en effet, au moment où il écrivait ces lignes, des conceptions « préformistes » étaient déjà très répandues parmi eux. Dès le début du XVIIe siècle, Harvey avait fait ressortir l'importance primordiale, au point de vue de la génération des animaux, de l'œuf ; il se peut que la fameuse formule qu'on lui attribue généralement *omne vivum ex ovo* ne se trouve nulle part dans ses écrits, mais il a certainement dit des choses très approchantes. Et s'il n'excluait pas absolument toute possibilité de génération spontanée (celle-ci devant simplement passer, comme l'autre, par l'œuf [2]), il n'en est pas moins vrai que c'était là une conclusion que ses affirmations préparaient et que les biologistes ont assez rapidement énoncée [3]. Swammerdam paraît cependant, comme

1. Leibniz, *Principes de la nature et de la grâce, fondés en raison*, § 6, Œuvres, éd. Erdmann, pp. 715-716. *Système nouveau de la nature*, ib., p. 152.
2. Radl, *Geschichte der biologischen Theorien in der Neuzeit*, 2e éd., Leipzig, 1913, pp. 135, 138.
3. Hermann Damson, *Der Vitalismus als Geschichte und als Lehre*, Leipzig, 1905, p. 46.

l'indique Leibniz, le véritable auteur de la théorie. Bientôt après, l'illustre Malpighi, qui a découvert, comme on sait, les vaisseaux capillaires et complété ainsi sur un point important la théorie de la circulation du sang de Michel Servet et de Harvey, croit pouvoir confirmer la préformation par des observations précises sur l'œuf. Dans son ouvrage *Sur la formation du jeune animal dans l'œuf*, il intitule un chapitre : « Les tissus du jeune animal préexistent dans l'œuf », et dans le texte il déclare qu'il « convient de reconnaître que les tissus du jeune animal préexistent dans l'œuf et ont une origine plus lointaine, de la même manière que cela a lieu dans les œufs [graines] des plantes [1] ». Les découvertes microscopiques de Leeuvenhoek, et notamment celle des globules du sang et celle des spermatozoïdes, frappent vivement l'imagination des contemporains : une école particulière, celle des « spermistes », prétend dorénavant que l'animal est préformé dans le sperme, alors que les « ovistes », suivant l'enseignement de Harvey, logent la préformation dans l'œuf.

Mais c'est sans doute Bonnet et Albert de Haller qui ont donné à la théorie son expression la plus absolue. Bonnet déclare non seulement qu'il « est démontré que le poulet existe dans l'œuf avant la fécondation », mais qu'il « n'est point dans la nature de véritable génération »; nous « nommons improprement génération le commencement d'un développement qui nous rend visible ce que nous ne pouvions apercevoir auparavant ». Et il conclut : « Toutes les pièces de l'univers sont donc contemporaines. La Volonté Efficace a réalisé par un seul acte tout ce qui pouvait l'être [2]. » C'est ce qu'Albert de Haller traduit par cette formule lapidaire et qui révèle bien les tendances fondamentales du système : « Il n'y a pas de devenir [3]. » Bonnet et Haller sont ovistes, mais les spermistes ne leur cèdent en rien au point de vue de la robustesse de leur foi en la

---

1. Marcelli MALPIGHI, *Opera omnia*, Leyde, 1687, vol. II, p. 53.
2. DRIESCH, *op. cit.*, p. 47.
3. COUTURAT, *Revue de Métaphysique*, 1904 (compte rendu du Congrès de Genève), p. 1059.

préformation. On en arrive à figurer les spermatozoïdes avec des têtes humaines [1].

Certes, les biologistes de notre époque se garderaient bien de tomber dans des excès de ce genre. Mais qu'ils soient animés de tendances qui approchent fort celles de ces ancêtres, c'est ce que des observateurs attentifs ont fort bien distingué. Le Dantec [2], F. Houssay [3] et M. Appuhn [4], quelles que soient les divergences qui les séparent, s'accordent parfaitement sur ce point, et M. Prenant, après avoir passé en revue les théories modernes de l'hérédité et les éléments plus ou moins figurés dont elles supposent la persistance, tels que les gemmules de Darwin, les pangènes de De Vries, les unités physiologiques de Spencer, les micelles de Naegeli, les biophores de Weissmann, etc., constate de même que « nous voilà presque revenus au temps des querelles entre ovistes et spermistes [5] ». M. Jacques Loeb, l'illustre biologiste américain, ne craint pas non plus l'idée de la préformation. En traitant des conceptions de la « nouvelle embryologie », l'auteur de la découverte de la fécondation artificielle se sert à plusieurs reprises du terme et montre ce qui, d'après nos idées actuelles, pourrait se trouver *préformé* dans l'œuf et dans l'ovule [6]. Un autre biologiste américain, M. Bateson, en commentant les suppositions sur lesquelles sont fondées les conceptions mendéliennes qui, comme on sait, comptent de très nombreux adhérents parmi les biologistes contemporains, déclare que la grande difficulté à laquelle se heurtent ces théories consiste dans l'origine des caractères dominants. On arrive à concevoir que ces caractères ont existé depuis l'aube de la vie, ce qui constitue « une réhabilitation vraiment extraordinaire » des vieilles théo-

1. RADL, *op. cit.*, p. 181.
2. LE DANTEC, *Les Néo-Darwiniens*, Revue philosophique, 1890, XLVIII.
3. F. HOUSSAY, *Les théories atomiques en biologie*, Congrès de philosophie de 1900, vol. III.
4. Cf. COUTURAT, *l. c.*
5. A. PRENANT, *Questions de biologie cellulaire*, Scientia IX, 1911, pp. 480, 487.
6. Jacques LOEB, *La dynamique des phénomènes de la vie*, trad. A. DAUDIN et G. SCHAEFFER, Paris, 1908, pp. 349, 350.

ries de la préformation [1]. Enfin, M. E.-S. Russell, tout en admettant que la théorie grossière (il la qualifie, dans une autre phrase, de « presque grotesque ») de la préformation est devenue indéfendable par suite du progrès des recherches biologiques, maintient cependant que « l'idée de l'explication qui se trouvait au fond de cette théorie continue à exister de nos jours avec une force qui n'a pas diminué ». Il ajoute, en guise d'exemple, que « peu de théories ont exercé plus d'influence sur la biologie récente que la théorie de l'hérédité et du développement de Weissmann, laquelle est entièrement (*out and out*) préformiste ». Le biologiste anglais est d'ailleurs d'avis que si l'on suppose, par hypothèse, que les substances qui transmettent l'hérédité dans l'œuf se rapprochent, par leur nature, des *hormones* de MM. Bayliss et Starling, « la grande objection contre la théorie préformiste disparaît [2] ».

Il est peut-être plus frappant encore, au point de vue où nous nous plaçons, de constater l'emprise que cette idée de la préformation de l'être organisé exerce sur l'esprit d'hommes qui ne sont pas des biologistes de profession. Voici en quels termes M. Maurice Maeterlinck s'exprime dans une œuvre récente, dont le titre *L'hérédité et la préexistence* dit déjà suffisamment la tendance : « Nous ignorons de quelle façon ceux qui, jusqu'aux dernières générations, naîtront de nous, vivent déjà en nous, mais il est certain qu'ils y vivent. Quel que soit, dans la suite des âges, le nombre de nos descendants, quelles que soient les transformations que leur fassent subir les éléments, les climats, les territoires et les siècles, ils garderont intact, à travers toutes les vicissitudes, le principe de vie qu'ils ont tiré de nous. Ils ne l'ont pas pris ailleurs ou ne seraient pas ce qu'ils sont. Ils sont réellement sortis de nous ; et s'ils en sont sortis, c'est que d'abord ils s'y trouvaient [3]. »

---

1. Cf. E.-S. Russell, *Le problème des espèces et de leur origine*, Scientia, XVIII, 6 décembre 915, p. 425.

2. *Ib.*

3. *Le Monde Nouveau*, n° 1 du 20 mars 1919. Nous citons d'après le *Mercure de France* du 1ᵉʳ mai 1919, p. 132. Avant M. Maeterlinck, Ernest Renan a été captivé par cette idée de la préformation de l'être organisé, qu'il

Qu'y a-t-il donc de si tentant, pour notre entendement, dans ces conceptions ? M. E.-S. Russell ne fait que commenter la fameuse formule d'Albert de Haller, en déclarant que la raison fondamentale pour laquelle la préformation nous agrée, c'est que « l'idée d'un organisme actif et créateur répugne à l'entendement et que nous essayons, par tous les moyens en notre pouvoir, de lui substituer une autre conception, quelle qu'elle soit [1] ». En effet, ce que nous présente la nature dans les organismes, ce sont des êtres qui se modifient sans cesse. Or tout changement, Riemann nous l'a dit, nous force à rechercher une cause, c'est-à-dire nous paraît, jusqu'à ce que nous l'ayons trouvée, énigmatique. Comme, d'autre part, selon ce mathématicien, toute chose doit rester ce qu'elle est, si rien d'autre ne s'y ajoute, il s'ensuit que, dans un système véritablement fermé, tout changement, quel qu'il soit, est entièrement impossible. Mais un organisme paraît présenter, à certains égards, un système de ce genre. C'est un « individu » nettement délimité — nous le savons de connaissance immédiate, par la conscience que nous avons de nous-mêmes. Sans doute, cet individu a des rapports avec ce qui l'entoure, il se nourrit, il reçoit des sensations et il réagit, et ces rapports peuvent certainement être utilisés pour expliquer certaines particularités qu'il présente. M. E.-S. Russell a très justement fait ressortir que la théorie darwinienne (opposée en cela au lamarckisme) n'est autre chose qu'une tentative de rechercher les facteurs transformant l'espèce dans l'entourage de l'organisme, plutôt que dans l'organisme lui-même. Mais pour le trait le plus frappant qui caractérise l'être vivant, à savoir l'exactitude minutieuse avec laquelle il reproduit celui qui l'a

reliait aux spéculations sur l'hyperespace. Il supposait en effet que « les considérations de la géométrie moderne sur l'espace ayant plus de trois dimensions ont peut-être un lien avec la réalité » grâce aux ressources qu'elles fourniraient pour faire comprendre comment « les types de la génération sont enfermés les uns dans les autres ». (G. SOREL, *Vues sur le problème de la philosophie*, Revue de Métaphysique et de Morale, XVIII, septembre 1910, p. 610).

1. E.-S. RUSSELL, *The Influence of the Theory of Evolution on Morphology*, Scientia XX, 11 nov. 1916, p. 355.

engendré, l'entourage ne peut nous être manifestement
d'aucun service. Dès lors notre embarras est grand. D'où
vient ce nouveau que l'organisme nous présente sans cesse,
puisqu'il ne peut venir du dehors ? L'explication la plus
simple (et il faut bien le reconnaître, la seule explication
valable, si toutefois le phénomène doit comporter une véritable explication) consiste à dire : Mais il n'y a pas de
nouveau ! Tout ce qui nous paraît tel se trouvait là de tout
temps, dans l'organisme même ou dans celui dont il descend. Il est sorti de cet organisme, donc il s'y trouvait déjà,
comme le dit excellemment M. Maeterlinck, et il est à peine
besoin de faire ressortir que la formule du célèbre poète
n'est que l'application stricte de l'assimilation entre le rapport temporel et le rapport logique dont nous avons parlé
(pp. 65 et 113) et dont le terme *suite*, employé indifféremment dans les deux sens, offre une manifestation si palpable. Ainsi, en enchaînant sans cesse le conséquent à l'antécédent, on arrive à reconnaître que tout a été préformé, a
préexisté. Toute la création doit être simultanée, comme
l'a dit Bonnet.

Ce qui nous montre encore qu'il s'agit bien, dans ce cas,
d'une tendance éternelle et immuable de l'esprit humain,
ce sont les termes mêmes par lesquels nous avons accoutumé de décrire les changements que le temps amène dans
les organismes. Quand nous parlons de *développement* ou
d'*évolution* (cette seconde expression étant équivalente à la
première, puisque *volvere* signifie *enrouler*), nous faisons
évidemment allusion à l'image même dont nous avons
parlé à propos de la phrase de Bossuet, image nettement
préformiste : les parties se trouvaient, d'une manière quelconque, dans la graine, c'est-à-dire qu'elles préexistaient,
elles n'ont fait que grandir, se développer, s'expliquer [1].

Ainsi nous pouvons préciser ce que nous avons dit plus
haut au sujet de l'explication scientifique. La satisfaction

---

1. Chez Nicolas de Cusa qui, nous l'avons dit (chap. I⁰⁰, p. 3), se sert
du terme *explicatio* dans une acception se rapprochant du sens étymologique, ce terme apparaît comme synonyme de celui d'*evolutio* (EUCKEN, *Geschichte der philosophischen Terminologie im Grundrisse*, Leipzig, 1879,
pp. 82, 187).

qu'elle nous fait éprouver a bien sa source dans le procédé déductif ; mais il faut (du moins en ce qui concerne les sciences physiques telles que nous les connaissons actuellement) que cette déduction se fasse par le déplacement, c'est-à-dire à l'aide d'une fonction spatiale. Et si l'explication par le déplacement nous apparaît comme la plus parfaite, c'est parce qu'elle est la seule qui soit réelle.

Bien entendu, cela s'applique aussi aux ancêtres de cette science dans l'antiquité, aux atomistes. Leucippe et Démocrite, dit Aristote, ne connaissent que trois différences, causes de tous les phénomènes : la forme, l'ordre et la position [1]. Il n'est pas douteux que le terme *forme* est employé ici dans le sens spatial ; ce sont donc des relations purement spatiales. Descartes reprend cette tradition avec une vigueur sans égale. « Mettez-y du feu, mettez-y de la chaleur tant que vous voudrez, dit-il en parlant d'un corps en combustion, et faites qu'il brûle tant qu'il vous plaira : si vous ne supposez point avec cela qu'il y ait aucune de ses parties qui se remue, ni qui se détache de ses voisines, je ne saurais imaginer qu'il reçoive aucune altération ni changement [2]. » Qu'entend-il affirmer par là ? Le phénomène de la combustion, en son apparence extérieure, lui était certainement aussi familier qu'à nous et il connaissait les modifications qu'il produit dans les corps ; comment peut-il soutenir ne pas pouvoir les imaginer ? C'est qu'il entend imaginer le phénomène réel, celui qui se trouve derrière ce qui est apparent et celui-là, pour lui, ne peut être que rationnel. Or, seul le déplacement constitue un phénomène rationnel et, par conséquent, s'il n'y a pas de déplacement, c'est qu'il n'y a aucun changement réel, c'est que rien n'a pu se passer.

---

1. Aristote, *Métaphysique*, tr. Barthélemy St-Hilaire, livre I, chap. iv, § 13.
2. Descartes, *Œuvres*, éd. Adam et Tannery, vol XI, Paris, 1907, p. 7. — Pascal, sans doute, estime que Descartes a eu tort de rechercher quels sont les véritables mouvements qui sont au fond des phénomènes et de « composer la machine », car « cela est ridicule » et aussi « inutile et incertain et pénible ». Néanmoins « il faut dire en gros — cela se fait par la figure et le mouvement —, car cela est vrai. » (*Pensées et opuscules*, Paris, 1917, p. 361.)

La science s'est-elle, depuis, écartée de cette voie que lui indiquait celui qui a été incontestablement, dans les temps modernes, son principal inspirateur ? Voici qui, semble-t-il, démontre suffisamment le contraire. On accepte, comme un principe courant, cet énoncé qu'il faut expliquer les phénomènes par la matière et le mouvement. Or, la matière nous apparaît elle-même — nous l'avons vu en examinant le point de départ des diverses théories — comme quelque chose de mystérieux, à quoi nous cherchons une explication. Car, si tel n'était pas le cas, on ne comprendrait point qu'on eût tenté de la ramener à des atomes — qu'on qualifie quelquefois de matériels, mais qui sont, certes, tout autre chose que de la matière, étant donné les propriétés étranges qui les en distinguent, telles que leur insécabilité et leur élasticité absolue [1]. On comprendrait moins encore que l'on eût voulu composer la matière à l'aide des anneaux de Kelvin ou des points singuliers de Helmholtz, c'est-à-dire la ramener à l'éther, avec ses propriétés contradictoires, et enfin l'expliquer par l'électricité, c'est-à-dire par quelque chose de foncièrement inexplicable. C'est donc qu'en effet des deux termes que nous venons de mentionner, le premier — la matière — ne peut nous offrir, au point de vue de l'explication, aucun concours efficace, la force explicative étant exclusivement logée — si l'on nous permet cette expression — dans le second, dans le mouvement.

Nul n'a été, d'ailleurs, plus explicite à cet égard qu'Auguste Comte dans les moments où, ce qui lui arrivait quelquefois, comme nous l'avons vu, il perdait de vue sa doctrine et se contentait de formuler le credo scientifique de son époque. Rappelons-nous le passage que nous avons cité plus haut (p. 164) et selon lequel « tous les effets naturels peuvent être conçus comme de simples résultats nécessaires ou des lois de l'étendue, ou des lois du mou-

---

1. MAXWELL a beaucoup insisté sur la différence entre les propriétés dont nous sommes obligés de doter les particules et celles des corps visibles qu'elles constituent. Cf. HENDERSON, *The Order of Nature*, Cambridge, 1917, appendice, p. 218.

vement ». Ici, évidemment, il n'y a que l'espace et le mouvement, en tant que fonction spatiale.

Ce n'est d'ailleurs là, de toute évidence, qu'une conséquence particulière de la constatation à laquelle nous étions parvenus au chapitre III (p. 80) au sujet du rôle de la déduction. Celle-ci étant le facteur efficace de toute explication, c'est donc ce par quoi le conséquent se rattache à l'antécédent et s'en distingue en même temps qui doit en révéler l'élément essentiel. Or, ce qui change, nous venons de le voir, ne peut être que spatial.

Nous avons, dans les pages qui précèdent, décomposé, dans la mesure du possible, les opérations de notre raison qui accompagnent la recherche de la cause. Nous nous sommes efforcé de montrer, par des exemples choisis dans la science véritable du présent et du passé, que les phases intermédiaires par lesquelles passent, selon nous, ces opérations, n'ont rien de fictif. On a pu remarquer que, dans nos exemples, les époques les plus différentes se trouvent quelque peu confondues. Cela nous montre l'unité fondamentale de l'esprit humain, qui reste toujours essentiellement pareil à lui-même, ce qui fait que la science de tous les siècles, en dépit de l'apparence contraire, conserve une forte solidarité foncière. Mais cela nous fait voir aussi que l'ordre logique que nous avons cru établir n'a pas été l'ordre historique. Cela se comprend du reste aisément. C'est que ces opérations sont d'une grande simplicité et que, dans la conscience individuelle même, elles se suivent avec une telle rapidité qu'elles paraissent se commander immédiatement les unes les autres, au point que les phases intermédiaires ne parviennent pas à notre connaissance. C'est ainsi que la définition étymologique du terme *expliquer*, telle que nous l'avons déduite de la phrase de Bossuet, conduit directement, comme on l'a vu, au concept de l'explication par l'identité de l'antécédent et du conséquent et que l'image que suggère cette phrase relève d'une hypothèse préformiste, forme très avancée des hypothèses causales.

Il nous a paru utile d'insister sur ces observations, afin

de prévenir un malentendu que notre exposé serait peut-être susceptible de faire naître. Nous avons fait ressortir plus haut l'importance du rôle de la déduction mathématique, qui domine la science de nos jours, et avons relaté comment, depuis Galilée et Descartes, elle a réussi à se substituer à la déduction syllogistique, fondement de la science du moyen âge. Cela ne semble-t-il pas venir à l'appui de cette affirmation, si fréquemment mise en avant, selon laquelle la forme entière de la science, telle que nous la connaissons, serait due à l'influence des mathématiques ?

Il est certain que, dans le courant des derniers siècles, la solidarité entre les sciences mathématiques et les sciences physiques est devenue très grande. On sait que des considérations de mécanique ont puissamment aidé à l'éclosion du calcul infinitésimal et que, depuis, maints progrès en mathématiques ont été directement commandés par des problèmes que la physique posait à la science des calculateurs. Mais l'influence inverse est bien plus manifeste encore. Tout le monde sait que la formule véritable de la loi dans la physique moderne est une formule de calcul intégral, et il n'est pas douteux que si les mathématiques accomplissaient à l'heure actuelle un progrès comparable, ne fût-ce que dans une certaine mesure, à celui qui a été effectué par la création du calcul infinitésimal, la physique à son tour ferait, presque immédiatement, un bond en avant immense.

L'affirmation dont nous avons parlé est donc certainement justifiée en grande partie. L'est-elle entièrement ? Pour préciser, est-ce à l'influence des mathématiques qu'est due la forme mécaniste et atomiste de la science moderne ?

Manifestement, à ce sujet l'examen de la science de nos jours, si saturée de mathématiques, peut nous apprendre peu de chose et il faut s'adresser à celle du passé. Or, on ne peut suivre l'exposé d'un système d'atomistique grecque, comme par exemple de celui de Démocrite à travers les réfutations d'Aristote, ou de celui d'Epicure dans le *De rerum natura*, sans être frappé, d'une part, de la grande ressemblance de cette science avec la nôtre (nous avons déjà insisté sur ce point, cf. chap. IV p. 121) et, d'autre part, de l'absence totale de tout ce qui ressemble à un calcul de mathématique. Sans doute, comme nous ne possédons aucun écrit de Démocrite, il se pourrait à la rigueur que les parties mathématiques eussent, plus ou moins fortuitement, disparu dans les résumés qui nous restent. Il paraît cependant infiniment peu probable qu'Aristote qui, comme on sait, traite constamment les atomistes avec une considération marquée, eût pu passer complètement sous silence une particularité aussi importante. Dès lors cette absence de mathématiques proprement dites dans le système devient d'autant plus significative que Démocrite était surtout mathématicien ; c'est même là une des rares particularités que nous connaissions de ce grand penseur[1]. En ce qui concerne le *De rerum natura*, il ne peut y avoir le moindre doute. Dans ce chef-d'œuvre unique, le système est exposé avec une minutie et une netteté incomparables et l'on voit clairement que les mathématiques en sont à peu près absentes et que la déduction proprement mathématique n'exerçait aucun attrait sur l'esprit de l'auteur[2]. Ici il convient cependant de s'entendre. Les atomistes stipulaient le mouvement, le déplacement de leurs corpus-

---

1. Il semble que ce soit Démocrite qui ait déterminé le volume de la pyramide et du cône, sans toutefois fournir la démonstration de ces théorèmes (cf. Simon, *Geschichte der Mathematik im Alterthum*, etc., Berlin, 1909, p. 181. Cf. ib., p. 190; et Gino Loria, *L'infiniment grand et l'infiniment petit*, etc. Scientia, XVIII, 6 déc. 1915, Spt. p. 230). Selon Paul Tannery, Démocrite aurait démontré l'impossibilité de composer un cône à l'aide de cercles superposés (Revue philosophique, vol. XX, p. 306). Ce serait dès lors une preuve de plus qu'il partait de l'idée de la continuité de l'espace et, par conséquent, repoussait tout ce qui ressemblait à un atomisme géométrique. M. Gino Loria (*Le scienze esatte nell' antica Grecia*, Modène, 1893, p. 63) émet des doutes sur l'interprétation de Tannery, tout en admettant cependant que le problème du cône a pu être suggéré à Démocrite par ses conceptions atomistiques.

2. Cela est manifeste surtout à propos de la discussion de certains problèmes d'astronomie, tels que ceux relatifs aux mouvements du soleil et des étoiles ou des phases de la lune (l. V, v. 510-769) au sujet desquels des savants de l'antiquité avaient parfois fourni des solutions justes, péremptoires pour des raisons de mathématique. Même quand Lucrèce rend compte de ces explications, c'est sans aucune assurance et en les plaçant à côté d'autres, erronées.

cules et aussi, pour expliquer la diversité des substances, une diversité de forme entre eux[1]. C'était, dans les deux cas, faire usage d'une fonction spatiale et c'était là, comme nous l'avons exposé[2], un recours forcé. Or, la science de l'espace, c'est la géométrie. Si donc on considère comme appartenant à cette branche du savoir toute observation, même la plus primitive, concernant, par exemple, les propriétés des figures spatiales — telle que le fait, pour le tétraèdre, de se terminer par des pointes aiguës, ou pour de petites sphères, de glisser facilement les unes sur les autres — il est certain qu'une telle « mathématique » déborde dans le *De rerum natura*. Que si, au contraire, comme semble le commander la simple raison, nous réservons le nom de mathématique à un véritable corps de doctrine, créé par déduction, et que nous fassions honneur de ces constatations quasi-intuitives à un premier état de notre intelligence, état où les débuts de la philosophie et de toutes les sciences apparaissent en quelque sorte confondus et dont l'expression se trouve dans ce monde du sens commun que nous apercevons tous en ouvrant les yeux le matin, l'absence des mathématiques véritables dans les systèmes atomiques de l'antiquité devient frappante.

La conclusion s'impose donc que les anciens sont arrivés au mécanisme non pas poussés par les exigences de la déduction mathématique, mais directement par la considération de l'identité de l'antécédent et du conséquent.

C'est ce que confirme pleinement le témoignage d'Aristote. D'après lui, la doctrine atomique de Démocrite est sortie de celle des Éléates et notamment de Parménide, pour qui l'univers était une sphère, immuable dans l'espace et le temps, impérissable et incapable de subir aucun changement. C'est pour expliquer comment l'être, permanent en soi, peut cependant engendrer un monde où semblent régner le changement, la génération et la destruction, que Leucippe a multiplié cet être, en supposant des élé-

<hr>

1. Cf. chap. VIII, p. 281.
2. Cf. plus haut, p. 151.

ments « en nombre infini et seulement invisibles à cause de l'exiguïté extrême de ces éléments ». C'est là une circonstance fort importante au point de vue de la théorie de la science en général et sur laquelle nous reviendrons dans notre livre IV (chap. XVII, pp. 324 et suiv.). Ce sur quoi nous devons insister ici, c'est qu'on aurait tort de mettre en jeu les mathématiques pour expliquer le rôle de l'atomisme mécanique dans la science, comme l'a fait notamment Hannequin [1]. Sans doute, antérieurement à Leucippe et à Démocrite, les Pythagoriciens avaient formulé une sorte d'atomisme mathématique, qui supposait l'espace discontinu, composé de points, et il se peut que ces conceptions n'aient pas été sans influencer celles des atomistes physiciens, ainsi que d'ailleurs Aristote lui-même l'indique dans les passages dont nous avons parlé. Mais cette influence n'a pu être que tout à fait indirecte, car il est évident, par la manière dont Démocrite notamment insiste sur l'existence du vide, nécessaire au mouvement des atomes, qu'il suppose ce vide, c'est-à-dire l'espace, continu, géométrique et non pas arithmétique, discontinu, comme les pythagoriciens, et Lucrèce est à ce sujet tout à fait du même avis [2].

Cela n'exclut pas, sans doute, la possibilité que, dès ce stade primitif, la raison des chercheurs ait pu concevoir, d'une manière plus ou moins indistincte, cette idée qu'en dépouillant résolument la matière de ses attributs qualitatifs et en la réduisant à la quantité spatiale (comme le fait tout véritable mécanisme), on rendait possible l'emploi de la déduction mathématique et, par là encore, une rationalisation, au moins partielle, du réel. Mais c'était plutôt (si l'on ne tient pas compte de la profonde liaison entre ces deux sortes de considérations, que nous avons cherché précisément à établir) une sorte de coïncidence, et les véritables mathématiques n'ont commencé à exercer leur puissante influence sur la science que très postérieurement à cette première époque.

---

1. Cf. *Identité et réalité*, pp. 100 et suiv.
2. Lucrèce, *De rerum natura*, livre Ier, v. 330 et suiv., 420-421.

Ainsi la forme essentielle de notre science nous apparaît comme modelée surtout par le souci de l'explication du changeant par le persistant. C'est pour obéir à cette tendance irrésistible que nous cherchons la raison suffisante du phénomène, et le principe de la raison suffisante n'est donc qu'une forme du processus d'identification. Il est, par l'identification de l'antécédent et du conséquent, l'application de ce processus à la marche des phénomènes dans le temps.

Que si maintenant, revenant à l'ordre de considérations que nous avons développées dans ce chapitre (pp. 147 et suiv.), nous nous demandons quelles sont les conditions particulières dans lesquelles ce schéma s'applique ici, nous reconnaîtrons aisément que la déduction des sciences physiques ressemble à celle des mathématiques en ce sens que, tout comme cette dernière, elle ne suit pas la pente naturelle de notre esprit, en progressant par des similitudes qui s'imposent à l'attention, mais qu'elle s'applique au contraire à rechercher ces similitudes. Seulement, ce procédé, elle le pousse à bout en quelque sorte, en nous contraignant à relier, par des identifications, ce qui nous a paru, tout d'abord, le plus dissemblable. Car, enfin, si différent que soit, de forme, l'espace circonscrit par deux carrés, de celui d'un carré unique, nous comprenons cependant, aussitôt que nous avons saisi la signification du terme *aire*, qu'il peut y avoir égalité dans ce cas. Mais comment peut-il y avoir égalité entre le métal sodium et le gaz chlore d'une part et les cristaux de sel marin d'autre part ? Et pourtant nous écrivons, sans hésiter, l'équation chimique que l'on connaît. De même, qu'y a-t-il de semblable, pour l'entendement immédiat, entre une masse d'eau tranquille dans un bassin placé sur une hauteur et un courant électrique ? Mais là encore, nous parvenons à nous convaincre qu'il y a similitude dans un ordre d'idées qui nous apparaît comme très essentiel, puisqu'il s'agit, dans les deux cas, d'énergie, et que ces énergies peuvent s'égaler. Pour nous faire trouver ces identités, qui apparaissent, à tout esprit non prévenu, effroyablement *cherchées* (dans le sens littéral du terme), il a suffi qu'il y eût, entre les phénomènes, un rapport de succession. En effet le chlore et le sodium, mis en contact, formeront du sel marin et peuvent, inversement, être produits à l'aide de ce corps, alors qu'il paraît d'autre part impossible de les décomposer l'un ou l'autre, du moins par des moyens de laboratoire ordinaires, et que nous les concevons de ce chef comme des éléments. Il *faut* donc qu'ils soient contenus dans le sel marin, il ne se peut pas qu'ils n'y soient pas d'une manière quelconque, et bien que ce corps diffère totalement, au point de vue de ses propriétés, aussi bien de l'un que de l'autre de ses composants, nous le qualifions néanmoins de chlorure de sodium et écrivons sa formule NaCl. Et de même le fait que l'eau, en descendant de la hauteur et en actionnant une turbine et des dynamos, pourrait donner naissance à un courant électrique, suffit pour qu'on déclare que le bassin d'eau contient de l'énergie, qu'il est un réservoir d'énergie, énergie que l'on qualifie de *potentielle* sans doute (parce qu'elle ne se manifeste pas d'une manière immédiate), mais que l'on assimile cependant à celle de la turbine et du courant électrique.

Ce qui est peut-être plus important encore à constater, dans le même ordre d'idées, c'est le fait qu'à l'encontre de ce qui a lieu pour la démonstration mathématique, la recherche de l'identité en physique n'est pas précédée, dans l'immense majorité des cas, de ce décret qui l'ordonne explicitement et que l'on appelle l'énoncé du théorème. C'est là une circonstance qui s'explique on ne peut plus aisément : il n'est nul besoin de proclamer ce sur quoi tous les hommes sont, intimement, d'accord, ni d'enjoindre l'obéissance à ce qui constitue un penchant irrésistible de tout cerveau normalement constitué. L'élève, au moment où on lui montre, pour la première fois, les trois carrés du théorème de Pythagore, ne trouve, dans son esprit, aucune idée préconçue sur les rapports possibles de ces aires : il ne serait nullement choqué, tout d'abord, si l'on énonçait un rapport tout différent du véritable. Il faut donc que le théorème soit formulé clairement pour qu'il sache dans quelle direction s'orientera la marche de l'identification. Mais dès que nous apercevons un phénomène, un changement, nous entendons qu'il soit expliqué, qu'il soit rendu rationnel. Cette fois donc, le processus d'identification marche tout seul en quelque sorte et, le cas échéant, en dépit de nous-mêmes. C'est ce qui fait que nous ne nous en rendons pas compte et qu'il est nécessaire d'analyser les procédés de la science pour le découvrir au fond de nos raisonnements.

Mais le rôle du processus d'identification dans les sciences physiques ne se limite pas à ce qui a trait uniquement au changement. Il suffit en effet de nous interroger pour reconnaître que nous réclamons une explication non seulement du changeant, mais encore du persistant. Aristote même, si circonspect quand il traite de la cause, obéit parfois à cette tendance. Critiquant la conception de Démocrite qui, pour expliquer l'agitation des atomes, avait fait valoir qu'elle avait existé de tout temps, il déclare : « En général, admettre que ce soit un principe et une cause suffisante d'un fait de dire que ce fait est toujours de telle ou telle manière, ce n'est pas du tout satisfaire la raison. C'est là cependant à quoi Démocrite réduit toutes les causes de la nature, en prétendant que les choses soient actuellement de telle manière et qu'elles y étaient antérieurement. Mais quant à la cause de cet état éternel il ne croit pas devoir la rechercher[1]. »

On pourrait, à la vérité, concevoir que l'opposition du Stagirite est, en cette circonstance, motivée surtout par le fait qu'il s'agit d'une agitation, c'est-à-dire d'un mouvement. En effet, les anciens ne connaissant pas le principe d'inertie, la conception d'un corps *en état de mouvement* leur était infiniment moins familière qu'à nous et, chez Aristote notamment, le mouvement est constamment assimilé à un changement. Ce serait néanmoins, semble-t-il,

1. Aristote, *Physique*, trad. Barthélemy Saint-Hilaire, liv. VIII, chap. 1, § 27.

une interprétation un peu forcée dans le cas actuel, car l'agitation se trouve certainement ici (comme le montre l'expression l'*état éternel*) assimilée à un état. Mais voici, au surplus, une autre citation qui ne laisse, croyons-nous, aucun doute : « Nous pensons savoir les choses d'une manière absolue et non point d'une manière sophistique, purement accidentelle, quand nous savons que la cause pour laquelle la chose existe est bien la cause de cette chose, et que par suite la chose ne saurait être autrement que nous le savons [1]. » Ici il est nettement question de cause, alors que tout devenir, tout changement, semblent exclus.

Leibniz a formulé cette manière de penser avec une grande netteté : « Il faut, dit-il, rendre raison même des choses éternelles ; si l'on suppose que le monde a existé depuis l'éternité et qu'il n'y a en lui que des globules, il faut rendre raison pourquoi ce sont des globules plutôt que des cubes [2]. »

C'est aussi, évidemment, en suivant le même ordre d'idées qu'il proteste contre l'attribution aux substances de qualités quelconques. « Ainsi, dit-il, dans l'ordre de la nature (les miracles mis à part), il n'est pas arbitraire à Dieu de donner indifféremment aux substances telle ou telle qualité ; et il ne leur en donnera jamais que celles qui seront naturelles, c'est-à-dire qui pourraient être dérivées de leur nature comme des modifications explicables [3]. »

1. Id., *Derniers analytiques*, trad. Barthélemy Saint-Hilaire, liv. Ier, chap. II, § 7.

2. Couturat, *Sur la métaphysique de Leibniz*, Revue de métaphysique, vol. X, 1902, p. 3. Cf. Leibniz, *Opuscules et fragments inédits*, éd. Couturat, Paris, 1903, p. 519.

3. Leibniz, *Opera*, éd. Erdmann, p. 203. Saint Thomas était, à ce sujet, d'une opinion diamétralement opposée, puisque, en parlant de ce que les corps graves tendent vers le centre, il interdisait de demander la raison de ce phénomène : il n'y a pas de raison des natures (Sertillanges, *Saint Thomas d'Aquin*, Paris, 1910, vol. Ier, p. 126). Leibniz n'avait donc pas tort de protester, à propos de la gravitation newtonienne précisément, contre les qualités occultes des scolastiques (Cf. *Identité et réalité*, p. 504). Mais il est douteux que saint Thomas ait trouvé cette partie de sa doctrine chez son maître Maïmonide, le fait que ce dernier, comme nous le verrons tout à l'heure (cf. plus bas, p. 196) entend ne reconnaître à Dieu que des attributs négatifs semblant indiquer une tendance contraire.

Mais tout cela était virtuellement contenu dans son énoncé même du principe de la raison suffisante : « Jamais rien n'arrive sans qu'il y ait une cause ou du moins une raison déterminante, c'est-à-dire quelque chose qui puisse servir de rendre raison *a priori* pourquoi cela est existant plutôt que de toute autre façon [1]. »

En effet, si la première partie de la formule paraît avoir trait au devenir seul, dans la seconde partie le philosophe, par une sorte de saut mental, va évidemment plus loin, puisqu'il demande la raison de ce qui « est existant ».

Nous n'avons qu'à nous reporter à ce que nous avons précédemment exposé pour reconnaître à quel point Leibniz avait raison. La physique, nous l'avons constaté, cherche à expliquer, non seulement les phénomènes, mais la matière elle-même (p. 164). Or, la matière c'est, par essence, ce qui existe et ce que nous devons même considérer comme éternel. C'est donc que nous recherchons vraiment la raison même des choses éternelles, comme l'a dit Leibniz. D'ailleurs, dans cet ordre d'idées, les exemples abondent dans la science. Ainsi les traits caractéristiques de la structure animale entre lesquels Cuvier entendait établir un lien de dépendance (chap. III, pp. 59 et suiv.) n'étaient certainement pas conçus par lui comme ayant un rapport de succession quelconque ; cette pensée devait être d'autant plus éloignée de son esprit que l'espèce, comme on sait, était pour lui quelque chose d'absolument stable, apparaissant avec toutes ses particularités et disparaissant de même. Et c'est aussi en obéissant à cette même tendance éternelle de l'esprit humain que la chimie s'étonne de la diversité des substances et que cet étonne-

---

1. Leibniz, *Opera philosophica*, éd. Erdmann, p. 515. Cf. Id., *Opuscules et fragments inédits*, éd. Couturat, p. 25 : « *Principium omnis ratiocinationis primarium est, nihil esse aut fieri quin ratio reddi potest, saltem ab obmnicio, cur sit potius quam non sit, aut cur sit potius quam aliter.* » — Cf. aussi *ib.*, pp. 11, 402, 553. — En comparant ces énoncés entre eux, ainsi qu'à celui que nous avons cité, p. 510, on voit qu'ils n'expriment pas tous avec la même netteté la nécessité d'une recherche de la cause du persistant. Mais le *nihil esse aut fieri* de la présente note, de même d'ailleurs que la déclaration relative aux *globules* montrent bien qu'il n'y avait, dans l'esprit de Leibniz, aucune hésitation à ce sujet.

ment, selon le témoignage autorisé de M. Job, constitue le point de départ de cette science tout entière [1].

Il suffit du reste d'ouvrir un manuel quelconque pour se convaincre que ce à quoi tend principalement la théorie chimique, c'est d'établir un lien rationnel entre les diverses propriétés d'une substance, et il est tout à fait manifeste que là même où elle ne peut rien affirmer à cet égard, l'existence d'un tel lien constitue pour elle un véritable article de foi.

Il tend donc visiblement à s'établir, dans ce domaine de la relation causale, une véritable confusion entre deux ordres d'idées pourtant très distincts, ce qui nous fait aussitôt supposer qu'en dépit de cette distinction il doit y avoir entre eux une étroite connexité. C'est ce dont, en effet, il est aisé de se rendre compte.

Le but que vise toute explication, c'est, dans le sens le plus général, de nous faire comprendre le monde, que nous n'apercevons tout d'abord que comme une vérité de fait, vérité accidentelle par conséquent, comme quelque chose de nécessaire, comme une vérité de raison. Ainsi, dans l'image de la réalité que la science recherche, tout doit être rationnel. Par conséquent, nous devons justifier même le point de départ de la déduction devant le tribunal de raison suffisante.

C'est évidemment en tentant cette justification que philosophes et savants ont fréquemment, sans hésitation et presque sans transition, élargi le concept de la causalité et recherché les causes de choses conçues comme permanentes. Mais on peut encore se rendre compte de la relation intime qui rattache l'un à l'autre ces deux problèmes par une voie un peu différente.

Nous avons constaté, avec Riemann, que le problème de la causalité proprement dite se pose du fait qu'il y a, dans les choses, du changement et avons reconnu qu'en leur fin fond toutes les théories tendant à expliquer ce

<hr>

1. Job, *Le progrès des théories chimiques*, Bulletin de la Société française de philosophie, 13ᵉ année, février 1913, p. 47.

changement aboutissent à égaler l'antécédent et le conséquent, à affirmer que rien ne s'est créé et rien ne s'est perdu, que tout a persisté, en d'autres termes à nier ce même changement. Ainsi la détermination de la raison suffisante du divers dans le temps consiste dans le fait que nous soumettons ce divers à un processus par lequel nous nous efforçons de le ramener à un identique.

Il en va de même en ce qui concerne la raison suffisante de ce qui ne devient pas, mais de ce qui est. Là aussi, ce qui nous apparaît avoir besoin d'être expliqué, c'est le fait qu'il y a du divers et là encore nous ne pouvons rendre raison de ce divers que par un processus d'identification. Nous avons demandé tout à l'heure : pourquoi y a-t-il du changement dans le temps ? Et la réponse, l'explication, a consisté à affirmer que le changement est purement apparent, qu'il n'existe pas en réalité, le conséquent étant, au fond, identique à l'antécédent. Nous demandons à présent : pourquoi ce que nous percevons comme existant dans l'espace nous apparaît-il comme divers ? Et nous ne pouvons, si nous devons expliquer cette diversité, suivre d'autre voie que celle qui consiste à la nier, en prétendant que l'étonnante variété que nous croyons remarquer n'est qu'apparente, qu'elle dissimule une identité foncière, toutes les matières qui remplissent l'espace étant au fond une seule et même matière.

C'est le concept de l'unité de la matière, et il suffit d'un coup d'œil rapide sur la science et son histoire pour se convaincre que ce concept a constamment fait sentir son influence dans toutes les théories de la réalité physique. Les anciens, aussi bien atomistes que péripatéticiens, considèrent qu'il y a là une vérité qui n'a pas besoin de démonstration et le moyen âge leur emboîte le pas. Pour Descartes également « il n'y a qu'une matière en tout l'Univers » [1], et après lui tout le monde semble d'accord sur ce point. Quand, par suite de la profonde transformation que subissent les théories chimiques dans la seconde

1. Descartes, *Principes*, livre II, chapitre xviii.

moitié du XVIIIe siècle, le concept de l'élément qualitativement divers s'établit, les chimistes n'acceptent cependant que sous bénéfice d'inventaire cette donnée que l'expérience leur impose. Ils ne cessent de chercher, entre ces éléments, des rapports, ce qui montre bien qu'ils ne les considèrent pas comme véritablement ultimes, qu'au contraire la multiplicité de ce donné les choque comme une anomalie. Dans leur for intérieur, nous le savons par le témoignage autorisé de Berthelot, ils conservent toujours « l'espoir de dépasser ce qu'ils considèrent comme une limite provisoire [1] ».

C'est qu'en effet, comme l'a bien vu Hannequin, l'unité de la matière est le postulat secret de tout atomisme [2].

Mais il ne suffit point de ramener la diversité des matières à l'unité. Il faut encore que l'existence de cette matière unique elle-même soit conforme aux exigences du principe de la raison suffisante. Rappelons-nous l'injonction de Leibniz : si le monde est composé de globules, nous devons pouvoir montrer pourquoi ce sont des globules et non des cubes. Or, quelles sont les propriétés que, dans ces conditions, nous pourrons attribuer à cette matière unique ? La réponse est aussi simple qu'elle paraît, à première vue, paradoxale. Il est manifeste, en effet, qu'aucune propriété physique ne saurait nous apparaître comme réellement motivée par la raison suffisante, qu'au contraire toute qualité dont nous essaierons de doter la matière nous apparaîtra forcément comme une qualité occulte, seules les propriétés spatiales se révélant comme conformes aux exigences de notre esprit, comme réellement nécessaires. C'est donc que la matière véritablement rationnelle ne peut être au fond que de l'espace.

Que ce soit là réellement l'esprit qui anime la science, c'est ce dont on peut se convaincre en étudiant les diverses théories de la matière et leur évolution dans l'histoire. Il ne peut, tout d'abord, y avoir aucun doute en ce qui con-

---

1. M. BERTHELOT, *Les origines de l'alchimie*, Paris, 1885, page 289. — Cf. sur cette tendance intime de la chimie, plus bas, chap. VIII, pp. 283 et suiv.

2. HANNEQUIN, *Essai critique sur l'hypothèse des atomes*, Paris, 1895, p. 165.

cerne le véritable législateur de la science moderne, Descartes. Chez Descartes matière et espace se confondent, il n'y a pas d'espace en dehors de la matière, et la matière, en revanche, est dépouillée de tout ce qui n'est pas propriété spatiale, de sorte qu'elle n'est visiblement que de l'espace hypostasié.

La science moderne ne procède pas avec cette franchise un peu choquante, mais il est aisé de voir qu'à l'aide d'un détour où il y a une sorte d'hypocrisie (inconsciente, cela va sans dire) elle tend au même but. En effet, après avoir cherché à unifier la matière, elle s'applique ensuite à constituer cette matière à l'aide d'un « milieu universel », l'éther (en tant du moins que l'on n'entend pas abolir complètement ce concept, en lui substituant tout de suite, comme nous l'avons vu plus haut, cet X définitif et redoutable de l'électricité), et enfin elle fait son possible pour que cet éther puisse être, dans une certaine mesure, confondu avec l'espace. C'est peut-être cette dernière circonstance qui est, en l'occasion, la plus caractéristique, la plus révélatrice de la puissance du courant irrésistible qui entraîne la pensée humaine dans ce domaine et la fait en quelque sorte complice inconsciente de supercheries à la fois compliquées et naïves. Quoi de plus étonnant en effet que de constater que cet éther, qu'on est obligé de douer de toute sorte de propriétés bizarres et plus ou moins contradictoires, dont la densité par exemple, selon le témoignage autorisé de Sir J. Thomson et de Sir O. Lodge, doit être supposée « immensément plus grande que celle d'aucun corps connu[1] », n'est cependant qu'un prête-nom du vide, puisque, comme l'a constaté Maxwell, les propriétés de l'éther sont celles du vide[2] et que, selon M. Nernst, l'hypothèse de l'éther n'est que la théorie du vide[3]. C'est donc que l'éther est réellement une hypostase de l'espace, comme Helmholtz l'a expressément reconnu, et comme Kant l'avait d'ailleurs reconnu avant lui, en ce qui con-

1. O. LODGE, *The Aether of Space*, Nature, vol. LXXIX, 1909, p. 323.
2. MAXWELL, *Scientific Papers*, Cambridge, 1890, vol. II, p. 323.
3. W. NERNST, *Sur quelques nouveaux problèmes de la théorie de la chaleur*, Scientia, X, p. 292.

cerne le fluide calorique qui jouait dans la physique de son temps un rôle analogue à celui de notre éther [1].

Le côté paradoxal de cette situation frappe quelquefois les savants eux-mêmes. Quand, sans aucune préoccupation méthodique, mais par simple souci de préciser le sens d'une théorie, ils se heurtent à une conception où le contraste se révèle d'une manière un peu tangible, ils sont aptes à s'étonner. C'est ce que fait par exemple M. Whittaker, en constatant que l'éther dont il est question dans une théorie est « simplement de l'espace doué de certaines propriétés dynamiques [2] ». De même Duhem estime avoir suffisamment réfuté certaines théories, en constatant qu'elles tendent à réduire la matière à l'espace [3], et H. Poincaré proteste hautement contre les exigences de certains adeptes du mécanisme pur, tendant à tout ramener à une matière « n'ayant plus que des qualités purement géométriques [4] », cette matière, nous avons à peine besoin de le faire ressortir, n'étant évidemment que de l'espace. M. Castelnuovo va plus loin, puisqu'il reconnaît qu'il y a là un phénomène non pas exceptionnel, mais général. La chose d'ailleurs ne lui en apparaît pas moins comme blâmable et il en cherche la cause dans une opposition entre l'esprit ancien et l'esprit moderne : on fait une concession à l'esprit moderne, en rapportant le mouvement de la matière à l'éther, « mais on attribue ensuite à l'éther des propriétés qui reconstituent en lui ce système en repos absolu dont on croyait être débarrassé [5] ». Le lecteur, nous l'espérons du moins, aura acquis la conviction que la cause est bien plus profonde, à savoir la nécessité d'identifier espace et éther.

1. Kant, *Vom Uebergange*, etc., Francfort, 1888, pp. 111, 119, 121. Parmi les philosophes contemporains, c'est surtout M. Ward qui a reconnu clairement cette identification de l'éther et de l'espace (*Naturalism and Agnosticism*, Londres, 1899, vol. I, pp. 132 et suiv.).

2. Whittaker, *A History of the Theories of Aether and Electricity*, Londres, 1910, p. 416.

3. P. Duhem, *L'évolution de la mécanique*, Paris, 1902, pp. 177-178.

4. H. Poincaré, *Electricité et optique*, Paris, 1901, p. 3.

5. G. Castelnuovo, *Le principe de la relativité*, etc., Scientia IX, 1911, pp. 51 et suiv.

Ainsi, il est impossible d'en douter, la diversité dans l'espace constitue pour nous une énigme, un sujet d'étonnement d'essence sinon identique, du moins très semblable à celui que nous découvrons dans la diversité dans le temps, et dès lors nous ne pouvons échapper à cette conclusion que si nos raisonnements sont exacts, le but vers lequel tendent explications et théories consiste réellement à remplacer ce monde infiniment divers qui nous entoure par de l'identique dans le temps et l'espace, lequel, évidemment, ne peut être que l'espace lui-même.

CHAPITRE VI

L'IRRATIONNEL

Il est certain que la formule à laquelle nous avons abouti dans notre précédent chapitre apparaît, à première vue, tout à fait paradoxale. Se peut-il que la science, cette maîtresse incontestable de la vie de notre époque, celle dont l'homme moderne s'enorgueillit de suivre les inspirations, tende, en fin de compte, à tout expliquer par l'Espace, lequel nous apparaît cependant d'autre part comme quelque chose d'inerte, comme une forme vide de contenu ? Est-il croyable que la science soit *cela* ?

Une restriction importante s'impose tout d'abord. Oui, la science est bien *cela* : mais ce n'est pas là toute la science. La science, obéissant à la tendance explicative qui est le propre de l'esprit humain, a bien l'air de vouloir tout réduire au rationnel. Mais, d'autre part, infiniment soucieuse de garder le contact avec la nature, elle reconnaît les limites que celle-ci impose à ses efforts. C'est ainsi que naît un concept dont la nature et l'importance n'ont peut-être pas toujours été nettement reconnues, mais qui n'en a pas moins exercé sur l'évolution de la science une influence profonde ; c'est le concept de l'*irrationnel*, c'est-à-dire de ce qui, parmi les éléments dont la science est amenée à se servir, apparaît comme devant, par son essence même, résister à toute réduction ultérieure en éléments purement rationnels.

Y a-t-il de ces éléments dans les mathématiques elles-mêmes ? Pensons tout d'abord à cette considération du *divers* dont nous avons parlé au chapitre précédent (pp. 176 et suiv.) Le divers, tel que le connaissent les mathématiques, peut-il être qualifié d'irrationnel ? C'est là, semble-t-il, une simple question de définition. Il est certain — on le voit clairement aussi bien par la marche même du raisonnement mathématique tel que nous l'avons analysé (pp. 129 et suiv.) que par la conception éléate, qui dissout toute diversité en un tout indistinct — que le divers, quel qu'il soit, répugne au fond à notre raison, qui cherche à lui imposer l'identité. Mais, d'autre part, il est tout aussi manifeste que l'existence de ce divers est la condition même du fonctionnement de la raison, puisqu'elle ne peut s'exercer que sur lui.

Mais en mettant de côté cet élément, inhérent, nous l'avons vu, à toute pensée quelle qu'elle soit, il suffit d'un coup d'œil sur la géométrie pour reconnaître que cette science recèle du donné, un élément que notre raison ne saurait tirer du fond d'elle-même et dont, par conséquent, elle ne saurait *rendre raison*. Ce donné, il est à peine besoin de le dire, a trait à l'espace, au fait qu'il a trois dimensions et qu'il admet le postulat d'Euclide. Pourquoi, en effet, les dimensions de l'espace sont-elles en nombre déterminé, pourquoi n'y en a-t-il pas une quatrième, ou un nombre infini ou fractionnaire et ainsi de suite ? Et pourquoi les choses s'arrangent-elles conformément au schéma d'Euclide et non pas à ceux de Lobatschewsky ou de Bolyai ? Le fait seul que l'on puisse croire à l'existence d'une quatrième dimension (comme l'ont fait même de véritables savants et entre autres, comme on sait, l'astronome Zœllner) et que Lobatschewsky, Riemann et Helmholtz aient réclamé la vérification, par des mesures astronomiques, de la validité du postulat d'Euclide [1], prouve bien qu'il s'agit là d'une structure particulière de notre espace, structure que notre raison est obligée d'accepter comme un fait, c'est-à-dire d'un véritable irrationnel [2]. C'est bien,

<hr>

1. Cf. Appendice XXI.

2. On verra plus loin, tome II, p. 143, que des philosophes ont tenté, à l'aide d'artifices plus ou moins compliqués, de déduire la tridimensionalité de l'espace, ce qui constitue également une preuve qu'il n'y pas là une détermination que notre raison reconnaisse immédiatement comme lui appartenant.

semble-t-il, le juste sentiment de cette situation qui se trouve au fond de l'affirmation de l'origine substantialiste de la géométrie (cf. plus haut, chap. Ier, p. 27).

Les sciences physiques, il est aisé de s'en convaincre, reconnaissent l'existence de toute une série de ces régions où toute tentative d'explication leur paraît interdite ou, si l'on aime mieux, vouée d'avance à un échec certain. Ces régions constituent ce qu'on peut appeler les *irrationnels* physiques et l'irrationnel le plus anciennement reconnu est sans doute celui qui est constitué par la sensation. Démocrite, déjà, proclame que « c'est par l'opinion et la convention qu'est le doux et l'amer, par l'opinion le chaud et le froid, par l'opinion la couleur ; mais vraiment sont les atomes et le vide [1] ».

C'est là un enseignement que les anciens atomistes ont constamment maintenu. « Mais tu pourrais croire peut-être, dit Lucrèce, que les corps élémentaires sont seulement privés de couleur ; ils sont aussi dénués de tiédeur, de froid, de chaleur ; ils ne produisent pas de son et sont dépourvus de saveur ; ils n'émettent aucune odeur qui leur soit propre [2]. »

L'attitude de Démocrite équivalait, comme les anciens déjà l'ont parfaitement compris, selon le témoignage de Sextus Empiricus et de Diogène de Laërce, à « abolir les qualités [3] » ; elle était à cet égard, par son point de départ purement rationnel, comme l'a fait ressortir avec justesse un philosophe contemporain, plus conforme que l'opinion de Locke à celle qu'ont adoptée Galilée et Descartes et avec eux la science moderne tout entière [4]. Cette opinion a été formulée, en toute sa rigueur, par Hobbes. « Toutes ces qualités que l'on appelle sensibles, dit le philosophe anglais, ne sont, dans l'objet qui les cause, qu'autant de mou-

1. MULLACH, *Fragmenta philosophorum graecorum*, Paris, 1860, p. 357.
2. LUCRÈCE, *De rerum natura*, livre II, vers 842-846 ; cf. ib., v. 737-738, 797-800, 808-809.
3. Cf. CUDWORTH, *The True Intellectual System of the Universe*, etc. Londres, 1678, p. 8.
4. NATORP, *Forschungen zur Geschichte des Erkenntnisproblems im Alterthum*, Berlin, 1884, p. 188.

vements distincts de la matière, par lesquels celle-ci exerce sur nos organes des pressions différentes. De même ne sont-elles, en nous sur qui s'exerce cette pression, autre chose que des mouvements divers ; car le mouvement ne produit que du mouvement. Mais leur apparence, à notre égard, est de l'imagination, de même nature qu'un songe [1]. » Son contemporain Pascal constate combien une telle manière de voir — conséquence directe et inéluctable de la philosophie cartésienne selon laquelle tout devait s'expliquer par la figure et le mouvement — est difficilement acceptée par notre raison. « Quand on dit que le chaud n'est que le mouvement de quelques globules et la lumière le *conatus recedendi* que nous sentons, cela nous étonne. Quoi ! que le plaisir ne soit autre chose que le ballet des esprits ? Nous en avons conçu une si différente idée ! et ces sentiments-là nous semblent si éloignés de ces autres que nous disons être les mêmes que ceux que rous y comparons ! Le sentiment du feu, cette chaleur qui nous affecte d'une manière tout autre que l'attouchement, la réception du son et de la lumière, tout cela nous semble mystérieux, et cependant cela est grossier comme un coup de bâton. Il est vrai que la petitesse des esprits qui entre dans les pores touche d'autres nerfs, mais ce sont toujours des nerfs touchés [2]. » Leibniz a donné à cette affirmation une forme pittoresque et saisissante. « On est obligé, d'ailleurs, de confesser, dit-il dans sa *Monadologie*, que la perception et ce qui en dépend est inexplicable par des raisons mécaniques, c'est-à-dire par les figures et les mouvements. Et feignant qu'il y ait une Machine dont la structure fasse penser, sentir, avoir perception ; on pourra la concevoir agrandie en conservant les mêmes proportions, en sorte qu'on puisse entrer comme dans un moulin. Et cela posé, on ne trouvera en la visitant au dedans que des pièces qui poussent les unes les autres et jamais de quoi expliquer une perception [3]. »

1. Th. Hobbes, *Leviathan*, Londres, s. d. (Dent), p. 8.
2. Pascal, *Pensées et opuscules*, éd. Brunschvicg, Paris, 1917, p. 491.
3. Leibniz, *Opera*, éd. Erdmann, p. 706.

Ainsi, il y a là une première limite — limite, de toute évidence, définitive— à notre désir de comprendre la nature, de la concevoir comme constituée conformément aux exigences de notre raison, comme rationnelle. C'est une limite dont l'existence a été clairement reconnue par la science. Sans doute ne trouve-t-on pas chez les physiciens de déclarations aussi explicites que celles de Hobbes ou de Leibniz. Mais c'est qu'aussi il n'en est pas besoin, les prémisses mêmes sur lesquelles repose la science tout entière impliquant, dans cet ordre d'idées, une attitude suffisamment nette. Du moment, en effet, où l'on affirme que c'est la matière et le mouvement qui constituent l'unique essence de tous les phénomènes, c'est que l'on renonce à l'avance à expliquer la véritable qualité, le *quid proprium* de la sensation. Comme le constate avec justesse M. Bergson, « il est de l'essence du matérialisme d'affirmer la parfaite relativité des qualités sensibles [1] », et il est facile de constater que, par le fait, la science moderne procède comme s'il ne pouvait y avoir, de ce chef, aucun doute. Qu'il s'agisse de l'optique de Descartes, de celle de Newton ou de Fresnel, ou enfin de celle des savants de nos jours, pour qui la lumière est un phénomène électrique, il est certain que l'on ne retrouvera dans les théories aucune trace d'une tentative visant à déduire ce qu'il y a de spécifique pour nous dans la sensation de la couleur rouge ; la partie de la science qui semble destinée à s'occuper spécialement de la sensation — l'optique physiologique — laisse résolument de côté tout ce qui ressemblerait à une explication de la transition entre le mouvement et la sensation. Cette attitude paraît, au physicien, à tel point naturelle, qu'il n'en conçoit pour ainsi dire point d'autre. C'est ce qui fait que toute tentative théorique qui englobe la sensation elle-même lui apparaît comme absurde, ou du moins comme vaine, comme condamnée d'avance à rester stérile ; il ne consent même pas à la discuter, lui opposant en quelque sorte une fin de non-recevoir préalable et dédaigneuse.

1. H. Bergson, *Matière et mémoire*, Paris, 1903, p. 66.

C'est là ce qui a tant irrité Gœthe, dont la *Farbenlehre*, en dépit de l'appui que lui ont prêté Hegel et Schopenhauer, n'a jamais pu parvenir à l'honneur d'une réfutation sérieuse, même en Allemagne, où l'autorité de ces hommes était si considérable. Et de même sont restées vaines toutes les plaintes des philosophes sur ce que la science, en ses théories explicatives, laissait évidemment de côté quelque chose de très essentiel et qui fait partie intégrante de notre conception du monde extérieur. « La vie sensible, dit M. Bradley, la chaleur et la couleur, l'odeur et les sons, sans tout cela, la nature n'est qu'une fiction intellectuelle. Les qualités premières sont une construction que la science exige, mais, en tant que séparées des qualités secondes, elles n'ont pas de vie comme faits. La science a des Enfers d'où elle revient pour expliquer le monde, mais les habitants de ses Enfers ne sont que des ombres [1]. » Les savants eux-mêmes paraissent quelquefois éprouver de l'étonnement devant l'image de l'univers que leurs théories entendent imposer à notre compréhension. C'est un état d'esprit que H. Poincaré a exprimé plaisamment en disant que le mécanisme universel aboutit à supposer qu'une intelligence supérieure — Dieu — aurait en contemplant le monde à peu près la sensation que nous éprouvons devant une partie de billard [2].

Il n'empêche que la science poursuit imperturbablement sa route ; au XIXe siècle elle a même notablement renforcé sa position ou, si l'on aime mieux, accentué son attitude dans cet ordre d'idées. D'abord, par suite du progrès des sciences de l'être organisé, le problème de la sensation s'étant imposé davantage à l'attention, nous pouvons enregistrer quelques déclarations de savants suffisamment explicites. « Tout le monde sait, dit Cuvier, que la production d'une perception, ou cette action des corps extérieurs sur le moi, d'où résulte une sensation, une image, est un problème à jamais incompréhensible, et qu'il existe en ce point, entre les sciences physiques et les sciences morales,

1. F.-H. Bradley, *Appearance and Reality*, Londres, 1893, p. 493.
2. H. Poincaré, *La science et l'hypothèse*, p. 193.

un intervalle que tous les efforts de notre esprit ne pourront jamais combler[1]. » « Les physiologistes, déclare Al. Herzen, qui était lui-même, comme on sait, un physiologiste de renom, auraient beau étudier pendant des siècles les nerfs et le cerveau, ils n'arriveraient pas à se faire la plus petite idée de ce qu'est une sensation... si eux-mêmes n'éprouvaient subjectivement ces états de conscience[2]. »

Ces généralités, sans doute, ne dépassent pas en portée le célèbre passage de Leibniz sur le *moulin*. Mais voici que la science est amenée à approfondir davantage la matière en question. Vers 1830 le physiologiste Johann Müller formule la doctrine de « l'énergie spécifique des nerfs sensoriels », laquelle consiste à affirmer que la qualité particulière de la sensation dépend, non pas de l'activité de la cause extérieure, mais de celle de l'organe transmetteur, du nerf. Ainsi, nous pouvons exciter le nerf optique de diverses façons, d'abord normalement par ce que nous qualifions de lumière, mais ensuite aussi par un choc ou une pression mécanique ou par une action électrique ; nous éprouverons toujours, dans ces circonstances si différentes, des sensations du même ordre, à savoir des sensations lumineuses. Tout récemment, cette théorie a reçu un nouveau développement, en ce sens qu'il semble avoir été établi que les nerfs en général ne sont susceptibles de nous transmettre que des sensations d'une seule sorte, de manière que dans le cas où nous paraissons éprouver, simultanément et par les mêmes organes, des

---

1. Le baron G. Cuvier, *Histoire des progrès*, etc, (Œuvres de Buffon, Supplément, vol. I, Paris, 1826, p. 235). À la vérité, ce n'est pas sans quelques scrupules que nous citons ce passage comme un témoignage de l'attitude de la science de l'époque. Tout prouve en effet que le grand biologiste était fort au courant de la pensée philosophique contemporaine, même de la pensée allemande, il cite Kant et même assez fréquemment (pour les réfuter) les *Naturphilosophen*, et la terminologie du morceau, avec son allusion au moi et aux *sciences morales* indique plutôt, dirait-on, une inspiration extrascientifique. — Sommering déjà a noté l'influence, sur Cuvier, de la pensée philosophique allemande (*Zur Geschichte der neuern Philosophie*, *Werke*, vol. X, p. 200). On sait d'ailleurs que Cuvier, originaire de Montbéliard, qui a appartenu jusqu'en 1791 au duc de Wurtemberg, a passé plusieurs années à la *Karlsschule* de Stuttgart, en qualité de boursier.

2. Al. Herzen, *Le cerveau et l'activité cérébrale*, Lausanne, 1887, p. 34.

impressions de nature diverse, comme cela a lieu notamment pour nos impressions cutanées, ces impressions auraient en réalité pour siège des endroits parfaitement distincts de notre épiderme. Il y aurait ainsi quatre sens cutanés spécifiques : contact, froid, chaud, douleur, avec des organes périphériques spéciaux, des voies de conduction particulières, des centres distincts, etc. [1].

Johann Müller, cependant, avait été, en ce qui concerne sa conception fondamentale, devancé par des philosophes. Nous ne savons pas quelle était, en ce qui concerne la genèse de la diversité qualitative de nos sensations, l'opinion de Démocrite, mais les atomistes postérieurs paraissent avoir adopté à cet égard la manière de voir d'Empédocle, selon laquelle l'organe récepteur n'aurait en quelque sorte qu'un rôle passif, exerçant simplement un choix entre les impressions qui lui sont offertes. Seules celles dont la taille et la forme sont conformes à celles des pores qui s'ouvrent dans les organes, peuvent les affecter ; les autres, étant trop grandes ou trop petites, n'y pénètrent point ou bien les traversent sans les toucher [2]. C'est en effet cette théorie qu'expose de préférence Lucrèce [3]. Cependant, on trouve chez lui également des passages d'où il semblerait résulter plutôt qu'il n'existe, dans le corps qui éveille chez nous une sensation spécifique, rien qui soit particulier à cette sensation, cet élément devant donc appartenir à l'action de nos organes [4]. C'est peut-être là le point de départ des idées que Montaigne a développées à ce sujet et qui sont au plus haut point remarquables. Montaigne commence, en effet, par observer, comme Lucrèce, que les mêmes objets peuvent créer, dans des organismes divers, des sensations fort différentes. « Que les choses ne logent pas chez nous en leur forme et en leur essence, et ne fassent leur entrée de leur force propre et autorité nous le

1. Ioteyko et Stefanowska, *Psychophysiologie de la douleur*, compte rendu dans la Revue de Métaphysique, mars 1909, p. 7.

2. Cf. les passages de Théophraste, cités par M. J. Burnet, *L'aurore de la philosophie grecque*, trad. Reymond, Payot, Paris, 1919, pp. 281 et suiv.

3. Lucrèce, *De rerum natura*, l. II, v. 679-685; l. VI, v. 985 et suiv.

4. Cf. par exemple, *ib.*, l. VI, v. 980 et suiv.

voyons assez : parce que, s'il était ainsi, nous les recevrions de même façon ; le goût du vin serait tel en la bouche du malade qu'en la bouche du sain ; celui qui a des crevasses aux doigts, ou qui les a gourds, trouverait une pareille dureté au bois ou au fer qu'il manie, que fait un autre. » Mais il précise ensuite : « Les malades prêtent de l'amertume aux choses douces : par où il nous appert que nous ne recevons pas les choses comme elles sont, mais autres et autres, selon que nous sommes et qu'il nous semble. » Dès lors, et après avoir constaté que les choses, dans la nature même, peuvent se transformer étrangement : « L'humeur que suce la racine d'un arbre, elle se fait tronc, feuille et fruit ; et l'air n'étant qu'un, il se fait par l'application à une trompette, divers en mille sortes de sons », il arrive à se demander : « Sont-ce, dis-je, nos sens qui façonnent de même de diverses qualités ces sujets, ou s'ils les ont telles ? » Et il conclut enfin : « Or, notre état accommodant les choses à soi et les transformant selon soi, nous ne savons plus quelles sont les choses en vérité, ni quelle est leur nature : car rien ne vient à nous que falsifié et altéré par nos sens [1]. » De toute évidence, et faisant abstraction du profond contenu proprement métaphysique de ces phrases — qui présage une grande partie de l'évolution de la philosophie dans les siècles qui ont suivi — l'idée que la véritable qualité de la sensation appartient exclusivement au sujet s'y trouve exprimée avec toute la clarté désirable. Aussi ne faut-il point s'étonner — étant donnée surtout la grande influence de l'œuvre de Montaigne sur la pensée européenne tout entière — de voir reparaître de temps en temps cette conception, à laquelle le xix° siècle devait donner sa forme définitive. Cette forme même se retrouve déjà presque complète chez Hobbes qui, à la suite du passage sur la sensation et le mouvement que nous avons reproduit plus haut (p. 183), cite, à l'appui de son affirma-

---

1. Montaigne, Essais, Paris, Flammarion, vol. II, chap. xii, pp. 291, 347, 348. Il est à noter que Montaigne à ce propos ne cite point Lucrèce, ce qui, étant données ses habitudes, paraîtrait indiquer plutôt qu'il n'a pas été influencé par lui ou du moins que cette influence n'a été qu'indirecte.

tion que « l'apparence (des qualités) est de l'imagination, de même nature qu'un songe », ce fait que « presser, frotter ou frapper l'œil nous fait imaginer de la lumière ».

Ainsi le mérite de Müller se réduit en réalité au fait d'avoir systématisé cette conception et d'avoir insisté sur son importance. Il a dû d'ailleurs la défendre tout d'abord contre des adversaires nombreux, car il semble bien qu'en Allemagne surtout l'interprétation du fait fondamental même sur lequel s'était appuyé Hobbes était contestée : l'opinion s'était établie parmi les savants, et notamment parmi les médecins, qu'il s'agissait en l'espèce d'une véritable production de lumière. Ç'avait même été là le point de départ des recherches de Müller : il avait été appelé à se prononcer sur les dires d'un témoin qui prétendait avoir reconnu un malfaiteur, dans un endroit entièrement obscur, à la lumière qui avait jailli de son œil à la suite d'un coup que ledit malfaiteur lui avait asséné. Les autres experts avaient généralement trouvé cette assertion fort plausible et Müller, en entrant en contestation avec ses confrères, fut amené à approfondir la question [1]. Mais cette conception du rôle des nerfs sensoriels était trop conforme aux principes mêmes de la science explicative pour ne pas triompher rapidement.

Ce qui a, sans doute, contribué grandement à rendre ce triomphe complet, c'est qu'à mesure que progressaient les théories physiques il devenait de plus en plus évident qu'il ne pouvait y avoir aucun parallélisme dans la manière dont nos divers organes de sensation interprétaient le phénomène extérieur. Il suffit de réfléchir à cet égard à la disparité absolue entre les impressions lumineuses et les impressions sonores, telle que l'indique par exemple ce fait qu'un mélange de couleurs ne fournit jamais qu'une nuance unique, alors qu'un ensemble de sons forme un accord ; cependant, le phénomène extérieur est, dans les deux cas, considéré comme étant une suite de vibrations. De même, on a reconnu que les phénomènes directement

1. Cf. Helmholtz, *Vortraege*, 4ᵉ éd., Brunswick, 1896, vol. II, p. 220.

perçus par nous ne formaient qu'une petite partie de ceux, d'une nature uniforme, que présente le monde extérieur : ainsi le petit spectre lumineux est flanqué en réalité des deux côtés de prolongements considérables, indiquant l'existence de rayons auxquels notre œil reste insensible ; l'œil et l'oreille utilisent d'ailleurs, pour les transformer en lumière et en son, un total d'intervalles extraordinairement différent d'étendue, l'œil une sixte à peine et l'oreille une dizaine d'octaves. De même encore on est obligé d'admettre, comme l'a fait remarquer Tyndall, que l'intensité de notre sensation varie tout autrement que l'énergie du mouvement vibratoire qui en est cause [1]. Des constatations particulièrement frappantes ont été faites, dans cet ordre d'idées, tout récemment, en ce qui concerne le maximum d'intensité de la sensation lumineuse. On avait supposé généralement (c'est une manière de voir qu'impliquent tacitement bien des exposés que l'on trouve dans les manuels classiques) que le rendement lumineux augmente indéfiniment avec la température. Or, il n'en est pas ainsi. Ce rendement atteint son maximum aux environs de 6000° ; au delà, il diminue rapidement. Ainsi, pour l'étoile Algol, M. Nordmann a trouvé, au moyen de son pyromètre stellaire, une température de 13.300° ; cependant cette étoile, proportionnellement à son rayonnement total, émet deux fois moins de lumière que le soleil, dont la température n'est que de 6000° environ. Il semble qu'il y ait coïncidence entre la température du soleil et la région du spectre lumineux où la sensibilité de notre rétine atteint son maximum, coïncidence qui serait évidemment le résultat d'une adaptation de notre organe visuel, lequel tendrait ainsi à utiliser la lumière solaire le plus avantageusement possible [2].

Mais déjà vers le milieu du siècle dernier, la science avait accompli, dans cette voie, un pas nouveau et fort

1. Nous avons développé un peu plus longuement ces considérations dans *Identité et réalité*, pp. 328 et suiv.
2. Cf. Nordmann, *Le rendement lumineux des corps*. Scientia, XIII, 1913, p. 177.

important. A la suite des travaux d'Ampère et de Melloni, il a été établi que les impressions que nous recevons par des organes de sens divers peuvent n'être, en dehors de nous, qu'un seul et même mouvement ; notamment les mêmes vibrations peuvent être ressenties par notre œil comme lumière et par nos organes cutanés comme chaleur [1]. Il est presque inutile d'indiquer que là encore il n'y avait rien qui ne fût parfaitement d'accord avec les prémisses de la science théorique. Aussi les constatations en question ont-elles été agréées par les savants avec une bonne volonté parfaite.

Il n'en a pas été de même des philosophes. Sans doute, nous l'avons vu, Montaigne, Hobbes, Leibniz, ont-ils proclamé hautement le principe de l'irrationalité de la sensation. Mais il n'a pas manqué de courants contraires ; et c'est même un ancien hégélien fortement teinté de matérialisme, D.-F. Strauss, qui a déclaré, il y a une cinquantaine d'années à peine, au mépris de la démonstration de Leibniz, qu'il ne lui paraissait nullement établi que la sensation fût inexplicable au point de vue scientifique et que l'avenir seul en déciderait [2].

Cependant, ce sont surtout les affirmations se rattachant aux découvertes que nous avons mentionnées en dernier lieu, celles constatant l'identité, en dehors de nos organes, des phénomènes lumineux, caloriques, etc., qui ont provoqué des protestations de la part de philosophes d'une grande autorité, en Allemagne celles de Lotze, en France celles de MM. Boutroux et Bergson. Des théories plus ou moins aventureuses ont été mises en avant par ces penseurs. Ainsi Lotze supposait que les qualités étaient bien inhérentes aux choses elles-mêmes, qu'elles ne pouvaient agir sur nous que par des mouvements, mais qu'alors ceux-ci recréaient en nous ces qualités, à la manière du télé-

---

1. Cf. *Identité et réalité*. p. 322.

2. D.-F Strauss, *Gesammelte Werke*, Bonn, 1876, vol. VI, p. 269. — Trendelenburg aussi déclare que « l'activité des nerfs sensoriels n'a pu être jusqu'à ce jour réduite à du mouvement ». (*Logische Untersuchungen*, vol. I, p. 209.)

phone, dont le récepteur reproduit le son primitif, lequel a cependant voyagé le long du fil sous une tout autre forme ; alors que, pour M. Boutroux, comme pour M. Bergson, le mouvement, que nous supposons simple, est au contraire complexe et que nos organes en tirent en quelque sorte des éléments divers qui y préexistent déjà [1]. Aucune de ces conceptions n'a exercé le moindre effet sur la marche de la science.

Convient-il de s'étonner de cette opposition ? Il nous semble au contraire que le sentiment d'où elle émane n'est point trop difficile à discerner. C'est, en effet, tout simplement la foi profonde et indestructible en l'explicabilité, la rationalité de la nature. La philosophie tout entière peut-elle, au fond, être autre chose qu'une tentative d'établir cette rationalité ou du moins de s'en approcher le plus qu'on peut ? Et dès lors le fait d'accepter l'existence, dans la nature, d'un élément radicalement irréductible à l'égard de notre raison, inexplicable, irrationnel, n'équivaut-il pas, selon la forte expression d'un philosophe anglais contemporain, à une sorte de *suicide* de cette raison elle-même ? La philosophie moderne, comme le constate M. Burnet, a dû, à l'encontre de l'ancienne, se soumettre à cette dure extrémité [2], mais sa résistance devant des constatations de ce genre, quand elles lui viennent du dehors, n'est que trop naturelle.

Tout autre qu'envers cet irrationnel de la sensation a été l'attitude de la science à l'égard d'une autre constatation du même ordre, à savoir celle ayant trait à l'action transitive. Cette action, la science non seulement ne l'a pas exclue du domaine des théories explicatives, mais elle en a fait, en quelque sorte, le fin fond de ces théories puisque, nous l'avons vu, toute explication mécanique repose, en définitive, sur le choc. Mais nous avons cons-

---

1. Cf. *Identité et réalité*, pp. 325 et suiv.
2. J. Burnet, *Early Greek Philosophy*, Londres, 1892, p. 191. — Cette expression pittoresque du « suicide » de la philosophie ne se retrouve pas dans le passage correspondant de la traduction française (*L'aurore de la philosophie grecque*, trad. Reymond, Payot, Paris, 1919, p. 207), faite d'après une autre édition de l'original.

taté aussi (chap. III, pp. 70 et suiv.) que la science a été amenée à admettre, de guerre lasse en quelque sorte, qu'il n'y avait aucun procédé possible pour expliquer, pour rendre concevable à la raison ce qui se passait à l'instant où deux masses étaient censées agir l'une sur l'autre. Elle est allée plus loin. Car quand il fut bien établi que, même en supposant cette action, l'action mécanique, entièrement explicable, on était impuissant à expliquer, à son aide, des phénomènes dûment constatés, dont on connaissait les lois et que l'on considérait comme importants (tels que les phénomènes électriques), elle n'a pas hésité à renverser la marche entière de la théorie, en ramenant au contraire le phénomène mécanique au phénomène électrique (chap. III, p. 73). En effet, cette curieuse volte-face signifie tout simplement que la science a définitivement renoncé à expliquer l'action transitive, qu'elle l'a reconnue comme un élément irrationnel. Et il est sans doute fort remarquable (ce n'est là qu'un aspect un peu différent du raisonnement que nous avons présenté dans nos précédents chapitres) qu'elle soit arrivée à cette constatation non pas par les démonstrations, si convaincantes qu'elles puissent être, des philosophes tels que Hume, ni même par la considération de la vanité des efforts qu'avaient tentés dans cet ordre d'idées Huygens et Leibniz, Newton et Boscovich, Kelvin et Hertz et tant d'autres encore, mais par le simple souci d'étendre le domaine de la déduction.

Toutefois, et quelle que soit la forme sous laquelle la science a fini par agréer cette notion, il est clair qu'elle est, par sa nature même, tout comme la précédente d'ailleurs apriorique. Cela résulte de la déduction de Hume, lequel du reste, nous l'avons vu, a eu des prédécesseurs. On ne peut même pas affirmer que, dans ce domaine de l'action transitive, la science ait, comme dans celui de la sensation, précisé ces notions de la pensée apriorique : elle n'a rien ajouté à la formule de Hume, qu'elle accepte même plutôt implicitement qu'explicitement.

Pour deux autres irrationnels au contraire (qu'on nous permette pour le moment de les *dénombrer* ainsi, nous

nous expliquerons, dans le cours du présent travail, sur ce qu'il faut penser de cette classification) le rôle de la science a été beaucoup plus actif. Sans doute, on pouvait en déduire l'existence par le pur raisonnement (et nous verrons que cela a été accompli en réalité), mais ce né pouvait être que sous la forme de notions assez vagues; il a fallu le progrès de la science expérimentale pour leur donner corps et vie, pour leur prêter une forme arrêtée et véritablement convaincante. Ces deux irrationnels sont ceux qui se déduisent de l'existence du divers dans le temps et dans l'espace. Le lecteur ne sera pas étonné de trouver ainsi ces deux diversités accouplées en quelque sorte : nous avons constaté (chap. V, p. 172) à quel point les deux problèmes étaient connexes et noté que les philosophes avaient fréquemment passé, pour ainsi dire sans transition, du premier au second. C'est ce qu'a fait à son tour Newton dans un passage où il affirme l'irrationnel de ce double divers. Le raisonnement de Newton, qui se trouve à la fin de ses *Principes*, est purement apriorique. C'est là un fait qui ne surprendra que ceux qui, sur la foi du *hypotheses non fingo*, se sont accoutumés à voir en ce grand homme le prototype du savant *positif*, se méfiant de tout apriorisme et conformant strictement son raisonnement à des données expérimentales. Nous avons dit ce qu'il en était en réalité; et certainement Hegel a eu raison de le louer de n'avoir pas borné là son programme, mais de s'être livré bien souvent, comme tout savant digne de ce nom, au raisonnement pur.

Newton, donc, parvenu à la dernière page de son œuvre, et en en contemplant, pour ainsi dire, les contours d'un coup d'œil unique, arrive à se poser cette question de la déductibilité de la nature : question qui sans doute se présentait, dans son entendement, d'une manière d'autant plus précise qu'une conception qui à son époque dominait quantité d'esprits, parmi les meilleurs, à savoir la conception cartésienne, prétendait précisément avoir atteint à cette déduction globale. Aussi est-ce évidemment à Descartes et à ses disciples qu'il pense en affirmant que

« l'aveugle nécessité métaphysique qui est partout et toujours la même, ne peut produire aucune diversité », laquelle diversité s'observe « en ce qui concerne le temps et l'espace [1] ». En d'autres termes cette double diversité, dans le temps et dans l'espace, ne saurait être déduite *a priori*, elle n'est susceptible, en définitive, d'aucune explication complète, elle est irrationnelle par essence.

On ne voit pas que Newton se rattache en quoi que ce soit à des opinions émises par des penseurs qui l'ont précédé, et sans doute cet esprit, puissant entre tous, est-il parvenu tout à fait indépendamment à cette profonde conclusion. Mais quiconque sait peu ou prou ce qu'est la marche de la pensée humaine ne sera pas étonné de reconnaître que la pensée du grand Anglais n'y constitue pas un fait isolé. Au fond, l'image de la sphère de Parménide, montrant qu'on ne peut déduire, rendre conforme à la raison que ce qui est indifférencié dans le temps et l'espace, est déjà tributaire d'une manière de voir analogue ; et aussi cette démonstration de l'existence de Dieu que le juif karaïte Jeshua ben Juda (vers la fin du xie siècle) emprunte au *kalam* arabe : les atomes, qui sont incréés, sont indifférents au lieu et au temps où ils se trouvent ; donc le fait qu'ils se trouvent en un lieu et un temps déterminés ne peut pas se déduire du fait même de leur existence et doit par conséquent avoir une cause spéciale, laquelle ne peut être que la volonté de Dieu. De même encore cette affirmation de Maïmonide : les seuls véritables attributs de Dieu — l'être dont on démontre l'existence *a priori* — ne peuvent être que des attributs néga-

---

1. Newton, *Principia*, 3e éd., Londres, 1726, p. 529 : *A caeca necessitate metaphysica quae utique eadem est semper et ubique, nulla oritur rerum variatio. Tota rerum conditarum pro locis ac temporibus diversitas ab ideis et voluntate entis necessario existentis solummodo oriri potest.* Le passage ne se trouve pas dans l'édition précédente (Londres, 1713) qui est la plus fréquemment citée et dont celle d'Amsterdam, 1714, n'est que la reproduction ; c'est donc une réflexion qui appartient à la vieillesse de Newton, qui avait soixante-et-onze ans en 1713 et quatre-vingt-quatre ans au moment où paraissait la 3e édition. Le *Scolie général*, qui contient le passage cité, débute par un exposé des difficultés auxquelles se heurte, en ce qui concerne les mouvements planétaires, la théorie des tourbillons ; il n'est donc pas douteux que c'est bien à la déduction cartésienne que Newton pensait.

tifs [1] ; en d'autres termes tout ce qui est particulier, divers, ne peut être déduit et apparaît comme irrationnel..

C'est à ce même courant d'idées que se rattache aussi la conception de Gersonide dont nous avons parlé au chapitre Iᵉʳ. En effet, monstruosité théologique tant que l'on voudra, ce n'est certainement rien moins qu'une monstruosité au point de vue philosophique, car l'on voit fort bien ce que Gersonide a voulu dire : Dieu ne connaît que la vraie science, laquelle ne peut traiter que de l'universel. Si l'on tient compte du fait que pour le philosophe juif, comme pour le moyen âge tout entier, ne peut faire partie de la vraie science que ce qui est déductible, l'affirmation devient : l'universel, seul, dans la nature est déductible — ce qui est, en effet, assigner à la déduction ses limites extrêmes, c'est-à-dire encore affirmer que tout ce qui est véritablement divers est indépendant de la raison.

Toutefois, il faut comprendre que ce que ces raisonnements très généraux peuvent nous fournir n'est en réalité qu'une indication sommaire. Nous sommes avertis que, dans ce domaine, celui du divers dans le temps et l'espace, tout ne peut pas être rendu compréhensible, ou, pour continuer à nous servir de notre nomenclature, qu'il doit y avoir là de l'irrationnel ; mais il ne s'ensuit point que tout, là-dedans, doive l'être. En effet, si tel était le cas, la science explicative n'aurait aucune prise sur les phénomènes de cet ordre. Or, ces phénomènes, nous le savons, forment en réalité le domaine tout entier de cette science. Ainsi, pour ne parler, en premier lieu, que de la diversité dans le temps, nous avons vu, avec Riemann, que le besoin de l'explication naît du changement, du fait qu'il y a différence entre l'antécédent et le conséquent. Donc, si réellement tout, dans ce changement, était irrationnel par essence, il n'existerait d'explication scientifique d'aucune sorte, car on ne comprendrait pas que l'ensemble

1. HUSIK, *A History of Medieval Jewish Philosophy*, New-York, 1916, pp. 56, 265.

de l'humanité savante se fût livrée depuis de longs siècles
à un jeu aussi vain, l'illusion même de l'explication devenant impossible. Mais, il est à peine besoin d'y insister,
l'existence de la science explicative constitue au contraire
un fait patent, indéniable. C'est donc que, quoi qu'en ait
pensé Hegel[1], l'explication scientifique a pu fructueusement
aborder ce problème primordial du divers dans le temps,
c'est-à-dire, dans une certaine mesure au moins, le résoudre.

Nous savons comment la science s'y prend pour accomplir cette tâche. Son principal instrument, c'est le mécanisme. En affirmant que tout doit se réduire à des
différences d'arrangement de parties éternellement immodifiables, elle maintient la permanence de l'être proclamée
par Parménide, tout en « sauvant » la diversité des apparences.

Cette solution peut-elle être complète ? Si elle l'était,
c'est que la déduction de Newton nous aurait induits en
erreur et qu'il serait possible de constituer du divers à
l'aide de l'indifférencié, de déduire le divers *a priori*. Cela
est manifestement absurde et. donc, en supposant même le
programme mécaniste entièrement achevé, *il ne se peut
pas* que le but que ces tentatives visent en réalité soit entièrement atteint.

La nature de l'obstacle qui s'oppose ici à la compréhension des phénomènes n'a été précisée qu'au XIXᵉ siècle par
la découverte — la plus mémorable, la plus grosse de conséquences scientifiques peut-être dont ce siècle, si fécond
cependant dans ce domaine, ait été le témoin — de Sadi
Carnot. Ce que vise, en dernier terme, toute explication,
c'est l'identité entre l'antécédent et le conséquent. Or, qu'il
y ait là, non pas identité, mais diversité, qu'aujourd'hui
ne soit pas tout à fait pareil à hier et que demain ne puisse
pas être entièrement assimilé à aujourd'hui, que le temps
marche, que les phénomènes y suivent un cours déterminé,
aient un commencement, un milieu et une fin, — nous en
avons tous un sentiment puissant et immédiat. Cela nous

1. Cf. à ce sujet plus bas, tome II, pp. 40 et suiv.

apparaît d'autant plus manifeste qu'un phénomène est plus complexe : pour ceux de la nature organisée, les plus compliqués de tous, l'idée d'en renverser le cours ne nous vient même pas. Qui donc peut s'imaginer un monde où les hommes rendent leurs aliments, reconstitués, par la bouche et où les enfants rentrent dans le ventre de leur mère ? Pour les phénomènes plus simples, cependant, un tel retour ne nous semble pas aussi absurde et, enfin, pour une classe déterminée d'entre eux, les phénomènes de la mécanique « pure » ou « rationnelle », nous stipulons expressément la possibilité d'un tel retour, leur « réversibi- lité ». Que ce soit là une conception entièrement artificielle, que cette mécanique rationnelle ne soit qu'une abstraction, constituée, comme l'indique son nom même, en vue des exigences de notre raison, cela ne fait, à l'heure qu'il est, aucun doute ; c'est cependant à cette mécanique rationnelle que l'on pense, quand on suppose la nature réductible à la matière et au mouvement. Aussi, avant la découverte de Carnot, et en dépit du sentiment de la marche du temps dont nous venons de parler, suppose-t-on généralement les phénomènes physiques réversibles.

Leibniz, on l'a vu (chap. V, p. 149), a expressément formulé ce postulat de réversibilité, en affirmant que la cause doit pouvoir être reproduite par son effet. L'immense mérite de Carnot est d'avoir montré que le prototype des phénomènes irréversibles est constitué par un phénomène d'une grande simplicité, à savoir la communication de la chaleur, passant d'un corps à température plus élevée à un autre de température plus basse. En effet nous sentons tous, immédiatement, que dans ce cas le retour, du moins par la même voie directe, est impossible, que jamais la chaleur ne passera, naturellement, d'un corps moins chaud à un corps plus chaud et que jamais, dans un système de deux corps ayant même température, une différence de température ne se produira spontanément. Ce n'est là, sans doute, qu'un fait d'expérience, mais c'est une expérience à tel point générale, que notre pensée est incapable d'en faire abstraction : le fait

de la *communication* fait certainement partie intégrante
de notre concept de la chaleur. D'ailleurs, *ce ne peut être*
qu'un fait d'expérience. Car, ce qu'il y a de véritablement
apriorique, de rationnel dans la science ne peut être que
conforme, le sens du terme l'indique, aux exigences de
notre raison. Or la raison, qui s'exprime par le principe
de causalité, exige le maintien, la permanence de tout ;
alors que le principe de Carnot stipule un changement
continu dans la même direction. Ainsi, cet énoncé ne contient rien de ce qui flatte les tendances intimes de notre raison, il ne participe à aucun degré à cette *plausibilité* (selon
l'expression dont nous nous sommes servis) qui distingue
ces autres énoncés, également très généraux, qu'on peut
réunir sous le nom de principes de conservation. L'historique de ces divers énoncés confirme d'ailleurs pleinement, semble-t-il, cette affirmation [1].

Le principe de Carnot est si peu plausible, l'humanité
est tellement peu encline à croire à un changement continu dans une seule et même direction, qu'elle a, de tout
temps, fait de grands efforts pour s'affranchir d'une telle
conception. Comme le spectacle de l'univers suggérait
invariablement l'idée d'un changement incessant, on a
imaginé que ses états successifs, pour n'être pas identiques, devaient être *équivalents* et revenir, après avoir par-
couru un cycle, à l'état premier. C'est la conception du
serpent *Ourobore* (qui se mord la queue) et de la *Grande
Année* qu'on relève dans beaucoup de cosmogonies et
dont les dernières répercussions se retrouvent jusque
dans des théories très modernes, chez Rankine, Spencer,
Haeckel et M. Arrhenius [2]. Mais le principe de Carnot met
fin, en réalité, à toute tentative de revenir ainsi à l'identité

1. Cf. *Identité et réalité*, pp. 201 et suiv.
2. Cf. *ib.*, p. 294-295. Les *philosophes de la nature* ont également formulé
des conceptions de ce genre. Cf. par exemple, Schelling (*Von der Weltseele*, *Werke*, 1ᵉ s., vol. II, pp. 349-350 et 381) sur le courant qui, aussi bien
dans le domaine de l'organique que dans celui du purement mécanique,
« retourne en lui-même » et sur la « puissance invisible » qui ramène tous
les phénomènes du monde dans l'éternel courant circulaire. — Cf. aussi *Erster Entwurf*, etc., *ib.*, vol. III, p. 124 et *System des transcendentalen Idea-
lismus*, *ib.*, p. 490.

par le détour du changement cyclique ; il nous apprend
en effet que les états successifs d'un système ne peuvent
pas être équivalents, qu'il y a quelque chose qui les caractérise essentiellement, à savoir l'énergie qui, tout en se
conservant, en restant constante à certains égards, perd
cependant en qualité, se *dégrade* constamment. C'est là un
point qui n'est peut-être pas encore toujours bien compris
à l'heure actuelle, comme le montre précisément la reprise
perpétuelle des tentatives que nous venons de mentionner
— tentatives qui, encore un coup, s'expliquent parfaitement
par la pérennité et la grande puissance de la tendance
causale.

Ce n'est pas cependant cette résistance — condamnée
d'avance — au principe et à ses conséquences, qui constitue
la manifestation la plus remarquable de la tendance causale dans ce domaine ; c'est l'action par laquelle la science
est parvenue à expliquer, à rationaliser dans une certaine
mesure le principe lui-même, en en fournissant une théorie mécanique, fondée sur le concept de *probabilité* ou,
comme on dit, sur des conceptions de *statistique*. Cette
théorie, due, comme on sait, surtout aux efforts de Maxwell, de Boltzmann et de Gibbs, part, comme toute conception mécanique, de ce raisonnement, qu'il est possible
de produire des changements apparents en modifiant
l'ordre dans lequel les particules élémentaires sont clas-
sées ; seulement la théorie en question a ceci de particulier qu'elle fait intervenir le très grand nombre de ces
particules, ce qui permet justement aux lois de la probabilité d'entrer en jeu. Voici un exemple qui précisera
le sens de cette affirmation.

Supposons deux récipients remplis d'un même gaz à
des températures différentes. D'après la théorie cinétique,
cela signifie que la moyenne des vitesses des molécules
dans chaque récipient est différente ; mais, bien entendu,
il ne s'agit que des moyennes, autour desquelles *oscillent*
les vitesses des molécules de l'un et de l'autre récipients :
la vitesse d'une molécule particulière, à un moment donné,
peut en être très différente. Mettons maintenant les réci-

pients en communication calorique ; il n'est pas nécessaire pour cela que les gaz puissent se mêler, il suffit que la paroi qui les sépare devienne perméable à la chaleur. Dès lors, nous le savons, il s'établira, plus ou moins rapidement, un équilibre complet de température entre les deux récipients. Or voici comment les choses se sont passées d'après la théorie. Les molécules du gaz plus chaud, ayant en moyenne une force vive plus grande, l'ont communiquée, par des chocs, à celles de la paroi qui, à leur tour (la paroi étant supposée perméable au mouvement calorique) l'ont transmise au gaz plus froid ; ce processus s'est nécessairement continué jusqu'à ce que les moyennes des vitesses des deux côtés de la paroi soient devenues les mêmes, c'est-à-dire, encore un coup, jusqu'à ce que les deux gaz aient même température ; mais à partir de ce moment il s'est, bien entendu, arrêté, en dépit du fait que les chocs continuaient, chaque gaz recevant en moyenne de l'autre autant de force vive moléculaire qu'il lui en cédait.

Que si maintenant nous considérons l'ensemble des deux récipients comme un seul système au point de vue calorique — et il l'est véritablement à partir du moment où la paroi devient perméable à la chaleur, — nous nous rendrons compte qu'à ce moment même la distribution des particules est *improbable*, puisqu'il y a, dans une partie de l'espace, des particules à mouvement moyen plus rapide, et dans l'autre des particules à mouvement moins rapide, séparées nettement par un plan de démarcation. Par la suite, à mesure que la chaleur se communique, la distribution tend à devenir de moins en moins improbable, jusqu'à ce qu'enfin, au moment où la température s'est égalisée, la moyenne des vitesses soit partout la même, oscillant autour d'une moyenne unique, les différences ne se manifestant que conformément aux lois du hasard ; la distribution est devenue tout à fait probable.

Peut-être ne sera-t-il pas inutile, pour mieux saisir la nature de ce processus, d'avoir recours à une image très simplifiée, en remplaçant le mouvement, qui diversifie les particules dans l'hypothèse cinétique, par une autre propriété, par exemple par la couleur.

Figurons-nous donc une boîte rectangulaire, ayant à peu près la forme d'un double cube. Là où les deux cubes se toucheraient, elle est séparée en deux par une mince paroi, que l'on peut placer et enlever à volonté. Nous la mettons en place et nous versons dans chacun des deux compartiments un même nombre de billes suffisamment rondes et lisses pour pouvoir glisser facilement les unes sur les autres et d'ailleurs parfaitement égales les unes aux autres, sauf que celles du compartiment de droite seront de couleur blanche et celles de gauche, noires ; elles seront, bien entendu, en nombre suffisant pour que les lois de la probabilité puissent jouer, mettons plusieurs milliers. Les ayant mises en place, nous enlevons la paroi et nous commençons par imprimer à la boîte un certain nombre de secousses plus ou moins vives. Il est évident qu'à chaque secousse les billes, nettement séparées au début de l'opération, tendront à se mêler de plus en plus ; à chaque secousse leur distribution, d'entièrement improbable qu'elle était au début — car si nous les avions versées pêle-mêle dans la boîte, sans qu'il y eût une paroi qui la coupât en deux, il est entièrement improbable qu'elles fussent venues se ranger d'elles-mêmes de la manière indiquée, toutes les blanches à droite et toutes les noires à gauche — deviendra de plus en plus *probable*.

C'est bien en quoi cette image ressemble à celle de la théorie cinétique pour les phénomènes obéissant au principe de Carnot — c'est-à-dire, en réalité, pour tous les phénomènes, sauf ceux, bien entendu, qui se passent à l'échelle moléculaire. Un corps qui, tout en n'étant pas isolé, au point de vue calorique, de ceux qui l'entourent, se trouve cependant à une température supérieure à ces derniers, constitue un ensemble de molécules d'une distribution improbable, à l'égal de celle qui plaçait, dans notre boîte, les billes blanches à droite et les noires à gauche. Mais cette improbabilité tend à s'atténuer avec le temps, tout comme celle de la distribution dans la boîte à la suite des secousses que nous lui imprimions, jusqu'à ce qu'à la fin elle ait complètement disparu — comme cela aura lieu également pour la boîte après qu'elle aura éprouvé un grand nombre de secousses suffisamment vives. Les secousses — le lecteur l'aura saisi sans doute — nous sont ici indispensables ; les particules de la théorie cinétique, parce que mouvantes, ont une tendance à se mêler spontanément, alors que celles de notre image sont inertes, parce que nous avons remplacé le mouvement par la couleur.

Revenons maintenant à la réalité, telle que la représente la théorie cinétique (l'image de la boîte nous rendra encore service tout à l'heure, quand il s'agira de nous rendre compte de la véritable portée du principe) et considérons, au lieu du phénomène calorique, un phénomène mécanique, non pas tel que le schématise la mécanique rationnelle, mais tel que nous le présente la physique.

Voici un corps qui se meut. De ce chef, toutes les particules dont il est composé ont, à l'égard de celles du milieu dans lequel le mouvement a lieu, une vitesse commune (en faisant abstraction, bien entendu, des vitesses qu'elles peuvent avoir, les unes et les autres, en vertu de leurs mouvements moléculaires). C'est là encore, d'après ce que nous avons reconnu tout à l'heure, une distribution improbable. Mais, par suite de frottements, la vitesse du corps en mouvement tend à diminuer, c'est-à-dire qu'une partie de sa force vive se transforme en force vive des particules du milieu qu'il entraîne, alors qu'une autre devient directement du mouvement moléculaire soit du corps lui-même, soit du milieu, c'est-à-dire de la chaleur ; la première partie, le mouvement communiqué aux particules du milieu, se transformant d'ailleurs également en chaleur, du fait que ces particules tendent à communiquer leur mouvement rapidement à d'autres qui sont voisines et que chacune de ces communications de mouvement conditionne la transformation d'une partie du mouvement molaire en moléculaire. Finalement cette chaleur, engendrée par le frottement, tend à son tour à se dissiper.

On aboutit donc, en fin de compte, à un ensemble de corps en repos les uns à l'égard des autres et ayant même température, c'est-à-dire où les vitesses des particules sont distribuées d'une manière *probable*, comme les billes de la boîte après les secousses.

Ainsi chaque phénomène qui se passe dans le monde (les phénomènes moléculaires toujours exceptés) joue un rôle analogue à une secousse de notre boîte ; à chacun la probabilité de distribution augmente. Et il est clair que c'est cette augmentation qui détermine le sens dans lequel ces phénomènes se passent ; c'est elle qui est le grand ressort du devenir, c'est grâce à elle que nous avons devant les yeux, dans le monde qui nous entoure, un spectacle continuellement changeant. Bien entendu, encore un coup, dans le monde à notre échelle, car si nous observons au microscope une coupe faite dans un minerai vieux de millions d'années et que nous y trouvions une occlusion contenant un peu de liquide où nagent des particules en suspension, nous les voyons animées d'un mouvement moléculaire, le mouvement brownien, qui dure tel quel, sans changement et sans dissipation, depuis ces millions d'années. Mais pour les mouvements molaires, la règle paraît sans exception ; tout se passe dans un seul et même sens, sans retour possible. Supposer le contraire, c'est supposer la possibilité d'un monde de phénomènes renversés.

Sans doute, ce n'est pas à ce renversement qu'entendent faire appel les hypothèses d'un changement cyclique, dont nous avons parlé plus haut et dont celle de M. Arrhénius est la plus récente et la mieux développée ; on ne veut pas nous faire digérer avant que nous ayons mangé. Au contraire, dans le monde qui nous entoure, c'est-à-dire non seulement dans le monde terrestre, mais encore sur le soleil et dans l'immense majorité des corps stellaires, les phénomènes marcheraient comme nous l'avons accoutumé et l'énergie continuerait à s'y dégrader et à s'y dissiper. Mais une fois, par hasard, dans une étoile quelconque, à la suite d'un cataclysme, l'événement contraire se produirait, c'est-à-dire que l'énergie se reconcentrerait d'un coup. Après quoi, les événements reprendraient leur cours, et l'énergie recommencerait à se dissiper lentement, créant les phénomènes innombrables que nous connaissons [1].

H. Poincaré a exposé, en langage scientifique, les objections auxquelles se heurte l'hypothèse du célèbre chimiste suédois [2]. Mais il est possible, croyons-nous — en usant précisément de l'image à l'aide de laquelle nous avons cherché à illustrer la manière dont la théorie cinétique explique le changement continu imposé par le principe de Carnot — de montrer pourquoi, cette conception théorique une fois adoptée, tout retour cyclique devient inadmissible, inimaginable.

Ce qu'on nous demande, c'est en effet de nous figurer tout simplement qu'après avoir été intimement mélangées par un grand nombre de secousses successives, les billes noires et blanches, à la suite d'une secousse particulière, pourraient se retrouver distribuées telles qu'elles l'étaient au début de l'opération, les blanches à droite, les noires à gauche, avec un plan vertical les séparant, comme si nous venions, à l'instant même, d'enlever la paroi. Evidemment, nous pourrions nous-mêmes, en sortant les billes et en les replaçant une à une, opérer ce reclassement. Mais c'est parce que c'est un agent conscient qui opérerait. Le fameux *démon* de Maxwell pourrait de même, dans une masse gazeuse d'une température uniforme, remplissant deux vases communiquant par une ouverture de grandeur moléculaire, dont il lui serait loisible d'ouvrir ou de fermer le passage, opérer un triage entre des molécules ayant un mouvement plus rapide et d'autres dont les mouvements seraient plus lents. Il arriverait ainsi à séparer le gaz en deux masses de température différente. Mais c'est que ce démon est, lui aussi, un agent intelligent. Ce qu'on nous demande au contraire de croire ici, c'est que la séparation

1. Arrhenius, *L'évolution des mondes*, trad. Seyrig, Paris, 1910, pp. 4, 204.
2. Cf. Appendice IV.

pourrait être amenée par un agent inconscient, une force aveugle de la nature, n'agissant pas en vue d'une fin, c'est-à-dire, dans notre image, par une secousse imprimée à la boîte en son entier.

Sans doute, cela n'est pas impossible, strictement parlant. Tout ce qui concerne cette distribution n'est qu'une affaire de probabilité, et l'éventualité envisagée ne peut donc être à son tour que très peu probable. Mais, nous le sentons bien, déjà pour notre boîte l'improbabilité est immense. Elle croît d'ailleurs évidemment avec le nombre des éléments mis en jeu : tout le monde sait que si l'on ajoute un seul élément à n autres, on multiplie le nombre des permutations possibles par le facteur $n + 1$. Ainsi dans l'univers, où le nombre des particules élémentaires nous apparaît comme un chiffre d'une grandeur prodigieuse, l'improbabilité d'un retour vers l'état antérieur a pour mesure un nombre d'un ordre plus élevé encore que celui auquel appartient le nombre même de ces particules. Cette constatation n'est pas indifférente, car bien des raisonnements, dans ce domaine, semblent implicitement fondés sur cet argument que l'improbabilité d'un retour ne fait rien à l'affaire, puisqu'on a l'infinité du temps pour le réaliser. Mais c'est là simplement un jeu de l'esprit, qui a pour base la supposition de l'existence d'un monde fini dans le temps infini. Que si, au contraire, on laisse croître à la fois les limites de l'un et de l'autre, il n'est pas douteux que l'improbabilité d'un retour (c'est-à-dire, en somme, le temps nécessaire pour l'amener) croîtra dans une mesure bien plus rapide que l'augmentation du nombre des particules élémentaires. Dans notre vie de tous les jours — tous nos actes en témoignent — nous considérons cette improbabilité comme équivalant à la certitude du contraire. Un maçon qui, selon l'excellent exemple de M. Perrin, attendrait que la brique dont il a besoin lui fût remontée à l'échafaudage par le mouvement brownien, serait à bon droit considéré comme fou.

Il est de fait que l'opération que M. Arrhenius suppose devoir se passer dans des étoiles lointaines et à l'aide de laquelle il entend redresser le cours des événements, de manière à ce que tout puisse recommencer — quelles que soient du reste les objections qu'on puisse faire valoir — est loin de nous paraître aussi extravagante. Mais ce n'est là qu'une conséquence de cette constatation fondamentale de l'irrationalité de l'énoncé de Carnot. En effet, si forte que soit notre conviction de la marche imposée aux phénomènes, elle ne contient pourtant aucun élément apriorique et n'est qu'une expérience généralisée ; c'est ce qui fait que cette conviction n'agit véritablement que dans des circonstances qui ne diffèrent point trop de celles où cette expérience s'est formée. Quand on nous parle au contraire des immensités célestes et de forces dont l'action est peu ou point connue, notre imagination est susceptible d'hésiter sur le sens dans lequel les phénomènes marcheront. Mais nous n'avons qu'à recourir à la théorie cinétique et à la conception de la probabilité grandissante de distribution imposée par elle (c'est là ce que nous avons fait en faisant intervenir l'image de la boîte) pour comprendre que les événements *doivent* avoir un sens déterminé et qu'il ne peut y avoir de retour en arrière, même cyclique.

Évidemment, il restera toujours aux partisans du « retour éternel » la ressource de prétendre que tout cela n'est valable que pour notre monde limité, alors que « dans le grand Tout du Cosmos les choses se passent bien autrement », comme l'a dit Haeckel[1]. Nous verrons tout à l'heure le véritable sens de cette échappatoire.

Ainsi, il est impossible de se soustraire à l'étreinte du principe de Carnot par ce vieil artifice cosmogonique que les Grecs appelaient la *Grande Année* ; et, de ce chef, l'irrationnel reste entier : nous sommes forcés de croire à une évolution sans fin, constamment dans la même direction, et de supposer que nous nous trouvons dans une phase précise de ce processus. Il y a là certainement quelque chose qui résiste à notre raison, laquelle sera toujours encline à se

1. Cf. à ce sujet plus bas, chap. VIII, p. 270.

demander comment il se fait, puisque le monde existe depuis des temps infinis, que le stade final, la « mort calorique » de Clausius, ne soit pas encore atteint[1]. Sans doute, nous pouvons nous consoler, dans une certaine mesure, par cette réflexion que ce sont là des difficultés de l'ordre des « antinomies cosmogoniques », si bien mises en lumière par Kant, et qui surgissent chaque fois que l'on met en jeu l'infinité du temps et de l'espace ; et que, dans le cas particulier, si le stade final n'est pas encore arrivé, c'est que l'effet que l'on attribue à l'infinité du temps était contre-balancé sans doute par l'effet de l'infinité spatiale de l'univers, agissant évidemment dans le sens contraire. Il n'en reste pas moins que notre imagination et notre raison ne peuvent de ce côté recevoir qu'une satisfaction très limitée.

Mais il est aisé de s'apercevoir qu'il s'agit en l'espèce, au fond, de quelque chose de très général, à savoir de la répugnance irrémédiable que notre raison éprouve devant tout *donné*, devant tout ce qui, par sa nature même, nous semble échapper à la déduction rationnelle. Pourquoi ne vivons-nous pas au temps du roi Georges III d'Angleterre ? demande M. Mac Taggart[2]. C'est évidemment, sous une autre forme, la question même posée par M. Arrhenius, mais ici l'on saisit plus clairement que ce qui gêne la raison, c'est de constater que nous nous trouvons à un moment *déterminé* d'un développement que nous sommes cependant obligés de concevoir comme continu. Pascal a formulé l'énigme dans toute sa généralité : « Pourquoi ma connaissance est-elle bornée ? ma taille ? ma durée à cent ans plutôt qu'à mille ? Quelle raison a eue la nature de me la donner telle, et de choisir ce nombre plutôt qu'un autre, dans l'infinité desquels il n'y a pas plus de raison de choisir l'un que l'autre, rien ne tentant plus que l'autre[3] ? » C'est simplement constater que tous ces don-

---

1. Arrhenius, *L'évolution des mondes*, trad. Seyrig, Paris, 1910, p. 4.
2. Mac Taggart, *Studies in the Hegelian Dialectic*, Cambridge, 1896, p. 162.
3. Pascal, *Pensées et opuscules*. Paris, 1917, p. 128.

nés sont des irrationnels, ou qu'il doit y avoir, au fond, des irrationnels; qu'à supposer que nous arrivions à en déduire un certain nombre — c'est-à-dire, bien entendu, à les déduire d'autres donnés ou, si l'on aime mieux, à déduire partiellement les donnés les uns des autres — nous ne pourrons, de toute évidence, arriver à les déduire tous.

La persistance et la nature définitive de l'irrationnel qui se trouve au fond de ce concept du changement continu ressortent d'une manière peut-être plus précise encore d'une supposition que la théorie cinétique entraîne nécessairement, à savoir celle d'un état initial improbable. En effet, du moment où les choses changent parce qu'elles tendent à s'arranger d'une manière de plus en plus conforme à une distribution probable, c'est donc qu'au début du temps (quelle que soit du reste la signification que nous attacherons à cette expression) elles se trouvaient distribuées d'une manière tout à fait improbable. Cette distribution initiale constitue un donné irrationnel précis. Nous ne pourrions y échapper, en effet, qu'en supposant que cet état improbable est sorti d'un état plus probable : ce serait avoir recours, comme tout à l'heure pour échapper à la nécessité de la « mort calorique », au retour éternel, et nous venons de nous convaincre que c'est là une voie impraticable.

Cette circonstance cependant ne doit pas nous faire méconnaître quel pas énorme la science explicative, dans son effort vers la rationalisation du monde extérieur, a accompli par cette théorie statistique du changement continu. Sans doute, depuis son origine même, le mécanisme a expliqué le changement — c'est là le but dans lequel l'esprit humain a échafaudé cette conception. Mais ces explications n'avaient jamais visé qu'à nous faire comprendre le changement comme *possible*. Or la théorie statistique va plus loin, puisqu'elle nous le fait concevoir comme *nécessaire*, comme imposé par le fait même de l'existence d'un monde divers, c'est-à-dire constitué contrairement aux exigences de notre raison. De ce chef, le changement lui-

même se trouve donc, jusqu'à un certain point, rationalisé — et il est presque inutile de faire ressortir que c'est
précisément grâce à cette introduction d'éléments rationnels dans le domaine régi par le principe de Carnot, que
nous avons pu tout à l'heure nous-même *raisonner* sur ce
principe et faire ressortir les difficultés auxquelles se heurte
la supposition d'un changement cyclique.

Le problème de la diversité dans l'espace, c'est-à-dire
celui de l'explication des propriétés des substances, constitue (chap. V, pp. 174 et suiv.) la principale tâche de la chimie. Nous aurons l'occasion de revenir sur cette matière et
nous verrons alors de quelle manière cette science s'y est
attaquée. Ce que nous pouvons constater ici, c'est qu'il n'y
a pas, en ce moment, à enregistrer l'existence d'un véritable irrationnel chimique, délimité et définitif. Par contre,
on est, par une autre voie, parvenu à une notion précise
de cet ordre et qui rentre bien dans ce même domaine de
la diversité spatiale : ce sont les données sur la grandeur
absolue des molécules.

Ces découvertes (que nous avons déjà eu l'occasion de
mentionner à propos du triomphe du cinétisme sur la thermodynamique, chap. Iᵉʳ, pp. 22 et suiv.) ont constitué une
sorte de surprise. Sans doute, l'atomisme est-il aussi vieux
que la science et, en chimie particulièrement, il était,
depuis le commencement du XIXᵉ siècle, depuis Dalton,
Avogadro et Ampère, devenu dominant, au point que l'on
peut affirmer hardiment qu'il faisait corps avec la science
elle-même. En effet ce qui en formait en quelque sorte
l'armature, et la transformait, du moins dans une certaine
mesure, en un corps de doctrine raisonné — à savoir les
formules chimiques — était tout pénétré de la conception
atomique ; exposer un chapitre de cette science, et surtout
de la chimie organique, avec ses innombrables dérivés,
sans y mêler les atomes et les molécules, eût été, vers la
fin du XIXᵉ siècle, une tâche véritablement impossible. En
sorte que M. Perrin a certainement raison d'affirmer, en
résumant cette situation, qu'au fond « depuis longtemps
déjà, les chimistes ne doutaient guère d'une réalité qu'at-

testaient de si nombreuses concordances [1] ». Il n'empêche que, sans doute surtout grâce à la puissante influence que les idées d'Auguste Comte n'ont cessé d'exercer sur les esprits, les chimistes ont souvent, dans leurs déclarations théoriques, renié les principes qu'ils suivaient invariablement dans la pratique. On a vu (chap. II, p. 48) que le grand physicien Maxwell a eu une attitude analogue. Mais beaucoup de chimistes allaient plus loin encore : ils repoussaient comme une sorte d'injure la supposition qu'ils étaient susceptibles de croire à la *réalité* de ces atomes et de ces molécules dont ils ne cessaient cependant de parler. Ainsi Henri Sainte-Claire Deville, en traitant de la question du doublement de certains poids atomiques, qui se trouvait à ce moment à l'ordre du jour, dit : « Au fond toutes ces questions ne prennent d'importance qu'aux yeux de personnes qui admettent et croient en même temps que les atomes ont un poids absolu [2]. » Apparemment cette dernière conception lui a-t-elle paru à tel point saugrenue qu'il a cru pouvoir s'en servir pour une preuve par l'absurde.

On peut, semble-t-il, raisonnablement douter que ce grand chimiste, s'il avait vécu trente ou quarante ans plus tard, eût, devant l'union de plus en plus intime de la chi-

1. J. PERRIN, *Les preuves de la réalité moléculaire. Les idées modernes sur la constitution de la matière*, Paris, 1913, p. 1. M. SMOLUCHOWSKI atteste de même que « depuis Dalton les chimistes n'ont jamais cessé de penser de façon atomistique, pas même au moment où, il y a une vingtaine d'années, des philosophes et des physiciens (Mach, Ostwald) avaient inspiré un mouvement antagoniste passager mais puissant » (*Ansahl und Groesse der Molekuele und Atome*, Scientia, XIII, 1913, p. 28). Cependant M. Perrin constate, d'autre part, que beaucoup de chimistes ne voyaient dans la théorie atomique « qu'un outil commode et faisaient des réserves, à vrai dire quelquefois purement verbales, sur le fond de la question ». (*Les preuves de la réalité moléculaire. La théorie du rayonnement et les quanta*, Paris, 1912, p. 156.)

2. H. SAINTE-CLAIRE-DEVILLE, *Leçons sur la dissociation professées devant la Société chimique de Paris*, etc. Paris, 1866, p. 354. Les attaques de Kolbe contre Van't Hoff, à propos des conceptions stéréochimiques, sont, le manque de mesure en plus, tributaires du même esprit. Kolbe considère comme le comble de téméraire arrogance (*Dreistigkeit*) le fait que l'on ait recherché la position des atomes dans l'espace, et cette manière de traiter des questions scientifiques lui apparaît comme « point trop éloigné de la croyance aux sorcières et aux esprits frappeurs. » Cf. J. H. VAN'T HOFF, *Dix années dans l'histoire d'une théorie*, Rotterdam, 1885, pp. 19-20.

mie et de l'atomisme, conservé la même attitude. Cependant, c'est à cette époque, et à la veille même des découvertes qui allaient lui conférer une véritable consécration, que l'atomisme a été l'objet d'attaques des plus violentes de la part d'un chimiste de renom. On devine que nous voulons parler de M. Ostwald, dont les campagnes retentissantes ont été entreprises d'abord ostensiblement, ainsi que le constate un critique compétent, comme une sorte de réaction contre les conceptions trop rigoureusement matérialistes de certains théoriciens [1] ; mais il faut ajouter qu'elles se sont transformées rapidement en campagnes de propagande en faveur de la conception « énergétiste » de l'auteur, lequel ne combattait, ainsi, ce qu'il considérait comme une ontologie illégitime, qu'au profit d'une autre ontologie, qui lui était personnelle. Sans doute, beaucoup de chimistes désapprouvaient ces attaques [2], lesquelles sont d'ailleurs restées sans la moindre influence sur la marche réelle de la science : c'est à cette époque-là que sont nés précisément les travaux que résume le livre de MM. Urbain et Sénéchal et qui relèvent incontestablement, de la manière la plus directe, de la conception atomistique. Il n'empêche que le fait seul de l'apparition des écrits de M. Ostwald et de l'attention que leur prêta, au moins pendant un moment, l'opinion scientifique, paraît assez significatif au point de vue du manque de prestige des théories atomiques. Il est tout aussi remarquable que le fait que des raisonnements de cinétique fondés sur des données bien connues et développés dans les travaux de Clausius, de Maxwell et de Van der Waals permettaient de calculer une première approximation du nombre absolu des molécules

1. Baum, Compte rendu dans Scientia, IV, 1908, p. 380.

2. Ainsi Van't Hoff, qui était cependant lié à M. Ostwald par des campagnes communes (en faveur d'idées appartenant plutôt au premier qu'au second de ces deux chimistes), s'est séparé nettement de lui lorsqu'il a déclaré la guerre à l'atomisme. En 1906, Van't Hoff a affirmé, au congrès de Vienne, que l'atomisme rendrait encore de grands services (Baum, *La chimie physique dans ses rapports*, etc. Scientia, VI, 1909, p. 60). Cf. sur le peu de consistance que présente, dans le système de M. Ostwald, la définition des éléments au point de vue des lois de la composition chimique, A. Werner, *Neuere Anschauungen auf dem Gebiete der anorganischen Chemie*, Brunswick, 1913, p. 2.

dans un volume de gaz (le « nombre d'Avogadro ») n'avait attiré que peu d'attention. Les physiciens reprochaient à ce calcul de nécessiter des hypothèses multiples [1] et ne croyaient guère que l'on eût atteint par là la « réalité moléculaire », pour nous servir de l'expression de M. Perrin. De même, la démonstration si probante, par laquelle M. Gouy établit, en 1888, la véritable nature du mouvement brownien, n'eut d'abord que peu de retentissement. Cependant, peu à peu, l'opinion savante commença à s'émouvoir, surtout lorsque les conceptions atomistiques reçurent un appui d'un côté où l'on ne s'attendait guère à le voir paraître, à savoir du côté des théories électriques. Helmholtz avait, dès 1881, émis cette opinion que l'électricité pourrait présenter une structure atomique [2], mais elle n'eut d'abord aucun succès. Ce n'est que bien plus tard que toute une série de découvertes, et notamment la célèbre expérience de M. Millikan (où l'on constate, par l'observation directe d'une gouttelette suspendue dans un gaz, que la charge électrique passe, de façon discontinue, d'une valeur à une autre), imposèrent cette manière de voir [3]. Dès lors, évidemment, la conception atomistique en général acquérait un nouveau crédit. On a vu que Lucien Poincaré, avec une grande perspicacité, signalait ce mouvement de l'opinion savante dès 1898, témoin d'autant plus impartial que la chose lui parut regrettable [4]. Il ne fut pas seul de son avis et encore après que MM. Einstein et Smoluchowski eurent développé, presque simultanément, la théorie quantitative du phénomène (en 1905 et 1906), quand une première vérification cinématographique, entreprise par M. V. Henri, donna des résultats négatifs, « les physiciens les plus attachés à la théorie cinétique »

1. J. Perrin, *Les preuves de la réalité moléculaire* (Les idées modernes, etc.) Paris, 1913, p. 5.

2. E.-T. Whittaker, *A History of the Theories of Aether and Electricity*, etc, Londres, 1910, p. 397. Il est à remarquer que c'est de cette déclaration de Helmholtz (faite dans une conférence à la Société chimique de Londres) que M. Whittaker date le commencement de la renaissance de la théorie atomique.

3. J. Perrin, *l. c.*, p. 46.

4. Cf. chap. Ier, p. 23.

admirent avec une facilité surprenante, comme le constate
M. Perrin, que les calculs en question devaient dissimuler
quelque hypothèse injustifiée [1]. Mais la résistance, très
explicable par les habitudes longuement acquises et dans
la formation desquelles, nous l'avons dit, le grand prestige
des idées positivistes a joué sans doute un rôle prépondérant, ne dura guère devant les preuves qui, dès lors,
s'accumulèrent. A l'heure actuelle, M. Perrin, que l'on
pourrait évidemment considérer comme un témoin partial,
en raison de son rôle considérable dans la révolution qui
vient de s'accomplir, n'est pas le seul à proclamer qu'il
« devient difficile de nier la réalité objective des molécules [2] ». M. Bouty, tout en se demandant si ces hypothèses
« sont une expression définitive, rigoureuse de la réalité »,
concède cependant qu' « en tout cas, elles en fournissent
une image bien rapprochée [3] ». M. Edmond Bauer déclare
que « la constitution moléculaire de la matière ne fait plus
aucun doute [4] », et H. Poincaré, si peu enclin à exagérer
la valeur des théories, constate, dans un de ses derniers
écrits, que « les anciennes hypothèses mécanistes et atomistes ont pris dans ces derniers temps assez de consistance pour cesser presque de nous apparaître comme des
hypothèses ; les atomes ne sont plus une fiction commode;
il nous semble pour ainsi dire que nous les voyons depuis
que nous savons les compter [5] ».

Quelle est la portée de ces constatations au point de vue
de l'existence de l'irrationnel ? Nous avons vu (chap. V,
pp. 178 et suiv.) que toute théorie de la matière aboutit, en
définitive, à l'identifier, autant que faire se peut, avec l'espace, cette identification s'opérant généralement (du moins
dans la science de nos jours) par échelons successifs.
Ainsi, dans la théorie cinétique courante, on suppose bien

1. J. Perrin, l. c., p. 30.
2. Ib., p. 21.
3. E. Bouty, La théorie cinétique des gaz. Scientia, XIX, 1916, p. 266.
4. Edmond Bauer, Les quantités élémentaires d'énergie et d'action. Les
idées modernes, etc. Paris, 1913, p. 115.
5. H. Poincaré, Les rapports de la matière et de l'éther. Les idées modernes, etc. Paris, 1913, p. 357.

des atomes corpusculaires discrets, mais comme ensuite on
les compose de sous-atomes ou d'électrons, ceux-ci étant à
leur tour conçus comme des « points singuliers » dans
l'éther, la continuité de cet éther, que la supposition de
l'atome avait l'air de rompre, se trouve rétablie ; comme
l'a admirablement saisi M. Bergson, le caractère essentiel
des explications de la matière par l'éther est de faire évanouir « la discontinuité que notre perception établissait à
la surface [1] ». Il y a donc là deux opérations successives,
qui doivent concourir au même but et qui pourtant, forcément, suivent des directions opposées, la première consistant à diversifier les atomes, et la seconde à faire disparaître cette diversité. Et il est évident que la seconde opération
sera d'autant plus facile à accomplir que la première aura
été poussée moins à fond, en d'autres termes que les atomes
et les corpuscu'es seront d'autant plus facilement résolus
dans l'éther indifférencié, qu'on les aura moins différen-
ciés du milieu qui les entoure. A ce point de vue, le vague
qui caractérisait les théories atomiques jusqu'aux découvertes de ces derniers lustres était propice à souhait. Sans
doute les savants, en protestant qu'on ne croyait pas à la
« réalité moléculaire », obéissaient-ils surtout à l'impulsion
positiviste qui leur ordonnait de s'abstenir de toute ontologie ; mais peut-être quelques-uns, parmi ceux-là mêmes
qui s'occupaient de ces théories, sentaient-ils vaguement
qu'il y avait davantage, à un point de vue général, à ne
pas rendre trop consistants les êtres qu'ils créaient, pour
que, restés à l'état d'ombres en quelque sorte, ils pussent,
par la suite, se dissoudre dans le néant. La détermination
des dimensions absolues des molécules met fin à ce clair-
obscur propice aux méprises. Il définit nettement la situation, en indiquant qu'il y a là un *donné* précis, un divers
qui est définitif. Car nous aurons beau résoudre ensuite la
molécule en atomes et ceux-ci en sous-atomes, il n'en restera pas moins établi qu'à une distance moyenne donnée
d'un centre matériel, il y a *autre chose*, à savoir de l'espace

1. H. Bergson, *Matière et Mémoire*, 3ᵉ éd. Paris, p. 223.

vide de toute matière (quel que soit le sens qu'on donne à
ce mot), après quoi on se heurte à un nouveau centre. En
d'autres termes la dissolution ultérieure de la molécule
pourra bien expliquer dans une certaine mesure — par la
nature des atomes et sous-atomes ou par des propriétés
dont on dotera l'éther — les dimensions absolues que les
expériences et les calculs actuels nous forcent à attribuer
aux molécules, et ces données ne nous apparaîtront donc
plus comme *ultimes*; mais cette explication ne fera pas disparaître la discontinuité moléculaire actuellement établie,
elle ne pourra qu'y ajouter des discontinuités nouvelles,
à l'intérieur de la molécule elle-même, de même du reste
que cette discontinuité moléculaire ne fait pas disparaître
celle que les objets visibles établissent dans l'espace, mais
s'ajoute à cette dernière. C'est là sans doute un résultat qui
aurait pu être prévu, pour le jour où les dimensions
moléculaires seraient connues. La science n'a fait que
confirmer l'existence d'un irrationnel dont on pouvait déduire l'existence *a priori*, mais elle en a singulièrement
précisé et éclairci la notion.

Remarquons cependant que l'analogie entre les deux
irrationnels dont nous venons de traiter en dernier lieu, à
savoir ceux que révèlent « l'état initial invraisemblable »
de la théorie statistique du principe de Carnot et les dimensions absolues des atomes, tout en étant réelle et profonde,
ainsi que le montrent les considérations aprioriques, et
notamment le rapprochement avec le raisonnement de
Newton, n'en est pas moins tout à fait limitée. Ce qu'il y a
d'analogue, c'est uniquement le problème, sous sa forme
la plus abstraite : l'existence du *divers* dans le temps et
dans l'espace, et l'instrument à l'aide duquel la science
s'est attaquée à sa solution, conçu également sous sa forme
la plus générale : le mécanisme. Mais pour ce qui concerne
tout le reste, et par exemple pour la voie précise par laquelle
la science a procédé et pour l'envergure du résultat obtenu,
il n'y a nulle ressemblance. A ce dernier point de vue
notamment, celui de la nature du résultat, on observe facilement que l'image statistique embrasse réellement le

champ entier de ce vaste concept du changement dans le temps; du moins semble-t-elle l'embrasser, c'est-à-dire que nous *pouvons* à la rigueur nous figurer que tout ce qui rentre dans cet ordre d'idées doit pouvoir se ramener à des déplacements conformes aux lois de la probabilité — alors que les dimensions absolues des molécules n'éclaircissent et ne précisent qu'un côté déterminé du problème de la diversité dans l'espace. Il faut remarquer, à ce sujet que les travaux où il s'agit de déterminer le nombre d'Avogadro, ont trait aux molécules et non aux atomes. Dans d'autres recherches, c'est réellement l'atome qui est en cause; mais c'est l'atome tel que le conçoit la chimie, c'est-à-dire l'atome qualitatif. Enfin des théories comme celles de sir J. Thomson, de M. Rutherford ou de Moseley, tendent réellement à ramener la diversité de l'atome chimique à l'uniformité des deux électricités. Mais quelle que soit l'importance de ces conceptions, il est certain que l'explication des propriétés, en nombre presque infini, dont nous sommes obligés de doter l'atome chimique, s'y trouve à peine ébauchée. Étant donnée la manière purement empirique, par simple tâtonnement, dont la science est obligée de procéder dans cette voie, il est, bien entendu, tout à fait impossible de prévoir dans quelle mesure ce futur effort de la théorie explicative pourra aboutir et quels seront les obstacles, les irrationnels, auxquels il se heurtera. Tout au plus serait-il peut-être permis de conjecturer qu'il y aura, très probablement, lieu d'admettre des irrationnels nouveaux. Ce qui conduit à envisager cette éventualité, c'est le fait que la chimie, en dépit des efforts qui ont été tentés, de tout temps peut-on dire, ou du moins depuis que la chimie existe en tant que science, pour la fondre dans la physique, présente cependant incontestablement toutes les caractéristiques d'une science particulière. Sans doute les efforts dont nous venons de parler sont-ils devenus particulièrement vigoureux dans les tout derniers temps et ont-ils abouti à de beaux résultats dans tel ou tel chapitre particulier. Toute une science s'est créée, enregistrant des constatations et des résultats du plus haut intérêt et dont le nom de *chimie physique* dit assez les visées ; alors que, d'autre part, le terme de *physico-chimie*, que l'on rencontre de plus en plus fréquemment et qui désigne l'ensemble des deux sciences, pourrait sembler impliquer que la fusion se trouve déjà accomplie. Il suffit cependant de considérer les choses d'un peu plus près pour constater qu'il y a là sans doute un programme, mais non pas un résultat, et qu'en réalité la spécificité des phénomènes chimiques reste entière. Or, cette spécificité pourrait bien cacher un ou plusieurs irrationnels particuliers. Sans doute, il n'est nullement impossible que cet irrationnel ou ces irrationnels se rattachent à un ou plusieurs autres dont le progrès des investigations nous forcera à admettre l'existence dans tel ou tel chapitre de la physique. Ainsi, M. Planck est porté à admettre que la séparation entre les phénomènes qui évoluent d'une manière continue (conformément aux lois de la dynamique classique) et ceux qui se produisent par *quanta* d'action se trouve là où se différencient les phénomènes physiques et chimiques. Ces *quanta* — qui constitueraient indubitablement un irrationnel nouveau — serviraient dès lors à expliquer les phénomènes spécifiques de la chimie. « Des molécules entières, des atomes, et peut-être aussi des électrons libres se mouvraient d'après les lois de la dynamique classique, des atomes ou des électrons soumis au lien moléculaire obéiraient aux lois de la théorie des *quanta*. Les forces physiques, gravitation, attraction ou répulsion électriques ou magnétiques, cohésion, s'exerceraient de manière continue ; les forces chimiques, au contraire, par *quanta*. » Cela se peut évidemment, et l'on trouverait, du reste, difficilement, en cette matière, un avis plus autorisé que celui de l'auteur de la théorie des *quanta* lui-même. Il convient cependant de se rappeler que cette hypothèse a surgi à propos non pas de phénomènes chimiques, mais de ceux du rayonnement noir. M. Planck, il est vrai, cherche à établir un lien entre les conceptions des deux ordres, en faisant valoir que la loi de l'action par *quanta* serait connexe de celle en vertu de laquelle « les masses ne peuvent

agir, en chimie, qu'en proportions nettement définies et
variables de manière discontinue », alors qu'en physique
elles agissent en quantités quelconques [1]. Il se peut, en
effet, qu'il y ait là une analogie profonde et que la seconde
de ces discontinuités puisse se déduire de la première.
Mais ce n'est là, pour le moment, qu'une possibilité pure
et simple, car la déduction ne semble pas avoir été tentée
jusqu'à présent et, à première vue, le lien entre cette hypothèse et celles à l'aide desquelles on a, de nos jours, tenté
d'expliquer la notion de valence (comme l'ont fait par exemple M. Abegg ou M. Werner) ou de fournir une image de
la constitution de l'atome chimique (comme l'a entrepris
Sir J. Thomson) ne semble pas très apparent [2]. Mais,
encore un coup, l'avis de M. Planck est d'un grand poids
et l'on ne peut donc, de ce côté, qu'attendre l'avenir.

D'ailleurs, même dans le cas où, conformément à l'espoir de M. Planck, cet irrationnel apparaîtrait comme
commandé, en définitive, par la distinction entre les phénomènes physiques et chimiques, c'est-à-dire comme une
anomalie dont l'apparition, à cet endroit précis de la
science, aurait pu, dans une certaine mesure, être prévue,
il n'en resterait pas moins acquis que la notion a surgi à
propos des phénomènes du rayonnement noir, où rien,
semble-t-il, ne faisait supposer l'existence d'une telle anomalie, c'est-à-dire qu'elle s'est présentée en réalité *inopinément*. C'est ce qu'a constaté M. Brillouin, en résumant
les résultats des discussions de Bruxelles en une sorte de
formule minimum « qui devait paraître bien timide aux
plus jeunes » d'entre les assistants. « Il semble désormais
bien certain, a dit l'éminent physicien, qu'on devra intro-

1. M. Planck. *La loi du rayonnement noir*, etc. (La théorie du rayonnement et les quanta, Paris, 1912, p. 113).

2. M. Victor Henri, dans ses recherches sur les spectres d'absorption, à
l'aide desquelles il a réussi à pénétrer si profondément dans le domaine de
la constitution intime de la molécule chimique, aboutit à cette conclusion
que la « théorie des quanta ne peut pas servir de guide pour l'étude des
actions chimiques des radiations » et que par conséquent « il y a lieu d'introduire d'autres considérations théoriques sur la constitution des molécules
et sur l'énergie intramoléculaire ». (*Études de photochimie*, Paris 1919, p. 215).

duire dans nos conceptions physiques et chimiques une discontinuité, un élément variant par sauts, dont nous n'avions aucune idée il y a quelques années. » En effet, ce côté *inattendu* du nouvel irrationnel s'est manifesté, au cours des discussions de Bruxelles, avec une grande vigueur, et l'on reconnaît facilement que l'embarras des savants qui y ont participé était dû surtout au sentiment que l'œuvre de l'explication scientifique s'était heurtée là à un nouvel obstacle (si ce n'est à plusieurs) dont on ne peut même, à l'heure actuelle, circonscrire le domaine.

C'est là une constatation fort importante, car elle prouve que l'irrationnel est essentiellement imprévisible, qu'il peut surgir inopinément n'importe où, même dans les phénomènes que l'on croyait connaître le mieux et dont la théorie a pu paraître à peu près achevée, définitive. Ainsi les mouvements des corps stellaires appartenant à notre système planétaire ont paru pendant longtemps, en vertu de la découverte de Newton, former une région privilégiée de la science, région où l'explication était complète. Il y avait, à vrai dire, des anomalies dont on ne pouvait rendre compte très exactement, telle que celle du mouvement de Mercure. Mais on espérait que des découvertes futures — et notamment celle d'une planète intra-mercurielle, que Le Verrier a cherchée — permettraient de se débarrasser de ces irrégularités, sans qu'il fût nécessaire de modifier les bases de la théorie. Or, ces recherches, on le sait, n'ont pas abouti. Par contre, la nouvelle théorie d'Einstein permet, dit-on, de rendre compte complètement de l'anomalie en question. Si les vues de ce physicien sont acceptées généralement par les astronomes, il en résultera un bouleversement profond de la théorie newtonienne, puisque la conception même de l'espace, qui en constitue le fondement essentiel, se trouvera entièrement modifiée. Et qui peut dire si des observations futures, faites à l'aide d'instruments dont la précision aura été immensément accrue, ou même à l'aide de procédés de recherche dont nous n'avons aucune idée à l'heure actuelle, ne viendront pas plus tard encore ruiner tout l'édifice? Il suffit de se rappeler combien surprenante a été la découverte de la possibilité de recherches sur la composition chimique des astres (possibilité qu'Auguste Comte s'était donné la peine de nier expressément peu de temps auparavant) pour nous rendre très circonspects à cet égard.

De même, il est important de constater que là où nous pouvons à la rigueur soupçonner l'existence d'un irrationnel, nous sommes entièrement incapables de prévoir la forme qu'il assumera. Songeons à la diversité dans le temps et dans l'espace. Il n'est pas douteux qu'il y a là deux conceptions très connexes et Newton a pu deviner que cette double diversité cachait des irrationnels. Mais même le génie d'un Newton eût été insuffisant, à moins de suivre précisément la voie qu'ont tracée Carnot, Maxwell et Boltzmann, pour deviner que l'on rationaliserait le changement à l'aide de la statistique et qu'alors l'état improbable du début ressortirait comme l'élément irréductible.

C'est ce qui fait que, par exemple, la science, comme nous l'avons constaté (p. 211), ne nous apprend rien au sujet de l'irrationnel chimique (ou des irrationnels chimiques, car il pourrait fort bien y en avoir plusieurs). Sans doute son existence est-elle fort probable, mais elle n'est nullement certaine. En effet, on eût pu, il y a moins d'un siècle, formuler une supposition analogue en ce qui concerne les phénomènes lumineux, qui ne paraissaient avoir alors de commun avec les phénomènes électriques que le fait de pouvoir être traités par la théorie des forces centrales. Bien plus tard encore, il a fallu le génie d'un Maxwell pour deviner que l'apparente dissemblance cachait une identité qui ne se heurtait à aucun irrationnel.

A plus forte raison est-il impossible de dire quelle sera la forme que prendra l'irrationnel chimique le jour où la science en précisera l'expression. Toutes les propriétés des composés pourront-elles être réduites à celles des éléments, c'est-à-dire réussira-t-on à établir pour les éléments une conception telle que, par elle et par la position des particules élémentaires dans l'espace, toutes les réactions chimiques ainsi que tous les phénomènes physiques que présentent les corps en question seront expliqués? Nous l'ignorons, et tout ce que l'on en peut dire, c'est que l'on ne saurait affirmer à l'heure actuelle qu'il y ait là quelque chose d'inaccessible à notre raison ; on peut fort bien admettre au contraire que, surtout en dotant les particules élémentaires de propriétés plus ou moins complexes, on pourra parvenir à concevoir tout le reste comme rationnel.

Dès lors tout l'irrationnel se trouvera pour ainsi dire concentré dans les éléments. Ce serait là une situation tout à fait logique, car le véritable élément, ce qui doit rester indécomposable, indestructible, incréable, est par définition même un irrationnel, quelque chose que la raison est condamnée à accepter comme un donné destiné à lui résister éternellement. En ce sens Schelling a raison de dire que les « éléments chimiques ne sont rien autre qu'autant d'asiles de notre ignorance [1] » ; mais bien avant lui et à une époque où la réforme lavoisienne était encore dans les limbes, Bailly écrivait que « les éléments du monde sont les derniers retranchements de la nature [2] ».

Evidemment, si nous supposons que la physico-chimie parviendra réellement à exécuter son programme, il faudra que ces retranchements soient forcés, c'est-à-dire que les éléments chimiques soient reconnus comme n'étant pas des éléments véritables. Les discontinuités qui ont servi de base au concept des *quanta* suffiront-elles à la tâche (ce qui, on l'a vu, ne paraît pas très probable) ou (ce qui est plus admissible) joueront-elles au moins un certain rôle dans ce processus de rationalisation ? Pourra-t-on, en général, se contenter dans cet ordre d'idées du concept du discontinu en tant que forme de l'élément irrationnel, ou faudra-t-il avoir recours à des concepts d'un ordre dont nous n'avons même aucune idée à l'heure actuelle ? Il semble bien qu'on ne puisse rien affirmer à ce sujet, ou plutôt on ne peut formuler qu'une prévision tout à fait

---

1, Schelling, *Ideen zu einer Philosophie der Natur, Werke*, vol. II, p. 27, cf. *ib.*, p. 297.

2. Bailly, *Histoire de l'astronomie ancienne*, 2e éd., Paris, 1781, p. XI.

générale et d'ailleurs, en quelque sorte, négative. On peut
en effet considérer qu'il est au plus haut degré improbable
que toutes les propriétés que nous prêtons à l'heure
actuelle aux éléments soient reconnues comme irréductibles, comme ultimes : les spéculations sur les rapports des
éléments entre eux s'y opposent. On estimera la part de
l'hypothèse pure dans ces spéculations aussi grande que
l'on voudra, que l'on ne pourra cependant pas nier que le
système périodique de Mendeléef, confirmé et précisé par
les récentes et admirables découvertes de Moseley[1], établit
des liens entre un grand nombre de propriétés des éléments
chimiques, et la théorie de Sir Joseph Thomson nous montre que ces rapports sont parfaitement susceptibles d'être
expliqués par des suppositions sur la nature de l'atome,
c'est-à-dire à l'aide du groupement dans l'espace[2]. Ainsi,
le fait même que l'on reconnaît l'existence probable (ou
même certaine) de l'irrationnel dans une certaine classe de
phénomènes ne signifie nullement que la science théorique doive cesser son travail d'explication et de rationalisation à leur égard. C'est là une proposition que démontre
l'histoire de tous les irrationnels découverts successivement. Pour ne citer que cet exemple, il est clair qu'en ce
qui concerne le changement dans le temps (si l'on entend
faire abstraction de la déduction de Newton), le fait que
les phénomènes caloriques ne sont pas conformes à l'exigence de notre raison, qui demande la conservation, a été
parfaitement établi par Carnot, alors que, bien plus tard,
Maxwell et Boltzmann ont cependant réussi à faire pénétrer dans ce domaine la théorie cinétique et donc à le
rationaliser partiellement en donnant, par là même, à l'irrationnel une forme définitive. Mais au fond, nous l'avons

---

1. Moseley, en étudiant les spectres de rayons X des éléments, est parvenu à établir que *la racine carrée de la fréquence d'une ligne donnée du
spectre est une fonction linéaire du nombre atomique.* La conception de
Mendeléef se trouve ainsi pourvue d'une base numérique précise, alors qu'en
même temps les anomalies que présentait le système sont expliquées. On
trouvera un bref résumé de ces travaux dans F. Soddy, *Le radium*, Paris
1919, Appendice de A. Lepape, pp. 376 et suiv. — Quelle tristesse de penser
que Moseley a été tué aux Dardanelles, à 28 ans !
2. Nous revenons un peu plus longuement sur cette théorie chap. VIII, p. 305.

dit (p. 197), l'existence même de la science théorique tout entière suffit déjà à démontrer qu'il en est ainsi. En effet, qu'il y ait de l'irrationnel dans la nature, qu'elle ne soit pas entièrement explicable, c'est ce que l'homme, en dépit de sa tendance invincible à croire à la rationalité, a évidemment senti de très bonne heure; nous avons vu au chapitre V (p. 116) que les spéculations les plus audacieuses de la philosophie ionienne impliquaient sans doute, à cet égard, certaines réserves mentales. En tout cas, les formules d'Héraclite sur le changement universel expriment ce sentiment avec assez de netteté et ceux qui, de tout temps, ont interrogé la nature à l'aide d'expériences affirmaient par là implicitement qu'ils renonçaient à la déduire. L'humanité n'a cependant cessé de chercher à expliquer la nature et, qui plus est, ces efforts ont été en grande partie couronnés de succès. Notre proposition constitue donc véritablement un truisme. On verra cependant un peu plus loin comment la méconnaissance de cette vérité évidente a pu créer des malentendus (cf. pp. 236 et suiv.).

Ainsi nous ne pouvons formuler, dans cet ordre d'idées, que des énoncés négatifs ou tout à fait imprécis. Nous savons où la rationalisation complète est impossible, c'est-à-dire où l'accord entre notre raison et la réalité extérieure cesse : ce sont là les irrationnels déjà découverts. Mais nous ne savons pas — et ne saurons jamais — où il existe, puisque nous ne pourrons jamais affirmer qu'il n'y aura plus de nouveaux irrationnels à ajouter aux anciens. C'est ce qui fait que nous ne pourrons jamais *déduire* réellement la nature, même en tenant compte de tous les éléments donnés et irréductibles, de tous les irrationnels que nous connaîtrons à un moment précis; toujours nous aurons besoin de nouvelles expériences et toujours celles-ci nous poseront de nouveaux problèmes, feront éclater, selon le mot de Duhem, de nouvelles contradictions entre nos théories et nos observations.

CHAPITRE VII

Cependant, même en tenant compte de ce très important redressement, l'image de la science à laquelle nous sommes parvenus ne laisse pas de nous étonner. Là où elle nous paraît sans doute le plus choquante, c'est quand nous pensons aux sciences biologiques. Ces êtres si infiniment particuliers, si changeants et si persistants à la fois, si distincts de ce qui les entoure, enfin tout cet ensemble prodigieux qu'on appelle la vie, la science aurait-elle vraiment la prétention de l'approcher, de l'attaquer par ces mêmes méthodes de résolution et d'assimilation spatiale ?

Rappelons-nous cependant la remarque si juste et si importante de M. Bouasse, selon laquelle « toutes les sciences de la nature » s'efforcent de ressembler à la physique (p. 126). Il ne se peut donc pas que les visées des sciences biologiques diffèrent fondamentalement de celles des sciences physiques.

Il convient, néanmoins, de reconnaître que l'image que les premières nous offrent à l'heure actuelle est très différente du modèle que présente la physico-chimie. Ce qui frappe notamment, à ce point de vue, c'est la place considérable qu'occupent, dans toutes les sciences de l'être vivant, les considérations finalistes.

Nous avons déjà touché à cette question dans notre chapitre II. Nous avons reconnu que le concept de fin avait, en effet, une certaine force explicative et que son intervention dans la science était motivée par la résistance qu'oppose l'esprit humain à la conception du phénomène purement légal, entièrement dépourvu d'explication : c'est ce qui fait que, dans le cas où toute déduction causale semble faire défaut, l'explication finaliste paraît susceptible de combler ce vide dans une certaine mesure. Et comme, de toute évidence, les sciences de l'être organisé se trouvent encore à l'heure actuelle dans un stade de développement très peu avancé et que les cas de véritable réduction de processus biologiques à des processus purement physiques, voire même les amorces de ces réductions, y sont très rares [1], la prévalence *quantitative* (si l'on nous permet ce terme) des considérations finalistes ne doit pas étonner. Elles y pullulent en effet à tel point, qu'encore à l'heure actuelle il arrive que des savants, parfois fort autorisés, les relient en corps de doctrine cohérents embrassant toute une classe de phénomènes, voire même ayant la prétention d'embrasser, au moins par tel ou tel côté, la totalité des phénomènes de la matière organisée. Ce sont alors ce qu'on appelle des théories *vitalistes*, cette désignation voulant dire que, pour tous les phénomènes se trouvant à l'intérieur de la limite que la théorie prétend tracer, tout se passe selon des règles particulières, entièrement distinctes de celles valables pour la matière inanimée dont s'occupent les sciences physiques, — que les processus vitaux, ainsi que l'exprime un des protagonistes de cette doctrine, M. Driesch, sont « autonomes [2] ».

Il est impossible, comme on le fait quelquefois, de traiter ces conceptions comme appartenant entièrement au passé. Au contraire, dans les tout derniers temps elles ont eu l'air de reprendre une vigueur notable et une certaine faveur auprès des biologistes, notamment en Allemagne, par suite des travaux de M. Driesch et d'autres encore.

On pourrait même, d'un coup d'œil superficiel sur l'his-

1. M. Jacques Duclaux a mis en tête de son beau livre sur la *Chimie de la matière vivante* (3ᵉ éd., Paris, 1910) cette franche déclaration : « La seule manière vraiment scientifique de traiter la chimie de la matière vivante consisterait à écrire au-dessous du titre *on ne sait rien* et à renvoyer la suite à une seconde édition qui pourrait paraître dans vingt ou cinquante ans. »

2. Hans Driesch, *Naturbegriffe und Natururteile*, Leipzig, 1904, pp. 112 et suiv. Cf. Id., *The Science and Philosophy of the Organism*, Aberdeen, 1908, p. 143.

toire des sciences biologiques, tirer cette conclusion qu'il s'agit, en l'espèce, non pas d'un progrès de la science dans une direction déterminée, mais d'une lutte entre deux principes équivalents et qui alternent dans leur domination. Les théories mécanistes des phénomènes vitaux sont, en effet, fort anciennes ; elles pullulent chez les anciens a'omistes et aussi chez les savants de la Renaissance ; elles paraissent triompher dans la philosophie matérialiste du XVIIIe siècle. Et cependant le vitalisme subsiste et semble même, nous venons de le constater, refleurir à nouveau. Par le fait, dans l'histoire de la biologie, des mouvements d'opinion vigoureux dans l'une des deux directions semblent fréquemment avoir provoqué des réactions tout aussi violentes. Ainsi le mécanisme outrancier de Bœrhaave et de Lémery a été suivi par le vitalisme tout aussi extrême de Stahl. Faut-il donc en conclure qu'il n'y a là qu'un simple va-et-vient ? Il suffit au contraire d'examiner les choses d'un peu plus près pour reconnaître qu'il n'en est pas ainsi, qu'en réalité le finalisme, le vitalisme, a constamment reculé, et que ce recul est une conséquence directe et inéluctable du progrès des sciences physiques. C'est ce que reconnaît ouvertement un des champions les plus déterminés de la cause vitaliste, M. Radl, dans une œuvre abondant en bizarreries et en contradictions, mais recélant aussi, à côté d'une érudition copieuse, quoique parfois peu sûre, quelques vues non dénuées d'originalité[1]. M. Radl, d'un bout à l'autre de son livre, ne cesse de déplorer ce qu'il appelle « la décadence de la biologie », décadence qui, d'après lui, aurait commencé à la Renaissance ou, du moins, immédiatement après Paracelse (qu'il considère comme le champion du « vitalisme absolu ») et se continuerait jusqu'à nos jours[2]. C'est là une conception qui, tout d'abord, ne laisse pas d'étonner, d'autant plus que l'on chercherait vainement chez l'auteur l'indication des hautes conquêtes de la science biologique des époques

---

1. D^r Em. RADL, *Geschichte der biologischen Theorieen in der Neuzeit*, 1er vol., 2e éd., Leipzig, 1913, p. 83.
2. *Ib.*, pp. 140, 166, 270.

précédentes, voire même de celle de Paracelse. Mais c'est que les regrets de M. Radl ont trait, au fond, tout simplement à la décadence qu'a subie le *prestige* de la biologie parmi les sciences. C'est l'abaissement ou la perte de ce prestige, l'abandon de la situation qu'occupait la biologie comme science entièrement indépendante (bien entendu, indépendante surtout des sciences physiques) et, à l'occasion même, gouvernant le domaine scientifique tout entier, qui le navre. En d'autres termes, il identifie la biologie avec le vitalisme le plus outrancier et c'est ce qui explique que son abaissement lui apparaisse comme conditionné par l'essor même de la science, telle que nous la connaissons. « La constitution de la physique moderne s'est opérée au détriment de la biologie », « Césalpin a succombé, la science de Galilée a triomphé, mais en même temps la biologie est entrée en décadence », la « lutte que Galilée a menée pendant toute sa vie a abouti à une lutte d'extermination contre la biologie[1]. » L'auteur suit cette « décadence » à travers les siècles, n'épargnant pas les critiques les plus amères (et quelquefois, il faut le dire, les plus inattendues) aux esprits éminents qui ont illustré la science moderne, pour peu que ces hommes aient tant soit peu manifesté la tendance de rattacher la science de l'être vivant à celle de la matière inorganisée. Ainsi la biologie du xviiᵉ siècle est une « science d'épigones » ; Leeuwenhoek n'est qu'un « dilettante », chez Réaumur on ne trouve « aucune pensée originale », Albert de Haller est un esprit « d'une platitude extraordinaire », pour lequel le vitalisme évidemment est une doctrine « trop sérieuse », etc.[2]. Mais Leibniz lui-même ne trouve pas grâce, ce n'est que le « représentant typique d'une époque qui tendait vers l'universalité et le génie, mais qui restait attachée au petit côté des choses » ; sa philosophie « tendait, de manière désagréable, vers des compromis et écartait tout ce qui est sincère et radical, véritablement profond

1. *Ib.*, pp. 122, 126, 153.
2. *Ib.*, pp. 163, 173, 174, 239.

et sain ¹ ». Ce parti pris farouche de l'auteur, attestant la sincérité et l'intransigeance de ses convictions vitalistes, ne peut évidemment que rehausser, dans le cas présent, la valeur de son témoignage.

D'ailleurs, à mesure que progresse la connaissance des phénomènes physico-chimiques d'une part et celle des phénomènes biologiques d'autre part, le recul des conceptions vitalistes s'accélère et éclate aux yeux de tous ; à partir, à peu près, de la fin du XVIIIᵉ siècle, de la grande époque de Lavoisier, de Volta et de Bichat, on n'a plus, en fait d'exemples, que l'embarras du choix. Les théories de Bichat lui-même en constituent un suffisamment probant, surtout quand on considère leur sort ultérieur dans la science. Bichat n'était nullement un vitaliste extrême, son œuvre constituait au contraire une forte réaction contre l'école animiste. Comme le rappelle Claude Bernard, Legallois encore expérimentait pour saisir le siège de la vie, qu'il plaçait dans la moelle allongée, alors que Flourens le logeait dans le nœud vital ². Bichat rompt avec ces errements ; s'il s'oppose au mécanisme un peu trop grossier de Bœrhaave ³, il se déclare néanmoins aussi l'adversaire de Stahl ⁴ et combat le « principe vital » de Barthez, qui n'est, comme il le dit, que l'*archée* de Van Helmont à peine transformé ⁵. Cependant si Bichat, selon l'heureuse expression de Claude Bernard, « décentralise » le principe vital ⁶, il lui attribue encore un rôle considérable. Il dresse les propriétés vitales en face des propriétés physiques comme quelque chose de différent par essence et déclare que, « appliquer les sciences physiques à la physiologie, c'est expliquer par les lois des corps

1. *Ib.*, pp. 220, 222.
2. Cl. Bernard, *Leçons sur les phénomènes de la vie communs aux animaux et aux végétaux*, vol. I, Paris, 1878, p. 8.
3. On trouvera un résumé de quelques-unes de ses théories les plus retentissantes chez Cl. Bernard, *l. c.*, p. 434.
4. Bichat, *Anatomie générale appliquée à la physiologie et à la médecine*, Œuvres, Paris, 1882, vol. I, p. VII.
5. *Ib.*, Préface de Bichat, p. VI.
6. Cl. Bernard, *l. c.*, p. 7.

inertes les phénomènes des corps vivants. Or, voilà un principe faux [1]. » En passant dans les corps vivants « la matière s'y pénètre, par intervalles, des propriétés vitales, qui se trouvent alors unies aux propriétés physiques [2] ». En particulier — et c'est là le point sur lequel nous voulons attirer ici l'attention — il affirme que le mouvement des fluides dans les canaux des végétaux « est étranger aux propriétés physiques, les vitales seules le dirigent [3] ». C'est là évidemment une thèse qui, à l'heure actuelle, nous paraît extravagante, et un biologiste de nos jours, si fermes que fussent ses convictions vitalistes, n'oserait sans doute la reprendre à son compte. Or, il faut le remarquer, nous ne sommes pas, au fond, en ce qui concerne le véritable mécanisme de ces mouvements, beaucoup plus avancés que ne l'étaient les contemporains de Bichat et, en tout cas, aucune découverte fondamentale en ce qui concerne ce mécanisme n'a été accomplie depuis cette époque. La tendance générale de l'évolution scientifique n'en ressort qu'avec plus de netteté. Comme le dit avec raison M. Jacques Lœb [4], en citant un autre exemple du même genre (mais où justement le progrès de la physique dans le domaine en question a joué un rôle considérable), « le temps où des médecins et des biologistes pouvaient objecter à J.-R. Mayer que notre corps conserve sa chaleur par voie d'hérédité, ce temps est passé pour toujours [4] ».

Ainsi les sciences biologiques ne constituent pas une exception. Au contraire, conformément à la formule de M. Bouasse, elles cherchent, partout où cela se peut, à imiter la physique, à rentrer dans le cadre de la physicochimie.

Mais peut-être reconnaîtrons-nous un peu plus clairement la nature de la controverse qui sépare vitalistes et

1. BICHAT, *l. c.*, p. xxx.
2. *Ib.*, p. xxxvii.
3. *Ib.*, p. x.
4. Jacques Lœb, *La dynamique des phénomènes de la vie*, tr. A. Daudin et G. Schæffer, Paris, 1908, p. 106.

antivitalistes, en faisant usage du concept dont nous nous sommes occupés au précédent chapitre, à savoir du concept de l'irrationnel.

Quel est, en effet, le point de vue des vitalistes actuels ? Aucun d'eux n'affirmera que rien, dans les corps vivants, ne se passe conformément aux règles qui gouvernent les corps inanimés, tous reconnaissent, pour ne citer que les exemples le mieux connus, que le sang est mû par l'action mécanique du cœur, qui agit à l'instar d'une pompe foulante et aspirante, que l'organisme ne crée pas l'énergie qu'il développe, tant sous forme d'action mécanique que de chaleur, mais que cette énergie n'est qu'une transformation de celle que lui apportent les aliments. De même nul biologiste ne soutiendra plus que les substances chimiques que nous rencontrons dans les corps vivants (leur « organisation » mise à part) ne peuvent être produites que par une *force vitale* spéciale ; sans doute, toutes n'ont pu être encore synthétisées *in vitro*, mais on en a créé déjà un nombre suffisant et, pour les autres, le succès des chimistes ne 'semble plus assez éloigné pour que les dénégations apodictiques n'apparaissent point comme trop risquées.

Mais on peut aller, semble-t-il, plus loin dans cette voie. On trouvera certainement peu de vitalistes pour professer que les explications physico-chimiques qui ont été trouvées jusqu'à présent sont les seules possibles et qu'aucun progrès ne pourra plus être accompli, à l'avenir, dans cette voie. Il ne peut d'ailleurs y avoir aucun doute sur l'opinion de ceux qui travaillent : ils ont manifestement le sentiment très net que ce qui a été accompli est peu de chose comparé à ce qui pourra l'être et que la science se trouve à peine au seuil de découvertes importantes. On l'a vu, par le passage de M. J. Duclaux que nous avons cité (p. 227), ce savant, si peu porté à juger d'un œil favorable les conquêtes passées, ne doute cependant point que l'avenir ne nous réserve, dans cet ordre d'idées, de grandes clartés.

Ainsi, ce que les vitalistes affirment tout au plus, c'est

que certains domaines, dont ils pensent d'ores et déjà pouvoir indiquer les limites (tel que celui que M. Driesch entend attribuer à son *entéléchie*), demeurent entièrement inaccessibles à toute tentative d'explication physico-chimique.

Rappelons-nous, à ce propos, ce que nous avons cru reconnaître au chapitre précédent, en ce qui concerne la chimie : la spécificité des phénomènes qu'embrasse cette science nous a semblé être un indice, au moins fort probable, qu'il y avait là, au fond, un ou plusieurs irrationnels. Cette observation s'applique, à plus forte raison, aux phénomènes vitaux. Que l'on tente en effet d'embrasser pour ainsi dire d'un coup d'œil l'amas formidable de ces phénomènes et qu'on considère (bien entendu, après avoir éliminé tout ce qui a trait à la sensation et à l'action, que l'on doit considérer comme des irrationnels d'un ordre différent) de quelle manière ils ont été classés : on ne pourra, semble-t-il, se soustraire à cette impression que certaines de ces séries (comme par exemple les phénomènes de la sensibilité, de l'assimilation et de la croissance, de l'hérédité, etc.) sont caractérisées par une originalité et une complexité telles qu'il paraît bien difficile de concevoir qu'elles puissent être entièrement réduites aux réactions que présente la matière non organisée. Comme l'a admirablement formulé Montaigne : « Quel monstre est-ce que cette goutte de semence, de quoi nous sommes produits, porte en soi les impressions, non de la forme corporelle seulement, mais des pensements et des inclinations de nos pères ? Cette goutte d'eau, où loge-t-elle ce nombre infini de formes ? Et comme portent-elles ces ressemblances, d'un progrès si téméraire et si déréglé que l'arrière-fils répondra à son bisaïeul, le neveu à l'oncle » ?[1] Ainsi, en supposant le processus de la réduction dont nous parlons suffisamment avancé (ce qui nécessitera probablement une longue suite de siècles), on aura alors, à côté d'un grand nombre de phénomènes dont la continuité avec

<hr>

1. MONTAIGNE, *Essais*, Paris, Flammarion, vol. III, p. 182.

ceux que présente la matière non organisée sera parfaite, d'autres, nettement précisés, délimités, où l'on aura reconnu une discontinuité essentielle à cet égard, où il sera démontré que la particule vivante se comporte tout différemment d'une particule morte. La propriété particulière de la matière qui se manifestera à cette occasion apparaîtra donc comme quelque chose d'irrationnel.

Considérée à ce point de vue, la thèse vitaliste revient à affirmer qu'il est d'ores et déjà loisible d'indiquer les limites du possible dans ce domaine : l'explication physico-chimique ne pourra procéder que jusque-là, tout ce qui est situé au delà demeurera à tout jamais irrationnel. L'antivitaliste au contraire suppose que, selon la formule de Claude Bernard, « les propriétés vitales ne sont autre chose que des complexes de propriétés physiques[1] » et que, par conséquent, les propriétés que nous considérons actuellement comme caractérisant la matière vivante seront reconnues un jour comme conditionnées uniquement par une certaine complexité de la structure de cette matière. C'est ce qui fait qu'il a une tendance, s'il lui semble malaisé de réduire une propriété des corps organisés à des propriétés physico-chimiques connues, à supposer qu'il y a là une propriété, restée sans doute ignorée jusqu'à ce jour, mais qui néanmoins appartient à la matière en général, et non pas uniquement à la matière vivante. Ainsi M. Bosc, parlant de l'entéléchie de M. Driesch, dont l'existence est cependant encore assez douteuse (pour ne pas dire plus), croit pouvoir inférer qu'il y a là « un principe applicable à tous les corps[2] ». On aura donc reconnu qu'il suffit de grouper d'une certaine manière un nombre donné (des milliers ou des millions, si l'on veut) de molécules des corps que nous appelons albumines, pour que les phénomènes vitaux se manifestent, et l'on saura même réaliser des groupements de ce genre. On aura ainsi obtenu ce

---

1. CLAUDE BERNARD, *Leçons sur les phénomènes de la vie commune aux animaux et aux végétaux*, Paris, 1878, p. 477 (cf. *ib.*, pp. 22-23).
2. F. BOSC, *De l'inutilité du vitalisme*, Revue philosophique, vol. 76, p. 375.

qu'on a appelé la « génération artificielle » ou la « création de la vie ».

Au point de vue de la rationalité, qui nous occupe en ce moment, deux éventualités seront alors possibles.

La première, c'est que ces propriétés des groupements (bien entendu certaines seulement d'entre ces propriétés, d'autres, en grande majorité, étant toujours supposées entièrement réduites, expliquées) apparaissent comme sans lien logique possible aussi bien avec les propriétés des parties élémentaires qu'avec celles qu'on peut attribuer à la « vertu du groupement » elle-même. On aura ainsi un donné, un irrationnel (déterminé, cela va sans dire) se manifestant lors du fait d'un certain groupement de particules élémentaires.

Ou bien (c'est la seconde éventualité) on attribuera aux parties élémentaires de la matière inorganique elle-même certaines propriétés qui, demeurant inopérantes ou ne se faisant sentir que très faiblement tant que les groupements sont peu complexes (il faut supposer, sans doute, qu'on aura découvert des phénomènes qui favoriseront des suppositions de ce genre), se manifestent avec vigueur dès que la complexité du groupement devient suffisante et qui à ce moment parviennent à conditionner ces ensembles de phénomènes de l'hérédité, de l'assimilation, etc. dont nous avons parlé. C'est là une conception que l'on voit, semble-t-il, poindre déjà avec une suffisante clarté dans certains travaux contemporains, tels que ceux de M. Jagadis Chunder Bose. Mais alors ces propriétés des particules élémentaires apparaîtront certainement elles-mêmes comme *données*, comme *occultes*, comme inexplicables. Ce seront donc encore, tout comme la diversité dans le temps et dans l'espace, des irrationnels.

Ces deux suppositions sont tout à fait analogues à celles que nous avions formulées au chapitre précédent, concernant l'irrationnel chimique, quand nous nous demandions si tout l'irrationnel pourrait être logé exclusivement dans les propriétés des particules élémentaires ; c'est qu'il s'agit, dans les deux cas, d'une seule et même question ou, du moins, des mêmes catégories de notre entendement.

L'analogie qu'offre le rôle futur de l'explication dans les deux domaines peut nous aider à mieux comprendre le vrai sens de la thèse vi*aliste. En effet, ce à quoi les partisans de cette doctrine s'appliquent surtout, c'est à démontrer que telle ou telle classe de phénomènes que présente la matière organisée, comme, par exemple, une des séries que nous avons citées p. 233, apparaît comme n'étant pas susceptible d'être expliquée par ce que nous connaissons de la manière de se comporter des corps inorganisés. On peut juger ces démonstrations plus ou moins convaincantes, en tant qu'il s'agit de la spécificité de ces phénomènes. Mais ce qu'il y a d'essentiel, c'est qu'elles sont proprement inopérantes en ce qui concerne le but véritable qu'elles visent et qui consiste, nous venons de le dire, à établir une digue contre toute tentative d'explication physico-chimique future, à interdire complètement aux théories de la matière inorganisée l'accès du domaine qu'on délimite. Car, dans le domaine chimique, cela équivaudrait à déclarer que, parce qu'il ne nous semble pas à l'heure actuelle que tout ce qui caractérise les atomes élémentaires puisse être réduit, par une théorie mécanique ou même électrique, à un groupement de sous-atomes d'une espèce unique ou, peut-être, de deux espèces (telles que les particules électriques positives et négatives), toute recherche concernant une théorie de ce genre ou même tendant seulement à établir des rapports entre les propriétés des éléments (comme le fait le système de Mendeléef) doive être proscrite. Il est clair, au contraire, que ce serait là une conclusion entièrement injustifiée. En déclarant que la spécificité des éléments chimiques ne pourra jamais être complètement expliquée par la « vertu du groupement » on affirme simplement qu'il doit y avoir, dans ce domaine, de l'irrationnel ; mais on ne prétend nullement, on ne saurait prétendre que tout ce qui concerne ce domaine le soit, que la rationalisation ne puisse y jouer aucun rôle. De même, s'il apparaît fort probable que les phénomènes de l'instinct ou de l'hérédité constituent réellement des classes à part, ont une spécificité qui ne pourra jamais être complètement réduite, il ne s'en suit point qu'ils ne puissent être réduits en partie, expliqués partiellement par des phénomènes tels que ceux qui caractérisent la matière non organisée. Il est certain que la science a, dans cet ordre d'idées, découvert depuis quelques lustres des analogies fort curieuses.

Nous avons mentionné plus haut les travaux de M. Jagadis Chunder Bose, qui sont d'autant plus remarquables qu'ils ont trait à l'essence même des substances. Étudiant, en effet, les phénomènes moléculaires produits par l'action de l'électricité sur la matière inorganique et sur la matière vivante, ce savant a constaté que les réactions qu'on croyait caractéristiques pour celle-ci peuvent être reproduites chez celle-là, de sorte qu'il est impossible de tracer une limite entre le phénomène qu'on considérait d'un commun accord comme physiologique et le phénomène simplement physique [1].

Mais on pourrait, ici, multiplier les exemples. Ainsi les travaux sur la chimie des colloïdes ont fait découvrir que l'action des anesthésiques, qui certainement apparaissait jusqu'ici comme physiologique, pourrait fort bien s'expliquer sans qu'il fût le moins du monde nécessaire d'invoquer le concept de vie : tous les anesthésiques ont la propriété commune d'être solubles dans la graisse et il semble qu'ils agissent uniquement en modifiant les propriétés des lipoïdes; c'est ce qui explique une constatation qui avait toujours troublé les physiologistes, à savoir le fait que des corps chimiquement inactifs peuvent être des anesthésiques puissants [2]. De même l'action de puissants poisons, tels que le cyanure de potassium, ne paraît avoir rien qui se rapporte à la spécificité des corps organisés, car le cya-

---

1. Jagadis Chunder Bose, *De la généralité des phénomènes moléculaires*, etc. Congrès international de physique, Paris, 1900, vol. III, pp. 581 et suiv.
2. J. Loeb, *La dynamique des phénomènes de la vie*, tr. A. Daudin et G. Schaeffer. Paris, 1908, p. 85.

nure de potassium se montre « toxique » à l'égard d'une catalyse de l'eau oxygénée [1].

Une autre catégorie de phénomènes, que l'on jugerait d'autant mieux devoir être limités aux organismes qu'ils semblent mettre en jeu leur activité psychique, trouve pourtant également son analogue dans les corps bruts. Ce sont les phénomènes de la mémoire, et ce qui leur ressemble, dans les corps bruts, a été appelé *hystérésis*. Ce sont des faits dont l'explication, la théorie, tourmente beaucoup les physiciens, précisément parce qu'ils apparaissent si anormaux, au point de vue de la conception que nous avons accoutumé de nous faire des corps bruts; mais en tant que faits, ils sont indubitables, et le physicien, en étudiant par exemple l'élasticité des métaux, s'y heurte à chaque instant [2]. A l'heure actuelle, dans certaines conditions, un corps brut est censé véritablement avoir un *passé*, tout comme un corps vivant; Boltzmann a pu dire que le fil métallique « se souvient » [3].

Le tropisme, l'action directrice que certains agents physiques et, en premier lieu, la lumière, exercent sur les organismes, présente, dans son fonctionnement, beaucoup d'analogie avec l'instinct et l'on peut, sans trop de contrainte, concevoir un certain nombre d'instincts comme des combinaisons de tropismes. Or, le tropisme paraît certainement susceptible d'explications physico-chimiques [4].

La constatation fondamentale et, en apparence, presque contradictoire, de la biologie cellulaire, à savoir que le contenu des cellules apparaît à la fois comme étant dans

1. *Ib.*, pp. 61-62.

2. H. Bouasse, *Sur la déformation des solides*, Revue générale des sciences, XV, 1904, pp. 121 et suiv. Cf. id., *Développement historique des théories de la physique*, Scientia, VII, 1910, p. 293.

3. H. Bouasse, *Sur la déformation*, etc., p. 127.

4. Loeb, *l. c.*, pp. 10, 212 et suiv., 290, 331. M. Driesch lui-même concède que le fait que tous les tropismes sont soumis à la loi de Weber, laquelle ressemble aux règles gouvernant l'action des masses en chimie, semble démontrer qu' « il y a quelque chose de chimique qui est lié aux tropismes » et que « nous pouvons supposer, par hypothèse, que de véritables réflexes simples apparaissent, à tous égards, comme mécaniques » (*machine-like*). (*The Science and Philosophy of the Organism*, Aberdeen, 1908, volume II, pp. 9, 12.)

un état d'agrégation liquide ou, au moins, semi-liquide et comme néanmoins doué certainement d'organisation, a perdu beaucoup de son aspect paradoxal depuis que nous connaissons les cristaux liquides, qui possèdent non seulement l'anisotropie caractéristique de toute structure cristalline, mais qui ont encore la faculté de croître, et dont les agrégats semblent montrer une analogie frappante avec certaines formes observées par les biologistes, notamment avec des formes de la myéline [1].

En général, des formes que l'on croyait l'apanage de la matière vivante peuvent, semble-t-il, être imitées, du moins jusqu'à un cer*ain point, par des réac*ions qui ne mettent en jeu que des substances non-vivantes. Ces expériences (et notamment, en dernier lieu, celles de M. S. Leduc [2]), qui aboutissent à des similitudes très visibles, ont vivement frappé l'attention ; on s'en est, sans doute, exagéré la portée, mais il se peut qu'il y ait là plus qu'une analogie apparente [3].

L'analogie est certainement réelle en*re la division d'un œuf d'oursin et celle d'une goutte d'huile d'olive par un fil imbibé d'un liquide alcalin [4], et, en général, cette partie de la vie de l'organisme qui apparaît en

1. O. Lehmann, *Scheinbar lebende fliessende Kristalle, kuenstliche Zellen und Muskeln*, Scientia, IX, 1908, pp. 293 et suiv.

2. S. Leduc, *Les lois de la biogénèse*, Revue scientifique, 24 février et 3 mars 1906. — Cf. Przibram, *Experimentalzoologie*, IV. *Vitalitaet*, Leipzig et Vienne, 1913, pp. 13-14.

3. Cf. Loeb, *loc. cit.*, pp. 80 et suiv. sur les travaux de Traube. M. Loeb fait cependant des réserves expresses et n'est « nullement disposé à voir dans les imitations morphologiques des cellules et des bactéries au moyen de précipités inorganiques des organismes artificiels » (*La fécondation chimique*, p. 339). M. Przibram, tout en estimant que les théories physiques proposées dans ce domaine se heurtent à des « difficultés insurmontables », reconnaît cependant que « celui qui, connaissant les spectres ou fantômes produits par diverses forces physiques, les spectres magnétiques par exemple, a d'autre part sous les yeux l'image complète et parfaite de la division mitotique d'une cellule, est frappé de leur ressemblance et risque une explication physique ». M. Prenant trouve les essais de M. S. Leduc « saisissantes » et conclut que « les traits généraux de ressemblance (dans le cas de la mitose) sont tels qu'ils nous interdisent de faire appel à une énergie mystérieuse, à une énergie vitale, distincte par sa nature des énergies physiques connues » (*La théorie physique de la mitose*, Scientia, XIII, 1913, pp. 330 et suiv.). Cf. aussi Lehmann, *loc. cit.*, p. 293.

4. Loeb, *La fécondation chimique*, tr. Drzewina, Paris, 1911, p. 32.

quelque sorte comme la plus essentielle et la plus mystérieuse de toutes, à savoir la fécondation et le développement du germe, a été l'objet de recherches et de découvertes qui semblent montrer que l'explication physico-chimique pourra y jouer un rôle considérable ; il suffira de citer les travaux mémorables de M. Loeb[1], bientôt suivies de celles de M. Yves Delage[2], sur la fécondation artificielle, ainsi que les études de toute une école de biologistes qui, se groupant autour de M. Wilhelm Roux[3], se consacrent à ce qu'ils désignent du nom un peu prétentieux de « mécanique du développement ».

On est également parvenu, à l'aide d'arrangements expérimentaux en somme fort simples, à imiter jusqu'à un certain point des phénomènes qui paraissaient caractéristiques de la cellule vivante : M. Rumbler a montré qu'une goutte de chloroforme suspendue dans l'eau se comporte à l'égard d'un fil de verre enduit de cire comme une amibe qui avale une diatomée, qu'elle s'entoure d'une sorte de construction, si on lui fournit du verre pilé, et qu'elle forme des pseudopodes par simple diminution de la tension superficielle[4].

Dans un ordre d'idées analogue, on constate que les deux grands problèmes de l'énergie animale et de la synthèse chimique des substances qui composent les corps organisés, problèmes qui, il y a une ou deux générations, pouvaient être légitimement considérés comme radicalement insolubles, n'apparaissent certainement plus comme tels à l'heure actuelle. A la vérité, les premiers succès dans ces deux domaines sont plus anciens, les débuts de la synthèse des corps organiques datent de 1828, c'est-à-dire de la fameuse synthèse de l'urée par Woehler. Depuis ce moment, en effet, il était devenu impossible de prétendre que les substances chimiques qu'on qualifiait

1. Loeb, *La fécondation chimique*, tr. Dazeville, Paris, 1911.
2. Yves Delage et M. Goldsmith, *La Parthogénèse naturelle et expérimentale*, Paris, 1913.
3. Cf. à ce sujet Driesch, *Der Vitalismus als Geschichte und als Lehre*, Leipzig, 1905, pp. 155 et suiv.
4. Przibram, *loc. cit.*, pp. 17 et suiv.

d'*organiques* ne pouvaient être produites que dans le sein de l'organisme, vu que, seul, le concours de la force vitale permettait cette formation. Mais on avait toujours la ressource d'affirmer que la nature, la vie, opérait par des voies entièrement inaccessibles aux chimistes, puisque ceux-ci mettaient en œuvre, dans leurs synthèses, des moyens puissants, tels que des températures élevées, de fortes concentrations, des réactifs violents, pour n'aboutir la plupart du temps qu'à des résultats infimes, alors que l'organisme, sans employer aucun de ces agents, effectue apparemment son travail avec un rendement quantitatif. Or nous connaissons maintenant de véritables synthèses, telles que la polymérisation de l'aldéhyde formique, qui s'accomplissent dans des conditions analogues à celles qui existent à l'intérieur de l'organisme [1]. Et d'autre part, nous savons aussi que ces réactions dont le rendement, dans l'organisme, paraissait si paradoxal, peuvent être reproduites au laboratoire, par l'intervention de quantités infimes de ferments, d'*enzymes*, comme on les appelle actuellement, qui agissent par *catalyse*. Ces ferments sont solubles, ce qui prouve qu'il s'agit, en l'espèce, de véritables réactions chimiques, où le fait de l'organisation n'a aucune part. Ce n'était pas là une démonstration superflue, car, à la suite des travaux de Pasteur, l'opinion tendait à prévaloir que certaines réactions, qu'on avait considérées jusque-là comme purement chimiques, telles que la fermentation alcoolique, ou l'acidification de l'alcool, étaient au contraire l'œuvre de petits organismes ; Pasteur lui-même, dans une controverse retentissante avec Liebig, a défendu cette opinion [2], alors que Claude Bernard, au contraire, en parlant de l'action de la levure, constatait qu'on en ignorait la nature, mais qu'elle « doit nécessairement appartenir à l'ordre physico-chimique [3] ». C'est

1. Cf. Loeb, *La dynamique*, etc., p. 208. M. Baeyer croit du reste que c'est en effet à l'aide de cette réaction que la synthèse s'accomplit dans l'organisme (*ib.*).
2. Loeb, *ib.*, p. 54.
3. Claude Bernard, *Introduction à l'étude de la médecine expérimentale*, éd. Sertillanges, Paris, 1900, p. 320.

Claude Bernard qui avait raison et à l'heure actuelle l'opinion prévaut que les micro-organismes eux-mêmes n'agissent que par le moyen de substances solubles, dépourvues d'organisation, qu'ils excrètent.

Il faut considérer comme le point de départ des découvertes sur l'énergie animale le fameux travail de Lavoisier et Laplace sur la respiration, auquel d'ailleurs, selon le témoignage autorisé de M. Loeb, « se rattachent, directement ou indirectement, toutes les découvertes réellement importantes dans la chimie biologique [1]. ». On connaissait donc, depuis ce moment, la source d'où provient la chaleur animale. Et comme on savait, d'autre part, par l'exemple des machines thermiques, qu'à l'aide de la chaleur on pouvait créer du travail mécanique, le fait que l'animal en produit ne paraissait plus aussi énigmatique. Mais, comme pour la synthèse chimique, il semblait que le procédé mis en œuvre par l'organisme n'eût rien de commun avec celui employé par l'homme. Depuis qu'on avait appris, par la découverte de Carnot, qu'une chute de température était indispensable au fonctionnement de la machine thermique et que le rendement était en proportion de cette chute, la divergence apparaissait comme plus considérable encore ; car il n'y a, à l'intérieur de l'organisme animal, que des différences de température infimes, et le rendement de ce moteur en énergie est cependant très supérieur à celui du meilleur moteur thermique. Mais là aussi les découvertes des derniers lustres sont venues apporter sinon une solution, du moins l'espoir d'une solution. Nous ne savons pas encore comment l'organisme s'y prend pour transformer l'énergie chimique des aliments en énergie mécanique des muscles, mais nous connaissons des transformations analogues s'accomplissant dans des conditions qui ne diffèrent pas essentiellement de celles qui existent à l'intérieur du tissu. Ce sont le processus de « l'imbibition » d'Engelmann, celui de d'Arsonval et d'Imbert, qui utilise la tension superficielle, celui de

____
1. Loeb, l. c., p. 14.

Quincke, qui met en jeu l'étalement et d'autres encore [1]. Sans doute y a-t-il cette grave difficulté que les variations que l'on met en avant paraissent, le plus souvent, irréversibles, ou tout au plus partiellement réversibles comme le processus d'Engelmann, alors que celles dont les organismes vivants sont le théâtre sont, de toute évidence, entièrement réversibles [2]. Il semble cependant qu'il n'y ait là qu'une différence de degré et l'obstacle, certes, n'apparaît pas comme invincible.

Une découverte récente, qui a eu un grand et légitime retentissement, montre bien à quel point la notion qui fait le fondement de l'affirmation vitaliste, à savoir celle du phénomène vital, est encore sommaire et même, si l'on ose dire, grossière, combien elle aurait besoin d'être plus nettement délimitée, avant que l'on pût la faire entrer dans des énoncés strictement scientifiques. Nous entendons parler de la belle série de travaux de M. J. Nageotte, qui a eu pour objet la greffe de tissus morts.

La greffe organique est une opération très ancienne et qui, de tout temps, a vivement frappé l'imagination du public. Il faut se rendre compte, en effet, que, même sous sa forme la plus simple de greffe vivante et directe, l'opération a quelque chose de paradoxal et qui choque certaines de nos notions instinctives. Nous nous sentons *individu* et nous supposons, par analogie, que l'humanité et même le monde animal tout entier sont composés de tels ; il nous semble donc étrange qu'une partie *organisée* d'un tel individu puisse, sans passer par les organes de la digestion et en conservant par conséquent son organisation propre, s'agréger à un organisme étranger. Il faut constater cependant que, jusqu'à M. Nageotte, personne n'avait pensé à greffer autre chose que des tissus vivants : il semblait aller de soi que la vie, cet état mystérieux, était indispensable à la réussite de l'opération, et l'on s'était donné des peines infinies pour la maintenir dans des gref-

---

1. *Ib.*, p. 107. — Cf. aussi A. Bethe, *Neuere Vorstellungen*, etc., Scientia, VIII, 1910, pp. 70 et suiv. et O. Lehmann, *l. c.*, p. 297.
2. Cf. F. Bottazzi, Scientia, XII, 1912, p. 276.

fons, même conservés assez longtemps. M. Nageotte prend résolument le contre-pied de cette règle. Il *tue* les tissus avant de les greffer, en les plongeant, pendant des périodes prolongées, dans des solutions concentrées de formol à 10 %, dans de l'alcool à 90° ou même dans une solution de sublimé. Or, les greffes faites à l'aide de ces tissus réussissent parfaitement, elles réussissent même, en général, mieux que les greffes vivantes, le nouvel organisme réagit moins, se montre plus tolérant à leur égard qu'à l'égard de greffons vivants. On ne saurait d'ailleurs douter que ces tissus morts, qui gardent parfaitement leur organisation après la greffe, redeviennent vivants; ils sont, en effet, capables de s'hypertrophier dans certains cas, c'est-à-dire de créer du tissu nouveau, ce qui est bien certainement un privilège de la vie. [1] Le célèbre biologiste s'est appliqué à montrer de plus près en quoi consiste le mécanisme de cette mort et de cette reviviscence. Le tissu dont il s'agit, et qui est du tissu conjonctif, est « habité » par un certain nombre de cellules dont il constitue d'ailleurs, en quelque sorte, l'excrétion. Ce sont ces cellules seules qui, en lui, sont véritablement vivantes, et c'est parce qu'elles ont du mal à s'adapter à l'organisme nouveau que se produisent les réactions que l'on constate en cas de greffons vivants. Celles-ci sont bien moindres pour les greffes mortes, parce qu'il est plus facile à l'organisme de se débarrasser des « cadavres » de cellules mortes. L'assimilation, dans ce cas, se produit par l'immigration de cellules du nouvel organisme. Seulement, pour les greffons morts, cette phase nous paraît correspondre à une véritable reviviscence. C'en est en effet une, dans un certain sens, à condition que l'on veuille bien se pénétrer de cette notion que tous les phénomènes *vitaux* ne sont pas le fait du tissu conjonctif lui-même, mais uniquement celui des cellules. Quant au tissu conjonctif, la « substance fondamentale » (qui en est le premier état), nous dit ce bio-

---

1. Cf. sur cette hypertrophie, J. NAGEOTTE, *Reviviscence de greffes*, etc. Bull. Soc. biol., 24 nov. 1918, p. 892.

logiste, est tout simplement « un coagulum des albumines contenues dans le milieu intérieur. Elle n'est pas plus vivante que le corail des polypiers [1] ».

C'est là une constatation que les faits, pour ainsi dire, imposent directement. Mais dans un travail à portée plus générale, publié plus tard, M. Nageotte formule des suppositions allant bien plus loin encore et qui, il faut le reconnaître, à la lumière des résultats acquis, paraissent fort plausibles. Elles ont trait notamment à ce qui se passe à l'intérieur des cellules. On sait que celles-ci contiennent un certain nombre de granules (ou mitochondries) et de la substance intergranulaire. Or, c'est dans ces granules seuls que se réfugierait « l'essence de la vie », alors que la substance intergranulaire serait tout à fait dans le même cas que la substance intercellulaire [2]. On voit à combien peu de chose se réduit, pour ce biologiste, ce qui est véritablement vivant dans un organisme que nous croyions être tel en sa totalité.

En résumant ce que nous venons d'exposer, nous dirons que les phénomènes que mettent en jeu les démonstrations vitalistes semblent trop complexes, que leur analyse ne paraît pas avoir été assez poussée par la science pour que l'on puisse dores et déjà formuler des énoncés d'un « dogmatisme négatif » aussi prononcé. Etant donné la vigueur avec laquelle notre entendement poursuit cette tâche éternelle de la rationalisation, il faut certainement, pour qu'il consente à s'arrêter devant une barrière, que celle-ci soit pour ainsi dire d'une pièce, ne présente aucune apparence de lacune. Pour les phénomènes vitaux, si l'on cherche à se représenter ce que pourrait être une démonstration parfaite de ce genre, on arrive à peu près à l'image suivante : on verrait des particules organisées se comporter autrement que des particules non-organisées, c'est-à-dire non pas sans doute se mettre en

<hr>

1. In., *Les substances conjonctives*, etc., Comptes Rendus de la Société de biologie, 21 oct. 1916, p. 1 du tirage à part.

2. In., *La matière organisée et la vie*, Scientia, déc. 1918, pp. 9 à 11 du tirage à part.

mouvement, alors que les autres resteraient en repos ou vice versa (ce serait, selon nos conceptions actuelles, créer de l'énergie et nous sommes convaincus que celle-ci se conserve aussi bien dans les organismes qu'ailleurs) mais par exemple suspendre ou retarder un mouvement (ce qui est le genre d'action que M. Driesch attribue à son « entéléchie »[1]) ou suivre un mouvement *ordonné*, alors que celui des particules non-organisées, dans une situation analogue, serait non-ordonné, obéirait simplement aux lois du hasard (ce qui serait un genre d'action comme Maxwell l'imaginait pour son « démon » et qui serait d'ailleurs conforme à cette formule bien connue de Claude Bernard, selon laquelle la vie dirigerait les forces qu'elle ne crée pas[2]).

Il ne paraît point douteux qu'une telle démonstration forcerait notre conviction et il n'est pas difficile d'en reconnaître la raison. C'est qu'il s'agirait d'un phénomène *moléculaire* et donc, par supposition, simple. Les phénomènes molaires apparaissent, au contraire, comme nécessairement complexes, comme la résultante d'un grand nombre de mouvements moléculaires, dont quelques-uns au moins pourront s'accomplir selon les règles de la physico-chimie. Affirmer qu'il n'en est pas ainsi, que nous ne pourrons jamais concevoir l'ensemble que l'on déclare vital comme décomposé ou que, dans le cas contraire, toutes les parties le composant devront nous apparaître comme soustraites aux règles de la nature non-organisée, est évidemment très hasardeux. Ce l'est d'autant plus que, comme on s'en rend compte aisément, une telle affirmation implique une thèse concernant le fonctionnement de notre entendement : on affirme savoir ce que ce dernier agrée, c'est-à-dire jusqu'où vont les limites du concevable. Or, une telle connaissance peut sans doute être atteinte en ce qui concerne les fondements les plus généraux, et nos travaux ont précisément pour but d'y parvenir ; nous n'avons

1. DRIESCH, *The Science and Philosophy*, etc., vol. II, p. 150.
2. Ce concept a d'ailleurs été repris par Sir Oliver Lodge. Cf. HARLOW, *Ecology*, etc, Scientia, XIII, 1913, p. 205.

d'ailleurs d'autre prétention, dans cet ordre d'idées, que de dégager les principes dont la science s'est inspirée de tout temps, et la thèse en question peut donc, à première vue, ne pas sembler excessive. Mais c'est que nous prétendons précisément ne dégager que ces fondements, faire voir ce que notre raison considère comme parfaitement rationnel et jusqu'à quelle limite elle retrouve ce concept dans la nature ou, si l'on aime mieux, parvient à le lui imposer. Cependant, nous l'avons vu, la raison ne connaît pas que ce rationnel parfait, elle connaît encore un rationnel imparfait, partiel, qu'elle sait fort bien contenir de l'irrationnel et dont elle se sert cependant, comme s'il était du rationnel parfait, pour la réduction de ce qui est plus irrationnel que lui. Mais, en jugeant de ce fonctionnement de notre raison, de ses modalités et de ses limites, on ne saurait être trop prudent. Non pas que, comme on l'a affirmé quelquefois, notre raison se modifie, évolue à ce point de vue ; tout semble démontrer au contraire son entière immutabilité. Mais c'est que, ne la voyant pas fonctionner, contraints de déduire les règles de ce fonctionnement *a posteriori*, à l'aide d'exemples concrets, nous sommes susceptibles de nous égarer. Nous nous égarerons d'ailleurs d'autant plus facilement qu'il s'agira de choses plus nouvelles, moins analogues à celles que nous connaissions, aux cas où nous avons accoutumé de voir notre raison exercer sa fonction. Or, c'est là ce qui, en science, se produit normalement : la raison a beau rester toujours la même, les problèmes auxquels elle est amenée à s'attaquer se renouvellent sans cesse et leur forme peut alors à tel point s'écarter de celles qui nous sont familières qu'il nous sera impossible de dire à l'avance comment notre raison s'y comportera. Car, nous l'avons dit, il est bien difficile de faire fonctionner (sauf dans des cas très simples) notre raison à l'essai. De sorte que si l'on veut connaître réellement sa décision dans un cas précis, l'unique ressource consiste souvent à rechercher comment ont raisonné dans ces circonstances ou, du moins, dans des circonstances analogues, ceux qui raisonnaient sérieusement dans ce sens, avec toute la conviction qu'un tel usage de notre raison comporte. Mais s'il s'agit d'un cas pour lequel nous ne pouvons, dans le présent ou le passé, découvrir d'analogie suffisamment proche, le fil conducteur, évidemment, peut nous faire défaut, d'autant plus facilement d'ailleurs que le cas est plus compliqué. C'est là précisément la situation où nous nous trouvons en parlant de ce qui apparaîtra comme concevable ou non concevable dans les phénomènes vitaux : nous ne savons pas, nous ne pouvons pas savoir quels sont les artifices que la raison scientifique mettra en jeu en vue de leur réduction, et il n'est donc nullement impossible que ce qui apparaît comme radicalement inconcevable à une génération ne fasse plus la même impression sur une autre. Voici un exemple qui, dans cet ordre d'idées, nous semble probant. On ne trouvera sans doute pas, dans l'histoire tout entière de la pensée humaine, d'esprit plus pondéré, moins enclin aux affirmations hasardeuses, que Montaigne. Or, Montaigne ne se contente pas de faire ressortir (comme nous l'avons indiqué p. 233) que les phénomènes de l'hérédité en général présentent une spécificité telle que leur explication paraît fort difficile, il affirme encore que, dans un cas précis, cette explication est entièrement inconcevable à tout jamais. Il fait cette observation à propos de la maladie de la pierre qu'il avait héritée de son père et qui ne s'était manifestée qu'à l'âge de quarante-cinq ans. « Où se connaît tant de temps la propension à ce mal ? Qui m'éclaircira de tout ce progrès, je le croirai d'autant d'autres miracles qu'il voudra, pourvu que, comme ils font, il ne me donne pas en paiement beaucoup plus difficile et fantastique que n'est la chose même [1]. » Evidemment, Montaigne avance ici une affirmation nettement vitaliste : il maintient que l'on ne saurait concevoir, pour ce fait, de théorie physique explicative. Or, nous sommes sans doute fort loin, à l'heure actuelle, de pouvoir formuler une théorie de ce genre; mais il n'en est pas moins certain que l'impossibi-

---

1. MONTAIGNE, Essais, Paris, Flammarion, vol. III, p. 153.

lité foncière d'une telle théorie apparaîtrait, au biologiste de nos jours, comme bien moins avérée qu'elle ne l'a paru à Montaigne. En effet, la formation de la pierre étant un processus chimique, il faut nous enquérir de quelle manière la chimie biologique considère des phénomènes de ce genre. Or, le lecteur verra un peu plus bas que des biochimistes sont parvenus à concevoir que chaque individu organisé pourrait bien posséder son albumine *distincte*, différente de celle de tout autre individu; il n'y aurait donc rien d'étonnant à ce que des albumines très analogues (comme le seraient celles du père et du fils) donnassent lieu, dans des circonstances semblables (c'est-à-dire à un certain âge) à des phénomènes également semblables. Mais sans même recourir à des imaginations aussi aventureuses, rien ne nous empêche de concevoir la modification, transmise par l'acte de procréation, d'une combinaison, d'un ferment présent en quantité infinitésimale et cependant déterminant le dépôt, dans la vessie, des substances qui forment la pierre. On traitera ces suppositions d'aussi hypothétiques que l'on voudra, l'on ne pourra pas nier qu'elles soient *concevables*, qu'il n'y ait pas là quelque chose de « beaucoup plus difficile et fantastique que ne l'est la chose elle-même » : un vitaliste contemporain, en vue d'une démonstration analogue, préférerait sans doute choisir un autre exemple.

Ainsi, la conclusion semble inévitable que les affirmations vitalistes sont en quelque sorte prématurées, qu'elles ne pourront véritablement trouver dans la science une place légitime qu'à un moment où les recherches seront infiniment plus avancées qu'elles ne le sont à l'heure actuelle. Le vitalisme, qui pourrait bien avoir raison au total, en affirmant que la nature organisée recèle quelque chose de spécifique, semble cependant avoir tort dans chaque question particulière, en tant qu'il prétend indiquer d'ores et déjà où niche ce spécifique irréductible, et limiter par là le champ des recherches explicatives.

C'est, semble-t-il, le sentiment plus ou moins confus mais très puissant de cette situation, bien plus que la conviction de la grandeur des résultats acquis, qui constitue la source où l'anti-vitalisme puise sa vigueur et sa confiance dans l'avenir. Il sait qu'il cherche à satisfaire un penchant éternel de l'esprit humain et que, de ce chef, nul obstacle, nulle défense, si fortement organisée qu'elle paraisse, ne pourrait l'arrêter. Pour qu'il s'arrêtât, il ne faudrait en effet rien de moins qu'une démonstration très nette, à la fois de l'irrationalité et de la simplicité foncière du phénomène qu'on entendrait soustraire à ses atteintes.

Les vitalistes eux-mêmes, tout en trouvant, bien entendu, cette tendance blâmable, sont obligés d'admettre que c'est là l'attitude réelle du biologiste moderne. « On considère la réduction des processus biologiques aux forces de la nature inorganique comme allant de soi », constate M. Driesch à la première page d'un ouvrage destiné précisément à démontrer que la biologie est une « science fondamentale indépendante [1] », c'est-à-dire indépendante des sciences physico-chimiques.

D'ailleurs, il n'est pas difficile de se rendre compte que cette faiblesse des théories vitalistes tient précisément à ce qu'elles sont une forme du finalisme. Il suffit, en effet, d'un coup d'œil sur l'histoire des conceptions biologiques pour s'apercevoir à quel point l'esprit humain, dans tout ce qui touche peu ou prou à la recherche scientifique, aime à s'affranchir de ce concept de fin. Un exemple probant dans cet ordre d'idées est offert notamment par la grande controverse qui s'est ouverte au siècle dernier autour du problème de l'évolution des espèces. Jusqu'à cette époque il paraissait avéré que seule la finalité était susceptible de fournir des vues synthétiques sur la genèse de l'être organisé et de ses parties. Sans doute, Descartes avait affirmé que l'organisme n'est qu'une machine et, au xviiie siècle, les matérialistes avaient magnifiquement développé cette thèse. Mais qu'il y eût, dans

1. H. Driesch, *Die Biologie als selbstaendige Grundwissenschaft*, Leipzig, 1893, p. 1.

chaque être organisé, un ensemble merveilleusement adapté à son milieu et à son mode d'existence, c'est ce que l'observation la plus superficielle permettait de constater et ce qu'une étude approfondie confirmait. Or, des vues mécanistes paraissaient entièrement impuissantes sur ce terrain. On sait d'ailleurs que c'est sur cet accord qu'était fondée la preuve téléologique de l'existence de Dieu qui, pendant de longs siècles, a tenu une place considérable dans la pensée de l'humanité. A la veille presque des travaux de Lamarck, dans un milieu très porté vers le matérialisme, l'abbé Galiani a formulé cette démonstration avec beaucoup de force et d'éloquence [1]. Kant était également d'avis qu'on ne pourrait jamais se passer, pour l'explication de la genèse de l'être organisé, des considérations de finalité. « Il est absurde, dit-il, d'espérer que quelque nouveau Newton viendra un jour expliquer la production d'un brin d'herbe par des lois naturelles auxquelles aucun dessein n'a présidé ; car c'est là une vue qu'il faut absolument refuser aux hommes [2]. »

Il est manifeste que la situation, à ce point de vue, se trouvait, dès la seconde moitié du siècle dernier, entièrement modifiée. On pourrait, sans doute, trouver, à l'heure actuelle encore, des biologistes pour souscrire, en toute sa rigueur, au postulat négatif de Kant ; mais il est certain que ni l'opinion générale des savants, ni celle du public cultivé ne seraient avec eux. L'une et l'autre paraissent au contraire fermement persuadées que, soit telle ou telle forme de la théorie évolutionniste mise en avant (lamarckisme ou darwinisme en leurs diverses nuances,

---

1. *Mémoires inédits de l'abbé Morellet*, etc., 2ᵉ éd., Paris, 1822, vol. Iᵉʳ, p. 135 et suiv. — Cf. *Identité et réalité*, p. 345. — Il semble cependant que beaucoup de théologiens aient parfaitement senti la faiblesse de cette position : Pascal constate que « jamais auteur canonique ne s'est servi de la nature pour prouver Dieu », ce qui, ajoute-t-il, est « une chose considérable ». Pascal lui-même d'ailleurs, n'entend pas en faire usage. Dire aux incroyants « qu'ils n'ont qu'à voir la moindre des choses qui les environnent et qu'ils verront Dieu à découvert,... c'est leur donner sujet de croire que les preuves de notre religion sont bien faibles ; et je sais par raison et par expérience que rien n'est plus propre à leur en faire naître le mépris » (*Pensées et opuscules*, éd. Brunschwicg, Paris, 1917, pp. 445-446).

2. Kant, *Critique du jugement*, tr. Barni, vol. II, § 74, p. 77.

la théorie de Weissman ou des conceptions analogues, la théorie mendélienne et celle des mutations de De Vries, etc.), soit une combinaison de ces diverses théories, soit enfin l'intervention de causes auxquelles les biologistes n'ont pas encore pensé, suffisent pour expliquer ce qui nous apparaît à première vue comme une tendance vers un état futur.

La profondeur et la rapidité de l'évolution qui s'est ainsi accomplie ont été mises en lumière, d'une manière saisissante, dans un article publié récemment par un grand journal anglais, à propos de l'apparition de la biographie de Hooker [1], le grand botaniste, l'ami et le camarade de lutte de Darwin et de Huxley. C'est, en effet, en Angleterre que la lutte, comme on sait, a été la plus vive, les convictions créationnistes, fondées sur une croyance absolue en l'inspiration littérale des textes sacrés, y étant d'une ardeur particulière. Les conceptions évolutionnistes y furent l'objet des attaques les plus passionnées, et l'année qui suivit celle de l'apparition de l'*Origine des espèces* notamment, une des personnalités les plus haut placées du clergé anglican, l'évêque d'Oxford, lors d'un Congrès de l'*Association britannique pour l'avancement des sciences*, qui se tint en cette ville en 1860, invectiva directement Darwin et Huxley (ce dernier étant présent) d'une manière aussi véhémente qu'inusitée. A peine une génération plus tard, en 1885, une statue de Darwin fut inaugurée au Musée d'Histoire Naturelle de Londres. L'Eglise anglicane fut représentée, dans cette solennité, par le plus haut de ses dignitaires, l'archevêque de Cantorbéry, et ce dernier, dans son discours, non seulement prodigua tous les éloges imaginables à l'auteur du livre naguère tant abhorré, mais déclara solennellement que la conception évolutionniste se trouvait dans le plus parfait accord avec la Bible. Huxley qui, comme de juste, se trouvait sur l'estrade, ne put s'empêcher, en s'en allant,

---

1. Leonard HUXLEY, *Life and Letters of Sir Joseph Dalton Hooker*, Londres, 1918.

de murmurer à l'oreille d'un ami, le biologiste Judd :
« Mon cher, vous et moi, nous serons brûlés un de ces
jours, parce que nous n'allons pas assez loin au gré de
ces messieurs [1]. »

Or, ce n'est pas faire injure aux grands protagonistes
de l'évolutionnisme, dont les efforts ne sauraient être
assez admirés et dont l'humanité sans doute inscrira les
noms parmi ceux de ses initiateurs les plus éminents, que
de constater que les résultats réellement acquis dans ce
domaine ne sont encore, dans l'immense majorité des
cas, que peu concluants et ne permettent certainement
pas, à l'heure actuelle, quoi que ce soit qui ressemblerait
à une véritable démonstration. Il suffit du reste d'écouter
un peu les polémiques entre les diverses écoles évolutionnistes pour se convaincre que les faits mêmes qui doivent
servir de fondement aux raisonnements ne se trouvent
que très rarement hors de toute contestation. Et quant à
l'ensemble de la conception évolutionniste, elle apparaît
certainement, si on veut la serrer d'un peu près, à la fois
imprécise et contradictoire, reculant en quelque sorte, à
mesure qu'on entend l'approcher, dans un lointain qui
estompe ses contours.

Comment se fait-il, cependant, que, devant cet ennemi
en apparence si peu redoutable, les défenses du finalisme,
dont le point de vue est facile à préciser avec toute la
clarté désirable et qui, dans ce domaine, avait joui d'un
droit de possession incontesté pendant une longue suite
de siècles, aient cédé si rapidement ? Il semble que le
phénomène ne comporte qu'une explication unique, à
savoir la faiblesse inhérente à toute conception finaliste.
Sans doute, nous *voulons* une explication et, faute de
toute autre, nous nous résignons à accueillir celle-là. Mais
elle n'est et ne sera jamais qu'un pis-aller et l'emprise
qu'elle exerce sur notre esprit est faible : dès qu'une
explication causale se présente, même lointaine, même
confuse, l'explication finaliste lui cède aussitôt la place.

1. *The Times, Litterary Supplement*, 18 juillet 1918, p. 834.

Quoi de plus naturel du reste ? Sans doute la conception causale comporte, si on la développe logiquement jusqu'en ses conséquences dernières, mainte grosse difficulté philosophique. Mais que le présent puisse être réglé par l'avenir, qui n'existe pas encore et qui, si je suppose mon propre libre arbitre, pourra bien ne pas exister, cela répugne bien davantage à l'entendement, surtout si l'on entend s'abstenir de considérations proprement théologiques.

Il est clair, en outre, que finalité suppose prescience, ce qui à son tour implique conscience. Si je fais telle chose pour atteindre telle fin, c'est que, comme le dit Lucrèce, j'ai eu d'abord la pensée, la prévision de ce que je voulais et que cette prévision avait pour objet une image[1]. Sans doute Lucrèce était-il anti-finaliste. Pour lui, « rien ne se forme dans le corps pour qu'on en puisse user, mais ce qui s'y forme trouve ensuite son usage[2] ». Mais même chez Aristote, ce prototype de tous les finalistes, la cause finale ne meut qu'autant qu'elle est connue et désirée et, par conséquent, n'a de prise que sur les êtres capables de sentir et de vouloir[3]. Évidemment, en apaisant ma faim et ma soif, en accomplissant un acte sexuel, je n'ai conscience que de suivre un besoin immédiat, un instinct obscur, alors qu'à la réflexion j'arrive à concevoir qu'il y a là des actes dirigés vers la conservation de mon individu ou de mon espèce. Mais c'est qu'alors je suppose qu'une conscience supérieure, la Nature, Dieu, connaît ces fins ; comment pourrait-elle autrement les vouloir ? L'anthropomorphisme, ici, est inévitable. A moins, bien entendu, que je ne parvienne, comme le fait la théorie

---

1. Lucrèce. *De rerum natura*, l. IV, v. 884-886 :
neque enim facere incipit ullam
Rem quisquam, quam mens providit, quid velit, ante :
Id quod providet, illius rei constat imago.
2. *Ib.*, v. 833-843.
3. Cf. Thomas Henri Martin, *Mémoire sur les hypothèses astronomiques d'Eudoxe, de Callippe, d'Aristote et de leurs écoles*, Académie des Inscriptions, vol. XXX, I, 1881, p. 243. Cf. Aristote, *Sur l'Ame*, trad. Barthélemy Saint-Hilaire, livre III, chap. x, § 2.

évolutionniste, à retourner vers la causalité en imaginant que seules les espèces ont pu persister où ces besoins et ces instincts s'étaient formés et perfectionnés ; auquel cas la finalité n'est qu'apparente et cède aussitôt la place. Mais si la finalité doit être fondamentale, elle ne peut provenir de forces inconscientes. Il n'y a, pour s'en convaincre, qu'à penser à l'emploi que, d'une manière plus ou moins subreptice, l'on a voulu faire parfois des causes finales dans la physique. Si j'affirme qu'un rayon de lumière se rend d'un point à un autre par le chemin le plus court et si je veux voir dans cet énoncé autre chose qu'une règle empirique, j'attribue au rayon non seulement le choix des chemins à suivre, mais encore la connaissance anticipée du résultat à obtenir. C'est là assurément une vue qui, selon la juste expression de H. Poincaré, « a quelque chose de choquant pour l'esprit [1] » et dont notre imagination cherchera toujours à s'affranchir. Elle y est parvenue, comme on sait, dans le cas particulier, et la prétendue « économie » de la nature s'est transformée pour nous en une sorte de prodigalité, puisque nous supposons que des ondulations naîtraient dans toutes les directions si elles ne se compensaient pas mutuellement. Il n'est pas douteux, d'ailleurs, que ce concept d'une action visant une fin ne soit né en nous de la considération de la manière dont nous agissons ou, du moins, croyons agir nous-mêmes. C'est ce que Spinoza a établi, d'une manière définitive semble-t-il [2].

Cette origine du concept fait comprendre pourquoi, ainsi que l'auteur de l'*Éthique* le déduit immédiatement, le

---

1. H. Poincaré, *La science et l'hypothèse*, p. 154. M. Loeb dit qu'il « ne peut y avoir d'économie dans le travail que là où il y a mémoire et, par conséquent, raison ; les forces aveugles n'épargnent pas les moyens » (*La dynamique des phénomènes de la vie*, tr. Daudin et Schaffer, Paris, 1908, p. 224). Mais Descartes déjà, à propos du concept d'une action à distance, avait protesté contre une supposition qui lui paraissait aboutir à douer les particules matérielles de raison, au point de les rendre « vraiment divines, afin qu'elles puissent connaître sans aucun intermédiaire ce qui se passe en des lieux fort éloignés d'elles et y exercer leurs actions » (*Œuvres*, éd. Adam et Tannery, vol. IV, p. 396).

2. B. Spinoza, *Éthique*, livre Ier, prop. xxxvi, appendice (éd. Appuhn, pp. 104-105).

concept est anthropomorphique à un autre point de vue
encore. De même que la cause, la fin doit être intelligible ; mais, pour celle-ci, ce postulat aboutit à un jugement de valeur : elle doit nous paraître digne qu'on y
tende. Or, s'il y a dans l'univers une chose dont l'intérêt
prime celui de l'humanité, nous sommes certainement incapables de la concevoir. « N'ayant jamais reçu au sujet de la
complexion de ces êtres [les « directeurs de la nature »]
aucune information, ils [les hommes] ont dû en juger
d'après la leur propre, et ainsi ont-ils admis que les Dieux
dirigent toutes choses pour l'usage des hommes... Mais,
tandis qu'ils cherchaient à montrer que la Nature ne fait
rien en vain (c'est-à-dire rien qui ne soit à l'usage des
hommes), ils semblent n'avoir montré rien d'autre, sinon
que la Nature et les Dieux sont atteints du même délire
que les hommes. » On a expliqué les choses nuisibles, les
tempêtes, les tremblements de terre, les maladies par la
colère des Dieux ; « et, en dépit des protestations de l'expérience quotidienne montrant par des exemples sans
nombre que les rencontres utiles et les nuisibles échoient
sans distinction aux pieux et aux impies, ils n'ont pas pour
cela renoncé à ce préjugé invétéré [1] ».

On n'a d'ailleurs qu'à s'adresser aux finalistes eux-
mêmes pour se convaincre jusqu'à quel point Spinoza a
raison. Voici un exemple récent : le géologiste A. de Lapparent estime que la constitution de réserves de houille
dans les profondeurs de l'écorce terrestre « atteste un dessein merveilleusement poursuivi » ; toutes les particularités des gisements, l'épaisseur des couches, l'intercalation
de masses stériles, le fait que le terrain carbonifère ne soit
pas trop facile à atteindre (ce qui empêche le gaspillage),
lui paraissent concourir à cette démonstration. Mais, bien
entendu, le but de cette « trame trop bien ourdie » ne peut
être autre que de « préparer l'avènement du roi de la
Création [2] ».

<hr>

1. *Ib.* (éd. Appuhn, pp. 105-108).
2. A. de LAPPARENT, *Science et apologétique*, Paris, 1905, pp. 191-211.

Toutefois si, dans le passé, on pouvait à la rigueur concevoir l'univers de cette façon, cela est bien moins aisé à l'heure actuelle et devient de plus en plus difficile à mesure que nos connaissances avancent. Pour ne parler que de la nature organisée, chaque espèce, même en la concevant constituée en vue d'une fin, paraît ne connaître d'autre fin qu'elle-même, son propre bien-être, sa conservation, sa propagation. L'homme n'y paraît jouer aucun rôle, et son rôle dans la nature en général apparaît incontestablement de plus en plus réduit, au point de nous sembler, à l'heure actuelle, véritablement infime. Comment se persuader que tout cela n'a été fait que pour lui ? N'y avait-il donc pas moyen d'arranger les choses mieux ou, en tout cas, plus simplement ? C'est l'antique opposition entre la toute-bonté de Dieu et sa toute-puissance, opposition qui a tant tourmenté les théologiens de toutes les époques et qui a abouti, comme on sait, chez Leibniz à cette conception d'une divinité pour laquelle toutes choses sont possibles, mais non pas *compossibles* et qui dès lors, ne pouvant créer un monde *bon*, a dû se contenter de créer le meilleur qu'elle pouvait.

Sans doute, la foi, à l'heure où nous vivons, est-elle bien moins vive que dans les siècles passés. Mais la difficulté du problème ne s'en trouve pas diminuée, car ici, le concept de toute-puissance est impliqué véritablement par le raisonnement lui-même. Si la Nature ou la Vie (qui ne peuvent être, dans cet ordre d'idées, que des prête-noms de la divinité) exercent sur les choses un pouvoir qui leur permet de s'insérer dans leur trame, comment concevoir que ces choses, d'autre part, semblent leur résister ? On admet — non sans peine certes — que la Vie se contente de diriger (comme dans le schéma de Claude Bernard) les forces qu'elle ne crée point. Mais au moins faut-il alors que, dans sa parfaite prescience, elle n'ait, à ce point de vue, aucune défaillance. C'est ce qui fait que si nous devons admettre par exemple le concept de l'instinct en tant que concept fondamental, soustrait à toute tentative d'explication ultérieure, cet instinct nous apparaît nécessairement comme devant être infaillible. On peut s'en rendre compte aisément en examinant les travaux de ceux qui ont défendu cette conception finaliste de l'instinct. L'œuvre de Henri Fabre, qui n'est qu'un long et très brillant plaidoyer en faveur de cette thèse, met précisément au premier plan ce concept de l'infaillibilité, en tant qu'opposée aux tâtonnements pénibles, aux erreurs continuelles de la volonté consciente, et les adversaires qui, comme M. Rabaud, cherchent à ruiner ces preuves d'infaillibité ou à nous montrer même, comme M. Piéron, des instincts aboutissant à des actes nuisibles à l'espèce [1], s'attaquent au côté le plus essentiel (et d'ailleurs le plus faible) de la théorie.

En comparant ce qui se passe pour la finalité à ce que nous avons reconnu concernant la causalité, on peut dire que ce qui apparaît ici comme contraire à la finalité ou comme imparfaitement final est analogue à ce que, quand il s'est agi de rationalité causale, nous avons qualifié d'*irrationnel*. Que si cet irrationnel final paraît, dans une mesure bien plus forte que l'irrationnel proprement dit, s'opposer à la conception fondamentale qu'il limite, s'il paraît proprement la ruiner, ce n'est là évidemment qu'un nouvel aspect de ce fait primordial de la vigueur en quelque sorte inférieure du concept de fin comparée à celle du concept de cause, ce qui fait que le second se remet d'une attaque à laquelle le premier succombe. Nous concevons, à la rigueur, une rationalité limitée, alors qu'une finalité limitée nous apparaît comme absurde.

En dépit de cette faiblesse inhérente à tout finalisme, ce serait cependant, nous l'avons vu, une erreur d'affirmer qu'il est entièrement étranger à la pensée scientifique. Bacon, on le sait, a protesté avec la plus grande véhémence contre l'admission, dans la science, de tout ce qui ressemble à une cause finale. Les causes finales, d'après lui, ne peuvent être d'aucune utilité dans la science, dont plu-

---

1. Henri Piéron, *Les instincts nuisibles à l'espèce devant les théories transformistes*, Scientia, IX, 1911, p. 201.

tôt elles « dépeuplent et dévastent le domaine [1] ». Il est
manifeste au contraire que, même si l'on se place au point
de vue strictement anti-vitaliste, des déductions finalistes
sont susceptibles de rendre de grands services, en permettant de grouper les phénomènes sous un point de vue
unique et de préparer ainsi parfois des tentatives de réduction futures. L'anti-vitaliste le plus déterminé peut fort
bien admettre qu'il a été avantageux, en attendant une
analyse plus approfondie, de classer par exemple sous les
chefs d'*hérédité* ou d'*instinct* une diversité presque infinie de phénomènes. A supposer que cette classification
ne soit point définitive, que certains faits, englobés à
l'heure actuelle sous ces dénominations, soient reconnus
plus tard comme appartenant à des catégories très différentes, ou que même la spécificité de ces faits se trouve un
jour complètement abolie, il est certain que ce classement
provisoire aura été nécessaire, la parenté — ne fût-elle
qu'apparente — de ces faits étant indéniable et la science
ne pouvant partir que d'apparences de ce genre. Et de
même, il se peut fort bien que l'*entéléchie* de M. Driesch
— laquelle semble certainement (autant qu'un profane est
susceptible d'en juger) un peu bien *grosse* pour un irrationnel définitif [2] — puisse rendre des services considérables, en groupant des phénomènes dont l'analogie n'apparaît pas au premier coup d'œil. C'est aux biologistes seuls
d'en juger, de dire si ce concept peut leur rendre des services réels, s'ils trouvent les raisonnements de M. Driesch
suffisamment concluants pour que son concept puisse être
admis dans la science. Ou plutôt, c'est sans doute la
marche elle-même du progrès scientifique (bien plus que
les discussions, quelle que soit l'utilité de ces dernières
pour éclaircir les positions respectives des adversaires)
qui se chargera de cette décision : la position de M. Driesch

1. BACON, *De Augmentis*, l. III, chap. IV, *The Works*, Londres 1887, vol. II,
p. 339.

2. M. Driesch le pose expressément comme tel, en déclarant ce concept
« autonome » et « irréductible ». *The Science and Philosophy of the Organism* Aberdeen, 1908, vol. I, p. 219, 228). Cf. *ib.* p. 249 : « Aucune substance
chimique n'est possible en tant que base de l'entéléchie. »

restera défendable tant que, pour aucun des phénomènes qu'il rend justiciables de son « entéléchie », n'apparaîtra la possibilité d'une explication physico-chimique. Mais le jour où, à l'intérieur de l'ensemble des phénomènes que ce biologiste entend embrasser par son ambitieuse conception, on pourra formuler pour une partie, quelle qu'elle soit, une théorie du mode de production physique tant soit peu plausible, les défenseurs les plus fermes de cette conception s'empresseront certainement d'abandonner la position compromise et de reporter leurs suppositions plus loin.

La situation est la même pour d'autres concepts vitalistes, plus anciennement admis et dont l'existence — en grande partie sans doute pour cette raison — nous semble mieux garantie que celle de l' « entéléchie ». Nous pourrions ici reprendre l'énumération de tout à l'heure et examiner à ce point de vue toutes les catégories de phénomènes de la vie auxquelles la science explicative a commencé à s'attaquer. Bornons-nous à considérer le concept de l'instinct. Il est manifeste que si la science devait se borner à l'étudier « comme tel », elle en affirmerait précisément, par là même, l'existence en tant que concept irréductible, à peu près à la manière de Henri Fabre. Ce serait donc déclarer qu'à l'intérieur des limites que trace la définition de ce concept la science doit s'interdire toute recherche explicative. Dès lors le biologiste a raison en affirmant, avec M. Piéron, que l' « hypothèse de la réductibilité paraît plus féconde », étant donné qu'elle est « stimulatrice de recherches, génératrice de progrès », car si « la réduction à des mécanismes réflexes plus simples n'est pas faite, cela ne veut pas dire qu'elle ne puisse jamais l'être » et que « les faits négatifs, les insuccès, sont sans valeur [1] ». C'est bien là ce que voulait dire Claude Bernard en proclamant qu'il « faut s'habituer à... chercher toujours à supprimer complètement la vie de l'explication

---

1. H. Piéron, *La notion de l'instinct*. Bulletin de la Société française de philosophie, 14ᵉ année, nᵒ 3 (août 1914), pp. 327 et suiv.

de tout phénomène physiologique ; la vie n'est rien qu'un mot qui veut dire ignorance et quand nous qualifions un phénomène de vital, cela équivaut à dire que c'est un phénomène dont nous ignorons la cause prochaine ou les conditions [1] ».

Mais Spinoza, déjà, avait fait ressortir qu'en faisant intervenir les causes finales, on a recours à « la volonté de Dieu, cet asile de l'ignorance ». En effet, « quand ils voient la structure du corps humain, ils sont frappés d'un étonnement imbécile et, de ce qu'ils ignorent les causes d'un si bel arrangement, concluent qu'il n'est point formé mécaniquement, mais par un art divin et surnaturel... [2] »

Ainsi toute conception finaliste apparaît, en science, comme simplement tolérée, en attendant qu'elle puisse être remplacée par une déduction causale. Mais cela n'empêche que l'on aurait tort de vouloir prendre à la lettre le précepte de Bacon et de vouloir chasser entièrement le finalisme de la science. En effet, comme notre penchant vers la rationalité est irrépressible, il ne servirait de rien de lui opposer des obstacles : là où notre esprit ne peut le satisfaire complètement par des déductions causales, il entre pour ainsi dire naturellement et de lui-même dans la voie, moins satisfaisante sans doute, mais cependant encore rationalisante dans une certaine mesure, de la déduction finaliste. Partout où l'explication causale ne paraît pas encore pouvoir pénétrer, le chercheur sera forcément amené à faire prévaloir des explications du type de celles que Cuvier avait en vue, c'est-à-dire mêlées de considérations proprement causales et de considérations finales [3]. Si

1. Cl. Bernard, *Introduction à l'étude de la médecine expérimentale*, éd. Sertillanges, Paris, 1900, p. 819. — Il est à remarquer que Schelling a déclaré, presque dans les mêmes termes, que « la force vitale a été imaginée uniquement comme un artifice (*Nothbehelf*) de notre ignorance » et qu'elle est « un produit authentique de la raison paresseuse » (*Erster Entwurf eines Systems der Naturphilosophie*, Werke, 1º s., vol. III, p. 80).

2. B. Spinoza, *Éthique*. Livre Iᵉʳ, appendice (éd. Appuhn, p. 111).

3. On trouvera un certain nombre de ces considérations, judicieusement choisies et clairement exposées, sans parti pris finaliste ni antifinaliste, dans le livre intéressant de M. J. Henderson, *The Order of Nature*, Cambridge (Mass.), 1917.

Bacon a pu complètement méconnaître cette situation si apparente, c'est que son esprit était occupé de l'image d'une science purement empirique. Mais, nous l'avons vu, cette science est quelque chose de chimérique, que l'humanité n'a jamais connu et, sans doute, ne connaîtra jamais.

Les vitupérations de Bacon n'en contiennent pas moins une grande part de vérité. Il avait, tout d'abord, entièrement raison contre la science de l'époque précédente, qui avait tant abusé du point de vue finaliste. Mais il a vu juste aussi en affirmant qu'au point de vue de la stricte logique, tout ce qui est expliqué par la *fin* se trouve par là même soustrait à la recherche de la cause [1]. Cette situation nous frappe beaucoup moins actuellement, précisément à cause du sentiment que nous avons de la faiblesse inhérente à la position finaliste ; nous savons pertinemment que, quelles que soient les limites qu'on entend tracer à la recherche de la cause, la résistance ne prévaudra pas dès qu'il y aura le moindre espoir de voir cette recherche couronnée de succès. Mais la situation était très différente à une époque où la foi était encore vive et où l'argument téléologique pouvait invoquer l'appui puissant de la théologie.

Plus d'un demi-siècle plus tard, Spinoza, écrivant dans un pays qui, dans l'Europe d'alors, était probablement, en dépit du récent coup d'État du prince d'Orange, un des moins tyranniques au point de vue des opinions religieuses, constate que « quiconque cherche les vraies causes des prodiges et s'applique à connaître en savant les choses de la nature, au lieu de s'en émerveiller comme un sot, est souvent tenu pour hérétique et impie et proclamé tel par ceux que le vulgaire adore comme des interprètes de la Nature et des Dieux. Ils savent bien que détruire l'ignorance, c'est détruire l'étonnement imbécile, c'est-à-dire leur unique moyen de raisonnement et la sauvegarde de leur autorité [2] ». Le danger, de ce côté, n'est plus très con-

---

1. M. Honigswald insiste avec raison sur ce caractère en quelque sorte négatif du vitalisme (*Der Totalitaetsbegriff*, p. 85).

2. Spinoza, *Éthique*. Livre Ier, appendice (éd. Appuhn, p. 111).

sidérable, semble-t-il, et la science, en permettant à la finalité de pénétrer dans la partie du domaine biologique où la causalité n'a pu encore s'installer — nous avons vu d'ailleurs qu'il serait vain de vouloir s'opposer à cette pénétration — a peu à redouter des futures offensives des partisans des conceptions finalistes. De toute façon, cette partie de la science mise à part, — et il est à peu près certain qu'avec le progrès de la science elle ira en se rétrécissant — tout le reste du domaine est et demeurera dévolu à l'explication causale.

Or, il est à peine besoin de le faire ressortir, dans toutes ses parties où l'on fait prévaloir ou cherche à faire prévaloir l'explication physico-chimique, la biologie, conformément à la formule de M. Bouasse, ressemble ou s'efforce de ressembler aux sciences physiques. Il y a manifestement identité du but et du procédé et, par conséquent, ce que nous avons reconnu ou reconnaîtrons valable pour celles-ci vaudra aussi pour celle-là.

On a vu d'ailleurs, au cours de ce travail, que partout où la matière semble s'y prêter, la biologie actuelle, tout comme celle du passé, n'hésite point à avoir recours à des explications d'un type causal très avancé : les conceptions se rattachant aux théories de la préformation en fournissent un exemple suffisamment éclatant (chap. V, pp. 156 et suiv.).

Voici, dans le même ordre d'idées, quelques témoignages directs. « Si l'humanité dure assez longtemps, dit un anti-vitaliste contemporain, un moment viendra sans doute où les savants trouveront l'explication mécanique de tous les phénomènes [1]. » Il n'est pas douteux qu'en faisant cet acte de foi, le biologiste en question avait surtout en vue les phénomènes de la matière vivante. Écartons pour le moment les difficultés que rencontrerait la réalisation de cette prophétie, même en ce qui concerne les phénomènes purement physiques (difficultés que les physiciens de

---

1. P. DELBET, *De la méthode dans les sciences*, 1re série, *Sciences médicales*, 2e éd., Paris, 1910, p. 349.

nos jours considèrent, on le sait, comme rédhibitoires) et négligeons encore les obstacles que pourra présenter (en vue de l'existence de nouveaux irrationnels probables) la réduction des phénomènes de la vie à la physico-chimie pure et simple. Prenons la formule en question pour ce qu'elle est sans doute au fond, à savoir, pour l'énoncé du but idéal, mais en réalité inaccessible, que poursuit notre raison à l'égard de la nature. Nous n'aurons alors qu'à nous rappeler que le mécanisme, l'explication par la matière et le mouvement, se réduit en réalité à l'explication par le second terme seul, le premier étant par essence inexplicable. Or, le mouvement, cela ne peut faire aucun doute, n'est explicatif que parce qu'il constitue une fonction spatiale.

Voici maintenant le témoignage d'un vitaliste qui est, si possible, plus direct encore. En cherchant précisément à défendre le domaine de la matière vivante contre l'envahissement des explications tirées des sciences physiques, M. Driesch déclare que le mécanisme (dont il constate d'ailleurs la pérennité et dont il admet pleinement la nécessité) ramène « tous les problèmes, dans une certaine mesure, à des problèmes de géométrie [1] ». C'est là en effet son but et, en même temps, le but véritable de toute explication dans le domaine scientifique tout entier. C'est partout la même recherche de l'identité, soit entre l'antécédent et le conséquent, soit entre deux coexistants et partout le même recours à la construction spatiale pour les égaler et les diversifier à la fois. Dans tout l'immense champ de la science, il n'y a et ne peut y avoir de véritable explication que par l'espace et les propriétés de l'espace.

---

1. H. Driesch. *The Science and Philosophy of the Organism*, Aberdeen, 1908, vol. II, p. 209.

CHAPITRE VIII

LES MODALITÉS DE L'EXPLICATION SPATIALE

Nous avons tenté autrefois de démontrer directement, en examinant les théories du présent et du passé, que les sciences physiques sont réellement conformes au schéma auquel nous avons abouti dans notre V° chapitre, c'est-à-dire que les explications qu'elles nous offrent reposent, en dernier lieu, sur l'identification dans le temps et dans l'espace. Mais une démonstration de ce genre, nous sommes bien forcés de le reconnaître, reste et restera toujours incomplète. Quel que soit le zèle qu'on puisse y mettre, on ne pourra jamais parcourir qu'une petite partie de l'immense total du savoir scientifique, et le lecteur pourra toujours soupçonner que les exemples ont été choisis et présentés avec trop d'érudition ou d'ingéniosité pour être véritablement probants, du moins à l'égard d'une thèse présentant des dehors aussi extravagants. Nous ne chercherons donc point à reprendre ici cet exposé ; mais peut-être quelques considérations sur la manière dont la science utilise l'espace et ses fonctions en vue de ses explications pourront-elles contribuer à rendre notre thèse un peu plus plausible.

A. — L'utilisation la plus simple et la plus générale est celle que suggère le terme même de *déplacement* : l'explication repose sur ce que quelque chose (resté identique en soi, c'est là, nous le savons, la base de toute explication) est censé avoir changé de place. L'espace étant, par essence, uniforme, indifférencié, et cette uniformité n'étant détruite que par les objets matériels qui s'y trouvent, il faut donc que le déplacement soit marqué par ces objets. On aura, dans le cas le plus simple, quelque chose passant d'un objet, d'un corps matériel à un autre. Bien entendu, comme il s'agit d'explication, de théorie figurative, c'est-à-dire de la substitution, à ce que nous apercevons ou croyons apercevoir, à la réalité que nous suggère la conception du sens commun, d'une réalité différente, il ne peut être question de saisir directement ce déplacement ; nous devons y conclure indirectement, par suite de tel ou tel phénomène ou ensemble de phénomènes. C'est ce qui fait que ce qui se déplace peut être conçu comme immatériel. Dans le passé, on le sait, la physique a souvent usé et même abusé de ce schéma ; ce qui se déplaçait était surtout envisagé comme un principe porteur de qualités, tel que le calorique ou le phlogistique. Il est certain que les physiciens modernes sont bien moins accommodants à cet égard. Le fluide calorique n'existe plus pour nous, là où l'on concluait à son déplacement, nous supposons la communication d'un mouvement. Et quant au phlogistique, nous affirmons maintenant, dans les phénomènes où il était censé passer d'un corps à un autre, le passage de quelque chose de matériel (surtout de l'oxygène), mais en sens inverse. L'oxygène est, à la température de nos réactions ordinaires, un gaz incolore, il va donc de soi que nous ne pouvons le *voir* passer. De plus, dans des réactions où il passe d'une combinaison à une autre, nous n'admettons même pas, bien souvent, que le gaz oxygène, l'oxygène moléculaire, tel que nous pouvons l'enfermer dans nos cylindres, se soit réellement formé comme produit intermédiaire et soit ensuite intervenu comme tel ; au contraire nous supposons l'intervention de l'oxygène à l'état naissant, de l'oxygène atomique — être hypothétique par excellence. Cela n'empêche que nous sommes fortement convaincus que l'oxygène matériel a réellement passé dans les réactions en question — toute une série de circonstances observées concourent à cette conclusion et, en premier lieu, les considérations de poids, admirablement mises en avant par Lavoisier. Mais, on ne saurait trop le rappeler, parce que ce fait jette une vive lumière sur la véritable nature des vérités scientifiques, les affirmations des phlogisticiens avaient également des observations pour base. Ne croyant pas au principe de la conservation du poids ou, du moins, admettant implicitement qu'il souffrait des exceptions plus ou moins explicables, ils concluaient au déplacement du phlogistique par le fait qu'une propriété déterminée avait passé d'un corps à un autre.

La science de nos jours a-t-elle entièrement renoncé à faire usage de principes immatériels dans ce sens ? On n'oserait l'affirmer. En effet, s'il est entendu que l'électricité n'est pas réductible au mouvement mécanique, mais qu'au contraire tous les autres phénomènes doivent, en dernier terme, être ramenés à des phénomènes électriques, on se demande comment cet être primitif, fondement de toute réalité, pourra être conçu, sinon comme une sorte de principe immatériel ? On le déclarera aussi différen* que l'on voudra des anciens *fluides* et notamment du fluide électrique de Franklin, qu'il n'en gardera pas moins forcément beaucoup de points de contact avec eux, et notamment la faculté de créer des phénomènes en se déplaçant. Mais même en mettant à part cette phase, la plus récente, et en s'en tenant à l'image de l'univers selon la théorie purement mécanique, il est clair que le *mouvement* lui-même constitue un tel principe. En effet, il doit passer d'un corps à un autre. Et si, dans ce cas, nous apercevons directement le fait du passage, par exemple quand une bille de billard en heurte une autre, le *comment* du passage, on le sait de reste, n'en demeure pas moins entièrement mystérieux pour nous. C'est ce qui fait que nous sommes forcés de douer la matière de propriétés occultes, telles que l'impénétrabilité ou l'élasticité, ou de forces non moins énigmatiques.

Le fait que le corps ou le principe qui est censé se déplacer peut ne pas être directement perçu, est cause qu'il n'est pas absolument nécessaire que nous connaissions à la fois la place qu'il a quittée el celle où il s'est rendu. Sans doute, il est inimaginable que nous ignorions l'une et l'au-

tre à la fois, car nous n'aurions alors eu aucun motif
d'imaginer la théorie ; mais il se peut à la rigueur que
nous ne connaissions que soit le lieu de départ, soit le lieu
d'arrivée, l'autre bout de la chaîne restant enveloppé de
ténèbres. Nous dirons alors que cela s'est « dissipé dans
l'espace » ou que cela est « venu des profondeurs de l'espace ». Les atomistes anciens, on peut le voir par Lucrèce,
usaient très largement de ce mode d'explication. Il est continuellement question, dans le *De rerum natura*, de particules venant des espaces lointains et qui, par leurs chocs,
sont cause de phénomènes terrestres. Il n'est du reste pas
difficile de se rendre compte pourquoi de telles conceptions
paraissaient plausibles. Comme on ne connaissait pas de
moyen de suivre les gaz dans leurs pérégrinations (la fameuse expérience de la clepsydre d'Empédocle [1] étant restée à ce point de vue tout à fait isolée), ces substances ne
paraissaient (du moins dans la conception vulgaire)
douées que d'une sorte de semi-matérialité. On sait que
chez Van Helmont encore, qui passe pour être le créateur
de la conception chimique du gaz, ce *gass* apparaît comme
quelque chose d'intermédiaire entre les corps véritables
et les principes immatériels (tels que son « blass », le principe de la vie). Or, que le corps, en brûlant, dissipe sa
fumée dans l'atmosphère, que l'eau s'y évapore, et que de
l'atmosphère, en revanche, viennent les manifestations
très tangibles de la pluie, de la neige et de la grêle, cela est
d'expérience commune. Quoi de plus naturel dès lors que
de faire intervenir l'espace environnant aussi dans d'autres phénomènes ? Cela est devenu plus malaisé pour nous,
parce que nous savons mieux suivre la matière dans ses
avatars. Cependant, la situation est peut-être modifiée
moins profondément qu'on ne serait porté à le penser à
première vue. C'est qu'en dehors de l'air, nous avons
encore l'éther, censé remplir les profondeurs de l'espace
et que, bien entendu, cet éther doit exercer une action sur

---

1. Cf. Burnet, *L'aurore de la philosophie grecque*, tr. Reymond, Payot,
Paris, 1919, pp. 251-252, 260, 265.

les phénomènes terrestres (c'est même en vue de cela que nous l'imaginons). Or, nous croyons sans doute, pouvoir suivre aussi ces modalités de l'activité de l'éther (qui sont ce que nous appelons des formes de l'énergie), mais seulement dans une certaine mesure ; nous avons bien le sentiment qu'il doit y avoir de ces formes qui nous échappent. C'est sur une conception de ce genre (quoiqu'elle fut imaginée en plein xviiie siècle, alors qu'il n'était pas encore question de notre éther) qu'était fondée la théorie de la gravitation de Le Sage, qui expliquait, comme on sait, l'attraction newtonienne par l'intervention de « corpuscules ultra-mondains ». Il est certain que cette hypothèse ne devait avoir rien de choquant pour le sentiment du physicien moderne, puisque Maxwell encore l'a déclarée « la seule théorie consistante de la gravitation qui eût jamais été formulée [1] ». Elle n'a succombé finalement que devant la difficulté de la mettre d'accord avec des lois de la physique fermement établies telles que le principe de la conservation de l'énergie, etc. [2]. Plus récemment encore, au moment de la découverte des corps radioactifs, alors qu'on se demandait quelle pouvait être la cause de la formidable et mystérieuse énergie qu'ils rayonnent sans cesse (nous avons parlé de ces discussions p. 156), la supposition fut émise qu'il pouvait s'agir de radiations qui remplissaient l'espace, que nos instruments étaient incapables de discerner et que les corps en question avaient le don de capter en quelque sorte pour les disperser ensuite [3]. Est-il besoin d'insister sur la parenté de cette conception avec celles de Le Sage et de Lucrèce ? C'est, dans tous ces cas, la même utilisation de l'espace pour l'explication de phénomènes terrestres ; on connaît le point d'arrivée de ce qui passe, et l'on place le point de départ — incontrôlable — dans l'espace illimité. Par suite de circonstances qu'il serait inu-

---

1. Maxwell, *Encyclopædia Britannica*, 9ᵉ éd., article *Atom*, p. 47.

2. Cf. *Identité et réalité*, pp. 79-80.

3. Schelling s'est, de même, demandé si « les soleils ne sont que les aimants lumineux de l'univers qui rassemblent autour d'eux, en la tirant de tous les espaces, toute la lumière que produit la nature ». (*Die Weltseele*, etc., *Werke*, 1ʳᵉ série, vol. II, p. 591.)

tile de retracer ici, l'hypothèse de la captation de radiations a dû céder le pas à celle de la désagrégation atomique, qui a été généralement maintenue depuis. Mais le fait même qu'une supposition de ce genre ait pu surgir et qu'elle ait été agréée sans aucune répugnance par beaucoup de physiciens autorisés, montre clairement que nous aurions tort de considérer les conceptions du passé comme tout à fait périmées.

B. — Un emploi beaucoup plus précis, mais aussi plus restreint de la fonction spatiale nous est suggéré par « l'explication » des feuilles. Les feuilles n'ont changé ni de taille ni de contexture ; elles ont changé de forme, mais si légèrement que l'identité des deux états ne nous semble atteinte en rien : nous avons d'ailleurs l'habitude de ces sortes de changements, nous pouvons plier et déplier une étoffe et même replier de nouveau les feuilles à peu près telles qu'elles étaient avant et nous convaincre qu'il y a là une modification qui est *réversible* au plus haut point, qu'on peut faire et refaire dans les deux sens sans qu'il en reste trace pour ainsi dire dans l'être intime de l'objet qui l'a subie.

C. — Que si, maintenant, nous nous référons à la première partie de la phrase de Bossuet et que nous considérons qu'il nous faut prendre pour point de départ la graine de la plante, nous voyons que ce procédé ne nous suffira point. A supposer que Bossuet ait pensé, dans une certaine mesure, aux théories préformistes si en vogue à son époque, il nous faudra, pour que la plante, avec toutes ses parties, puisse trouver place dans la graine, non seulement la plier et la replier de mille façons diverses, mais encore en réduire, dans de très grandes proportions, la taille. Ainsi les théories préformistes de l'être organisé nous montrent que ce changement de taille n'apparaît pas, à notre entendement, comme une modification rompant réellement l'identité. Sans doute, l'observation directe de l'être organisé est-elle pour quelque chose dans cette conviction. Nous voyons sans cesse des êtres qui grandissent tout en conservant leur individualité et nous nous souve-

nons fort bien avoir nous-mêmes grandi dans ces conditions. Cependant cette expérience, telle quelle, ne suffit
certainement pas. Elle est en effet fort incomplète, car si
nous voyons les organismes grandir, nous ne les voyons
pas diminuer — le processus par lequel ils dépérissent
finalement ne ressemble en rien à celui qui les a fait croître — et, d'autre part, la ressemblance entre deux phases
successives du même organisme n'est pas complète : un
homme n'est pas simplement un enfant dont on aurait
élargi toutes les proportions. La vérité semble être que la
conviction en question, si elle peut être suggérée par l'être
organisé, repose cependant en dernier terme sur les propriétés de l'espace lui-même, l'espace mathématique ou,
pour être plus précis, celui de la géométrie euclidienne,
dont la conception est édifiée sur le postulat bien connu,
lequel nous garantit précisément la possibilité d'accroître
ou de réduire à l'infini les dimensions d'une figure, sans
modifier en quoi que ce soit les rapports des éléments
qui la composent. Dans cet espace, donc, tout semble être
proportion et rien que proportion, sans que nous ayons
le moyen d'imaginer une limite ni une grandeur absolue
quelconques. Il se peut aussi du reste que, du moins pour
les clairvoyants, l'habitude de voir notre image visuelle
de l'objet changer constamment de taille joue un rôle
considérable. Quand, étant assis, j'observe mon ami qui
se promène dans la chambre, son image change de taille
du simple au décuple, sans que ce fait frappe même mon
attention, et certainement je n'éprouve pas l'ombre d'un
doute en ce qui concerne son identité à travers ces changements [1].

C'est sur la conviction de cette analogie foncière, essen-

1. TRENDELENBURG (*Logische Untersuchungen*, vol. 1ᵉʳ, p. 267), après avoir
fait ressortir que, selon Platon, la supériorité de l'homme sur les animaux
est fondée sur le fait que le premier seul sait compter, exprime l'opinion que
la similitude géométrique des figures de différente taille joue un rôle analogue, n'étant conçue que par les hommes. Il n'est cependant point douteux
qu'un carnassier, dont l'œil ressemble strictement à l'œil humain et dont les
impressions visuelles doivent donc être tout à fait analogues aux nôtres,
n'éprouve, de même, aucune hésitation en ce qui concerne l'identité de la
proie dont il voit sans cesse changer la taille au cours d'une poursuite.

tielle, de cette quasi-identité entre des objets de taille très
différente que repose évidemment la possibilité des conceptions préformistes. La plante, quoique renfermée dans
l'étroit pourtour de la graine, peut cependant déjà être la
plante complète. Elle augmentera de taille, de masse, et
elle aura besoin, pour ce faire, que de la matière lui vienne
du dehors. Mais cette matière, elle se l'assimilera. Sans
doute, le processus de cette assimilation reste pour le
moment obscur, mais on ne doute point que l'on ne parvienne à l'expliquer un jour (c'est là, nous l'avons vu, la
manière de procéder de toutes les théories). Ce qui est
clair, c'est que cette matière assimilée viendra s'arranger
exactement de la manière dont se trouvait disposée celle
qui constituait la graine. Elle en élargira simplement le
pourtour, mais n'altérera en rien son essence [1]. Cette supposition ressemble en somme à ce que nous voyons se
produire pour les cristaux ; sauf cependant que, pour ces
derniers, la matière qui s'ajoute vient se poser simplement
sur le pourtour extérieur, alors que dans un organisme
elle s'insinue partout dans son intérieur.

Il est certain qu'aux XVIIe et XVIIIe siècles on n'apercevait
aucune difficulté à utiliser l'espace de cette manière ; on
supposait la nature physique indéfiniment proportionnée
et pareille à elle-même, comme l'espace. C'était là évidemment la condition préalable de la théorie de l'emboîtement des germes et, cette condition une fois acceptée, on
n'éprouvait aucune répugnance à admettre que les germes,
si petits qu'ils nous parussent, en renfermaient d'autres
« à proportion desquels ils peuvent passer pour grands, car
tout va à l'infini dans la nature » comme le dit Leibniz —

---

1. HEGEL a fort bien saisi ce fait que les explications causales mettent fréquemment en œuvre une modification de la taille. « Il y a, dit-il, au fond,
quand on parle d'une naissance graduelle, cette conception que ce qui naît
était déjà présent au point de vue sensible ou, en général, de manière réelle
et qu'il n'était imperceptible qu'à cause de sa petitesse, de même que pour
une disparition graduelle, on suppose que le non-être ou l'être différent qui
prend la place était également présent mais non pas perceptible... On abolit
ainsi en général la naissance et la disparition... ou on les transforme en une
petitesse de l'existence extérieure. » (*Wissenschaft der Logik*, 1re partie,
vol. II, p. 497.)

on songe malgré soi aux infiniment petits de divers ordres qui peuvent être infiniment grands à l'égard l'un de l'autre ; il est fort possible que Leibniz lui-même y ait pensé en effet, bien que la supposition soit évidemment plus plausible encore, à ce point de vue, en physique qu'en mathématiques, car le germe, si petit qu'on se le figure, ne le sera jamais *infiniment*. La conception de la réduction illimitée de la taille des êtres organisés est d'ailleurs antérieure à Leibniz et, donc, au calcul infinitésimal. On la trouve en effet exprimée chez Pascal dans le fameux passage sur le *ciron*. « Qu'un ciron lui offre dans la petitesse de son corps des parties incomparablement plus petites, des jambes avec des jointures, des veines dans ces jambes, du sang dans ces veines, des humeurs dans ce sang, des gouttes dans ces humeurs, des vapeurs dans ces gouttes ; que, divisant encore ces dernières choses, il épuise ses forces en ces conceptions, et que le dernier objet où il peut arriver soit maintenant celui de notre discours : il pensera peut-être que c'est là l'extrême petitesse de la nature. Je veux lui faire voir là dedans un abîme nouveau. Je lui veux peindre non seulement l'univers visible, mais l'immensité qu'on peut concevoir de la nature, dans l'enceinte de ce raccourci d'atome. Qu'il y voie une infinité d'univers dont chacun a son firmament, ses planètes, sa terre, en la même proportion que le monde visible ; dans cette terre, des animaux, et enfin des cirons dans lesquels il retrouvera ce que les premiers ont donné [1]... » Une confirmation amusante de cette foi inébranlable de l'époque en la proportionnalité de la nature nous est fournie par l'admirable *Gulliver* de Swift. Ses Lilliputiens et ses Brobdignaghiens ne diffèrent de nous que par la taille, mais pour tout le reste ressemblent absolument aux hommes que nous connaissons ; de même tout ce qui les entoure, plantes, animaux, est à leur taille, sans différer autrement des types qui nous sont familiers. On peut facilement observer, du reste, qu'à l'heure actuelle encore des fan-

---

1. PASCAL, *Pensées et opuscules*, éd. Brunschvicg, 8ᵉ éd., Paris, 1917, p. 349.

taisies de ce genre ne semblent pas trop choquantes à l'imagination de la masse des lecteurs même instruits ; c'est ainsi que M. Wells, dans son roman (d'ailleurs fort beau et psychologiquement profond) intitulé *La nourriture des dieux*, a pu présenter une conception tout à fait analogue à celle de Swift ; ses géants aussi, y compris les animaux, se comportent et notamment se meuvent, la taille mise à part, absolument comme les êtres qui nous sont familiers.

Or, non seulement cela n'est pas admissible, mais déjà antérieurement aux découvertes modernes (dont nous allons parler tout à l'heure et qui nous montrent les raisons profondes de cette impossibilité) on aurait pu s'en apercevoir. C'est, en effet, précisément dans la constitution des organismes que le défaut de proportionnalité dans la nature se manifeste clairement. Un grand chien n'est pas simplement la copie agrandie d'un petit chien, la proportion des diverses parties est modifiée et la tête, par exemple, relativement plus petite ; un connaisseur pourra certainement, si on lui présente la photographie d'un chien, indiquer très approximativement la taille de l'animal. D'ailleurs l'observation la plus superficielle nous apprend que les grands animaux se meuvent tout autrement que les petits. Les sauts d'une puce, en proportion de sa taille, nous apparaissent prodigieux, et nous sentons instinctivement qu'un animal plus grand ne pourrait pas se conduire de cette façon ; en effet, à mesure que leur taille croît, les animaux sont construits d'une façon de plus en plus massive et leurs mouvements deviennent, relativement, de plus en plus lents : l'éléphant habituellement ne marche plus qu'au pas et ne trotte qu'avec difficulté et dans de rares occasions.

Mais aux yeux d'un physicien ou d'un biologiste moderne la diminution indéfinie de la taille d'un organisme apparaît comme une impossibilité beaucoup plus palpable encore qu'on ne pouvait le concevoir aux époques qui nous ont précédés. Il a la conviction que la nature n'est pas continue, qu'elle est au contraire formée de particules discrètes ayant une taille définie. Les germes de Leibniz, par suite de leurs réductions successives, se trouveraient rapidement ramenés à des dimensions moléculaires et sous-moléculaires et, dès lors, placés dans un monde qui, sans doute, *constitue* le nôtre, mais qui n'a avec lui aucune ressemblance [1]. D'ailleurs, à supposer que ce germe ne fût pas plus grand qu'une molécule — comme cette molécule est un individu, indestructible ou (si on le suppose, d'après les idées plus récentes, composé d'électrons) ne fournissant des parties que par une destruction radicale qui fait naître des choses essentiellement différentes — il faudra que le germe soit composé d'une molécule unique, ce qui contredit évidemment l'idée que nous nous en faisons. Mais il y a plus, et quoique nous n'ayons que des idées très vagues sur la constitution des cellules, il paraît infiniment probable à l'heure actuelle qu'elles ne peuvent subir une réduction de leur taille que dans des proportions strictement limitées, si toutefois elles doivent continuer à accomplir la fonction spécifique qui leur est dévolue. La cellule germinative, en particulier, a certainement une structure très complexe ; elle contient des groupements variés, se composant de sous-groupements et, en dernier terme, de grosses molécules de corps albuminoïdes, etc. Si l'on veut s'imaginer tout cela réduit en taille, mais conservant partout les mêmes dispositions, on est forcé d'admettre qu'on a réduit également les dimensions des molécules. Or, celles-ci sont par essence irréductibles ; leur taille est d'ailleurs un élément déterminant les propriétés du corps qu'elles composent, c'est-à-dire de ce qui nous apparaît comme qualitatif. L'albumine dont les molécules n'auraient pas la grosseur voulue, ne serait plus de l'albumine et ne pourrait pas assumer le rôle que celle-ci joue dans l'organisme, et de même l'eau ne serait plus de l'eau. On peut rendre immédiate-

1. MAXWELL, dans un passage dont nous nous sommes déjà servis (chap. V, p. 164), à propos de la distinction entre les propriétés de la matière palpable et celles des molécules, a fait ressortir cette différence entre le monde moléculaire et le nôtre.

ment sensible la portée de cette conséquence en recourant aux plaisantes imaginations de Swift. Qu'était-ce que l'eau entourant les côtes de l'empire de Lilliput ? Si c'était l'eau de nos mers, à la taille qu'il donne aux habitants, les phénomènes de la capillarité devaient déjà être très sensibles, et la forme de leurs embarcations devait s'en ressentir.

Plus la science moderne descend vers l'infiniment petit, et moins le monde qu'elle y découvre ressemble à celui qui nous est familier. Les principes mêmes dont l'empire nous semblait le mieux assuré, qui nous apparaissaient comme les plus caractéristiques de notre univers, y perdent leur signification ; ils se révèlent comme relatifs à l'*échelle* à laquelle nous agissons et observons. A l'échelle du mouvement brownien, nous voyons des particules qui, selon toute apparence, se meuvent infatigablement depuis des siècles sans nombre, sans apport d'énergie de l'extérieur et sans que celle-ci soit usée — ce qui semble aller directement à l'encontre de la négation du mouvement perpétuel, qui constitue le point de départ de la démonstration de Carnot. Nous voyons aussi l'agitation thermique du liquide donner naissance à un mouvement mécanique, et les particules de M. Perrin, qui sont cependant plus lourdes que le liquide qui les baigne, peuvent se trouver, par ce mouvement, poussées dans le sens contraire à celui que leur prescrit la gravitation — ce qui constitue, nous l'avons vu, un mouvement que nous sentons tous radicalement impossible à notre échelle dans le monde tel que nous le connaissons. L'autorité du principe de Carnot n'en est pas atteinte — il continue à gouverner le monde qui nous est familier et où il constitue, comme on sait, par l'accroissement continuel de l'entropie qui en est le corollaire immédiat, la source profonde de tout changement, de tout devenir. Mais, comme l'ont bien vu ceux qui lui cherchaient une interprétation mécanique et, en première ligne, Maxwell et Boltzmann, il n'est qu'un principe de statistique et n'est par conséquent valable que là où nous observons les molécules en nombre suffisant pour que cette statistique soit applicable. Là au contraire où nous pouvons observer, comme dans le mouvement brownien, des groupes suffisamment réduits de molécules, l'accroissement de l'entropie perd son sens.

Mais au-dessous du monde du mouvement brownien et des molécules, il y en a un autre, plus étrange encore, parce qu'infiniment plus différent de celui qui est à notre échelle. C'est de ce monde des sous-atomes et des électrons que s'est occupé surtout le *Conseil de physique* de 1912, dont nous avons parlé, et l'on a pu se rendre compte, par les quelques traits que nous avons cités, à quel point toutes les normes que nous appliquons instinctivement à la réalité qui nous est familière y sont hors de saison. Il va sans dire, et nous en avons reconnu la raison (p. 164), qu'il ne saurait être question d'y chercher de la matière ; mais le mouvement lui-même y apparaît comme quelque chose d'essentiellement différent de ce que nous connaissons sous ce nom. En effet, il n'est plus continu, une particule élémentaire, selon l'hypothèse des *quanta* (du moins sous sa forme primitive) ne pouvant plus prendre une vitesse quelconque, mais seulement une vitesse qui soit un multiple entier d'une vitesse initiale v. De même, on se demande si le principe de la conservation de l'énergie y est applicable, ou bien s'il faudra renoncer à le maintenir. Du reste, comme nous l'avons fait ressortir, il n'y a pas d'unanimité, ni même, semble-t-il, d'accord de principe parmi les savants sur la manière dont il faut envisager ces phénomènes étranges, ce qui tient évidemment au fait qu'il a été impossible, jusqu'à ce jour, de mettre sur pied une image spatiale quelque peu consistante. Tout le monde cependant paraît reconnaître qu'il y a là des phénomènes dont la considération devra transformer profondément la science. Ainsi ce qu'on peut appeler *notre monde*, le monde des phénomènes qui nous sont familiers et même, jusqu'à un certain point, des lois qui les régissent, nous apparaît maintenant comme borné, au point de vue de la taille, par une limite inférieure au delà de laquelle il y a *autre chose*.

Par contre, la limite supérieure, qu'on lui supposait autrefois, a disparu. Il y a en effet ceci de curieux qu'aucune de ces deux constatations n'a été prévue par la science du passé. Dans les livres d'histoire et de philosophie des sciences on fait souvent ressortir à quel point la science des époques qui nous ont précédés ressemble à la nôtre par certains côtés, et l'on a raison de le faire, il y a des traits qui restent immuables, découlant directement de la constitution intime de la raison humaine qui, elle, ne change guère. Le mécanisme est certainement aussi vieux que la science elle-même et les principes de conservation ont été maintes fois *pressentis* avant d'être énoncés avec précision et preuves à l'appui ; l'humanité a développé à ce sujet une sorte de véritable prescience. Mais c'est qu'aussi il s'agissait dans ces cas de questions où il y a accord entre notre esprit et la nature, où celle-ci se montre rationnelle. Il en va tout autrement dans le domaine de la proportionnalité, et dès lors on ne saurait s'étonner de ce que cette prescience s'y soit montrée entièrement en défaut. Les déclarations des préformistes des XVIIe et XVIIIe siècles, et aussi celles de Pascal et de Leibniz, sont suffisamment probantes à cet égard, mais on peut étendre considérablement cette constatation. Que les particules infimes des corps dussent se comporter exactement comme les corps tangibles dont nous avons l'expérience, c'est ce dont, apparemment, aucun philosophe ni physicien d'autrefois n'a douté. Aristote et Démocrite étaient entièrement d'accord à ce sujet et Lucrèce s'imaginait certainement les chocs atomiques (qui étaient pour lui, comme pour tous les mécanistes, le phénomène fondamental de la nature) comme entièrement analogues à ceux entre corps tangibles, entre billes de billard, pour user d'une comparaison moderne, mais qui assurément n'eût pas choqué Lucrèce, s'il avait connu le second terme de la comparaison. Mais ce qui est peut-être plus significatif encore, c'est que, quand on a voulu introduire une distinction fondée sur la grandeur ou la distance, on ne l'a pas mise là où nous la trouvons maintenant, à savoir dans le petit, mais dans le grand.

Chez Aristote, en effet, les ciels apparaissent comme d'une essence différant cardinalement de celle du monde sublunaire. Ils sont inaltérables, incorruptibles, impérissables, et leur mouvement même se distingue de celui des objets terrestres, il est parfait, circulaire, alors que ce dernier s'empresse vers un but. On sait assez quel empire cette conception a exercé sur l'humanité et quels efforts il a fallu aux coperniciens pour rompre cette emprise. Mais enfin, surtout depuis que Newton a établi que les corps célestes sont gouvernés par la gravitation, c'est-à-dire la force même qui régit toute matière terrestre, ce triomphe semble complet : c'est à peine si, dans certaines des spéculations les plus hasardées de la science contemporaine, — telles que l'affirmation de Haeckel, selon laquelle le principe de Carnot ne serait pas valable dans les espaces stellaires, les choses se passant autrement dans le grand Tout que cela n'a lieu sur la terre [1], ou dans les artifices dont nous avons parlé au chapitre VI et à l'aide desquels M. Arrhénius entend amener une reconcentration de l'énergie dans les étoiles [2], — on reconnaît un écho lointain et affaibli de la théorie péripatétique de la distinction radicale entre les mondes supra-lunaire et sublunaire.

Du fait de cette double attitude de la science moderne l'explication des phénomènes qui se passent dans l'immensité de l'espace a énormément gagné en facilité ; nous me-

1. Haeckel, *Les énigmes de l'univers*, Paris, 1902, pp. 283-284.

2. Cf. plus haut, pp. 200-205. Haeckel, dont l'hostilité foncière à l'égard de la science de son temps aboutit parfois à une véritable régression vers la science périmée du passé, n'a pas hésité à déclarer que les corps célestes devaient être considérés comme soumis à des lois autres que celles qui régissent les corps terrestres : « Le choc, la pression, la résistance, le frottement, l'entraînement, etc., ne sont valables qu'à l'égard d'une existence de la matière qui diffère de celle de l'état des corps célestes », et l'on ne saurait, parce qu'une pierre est inerte, et que la terre et les autres corps célestes sont composés de pierres, assimiler les propriétés de ces corps à celles de leurs parties » (*Naturphilosophie*, p. 97). Auguste Comte, dont on connaît la profonde admiration pour Newton, a cependant déclaré « téméraire » l'extension du concept de la gravitation aux corps célestes situés en dehors du système solaire (*Cours*, II, p. 174, cf. *ib.*, p. 244). Mais c'est là une manière de voir qui se rattachait chez lui à cette idée générale d'une limite à imposer à la science ; en astronomie, les recherches devaient être restreintes à ce qui avait trait au système solaire (*ib.*, p. 12-13, cf. *Politique positive*, I, p. 510).

surons la vitesse de la lumière par des moyens terrestres
et appliquons sans hésiter les données ainsi acquises aux
observations astronomiques ; l'analyse spectrale des corps
que nous manions dans nos laboratoires nous fournit par
comparaison des données non seulement sur la composition des astres, mais encore sur leurs vitesses ; et c'est à
l'aide de données tirées des expériences les plus délicates
et, en apparence du moins, les plus paradoxales de l'optique et de l'électricité que MM. H.-A. Lorentz et Einstein
ont cherché à résoudre l'énigme de l'anomalie de la planète Mercure. D'autre part, tout dans la nature se tenant,
il n'est pas du tout impossible (comme nous l'avons fait
ressortir, p. 102, et contrairement au dogme qu'Auguste
Comte tenait tant à faire prévaloir) que des découvertes
faites dans le monde stellaire exercent une répercussion
importante sur nos théories des phénomènes terrestres et
en facilitent ou en modifient du moins l'explication : le
cas de l'hélium est suffisamment probant à cet égard. Et
si la nouvelle *théorie de la relativité élargie* de M. Einstein parvient réellement à triompher grâce à la concor-
dance entre les prédictions qu'elle a permis de formuler
et les observations astronomiques, ce fait exercera une
influence profonde sur notre conception des phénomènes
électriques et optiques tout entière.

Cependant, au point de vue qui nous occupe en ce
moment, à savoir en ce qui concerne les moyens d'explication spatiale des phénomènes terrestres, la double révolution dont nous avons parlé constitue certainement un
désavantage. On voit, en effet, malaisément de quelle manière l'immensément grand pourrait être utilisé dans cet
ordre d'idées ; alors que le recours à l'*infime* est facile et
a été, nous l'avons vu, réellement tenté. Or, encore un
coup, ce recours n'est plus possible pour la science actuelle,
du moins ne peut-il plus s'opérer avec la netteté et la
franchise de la science d'autrefois. S'il y a encore des conceptions préformistes, — et nous avons reconnu non seulement qu'elles existent, mais qu'elles sont, pour ainsi
dire, inévitables — elles doivent mettre en jeu des concepts

plus complexes. Nous chercherons, un peu plus bas, à en mieux reconnaître la trame.

D. — Plus profond, plus pénétrant en quelque sorte que les trois procédés dont nous venons de parler est un quatrième, qui consiste à utiliser les propriétés essentielles des figures géométriques. La théorie de Platon était en grande partie édifiée sur cette base et, de ce chef, on a eu raison de la qualifier de *métamathémathique*. Si le feu est représenté par des tétraèdres composés de triangles, et la terre par des cubes formés de carrés, c'est que la figure pointue du tétraèdre semble faciliter la pénétration, alors que des cubes placés côte à côte et empilés ensuite par rangées, remplissant l'espace sans laisser de lacune et rendant même difficile tout glissement, offrent bien l'image de l'immobilité de l'élément terre. La chaleur du feu est, de même, expliquée par les angles aigus de ses particules [1]. Mais les atomistes font appel à la même ressource. « S'ils sont distincts par leurs formes, dit Aristote en parlant des atomes de Leucippe et de Démocrite, ils n'ont cependant, à ce qu'on nous dit, qu'une seule et même matière, tout aussi bien que si, par exemple, chacun d'eux était un morceau d'or distinct et séparé [2] ». Évidemment, du moment qu'on pose l'unité de la matière, celle-ci ne peut plus se distinguer que par un facteur spatial. Comme le formule justement Duhem, on est forcément amené à concevoir « que les masses en apparence continues sont des assemblages de petits corps diversement figurés » et « que les agencements divers de ces divers corps doivent expliquer les propriétés des divers mixtes qu'étudie le chimiste [3] ». On sait que les anciens atomistes ont poussé

---

1. PLATON, *Timée*, 28 a.

2. ARISTOTE, *Traité du ciel*, trad. Barthélémy St-Hilaire, livre Ier, chap. VII, § 23.

3. DUHEM, *Le mixte et la combinaison chimique*, Paris, 1902, p. 7. Cette déduction se dessine du reste avec une grande netteté chez Lucrèce ; du moment qu'il existe des matières diverses et que nos organes de sensation reçoivent des impressions variées, c'est donc que cela ne peut provenir que de la diversité de figure des corpuscules : *Quapropter longe formas distare necesse est || Principiis varios quae possint edere sensus. De rerum natura*, l. II, v. 442-443, cf. ib, v. 478-599 et l. IV, v. 654-656. — SCHILLING a fort

très loin dans cette voie et ont essayé de réduire les propriétés les plus disparates à la simple forme des particules élémentaires. D'après Lucrèce, les corps durs, tels que le diamant, contiennent des atomes entrelacés, ceux des liquides sont ronds, alors que la fumée et la flamme sont composées d'atomes pointus, mais pas recourbés. L'eau de mer est amère, parce que parmi ses particules rondes et lisses (qui sont celles de l'eau douce) s'en trouvent d'autres, rondes également — ce qui est cause qu'elles se comportent comme des particules liquides, — mais qui présentent cependant des aspérités leur permettant de blesser la langue. C'est ce qui fait qu'en filtrant à travers la terre l'eau de mer devient douce : les particules rugueuses sont retenues, alors que celles de l'eau passent sans encombre. Le verre est traversé de canaux rectilignes, puisque toutes les images passent à travers sa substance. Le lait et le miel ont des atomes ronds et polis, ceux de l'absinthe sont au contraire crochus ; de même les images plaisantes se transmettent par des atomes polis et les blessantes par des atomes doués d'aspérités [1]. Si certaines impressions n'affectent qu'un sens particulier, c'est qu'elles sont transmises par des figures dont la forme correspond à celle des canaux du sens en question [2].

Ces raisonnements nous paraissent singuliers ; suivant l'attitude mentale particulière que nous avons adoptée, nous admirons leur hardiesse ou nous sourions de leur naïveté. Mais ce qui importe, c'est de se rendre compte qu'ils sont entièrement dans la logique du système, que leur orthodoxie explicative, si l'on ose se servir de ce terme, est irréprochable. Sans doute, tout ce qui, dans ces raisonnements, a trait directement à la sensation, comme

bien vu que toutes les théories de la science en vue d'expliquer la qualité des substances se réduisent au fond, si l'on fait abstraction de celles tirées de simples formules analytiques des mathématiques, à des tentatives visant à « exprimer les qualités par des figures, c'est-à-dire à substituer, à chaque qualité primordiale de la nature, une figure spécifique ». (*Einleitung zu dem Entwurf*, etc., *Werke*, 1re série, vol. III, p. 295.)

1. Lucrèce, *De rerum natura*, livre II, vers 388 et suiv., l. IV, v. 603-604.
2. *Ib.*, livre II, v. 679-685, l. VI, v. 965-986. Cf. chap. VI, p. 188.

l'explication des images plaisantes ou celle des impressions n'affectant qu'un sens particulier, nous apparaît maintenant comme tout à fait inadmissible : c'est que nous ne croyons plus à la possibilité d'une théorie mécanique de la sensation, nous sommes trop convaincus qu'il y a là un véritable irrationnel. Mais pour tout le reste, le problème dont Lucrèce poursuit la solution, c'est évidemment ce « sujet d'étonnement » que constitue l'existence de plusieurs sortes de matières. Or c'est là également, selon la juste remarque de M. Job (que nous avons mentionnée plus haut, chap. V, p. 175), le point de départ de notre chimie.

C'est ce qui explique que c'est surtout à la chimie qu'il faut s'adresser si l'on veut savoir ce que sont devenues, par la suite, les explications spatiales de Lucrèce, et leur évolution, à ce point de vue, est infiniment intéressante et instructive à suivre.

Dès que la science s'affranchit des formules péripatétiques, on voit les explications par les figures des corpuscules élémentaires, à peine dépouillées de leurs particularités les plus outrancières, reparaître chez Descartes. Descartes ne s'est pas occupé, à proprement parler, de chimie, mais comme sa théorie, nous l'avons vu, tendait franchement à identifier l'espace et la matière, la diversité dans l'espace s'imposait à son attention plus encore, si possible, qu'elle ne s'était imposée à celle des atomistes anciens. « Je suppose premièrement, dit Descartes, que l'eau, la terre, l'air et tous les autres corps qui nous environnent, sont composés de plusieurs petites parties de diverses figures et grosseurs. Puis, en particulier, je suppose que les petites parties dont l'eau est composée sont longues, unies et glissantes, comme de petites anguilles qui, quoiqu'elles se joignent et s'entrelacent, ne se nouent ni se raccrochent jamais pour cela de telle façon qu'elles ne puissent aisément être séparées ; et au contraire, que presque toutes celles tant de la terre que même de l'air, et de la plupart des autres corps, ont des figures fort irrégulières et inégales, de sorte qu'elles ne peuvent être si peu entrelacées qu'elles ne s'accrochent et ne se lient les unes aux autres, ainsi que font les diverses branches des arbrisseaux qui croissent ensemble dans une haie ; et lorsqu'elles se lient en cette sorte, elles composent des corps durs comme de la terre, du bois et autres semblables, au lieu que si elles sont simplement posées l'une sur l'autre, sans être que fort peu ou du tout entrelacées, et qu'elles soient avec cela si petites qu'elles puissent être mues et séparées par l'agitation de la matière subtile qui les environne, elles doivent occuper beaucoup d'espace, et composer des corps liquides fort rares et légers, comme des huiles et de l'air [1]. » Ainsi Descartes essaie d'expliquer à la fois les corps solides et ceux que nous appelons actuellement des gaz à l'aide d'un seul et même artifice fort ingénieux, fondé uniquement sur la figure des particules dernières, de même d'ailleurs que l'est son explication de la fluidité de l'eau ; et la parenté de tout ce morceau avec les raisonnements de Lucrèce saute aux yeux. Par moments même, les raisonnements de Descartes arrivent à être tout à fait identiques à ceux du *De rerum natura* : « Et bien que la mer soit salée, toutefois la plupart des fontaines ne le sont point : Dont la raison est que les parties de l'eau de la mer qui sont douces, étant molles et pliantes, se changent aisément en vapeurs et passent par les chemins détournés qui sont entre les petits grains de sable, et les autres telles parties de la Terre extérieure, au lieu que celles qui composent le sol étant dures et raides, sont plus difficilement essuyées par la chaleur, et ne peuvent passer par les pores de la Terre, si ce n'est qu'ils sont plus larges qu'ils ont coutume d'être [2]. »

1. DESCARTES, *Les météores*, chap. Iᵉʳ, § 3.
2. ID., *Les principes de la philosophie*, IVᵉ partie, chap. LXVI. — Pour Descartes (comme d'ailleurs pour Lucrèce) l'eau de mer passait dans les sources non pas (comme pour nous) à travers les nuages et la pluie, mais à travers la terre, par infiltration. — On sait que Descartes s'est constamment défendu de suivre les principes de Démocrite et d'Épicure. « J'admire ceux qui disent que ce que j'ai écrit ne sont que *Centones Democriti* », écrit-il à Mersenne en 1646 (*Œuvres*, éd. Adam et Tannery, Paris, 1899, vol. III, p. 166, cf. la lettre antérieure, datée de 1638, *ib.*, vol. II, p. 596), et dans un des derniers paragraphes des *Principes* (IVᵉ partie, chap. ccii) il déclare : « Il est évident

La partie de la théorie cartésienne qui concerne la constitution des corps gazeux est développée et rendue plus explicite par Robert Boyle. « Les particules de l'air, dit le fameux physicien et chimiste anglais, peuvent être regardées comme de petits ressorts qui, gardant leur courbure, peuvent être transportés de place en place sans que leur grandeur totale éprouve de changement ; mais aussi comme de petits ressorts qui peuvent se déployer d'eux-mêmes, dont les parties s'écartent, tandis que, considéré dans son ensemble, chaque petit ressort change à peine de place ; de même que les deux extrémités de l'arc, au moment où le coup est tiré, s'écartent l'une de l'autre, pendant que le milieu demeure fixe dans la main de l'archer [1]. » Lémery, dont le *Cours de Chymie* (paru en 1675) est resté pendant plus d'un demi-siècle le livre classique de cette science, fait, de même, appel aux figures des particules. « Comme on ne peut pas mieux expliquer la nature d'une chose aussi cachée que l'est celle d'un sel, qu'en attribuant aux parties qui le composent des figures qui correspondent à tous les effets qu'il produit, je dirai que l'acidité d'une liqueur consiste dans des parties de sel pointues, lesquelles sont en agitation ; et je ne crois pas que l'on me conteste que l'acide n'ait des pointes, puisque toutes les expériences le montrent ; il ne faut que le goûter pour tomber dans ce sentiment : car il fait des picotements sur la langue semblables ou fort approchants de ceux que l'on recevrait de quelque matière taillée en pointes très fines ; mais une preuve démonstrative et convaincante que l'acide est composé de parties pointues, c'est que non seulement tous les sels acides [2] se cristallisent en pointes, mais toutes les dissolutions de matières

que cette façon de philosopher n'a pas plus d'affinité avec celle de Démocrite, qu'avec toutes les autres sectes particulières. » Il n'empêche que les contemporains n'eurent pas tout à fait tort d'être frappés de cette similitude.

1. R. BOYLE, *New Experiments Physico-Mechanical*, etc. Exp. I.
2. Les « sels acides », d'après la nomenclature de l'époque, sont ce que nous appelons les acides, de même que les « sels alkalis » sont nos alcalis. Il en est encore ainsi chez STAHL : « *Menstrua salina sunt vel acida vel alcalia* » (*Fundamenta chymiae*, p. 11).

différentes, faites par les liqueurs acides, prennent cette figure dans leur cristallisation. Ces cristaux sont composés de pointes différentes en longueur et en grosseur les unes des autres, et il faut attribuer cette diversité aux pointes plus ou moins aiguës des différentes sortes d'acides. C'est aussi cette différence en subtilité de pointes qui fait qu'un acide pénètre et dissout bien un mixte qu'un autre ne peut raréfier : ainsi le vinaigre s'empreint du plomb que les eaux-fortes ne peuvent dissoudre ; l'eau-forte dissout le mercure et le vinaigre ne peut le pénétrer ; l'eau-régale est le dissolvant de l'or et l'eau-forte n'y fait point d'impression ; l'eau-forte au contraire dissout l'argent et elle ne touche point à l'or et ainsi du reste.

« Pour ce qui est des alkalis, on les reconnaît quand on verse de l'acide dessus, car aussitôt, ou peu de temps après, il se fait une effervescence violente, qui dure jusqu'à ce que l'acide ne trouve plus de corps à raréfier. Cet effet peut faire raisonnablement conjecturer que l'alkali est une matière composée de parties roides et cassantes, dont les pores sont figurés de telle façon que les pointes acides y étant entrées, elles brisent et écartent tout ce qui s'oppose à leur mouvement, et selon que les parties qui composent cette matière sont plus ou moins solides, les acides trouvent plus ou moins de résistance, ils font une plus forte ou une plus faible effervescence. Ainsi nous voyons que l'effervescence qui arrive en la dissolution du corail, est bien moins violente que celle qui se fait de la dissolution de l'argent.

« Il y a autant de différents sels alkalis, comme il y a de ces matières qui ont des pores différents, et c'est la raison pourquoi un acide fera fermenter une matière et ne pourra pas en faire fermenter une autre ; car il faut qu'il y ait de la proportion entre les pointes acides et les pores de l'alkali [1]. »

Chez Stahl encore on trouve des raisonnements tout à fait analogues : « La dissolution n'est autre chose que la

---

1. Nic. Lémery, *Cours de chymie*, Paris, 1756, pp. 21-22.

division du corps en parties très ténues et très lisses, qui
se glissent dans les pores du menstrue, de manière à former un fluide unique. Mais cette division des parties qui
constituent le tout ne saurait s'effectuer si la liqueur chargée de dissoudre ou de diviser ne pénétrait les pores du
corps à dissoudre. Il en résulte évidemment que tout dissolvant doit être formé de parties qui, par leur figure et
leur taille, c'est-à-dire leur diamètre, correspondent aux
pores du corps à dissoudre : une liqueur donnée ne pourra
donc dissoudre tous les corps, mais seulement certains
corps. D'ailleurs, un corps quelconque est construit et
tissu de particules qui ne sont pas toutes semblables entre
elles, mais au contraire fort dissemblables ; ces particules
ont des figures et des dimensions très différentes. Les variations de la texture, de la position et de la disposition
de ces particules donnent à un même corps des pores
divers : on en conclut sans peine qu'il doit exister divers
menstrues dont les plus petites parties puissent pénétrer
les pores de ce corps. Cela posé, il est aisé de comprendre
pourquoi l'eau-forte dissout les métaux, mais non point la
cire ou le soufre, et de même pourquoi elle dissout l'argent et non pas l'or ; et pourquoi l'eau-régale dissout l'or
et non pas l'argent [1]. »

On pourrait, à la vérité, s'étonner de la persistance de
ces raisonnements mécanistes dans une branche de savoir
qui, comme la chimie d'alors, paraît, au contraire, fort
adonnée à des raisonnements qualitatifs. Il faut observer
tout d'abord que Descartes se tient tout à fait en dehors
de la chimie de son époque et que Boyle même ne rentre
que très partiellement dans son cadre. Le cas est différent
pour Lémery et pour Stahl. Mais les passages que nous
venons de citer montrent précisément que la domination
des conceptions qualitatives était moins absolue qu'on ne
le jugerait à première vue ; une sorte de sous-courant mécaniste persistait, dérivant sans doute des anciens, mais

---

1. D.-D. Georgii Ernesti Stahlii... *Fundamenta chymiae dogmatico-rationalis et experimentalis*, Nuremberg, 1782, pars I, sectio I, cap. II, p. 8.

renforcé par la grande influence de la théorie cartésienne en physique. Il convient encore d'ajouter qu'en un certain sens ce recours aux explications spatiales était, pour un chimiste d'alors, tout à fait indiqué. En effet, le nombre des éléments dont on disposait en vue des explications était fort restreint et il était entendu — puisque aussi bien ces éléments étaient surtout des êtres de raison — qu'on ne devait leur attribuer qu'un nombre de qualités limité. Dès lors, pour expliquer des différences d'action entre corps par ailleurs analogues (comme l'étaient, par exemple, les divers acides ou les divers métaux) et que l'on supposait donc semblablement constitués, la tentation était grande de recourir à l'artifice éternel des figures.

Mais à partir de Stahl, des déductions de ce genre se font de plus en plus rares. Les phlogisticiens, au moment où leurs théories triomphent sans conteste, semblent avoir à peu près oublié ce côté de l'enseignement de leur maître, et ni Lavoisier, ni ses successeurs ne paraissent disposés à ressusciter un type d'explications qui, de Lucrèce à Lémery, avait paru si particulièrement démonstratif. Même après que, par Dalton, Avogadro et Ampère, les conceptions atomistes ont pris, en chimie, une place importante et qui, peu à peu — à travers, il est vrai, des obstacles et des résistances considérables — devient dominante, la science ne retourne point vers ces errements anciens. Très certainement, aucun chimiste de la seconde moitié du xixᵉ siècle (pour ne parler que de cette époque du passé assez proche pour que nous puissions, d'un coup d'œil, juger de ses tendances), n'aurait eu l'idée d'expliquer la diversité de l'action des acides sur tel ou tel corps particulier, en attribuant aux particules de l'acide ou aux pores du corps attaqué une figure particulière.

C'est qu'entre temps les théories en chimie ont subi un bouleversement profond, bouleversement que la « révolution » lavoisienne vient confirmer sans doute, mais qui ne coïncide pas avec cette révolution, qui se trouve déjà en grande partie accompli au moment où elle éclate et qui s'en distingue du reste en ce qu'il s'opère lentement et presque insensiblement. Ce bouleversement concerne le concept de l' « élément » chimique. A vrai dire, ses commencements ou du moins ses prodromes datent de loin. On trouve dans le *Sceptical Chymist* de Boyle toute une série d'extraits commençant par Roger Bacon et où l'indestructibilité de l'or par les opérations chimiques est nettement affirmée [1]. C'est ainsi que, parce qu'on reconnaît la futilité des prétendues transmutations, s'établit peu à peu la conviction qu'il existe des corps qu'aucun des moyens que nous pouvons mettre en œuvre ne saurait décomposer. Ces corps, tout d'abord, ne sont pas, pour cela, considérés comme éléments : la conception de l'élément purement qualitatif, conférant aux composés qu'il forme une propriété nettement définie, a encore trop de prise sur les esprits. C'est au point que Boyle lui-même, dont l'ouvrage cité est précisément consacré à combattre à la fois les conceptions des péripatéticiens et celle des partisans de Paracelse et à établir la notion de l'indestructibilité en question, considère que ces corps inaltérables (dans le nombre desquels il semble compter les métaux ou du moins certains d'entre eux, tels que l'or, l'argent et le mercure — mais aussi le verre), sont cependant des mixtes, mais dont les parties sont si intimement liées les unes aux autres, qu'elles ne peuvent être séparées par des moyens de laboratoire. Mais l'opinion commune des chimistes dépasse bientôt ce point de vue et, dans le courant du xviii⁰ siècle, tout en conservant, pour la forme, la notion des éléments d'Aristote ou de Paracelse, on en arrive cependant peu à peu à concevoir, dans la pratique, l'existence d'un nombre considérable de substances élémentaires diverses, constituant une limite à toute tentative de décomposition (ou, comme le dit Boyle, d' « anatomie ») chimique. La carrière scientifique de Stahl se trouve, à ce point de vue, pour ainsi dire à cheval sur deux époques, et il est curieux d'observer comment l'évolution se poursuit au travers de son œuvre, sans que Stahl lui-même, considéré

<hr>

1. Robert Boyle, *The Sceptical Chymist*, Londres s. d. (Dent), pp. 100-101.

comme le grand maître et le législateur du savoir chimique
de l'époque, y prenne une part vraiment active, ni même,
semble-t-il, parvienne à avoir une conscience nette de ce
phénomène si gros de conséquences. Au début de sa carrière, Stahl proclame hautement sa foi en l'existence d'une
substance appelée *Elixir* ou *Teinture* et dont la principale
propriété consistait à transmuer les métaux ; il affirme
aussi expressément la possibilité d'une transmutation du
plomb. Plus tard, au contraire, il combat énergiquement
les prétentions des alchimistes, sans déclarer toutefois
qu'il considère les chaux métalliques comme de véritables
éléments [1]. C'est cette dernière opinion qui devient courante parmi les phlogisticiens de la seconde moitié du
XVIIIe siècle et Lavoisier, en proclamant que « le dernier
terme auquel parvient l'analyse, toutes les substances que
nous n'avons encore pu décomposer par aucun moyen,
sont pour nous des éléments », est d'accord avec l'opinion
courante des chimistes contemporains [2]. Bien entendu, de
par sa théorie, la nature de ces éléments se modifie profondément : ce sont maintenant les métaux eux-mêmes
que nous considérons comme tels, les chaux n'étant que
les combinaisons avec d'autres substances, les « métalloï-
des », qui nous apparaissent également comme élémentaires, et principalement, comme on sait, avec l'oxygène.
De ce chef donc, la chimie de nos jours pose l'existence
d'une multiplicité considérable de substances (plus de
70 à l'heure actuelle) qui diffèrent essentiellement l'une
de l'autre, et des savants autorisés (Helmholtz, Armand
Gautier, Etard) ont pu écrire, il y a quelques lustres, que
la « constance des éléments » constituait un principe fondamental de la chimie moderne [3]. Nous verrons tout à

<hr>

1. Cf. Herman KOPP, *Die Alchemie in aelterer und neuerer Zeit*, Heidel-
berg, 1886, vol. I, p. 69-72.

2. M. WERNER (*Neuere Anschauungen*, etc., Brunswick, 1913, p. 1) définit : « On nomme éléments des substances homogènes qui sont indécomposables par la plupart de nos méthodes analytiques. » Il y a là, on le voit, une
tentative d'adapter cette définition traditionnelle aux conceptions sur la
variabilité des éléments chimiques.

3. Cf. *Identité et réalité*, p. 257. — Aug. COMTE a certainement interprété
les tendances fondamentales de la chimie de son temps avec beaucoup de

l'heure que la situation, en réalité, n'a jamais été aussi nette qu'elle apparaît à première vue et que, dans les tout derniers temps, elle a sensiblement évolué dans le sens inverse. Il n'empêche que l'influence de ces conceptions sur la forme des explications en chimie a été décisive.

Du moment, en effet, où le soufre doit être considéré comme une matière différant essentiellement de l'azote, comme le cuivre de l'argent, il devient pour le moins oiseux de rechercher si la manière différente dont les acides nitrique et sulfurique se comportent à l'égard de ces deux métaux ne pourrait pas être expliquée par la forme diverse des particules acides ou par celle des pores des métaux, comme l'avait présumé Lémery. Cette divergence doit être au contraire fondée sur les propriétés intimes de ces diverses substances élémentaires, sur leurs propriétés essentielles. Ainsi, nous sommes obligés de considérer la chimie moderne, en cette matière, comme moins mécaniste, moins encline à recourir à des explications par les figures que ne l'était celle d'il y a plus de deux siècles. Ce fait est dû, comme nous l'avons indiqué tout à l'heure, à ce que les éléments chimiques d'aujourd'hui sont en nombre beaucoup plus grand que ceux d'alors et jouissent, ayant une base expérimentale infiniment plus large, d'un nombre de propriétés en quelque sorte indéterminé. Mais il est curieux de constater qu'alors que l'évolution de la chimie apparaît comme s'étant déroulée, en général, dans un sens défavorable à la prédominance de la qualité, c'est le contraire qui s'est produit au point de vue qui nous occupe à présent. Cela montre, soit dit en passant, qu'il n'est pas toujours sans danger, en épistémologie, de trop schématiser les divers courants scientifiques et que le détail de l'histoire des sciences a

fidélité, en affirmant que « les propriétés chimiques sont radicalement spécifiques », mais que « toutes les données fondamentales de la chimie devraient, en dernier lieu, pouvoir se réduire à la connaissance des propriétés essentielles des seuls corps simples », de sorte que la chimie « a pour objet final, étant données les propriétés de tous les corps simples, (de) trouver celles de tous les composés qu'ils peuvent former » (l. c., vol. III, pp. 12, 15, 15).

son prix pour qui veut suivre le mouvement des idées dans ce domaine et en tirer des conclusions. Mais, encore un coup, le changement d'attitude dont il est question ici s'est produit en pleine période du phlogistique. C'est ce qui fait que Fourcroy, dans son admirable exposé de l'histoire de la chimie, considérant surtout, comme c'était naturel, la théorie du phlogistique sous la forme qu'elle avait revêtue en dernier lieu, oppose les explications mécanistes de Lémery aux conceptions de Stahl [1] ; alors que, nous venons de le voir, Stahl lui-même a, au contraire, fait usage d'explications entièrement semblables à celles de Lémery.

La plus importante des propriétés dont on est obligé de doter les nouveaux éléments est celle par laquelle on prétendra résumer leur manière de se comporter dans les réactions chimiques, c'est-à-dire ce qu'on arrive à définir comme leur affinité. C'est ce qui fait qu'à partir de ce moment des considérations concernant l'affinité prennent, en chimie, une place considérable. Geoffroy qui publie, le premier, en 1718, une table de ces « affinités », a immédiatement beaucoup d'imitateurs. Les plus connus, dans la période prélavoisienne, sont Sénac et Macquer [2]. Ce n'est pas le lieu ici de relater l'évolution que ce concept de l'affinité (supposée primitivement immuable) a subie à son tour. Constatons simplement qu'il a paru, surtout pendant une certaine période, dominer la chimie entière : c'est l'affinité qui était considérée comme la cause principale des phénomènes chimiques, c'est à elle que pensait, en premier lieu, le théoricien qui cherchait à expliquer ces phénomènes.

Fourcroy, parlant du mouvement qui s'est produit, en chimie, dans la première moitié du xviii° siècle, à la suite des travaux de Stahl, déclare qu' « aucune découverte n'est plus éclatante dans cette époque des grands travaux

<hr>

1. *Encyclopédie méthodique, Chimie, pharmacie et métallurgie*, vol. III, Paris, an IV, p. 332.

2. G. Cuvier, *Histoire des progrès des sciences naturelles*, etc. (Œuvres de Buffon, Supplément), vol. I, Paris, 1826, p. 21.

et des recherches suivies, aucune n'a plus fait honneur à ce siècle de la chimie renouvelée et perfectionnée, aucune enfin n'a conduit à des résultats plus importants que celle qui est relative à la détermination des affinités entre les corps et à l'exposition des degrés de cette force entre les différentes substances naturelles[1] ».

Vers l'époque même où, en chimie, les dernières traces des anciennes explications mécanistes tendent à s'effacer, des concepts qualitatifs commencent à prévaloir dans divers chapitres de la physique. C'est la conséquence de l'œuvre de Newton, et Leibniz avait vu juste en fulminant contre « les *Attractions* proprement dites et autres opérations inexplicables par les notions des créatures, qu'il faut faire effectuer par miracle, ou recourir aux absurdités, c'est-à-dire aux qualités occultes scolastiques, qu'on commence à nous débiter sous le spécieux nom de *forces*, mais qui nous ramènent dans le royaume des ténèbres[2] ». Newton lui-même avait conservé la notion de la chaleur-mouvement, mais c'était là, comme Duhem l'a fait ressortir à juste titre, un reste de physique cartésienne qui cadrait mal avec le système[3]. Aussi ce concept (les travaux de Black aidant) cède-t-il la place à celui de la chaleur-fluide, et dès lors ce ne sont bientôt plus, dans tous les chapitres de la physique, que forces et fluides de toute sorte. Ces fluides, on se les représente d'ailleurs semi-matériels, et dans les tableaux de Lavoisier encore on voit le

1. *Encyclopédie méthodique, etc.*, vol. III, p. 333. — Une amusante confirmation du prestige dont était alors revêtu, auprès du public cultivé, ce concept de l'affinité chimique nous est fournie par le titre du célèbre roman de Gœthe *Les affinités électives* et par la manière dont ce titre est expliqué dans le texte même de l'ouvrage. Sans tomber dans l'excès qui caractérise quelquefois les jugements des Allemands quand il s'agit de leur grand poète et sans vouloir lui attribuer un rôle considérable dans le domaine scientifique, on est amené à admettre que tout en restant fermé (contrairement à Kant) à la compréhension de tout ce qui touchait à la partie la plus avancée de la science, à savoir aux sciences physico-mathématiques (d'où son incapacité à saisir l'œuvre de Newton et, par la suite, l'aberration formidable de la *Farbenlehre*), Gœthe avait, pour tout le reste, d'excellentes et parfois de surprenantes lumières et se montre généralement à la hauteur de la science de son temps.

2. Leibniz, *Opera philosophica*, éd. Erdmann, p. 777.

3. Duhem, *Le mixte*, Paris, 1902, p. 61.

calorique, le fluide électrique, etc., figurer à côté de l'oxygène et de l'azote, comme entrant dans des combinaisons avec d'autres éléments. Sans doute, les explications ressortissant à ces théories qualitatives mettent-elles également en œuvre le concept du déplacement : nous l'avons vu à propos du phlogistique, et il est évident que la théorie de Black tire, de même, toute sa vigueur de ce que l'on peut *suivre* le calorique au moment où il passe d'un corps à un autre. De même, enfin, le concept entier de l'élément chimique repose sur son indestructibilité ; et si l'on serait embarrassé de dire *pourquoi* il confère à telle ou telle combinaison où il entre telle ou telle propriété, on sait du moins que ces propriétés seront toujours les mêmes et que, si l'on parvient à dégager l'élément lui-même, on le retrouvera avec des propriétés toujours identiques. Mais ce que transportent ces fluides et ces éléments, ce ne sont plus des particules figurées, mais des propriétés essentielles, dont, du moins pour le moment, on ne recherche pas l'explication.

Cependant, bien entendu, ce triomphe des idées qualitatives n'empêche aucunement que, sous une autre forme, on fasse appel à des explications directement spatiales. Lavoisier déjà et ses collaborateurs immédiats sentent qu'il ne suffit pas de connaître quels sont les éléments qui forment un composé, mais qu'il est encore indispensable d'indiquer de quelle manière ils y sont groupés ; car on a beau s'imaginer les « éléments » irréductibles l'un à l'autre (nous verrons tout à l'heure que ce n'était même pas là la pensée de Lavoisier, du moins sa pensée tout entière), on est obligé de reconnaître qu'il existe entre leurs combinaisons des analogies frappantes et qui ne peuvent évidemment en grande partie dériver que de ce mode de groupement. C'est ce qui fait que la nouvelle nomenclature, que Guyton de Morveau élabore de concert avec le maître, traduit immédiatement les idées que les anti-phlogisticiens se font à ce sujet. Ces idées, la génération suivante les recueille fidèlement et, tout en y apportant des modifications et des précisions suggérées par des découvertes importantes (telles que le remplacement du murium par le chlore, la détermination de la vraie nature des alcalis, et surtout les lois des proportions définies et des proportions multiples), en laisse cependant debout les grandes lignes. Enfin Berzélius la codifie en un corps de doctrine, qu'il rattache aux phénomènes électriques. Mais Berzélius entend aussi appliquer sa théorie électro-chimique aux corps de la chimie organique, et là il devient manifeste du premier coup que le concept du mode de groupement doit s'imposer à l'attention beaucoup plus encore dans la chimie minérale. En effet, on constate immédiatement qu'un grand nombre de substances, tout en contenant les mêmes éléments dans des proportions identiques, manifestent cependant des propriétés très différentes. Evidemment, quelles que soient les qualités qu'on attribuera aux éléments, elles seront inopérantes en l'occasion, et le groupement seul pourra expliquer quelque chose. Aussi, les vagues tentatives de la théorie de Berzélius sont-elles bientôt remplacées par les conceptions, beaucoup plus précises et mieux adaptées aux faits des théories de Dumas, Laurent et Gerhardt, et il est intéressant de noter comment, dans cette évolution, le concept de l'influence du groupement d'une part et celui des qualités inhérentes à l'élément d'autre part, s'opposent l'un à l'autre. Quant J.-B. Dumas, à la suite de sa mémorable découverte de l'acide trichloracétique, développe ses idées sur les *substitutions*, la supposition que des éléments, en apparence dissemblables, puissent se remplacer l'un l'autre dans une molécule et jouer dès lors un rôle analogue, choque à tel point l'opinion commune des chimistes, que Liebig, qui était cependant loin de partager toutes les idées de Berzélius, qui avait, peu de temps auparavant, conclu avec Dumas une sorte d'alliance et qui paraissait même disposé à admettre, jusqu'à un certain point, sa manière d'interpréter la genèse de l'acide trichloracétique, n'hésite point à publier, dans ses *Annales*, une attaque des plus grossières contre son associé de tout à l'heure. C'est la fameuse lettre signée S. C. H. Windler (*Schwindler*, farceur, escroc) et où l'auteur annonce qu'il a remplacé, dans l'acétate de manganèse, non seulement l'hydrogène, mais encore le métal, l'oxygène et même le carbone par du chlore, et que le produit, uniquement constitué par du chlore, conserve toujours les propriétés de l'acétate de manganèse. Il ajoute : « Je viens d'apprendre qu'il y a dans les magasins, à Londres, des étoffes en chlore filé, très recherchées dans les hôpitaux et préférées à toutes pour bonnets de nuit, caleçons, etc. [1]. »

On sait d'ailleurs combien ces résistances furent vaines. Liebig lui-même, quelques années plus tard, revint sur son erreur et célébra les mérites scientifiques de J.-B. Dumas, en lui dédiant un de ses ouvrages [2].

Depuis cette époque les hypothèses concernant le mode de groupement des atomes élémentaires ou, comme on dit maintenant, la *structure* de la molécule, ont pris, en chimie, une place de plus en plus considérable. Ce sont, à l'heure actuelle, de véritables figures géométriques auxquelles on a recours, et il suffit de jeter un coup d'œil sur un manuel de chimie organique pour se convaincre que c'est réellement aux propriétés de ces figures qu'on fait appel pour expliquer d'abord l'existence des isoméries et, ensuite, du moins dans la mesure où cela paraît possible, les propriétés particulières les caractérisant [3]. Ainsi la grande découverte de Kékulé, celle qui a fait triompher définitivement les conceptions « structurales », ç'a été l'observation que le nombre des isoméries du groupe benzénique était susceptible d'être « expliqué » par les propriétés d'une figure d'hexagone ; et les chimistes, depuis, ont éprouvé comme un sérieux inconvénient le fait que cette conformité n'est pas tout à fait complète, l'alternance des liaisons simples et doubles dans l'hexagone ne fournissant pas d'isomérie. De même, on motive la facilité des con-

---

1. Cf. LADENBURG, *Histoire du développement de la chimie*, etc. trad. A. Corvisy, 2ᵉ éd., Paris, 1911, pp. 127, 152, 169.

2. *Ib.*, Supplément de Colson, p. 17.

3. M. A. Werner, dont on connaît l'autorité dans ce domaine, déclare que « l'examen de l'évolution des formules structurales nous apprend que les transformations qu'elles ont subies graduellement ont eu pour conséquence un perfectionnement constant de leur représentation spatiale » (*Neuere Anschauungen*, etc., Brunswick, 1913, p. 14).

densations dans deux chaînes latérales, qui ont, vis-à-vis l'une de l'autre, la position *ortho*, par le « voisinage », et l'on explique la plus ou moins grande aisance avec laquelle tel ou tel atome se prête à être substitué, par l'influence que tel ou tel groupe « voisin » est à même d'exercer sur lui.

Mais peut-être l'intime parenté de ces explications par figures avec celles d'autrefois éclatera-t-elle d'une manière plus manifeste encore, si nous nous adressons à la phase la plus récente de la « théorie atomique » des chimistes, aux conceptions connues sous le nom de *stéréochimie*. Dès l'admirable travail par lequel, tout au début de sa carrière scientifique, il avait démêlé l'isomérie des deux acides tartriques, Pasteur avait constaté que l'asymétrie observée dans les cristaux hémiédriques des deux variétés persistait dans l'état liquide, et en avait déduit qu'elle devait être d'origine moléculaire. « Ce qui ne peut être l'objet d'un doute, disait-il, c'est qu'il y a groupement des atomes suivant un ordre dissymétrique à image non-superposable. Ce qui n'est pas moins certain, c'est que les atomes de l'acide gauche réalisent précisément le groupement dissymétrique inverse de celui-ci » [c'est-à-dire de l'acide droit][1]. Pasteur pensait plutôt à des figures dans le genre de deux spirales, droite et gauche [2]. D'autre part, la théorie de la liaison atomique de Kékulé était édifiée sur cette supposition fondamentale que le carbone est quadrivalent et que les quatre valences sont, à tous les points de vue, de même nature. Donc quatre atomes liés à un atome de carbone devaient se placer autour de lui de manière symétrique, c'est-à-dire aux quatre coins d'un tétraèdre. Pour relier ces deux courants d'idées, il suffisait de remarquer que si, dans

---

1. J.-H. Van't Hoff, *Dix années dans l'histoire d'une théorie*, Rotterdam, 1887, p. 29.

2. *Ib.* — Il est curieux de constater que, dans ce passage, Pasteur, concurremment avec la conception de deux spirales, met en avant l'idée que les atomes pourraient se trouver placés « aux sommets d'un tétraèdre irrégulier. » Bien qu'il soit pour le moins douteux qu'il ait pensé à l'image même que M. Le Bel et Van't Hoff ont proposée plus tard, on voit, en tout cas, combien il s'en rapprochait.

ce tétraèdre, les quatre atomes ou groupements reliés au carbone étaient tous différents les uns des autres, il en résultait une figure qui satisfaisait aux exigences de l'asymétrie pasteurienne. On ne saurait donc s'étonner que deux hommes de science, M. Le Bel et feu Van't Hoff aient conçu simultanément cette idée [1]. On sait d'ailleurs que cette conception s'est montrée, dans la suite, particulièrement féconde. Sans doute, comme toute théorie, elle a rencontré des obstacles sur sa route et, comme l'immense majorité au moins d'entre elles, elle n'a pas toujours réussi à en triompher. On a relevé des anomalies, et l'isomérie « physique » ne paraît ni ne disparaît absolument là où l'exigerait la formule. N'empêche qu'elle a été et reste, pour le chimiste et le physicien, une acquisition d'un prix inestimable, qu'elle a permis de réaliser des séries de découvertes des plus importantes et notamment celles de M. E. Fischer sur la synthèse des sucres, qu'elle en promet de nouvelles par son extension aux combinaisons d'éléments autres que le carbone, tels que l'azote pentavalent et l'étain et le soufre quadrivalents. Très certainement, le savant moderne a l'impression qu'il y a là une vue profonde sur la structure intime de la matière.

Un historien récent des sciences, en parlant du tétraèdre qui d'après les pythagoriciens et Platon caractérisait le feu élémentaire, déclare que c'est là l'idée fondamentale de la « stéréochimie » de M. Le Bel et de Van't Hoff[2]. C'est

---

1. Est-il nécessaire de faire ressortir que, par cet historique sommaire, nous n'avons nullement l'intention de rabaisser le mérite de ces deux hommes de science ? Ce qu'il y a de plus admirable dans l'évolution de la science, c'est sa continuité. Quiconque étudie d'un peu plus près l'histoire de la pensée humaine et, en particulier, de la pensée scientifique, ne peut manquer d'être saisi d'une sorte de respect religieux devant l'unité fondamentale de l'intelligence en son effort persistant vers la pénétration de l'inconnu qui nous entoure. Mais les esprits individuels par lesquels cette intelligence universelle se manifeste, pour n'être que des chaînons particuliers d'une chaîne fortement rivés, n'en sont pas moins dignes de la plus haute admiration que l'humanité est capable de concevoir. — En ce qui concerne Van't Hoff en particulier, il est curieux de noter que disciple, en premier lieu, de Kékulé à Bonn, il a travaillé plus tard au laboratoire de Wurtz, à Paris, où il s'est fortement imprégné des idées de Pasteur (G. Bruni, *L'œuvre de J.-H. Van't Hoff*, Scientia, X, 1911, p. 85).

2. Max Simon, *Geschichte der Mathematik im Alterthum*, Berlin, 1909, p. 131.

évidemment aller un peu loin. Mais on se rend compte, en y regardant de plus près, que le rapprochement n'est cependant pas entièrement factice. Du moment où l'on entend expliquer la diversité des substances par des arrangements dans l'espace, on est forcément amené à se servir de figures stéréométriques ; et comme le tétraèdre est la plus simple de ces figures, il jouera toujours dans un système de ce genre un rôle considérable. Sans doute, on ne se sert pas, dans les deux cas, des mêmes propriétés. Platon est frappé du fait que le tétraèdre est pointu et il lui paraît donc convenir, de ce chef, à un élément qu'il doue d'une grande force de pénétration ; alors que les stéréochimistes utilisent sa propriété de fournir, dans certaines conditions, des figures asymétriques. Mais, ici et là, on tend à expliquer des phénomènes en les ramenant aux propriétés d'une figure géométrique dans l'espace. Il n'est pas dit d'ailleurs que la propriété dont se sont servis Le Bel et Van't Hoff doive rester la seule que la stéréochimie utilisera : on peut voir au contraire que dans les conceptions modernes où l'on se préoccupe de l'architecture des atomes, comme par exemple dans celle mise en avant par Baeyer, on calcule la direction que doivent prendre deux valences du carbone (que Baeyer suppose sortant de l'atome comme des tiges rigides) et l'inflexion que devront subir, en cas de liaisons doubles, ces tiges, qui dès lors se courberont comme des ressorts [1]. De même, les chercheurs qui cultivent le domaine de ce que l'on désigne comme la « cristallographie nouvelle » et qui espèrent parvenir à connaître, par leurs méthodes, non seulement l'arrangement réel des particules dans un cristal, mais encore la structure moléculaire et atomique des corps, après avoir abouti à des constatations confirmant la théorie chimique du tétraèdre du carbone, ont construit des mo-

---

1. Cf. Job, *Les progrès des théories chimiques*. Bull. de la Soc. fr. de philosophie, 13ᵉ année, nᵒ 2, fév. 1913, p. 54, et Werner, *l. c.*, pp. 79 et suiv. — M. Werner, d'ailleurs, parle également de « la direction de l'action de la force d'attraction » et des « directions privilégiées au point de vue de l'affinité chimique, qui détermineront la place » où s'opèrera la transformation (*ib.*, p. 813).

dèles à l'aide desquels, dit un des savants autorisés de ce domaine, « il est intéressant d'observer avec quelle aisance les atomes de carbone se lient les uns aux autres dans des chaînes de six atomes [1] », particularité évidemment destinée à expliquer la fréquence et la solidité particulière que présente le noyau benzénique.

On sait d'ailleurs que la conception du tétraèdre de Le Bel et Van't Hoff n'est pas restée à l'état de conception isolée dans la science. M. A. Werner a édifié sa théorie des complexes inorganiques parfaits, dont nous avons parlé dans notre troisième chapitre (p. 67), sur cette hypothèse fondamentale que les six atomes ou groupes dont le principe de « l'hexacoordination » des complexes cobaltiques rend nécessaire la présence, sont placés aux coins d'un octaèdre. Et l'on peut se rendre compte que la raison qui lui a dicté cette hypothèse est strictement analogue à celle mise en avant, en faveur du tétraèdre, par M. Le Bel et par Van't Hoff, à savoir le fait que l'asymétrie que produirait dans un octaèdre la présence, aux coins, de substituants dissemblables, serait précisément de nature à rendre compte des isoméries constatées [2]. Il n'est pas inutile de noter que l'analogie, dans ce cas, n'est pas, à beaucoup près, aussi stricte que pour l'atome de carbone tétraédrique. L'expérience est loin d'indiquer la présence d'isomères partout où le modèle en indique l'existence ; les partisans de la théorie supposent alors qu'on se trouve en présence de *racémiques* (c'est-à-dire de mélanges, en proportions égales, des deux composés ayant une activité optique égale, mais en sens inverse) indédoublables [3]. Les faits comme celui qui a été considéré comme décisif en faveur de la théorie, à savoir l'explication de l'isomérie des sels violéotétrammoniés et praséotétrammoniés, qui ne rentrait pas dans le cadre de l'ancienne théorie de Jœr-

1. W.-H. BRAGG, *The New Crystallography*, Scientia, vol. XVIII, déc. 1915, pp. 375, 381.

2. URBAIN et SÉNÉCHAL, *l. c.*, pp. 155, 162, 165.

3. *Ib.*, pp. 164, 169. — Cf. WERNER, *l. c.*, p. 76, sur les difficultés qu'entraîne cette supposition.

gensen [1], sont plutôt en petit nombre. Et l'on a d'ores et
déjà constaté un nombre assez considérable de faits que
la théorie de Werner, à son tour, n'explique pas ou n'explique qu'à grand peine et à grand renfort d'hypothèses
auxiliaires, telles que celle de l'hydrolyse, laquelle, il est
facile de s'en rendre compte, brise en réalité le cadre de
la théorie, que ses partisans d'ailleurs eux-mêmes sont
forcés de déclarer « trop rigide » [2]. Il n'empêche que la théorie de Werner, comme nous l'avons expliqué plus haut,
à propos de la notion de valence, a fini par être à peu près
universellement acceptée par les chimistes, qui déclarent
que « la théorie ne pourrait être ébranlée que si un dérivé,
admettant une formule octaédrique, superposable à son
symétrique par rapport à un plan, était doué du pouvoir
rotatoire. Mais un tel fait paraît improbable » [3]. Le succès
des conceptions de M. Werner est, sans doute, dû surtout
à ce qu'elles apportaient de l'ordre dans un chapitre de
la science particulièrement compliqué et qui en manquait
auparavant ; mais, très certainement, le grand pouvoir
explicatif, qui est l'apanage légitime de toute explication
spatiale directe, n'est pas étranger à leur triomphe. Il est
impossible de parcourir une étude consciencieuse de cette
question (comme ce livre de MM. Urbain et Sénéchal sur
lequel sont précisément fondées les observations pré-
sentes) sans être frappé du rôle énorme de la *figure* et de
l'immense prestige dont l'introduction de cet *Octaèdre de
Werner* semble avoir doté la théorie [4]. Ajoutons que celle-

1. URBAIN et SÉNÉCHAL, *l. c.*, pp. 158, 159, 164, 295, 297.
2. *Ib.*, pp. 176, 179, 188, 229, 240-241, 265, 288, 321. — On peut d'ailleurs
voir, chez M. Werner lui-même, à quel point certains faits, tels que celui des
« valences ionogènes accessoires », se classent mal dans sa théorie (*l. c.*,
pp. 62-63). Cf. aussi *ib.*, pp. 205, 208 et suiv. sur les difficultés que présentent les hydrates.
3. URBAIN ET SÉNÉCHAL, *l. c.*, p. 189.
4. C'est sans doute par ce sentiment que la construction, la déduction spatiale constitue la partie véritablement essentielle de la théorie que s'expliquent des déclarations comme celle que nous avons citée plus haut (p. 68,
note 2) et qui affirme que les conceptions de Werner sont calquées sur celles
de la chimie organique, alors que cette opinion ne peut se rapporter qu'à l'explication de l'isomérie à l'aide d'une figure géométrique. M. Werner, d'ailleurs, semble parfaitement conscient de cette valeur explicative de l'image

ci, malgré quelques défaillances, a justifié depuis, dans une très grande mesure, la confiance de ses partisans, en permettant d'effectuer et de classer un nombre considérable de découvertes fort intéressantes, et que sa vertu efficace, dans cet ordre d'idées, ne semble aucunement épuisée à l'heure actuelle.

Une divergence fondamentale cependant semble persister entre le tétraèdre ou l'octaèdre des stéréochimistes modernes d'une part et les figures géométriques des penseurs de l'antiquité d'autre part; c'est celle qui résulte de l'évolution dont nous avons parlé plus haut et qui a abouti à faire accepter par la science la conception de substances élémentaires multiples. Ainsi dans le tétraèdre du feu de Platon, il ne pouvait y avoir de spécifique que cette forme tétraédrique; alors qu'au centre du tétraèdre moderne il y a un atome de carbone, c'est-à-dire d'une substance différant essentiellement de toute autre. Mais là encore, quand on regarde les choses de plus près, la différence tend à s'atténuer.

Nous avons, dans les pages qui précèdent, touché à plusieurs reprises à cette question, dont l'importance est évidemment primordiale au point de vue de la théorie chimique, du concept de l'élément. Nous avons reconnu notamment, au chapitre V (pp. 172 et suiv.), à propos de l'explication du *divers* dans l'espace, que la spécificité des éléments chimiques constitue un obstacle auquel se heurte cette explication, un irrationnel, ou plutôt une indication que la science, en avançant dans ce domaine, parviendra probablement un jour à y déterminer un irrationnel net-

---

spatiale et use de cette image partout où cela paraît possible. Ainsi, il estime que les deux radicaux-limites observés MO^4 et MO^6 doivent « correspondre aux chiffres de coordination dans le plan et dans l'espace » des éléments (*l. c.*, p. 121). De même, après avoir constaté qu'on n'a jamais observé plus de trois « liaisons de pont », il affirme que ce fait « trouve une explication simple dans le groupement octaédrique des divers groupes autour des atomes métalliques comme centres » (*ib.*, p. 307). En ce qui concerne en particulier l'octaèdre, il déclare : « Cette conséquence, qui est fondamentale au point de vue de la conception spatiale des complexes MR^6, a été confirmée par l'expérience dans une mesure telle, que l'on ne saurait plus douter que les formules spatiales établies sont justifiées » (*ib.*, p. 342).

tement délimité. Nous avons ensuite, dans ce chapitre même, raconté la naissance du concept d'élément chimique, tel que le connaît la science de nos jours, et nous en avons suivi l'évolution jusqu'à une époque tout à fait récente où la spécificité, la « constance » des éléments semblait, en apparence, universellement reconnue comme une des bases fondamentales de la chimie (p. 290). Mais nous avons indiqué en même temps que la situation était en réalité plus complexe. En effet, sous ce courant très apparent, inspiré directement (on l'a vu) par des constatations expérimentales, on découvre, si l'on veut bien y prêter attention, un courant en sens contraire, tendant à nier ou du moins à réduire la spécificité des éléments, dans le sens précisément de cette tendance apriorique dont nous avions constaté l'action à propos de la diversité dans l'espace (chap. V, p. 176). Les chimistes avaient beau, dans la pratique de leur science, édifier tout sur cette théorie, avoir l'air de considérer les propriétés des éléments comme ultimes et estimer parfaite toute explication dans laquelle on réussissait à remonter jusqu'à ces propriétés, tout au fond d'eux-mêmes et, sans doute, parfois inconnu à eux-mêmes, l'espoir persistait de revenir un jour au concept de l'unité de la matière. C'est une tendance dont les manifestations multiples et suffisamment nettes peuvent être aisément suivies à travers toute cette époque. Pour Lavoisier, déjà, tous les éléments ne paraissent pas revêtus de la même dignité; certains d'entre eux, l'oxygène, l'azote, l'hydrogène, lui semblent plus simples que les autres corps[1], lesquels n'auraient donc été que des composés plus fortement constitués que ceux que nous formons et analysons dans nos laboratoires (c'était, on le sait, à peu près la conception de Boyle). Dans la seconde décade du XIXᵉ siècle surgit la théorie de Prout, d'après laquelle l'hydrogène serait l'unique élément primordial. Légèrement modifiée par J.-B. Dumas, elle eut tout de suite beau-

---

1. Cf. BOUASSE, *Introduction à l'étude des théories de la mécanique*, Paris, 1895, p. 166.

coup de partisans, et bien que des recherches ultérieures aient été loin de confirmer sa base expérimentale [1], elle ne disparut point de la science [2]. Au même ordre d'idées se rattachent les tentatives visant à établir des rapports entre les poids atomiques des éléments chimiques et leurs diverses propriétés. En effet, en agissant ainsi, on tendait à réduire la spécificité de chaque élément chimique en particulier, à la faire apparaître comme dépendant de la variation d'un facteur qui ne pouvait que constituer la caractéristique d'une sorte d'élément ultime [3]. On sait que ces efforts ont abouti à l'établissement du célèbre *système périodique* des éléments de Mendéléef et que cette grandiose conception, après s'être heurtée d'abord à une grande résistance auprès des chimistes, a fini par s'imposer, au point qu'à l'heure actuelle elle fait corps avec l'édifice théorique de la science. Enfin, par la découverte de Mosseley [4] ces deux courants de la pensée scientifique se confondent en quelque sorte, en se précisant et se confirmant mutuellement.

Ces tendances vers l'unité de la matière ont encore considérablement gagné en force depuis de récentes découvertes dans le domaine de l'électricité et surtout dans celui des corps radioactifs, découvertes qui tendent

1. Il eût fallu que tous les poids atomiques fussent des multiples entiers de celui de l'hydrogène ou du moins, selon Dumas, de la moitié de ce poids.

2. Cf. *Identité et réalité*, p. 260, note 3.

3. M. A. Werner (*Neuere Anschauungen*, etc. Brunswick, 1913, p. 1), avec cette crainte caractéristique que manifestent fréquemment les savants contemporains, dès qu'ils s'occupent de conceptions théoriques, la crainte d'être qualifiés de « philosophes » ou de « métaphysiciens » (noms apparemment injurieux entre tous), déclare que « ce n'est point en prenant pour base des représentations — sans doute fort remarquables au point de vue hypothétique et philosophique — de l'unité de la matière que la chimie moderne parvient à la supposition que les éléments ne sont que des formes différentes, caractérisées peut-être seulement par les conditions où elles surgissent, d'une seule et même matière, mais en se fondant sur certaines relations entre les propriétés des éléments, qui resteraient entièrement incompréhensibles sans la supposition d'une origine commune ». Mais il est clair qu'il y a là non pas, comme M. Werner a l'air de le supposer, deux courants de la pensée distincts, voire même opposés, mais un seul et même courant : il eût été absurde de rechercher des relations entre les propriétés des éléments, si l'on n'avait pas eu au fond l'idée de l'unité de la matière. L'on a vu, du reste, que l'historique de cette conception confirme sa pérennité.

4. Cf. chap. VI, p. 224, note 1.

à démontrer que l'atome d'hélium entre dans la composition de substances qui, à tous autres égards, se comportent comme de véritables éléments chimiques et que, d'autre part, la particule électrique élémentaire, l'électron, constitue un composant de tous les corps sans exception. C'est à ces constatations que se rattache toute une série de spéculations modernes sur les atomes, qui tendent à expliquer leur affinité et leur valence[1]. La conception la plus poussée dans ce domaine de la structure de l'atome chimique, celle où l'on aperçoit le plus clairement la véritable nature de ces hypothèses, c'est, semble-t-il, la théorie de Sir J. Thomson. L'illustre physicien se sert comme point de départ d'une curieuse expérience de Mayer, laquelle consiste à faire flotter, dans un vase d'eau, un certain nombre d'aimants minuscules placés dans des bouchons. Si l'on agite le liquide, on voit ces aimants, au bout de peu de temps, s'ordonner en figures régulières, dont la forme est fonction de leur nombre. Ainsi, en ajoutant un ou plusieurs aimants, on voit généralement la figure de l'arrangement se modifier d'une manière complète. Mais, fait remarquable, si l'on s'applique à observer la série entière de ces figures, en n'ajoutant chaque fois qu'un seul petit aimant, on voit des figures semblables et qui ne diffèrent en quelque sorte que par les dimensions, c'est-à-dire par le nombre des aimants qui les composent, reparaître de temps en temps, séparées, dans la série, par des figures entièrement dissemblables. C'est ce qui expliquerait que, dans le système périodique de Mendéléef, des éléments présentant des propriétés très analogues apparaissent de distance en distance séparés par d'autres dont le caractère est très différent. Il saute aux yeux que nous nous trouvons là en présence d'une explication par des figures géométriques du type le plus pur, les propriétés des éléments chimiques étant ramenées à celles que peuvent présenter les arrangements dans l'espace, c'est-à-dire devant s'expliquer par les propriétés de

1. Cf. Job, *l. c.*, pp. 52 et suiv.

l'espace ; bien entendu, les propriétés du composant fondamental, soit, dans ce cas particulier, du petit aimant, mises à part — nous avons traité dans notre chapitre III (pp. 67 et suiv.) de la véritable nature de ce point de départ de toute théorie scientifique. Les figures de Mayer s'ordonnent dans un plan, mais il va sans dire que ce n'est là qu'une première approximation. Les véritables figures atomiques auront nécessairement (comme du reste le prévoit l'auteur de la théorie) trois dimensions et ce n'est peut-être pas trop s'avancer que de prévoir que, si la conception est un jour suffisamment poussée de ce côté, nous verrons nécessairement réapparaître, dans ce domaine encore, le tétraèdre, en tant que figure spatiale la plus simple de toutes, accompagné peut-être de l'octaèdre et des autres figures stéréométriques de la « métamathématique » platonicienne.

E. — Les diverses modalités de l'emploi de la fonction spatiale en vue de l'explication causale dont nous venons de parler, présentent ceci de commun, qu'elles semblent s'offrir à l'esprit pour ainsi dire toutes seules. Aussi voyons-nous des procédés en dérivant employés à peu près à toutes les époques, et sans doute presque dès l'aube de l'intelligence humaine, tantôt moins, tantôt davantage, conformément aux conditions résultant de la marche du savoir humain. Mais voici une modalité qui appartient à peu près en propre à la science moderne, en ce sens que l'ancienne physique n'a pu que l'entrevoir tout au plus d'une manière fugitive et confuse, alors qu'elle joue, dans notre science, un rôle très considérable et qui, semble-t-il, ne peut que grandir. Nous entendons parler des explications causales fondées sur l'équivalence des mouvements. On sait, en effet, que les anciens ont entièrement ignoré le principe de l'inertie et dès lors, à plus forte raison, n'ont pu rien concevoir d'analogue à notre notion de la conservation de l'énergie. Sans doute, et en dépit de la théorie d'Aristote, une notion imprécise de la continuité du mouvement pouvait exister, notamment chez quelques atomistes ; d'ailleurs Aristote lui-même a le sentiment de la persistance du mouvement circulaire et en tire sa théorie du mouvement circulaire « naturel » des sphères célestes [1]. Mais, encore un coup, tout ce qui a trait véritablement à la transformation du mouvement spatial et à l'emploi de cette notion en vue d'explications causales ne peut être que d'origine moderne.

Par contre, dans la physique moderne, les exemples abondent. Voici un piston de machine à vapeur qui se meut dans un cylindre et met en mouvement à son tour toute une série d'engins. D'où vient la force qui le pousse ? De la force d'expansion de la vapeur d'eau. Or, la théorie cinétique des gaz nous enseigne que celle-ci est la résultante de petits chocs que les molécules de ce gaz produisent sur les parois du vase qui les enferme. Ainsi le mouvement visible et puissant du piston n'est que la transformation d'un grand nombre de mouvements qui animent des corpuscules très petits de taille et par conséquent invisibles. Mais, il n'y a pas de doute, il doit y avoir, du moins à un certain point de vue, équivalence ou même identité entre les deux mouvements, *moléculaire* et *molaire*, puisque l'énergie, en vertu du principe bien connu, a dû « se conserver ». Voici d'autre part une pièce de machine qui tourne et à laquelle on applique un frein. Pièce et frein s'échauffent, et la théorie nous apprend que cet accroissement de température n'est qu'une accélération du mouvement des particules qui constituent les corps visibles, ce mouvement moléculaire étant une transformation du mouvement molaire, apparent de la pièce. Nous avons « expliqué » dans le premier cas la naissance et dans le second la disparition du mouvement visible, en le rattachant à un mouvement invisible et en supposant que ce qui se passait à notre échelle, dans des espaces que nous pouvons apprécier à l'œil nu, trouvait son équivalent dans ce qui se passait à l'échelle moléculaire, dans des espaces infimes, à peine accessibles à nos microscopes. En ce qui concerne ce dernier trait, l'explication, le lecteur en a sans doute

----

1. Cf. *Identité et réalité*, p. 117.

déjà fait l'observation, ressemble quelque peu aux explications par la réduction de l'échelle dont nous avons parlé antérieurement et dont les hypothèses préformistes nous ont offert un exemple ; alors que pour ce qui concerne la transmission du mouvement, elle offre (comme nous l'avons fait ressortir tout à l'heure) des points de contact avec le *passage* d'un principe immatériel : ce sont là des rapprochements tout naturels, car dans tous ces procédés il s'agit au fond d'une seule et même chose, à savoir d'utiliser la fonction spatiale en vue de l'explication des phénomènes. La classe d'explications dont nous venons de parler présente cependant ceci de particulier et de caractéristique, qu'il est question de corps *en mouvement*, dont on explique les propriétés en supposant un *état de mouvement* de leurs particules. La théorie que l'on avait d'abord proposée pour les corps radioactifs — celle de la captation des ondulations éthéréennes — de même que celle qui a prévalu dans la suite, relèvent toutes les deux de ce point de vue, puisque l'une et l'autre transforment un mouvement invisible en un mouvement visible. Mais la seconde de ces deux théories ressemble davantage à celle qui explique la transformation de la chaleur en mouvement, tout en poussant à bout, en quelque sorte, ce que cette théorie présentait de particulier. En effet, dans le cas des corps radioactifs, le mouvement occulte, source de la prodigieuse énergie qu'ils manifestent sans cesse, est censé se passer dans l'intérieur de l'atome, c'est-à-dire dans les limites d'un espace ayant à peu près le même rapport aux distances moléculaires dont traite la théorie cinétique des gaz, que le diamètre de notre terre aux dimensions de l'espace stellaire.

De toute évidence, nous nous trouvons, en ce moment, dans la période de plein épanouissement des explications de ce type, si caractéristiques de la physique moderne et qui sont sans doute destinées à devenir de plus en plus fréquentes dans l'avenir le plus rapproché. Il en sera surtout ainsi si la physique, ce qui ne paraît pas impossible, revient à la tradition du cinétisme pur (si l'on ose se servir de ce terme) qui a paru la dominer pendant une période assez longue et qui s'efforçait de la débarrasser de tout ce qui ressortit au concept de force, lequel pose l'existence, comme d'un être réel, d'une *tendance* au mouvement ou (comme on le dit le plus souvent) d'un mouvement en puissance ou *potentiel*. C'est un concept dont nous tâcherons de mieux éclaircir tout à l'heure la véritable nature. Mais il est clair que toute théorie visant à remplacer un état potentiel, une *tension*, par une *vis a tergo* dont cet état serait la conséquence apparente, devra faire appel à des mouvements préexistants de particules infimes. Ainsi toutes les explications *mécaniques* possibles de la gravitation newtonienne seront forcément toujours de ce type, on sera amené à composer l'attraction de petits chocs moléculaires (comme l'a fait, nous l'avons vu, Le Sage). Dans un écrit récent, une note fort intéressante qui se trouve annexée à l'ouvrage si vite et si justement célèbre de M. Arthur Balfour intitulé : *Theism and Humanism*, Sir Oliver Lodge expose avec une force et une clarté singulières ce point de vue purement cinétique [1] et très certainement, étant donnée l'autorité de l'illustre physicien anglais, son point de vue, si conforme aux principes de Descartes et de Leibniz, est destiné à rallier beaucoup de suffrages.

Il semble bien, cependant, que même en supposant les conjonctures les plus favorables, les développements les plus récents de la physique tendent à limiter, au moins d'un côté, l'emploi de ce mode d'explication. Nous n'avons qu'à nous rappeler à cet égard le rapprochement que nous venons d'établir entre les explications par les mouvements des infiniment petits et celles par la simple réduction de l'échelle. Si, comme semblent l'indiquer les résultats du *Conseil* de Bruxelles, nous sommes forcés d'accepter l'idée d'un monde atomique foncièrement différent de celui qui nous est familier et où le mouvement même serait

<hr>

1. A.-J. Balfour, *L'idée de Dieu et l'esprit humain*, tr. Bertrand, Paris, 1916, pp. 329-331.

discontinu, on peut prévoir que le mouvement de ces atomes n'aura plus, à l'égard des phénomènes qui se passent à notre échelle, le même pouvoir explicatif que le mouvement tout court, auquel nous étions habitués ; c'est-à-dire que les phénomènes nous sembleront moins expliqués dès que nous serons forcés d'user, dans notre explication, de ce mouvement atomique. Mais c'est là, peut-être, vouloir prévoir les choses d'un peu loin.

Est-il besoin de faire ressortir qu'en énumérant, comme nous venons de le faire, les diverses modalités de l'explication spatiale, nous n'avons aucune prétention d'avoir été complet, ni même d'avoir établi une classification durable, dans une matière qui peut-être n'en comporte pas, puisqu'il s'agit au fond d'un seul et même concept, celui de l'espace ? Nous avons voulu simplement donner au lecteur une idée de la manière dont s'accomplit ce processus de l'explication et des ressources qu'il met à la disposition de la science.

CHAPITRE IX

LES POSSIBILITÉS DE L'EXPLICATION SCIENTIFIQUE

Estimera-t-on que ces ressources sont très variées ou qu'elles le sont très peu ? Cela dépendra sans doute, dans une grande mesure, du point de vue où se placera l'observateur et de ses prédispositions individuelles. Mais est-il en général possible de se faire une idée, ne fût-ce même que tout à fait générale et approximative, sur le rapport qu'il peut y avoir entre la puissance de ces moyens de résolution et l'étendue du ou des problèmes qu'il s'agit de résoudre ? On comprendra que nous ne nous risquions sur ce terrain qu'avec beaucoup d'hésitation et l'on voudra bien considérer les remarques qui suivent comme de simples suggestions.

Lucrèce, en examinant le nombre des combinaisons possibles des éléments primitifs dans l'espace, estime qu'il ne peut être que très limité ; ce qui lui apparaît d'ailleurs comme un avantage de sa théorie, au point de vue de la résistance des espèces et du maintien des lois de la nature [1]. Il est évident qu'à tous les points de vue nous avons changé de sentiment en cette matière. Nous avons

---

1. Lucrèce, *l. c.*, l. II, v. 478-507. Munro (*De rerum natura*, 3ᵉ éd., Cambridge, 1873, vol. I, p. 873), tout en constatant que Lucrèce ne s'exprime nulle part clairement au sujet de la manière dont il conçoit les dimensions des atomes, estime cependant qu'il aurait accepté sans difficulté l'opinion moderne selon laquelle si une goutte d'eau était agrandie jusqu'à atteindre le volume du globe terrestre, la taille des molécules varierait entre celle des billes de billard et celle du petit plomb. Nous croyons au contraire que le commentateur anglais qui, presque toujours, sait admirablement pénétrer les idées de son auteur, a été, sur ce point, induit en erreur par une fausse analogie avec la science moderne et que des passages comme celui que nous citons prouvent que Lucrèce se figurait ses particules beaucoup plus grandes que celles de M. Perrin.

une confiance plus grande en la stabilité de l'ordre des choses en général et nous n'éprouvons pas le besoin de l'assurer par des moyens de ce genre et, d'autre part, l'immense diversité des choses nous frappe sans doute beaucoup plus fortement que cela ne pouvait avoir lieu pour les anciens ; c'est ce qui fait que nous voudrions, au contraire, que la diversité des combinaisons spatiales, chargée d'expliquer celle des choses, fût aussi grande que possible. Ce desideratum ne nous paraît d'ailleurs pas impossible à satisfaire, parce que, d'abord, ces parties élémentaires nous apparaissent évidemment comme bien plus petites et, dès lors, comme infiniment plus nombreuses que ne se les imaginait Lucrèce, et qu'ensuite, nous avons une idée plus juste du nombre des permutations qu'est susceptible de fournir un nombre donné d'éléments, c'est-à-dire du pouvoir diversifiant de ces permutations. Mais c'est peut-être aussi parce que nous avons moins constamment présente à l'esprit cette idée fondamentale de l'unité de la matière, que les anciens atomistes ne perdaient jamais de vue, alors que, tout en y croyant au fond, nous la reléguons pour ainsi dire constamment à l'arrière-plan, en opérant *provisoirement* avec les atomes d'éléments chimiques, c'est-à-dire avec des particules qualitativement diverses. Quoi qu'il en soit, les chimistes contemporains semblent clairement d'avis que les combinaisons spatiales dont nous pouvons disposer suffisent, et au delà, à représenter tout ce que nous pouvons trouver dans la nature de divers, de spécifique, et même d'individuel. Ainsi, on sait que M. E. Fischer et les savants de son école sont arrivés à décomposer les albuminoïdes en aminoacides divers et, en recomposant ces derniers, à obtenir des polypeptides, et que l'on considère généralement la synthèse de ces substances comme une étape importante vers celle des albuminoïdes. Si l'on suppose que ceux-ci sont composés selon le schéma en question, on reconnaît aisément, comme il s'agit de combiner vingt aminoacides différents, que le nombre des permutations possibles pouvant fournir des formes isomériques est de deux trillions environ — sans compter les isoméries stéréochimiques résultant, en nombre immense également, du nombre considérable des atomes de carbone asymétriques que compte la molécule de chaque aminoacide. On arrive ainsi, avec quelque bonne volonté, à concevoir, avec M. Hollemann, qu'il y a une probabilité pour que tout être vivant possède son albumine individuelle et pour que la variété des formes que présente la nature, variété qui nous apparaît, à première vue, comme en quelque sorte ahurissante, ne soit cependant due, en dernier ressort, qu'à l'isomérie des molécules de l'albumine [1].

En rattachant ainsi, à chaque diversité constatée dans la nature, une disposition, une figure spatiale déterminée, on aura, sans doute, accompli un grand pas. Cependant, il faut bien le reconnaître, ce ne sera encore que le moindre de ceux qu'il s'agira de franchir. En effet, il faudra ensuite nous montrer que, de cette figure, toutes les propriétés de l'être représenté découlent nécessairement, intelligiblement, c'est-à-dire qu'elles peuvent en être *déduites* par voie purement rationnelle. Les exemples de raisonnements que nous avons cités dans cet ordre d'idées, de Lucrèce à Lémery et à Stahl, ne permettent aucun doute : c'est précisément parce que le problème leur paraissait infiniment moins compliqué qu'à nous que ces ancêtres, en croyant l'avoir résolu, nous ont montré clairement le but vers lequel nous tendons. Les figures, dit Lémery, doivent « correspondre aux effets » que produisent les corps ; c'est pourquoi les particules de sel, qui font naître des picotements sur nos muqueuses, doivent être pointues et les particules d'acides plus ou moins « subtiles » selon qu'elles pénètrent avec plus ou moins de facilité dans les interstices des corps à dissoudre (chap. VIII, p. 285 et suiv.). Or, sans doute, les attributions de formules « de constitution », en les supposant déterminées, ne seront-elles pas faites sans raison : on

---

1. Cf. J.-R. Carracido, *Les fondements de la biochimie*, Scientia, XXI, février 1917, pp. 132-133.

aura trouvé que, dans une occasion déterminée, la substance se prête à telle ou telle réaction, laquelle convient
précisément à cette formule. Mais ce qu'il faudra ensuite,
c'est démontrer que *toutes* les réactions dudit corps, toutes
ses propriétés, toutes ses particularités, se déduisent également de la formule.

Pour faire toucher du doigt combien ce problème est
différent du premier (qui consiste uniquement à *déterminer* la formule) et à quel point il est plus malaisé, il suffit
de considérer ce qui se passe dans les cas — infiniment
simples, cela va sans dire, en comparaison de ceux que
mettra en jeu la future explication de l'être organisé —
dont s'occupe la chimie de nos jours. On sait que les chimistes sont parvenus à créer synthétiquement un nombre
notable de produits qui, au point de vue de leurs propriétés utiles, dépassent considérablement en efficacité les
substances que l'homme trouvait toutes préparées dans
la nature ou qu'il en tirait par des procédés très simples
d'une technique rudimentaire. Ces produits — matières
colorantes, substances pharmaceutiques, parfums — n'ont
pas été découverts tout à fait au hasard d'expériences bat-
tant le champ presque illimité de la chimie organique. Au
contraire, et de plus en plus à mesure que les investigations avançaient, les chercheurs se laissaient guider par
des raisons fondées sur des considérations de formule :
la présence de tel ou tel groupe dans une position déterminée, la possibilité de telle ou telle « condensation » leur
indiquaient la probabilité, et quelquefois la quasi-certi-
tude, que le corps qu'on voulait constituer aurait telle ou
telle propriété comme colorant, comme antipyrétique,
comme produit odorant. Donc, ces recherches pouvaient
incontestablement être qualifiées, dans une grande mesure,
de rationnelles, puisqu'elles avaient en effet pour base des
formules appelées telles. Mais le rapport entre ces formules et les propriétés les plus importantes des corps
qu'elles étaient censées représenter restait lui-même entièrement empirique.

Ainsi, pour ne parler que des propriétés optiques, qui

sont le plus facilement saisissables, la théorie des *chromo-phores* par laquelle Witt, dès 1876, avait réussi, d'une manière assez satisfaisante, à réduire les observations en système et qui, plus ou moins complétée ensuite, a servi longtemps de guide pour les recherches dans ce domaine [1], ne tentait point de rendre compte *pourquoi*, par exemple, l'entrée des deux radicaux d'hydroxyle transforme l'anthraquinone presque incolore en une matière rouge d'une puissance de coloration incomparable (l'alizarine ou garance synthétique), ni quel est le lien qui rattache la présence de groupes amidés à la couleur de la rosaniline (ou fuchsine). Toutefois — c'est là un des exemples innombrables que l'on rencontre à chaque pas dans l'évolution de la science et qui prouvent combien peu la généralisation légale seule, poussée aussi loin que l'on voudra, est apte à satisfaire l'esprit scientifique — on s'ingénia aussitôt, par tous les moyens, à transformer les constatations purement empiriques en explications, c'est-à-dire à relier les phénomènes optiques à la constitution chimique par des théories véritablement rationnelles. C'est une tâche formidable, et il faudra sans doute des générations de physico-chimistes pour aboutir, dans ce domaine, à des solutions quelque peu précises et satisfaisantes. Mais on peut s'assurer, par l'admirable résumé que M. Victor Henri a fourni des travaux de ses prédécesseurs, des siens propres et de ceux de ses élèves, que l'œuvre est en bonne voie d'accomplissement et que les recherches poursuivent bien le but que nous venons d'indiquer : les divers « vibrateurs » dont on suppose l'existence, par des hypothèses se reliant très directement à la formule de constitution, doivent rendre compte de l'apparition de telle ou telle bande dans le spectre [2].

Evidemment, le jour où la tâche sera résolue, les propriétés optiques des substances chimiques se trouveront

1. Cf. Lay, *Die Beziehungen zwischen Farbe und Constitution bei organischen Verbindungen*, Leipzig, 1911, *passim.*
2. Victor Henri, *Etudes de photochimie*, Paris, 1919, *passim*, notamment p. 151.

être réellement *rationalisées*. Mais, pour le moment, il ne faut point que nous soyons dupes de certaines expressions dont la science use couramment : ce n'est pas sans raison, sans doute, que les formules de ces matières colorantes sont qualifiées de rationnelles, elles rendent compte en effet de certaines propriétés de ces corps, de leur parenté avec certains autres corps, de leur synthèse, de leur manière de se comporter dans les réactions déterminées, etc., et elles réduisent ces propriétés, au moins graduellement et partiellement, à des dispositions spatiales. Mais les propriétés ainsi expliquées (même insuffisamment) sont en petit nombre, toutes les autres restent purement empiriques et leur rationalisation nous apparaît même parfois comme très lointaine.

Cependant, il est important de le noter, cette rationalisation nous apparaît en même temps comme possible, c'est-à-dire qu'autant que nous sommes en mesure d'en juger à l'heure actuelle, la science, dans la voie qui y mène, ne paraît devoir se heurter à aucun irrationnel nouveau. Sans vouloir même faire entrer en ligne de compte les progrès accomplis et dont nous venons de parler, il suffit, pour le reconnaître, d'une réflexion purement théorique. La sensation (qui est un irrationnel au premier chef) mise à part, la lumière qui frappe les colorants et que ceux-ci réfléchissent est un mouvement. Le changement que produit la réflexion ne peut donc être que la conséquence de mouvements à l'intérieur de la molécule et il doit en être de même des propriétés que les substances manifestent au point de vue du goût ou de l'odorat, car à supposer que nos sensations soient dues (ce qui est possible) en premier lieu à des réactions chimiques se produisant dans certaines cellules de nos muqueuses, ces réactions à leur tour doivent pouvoir se ramener à des mouvements. Observons, toutefois, que ce n'est là qu'un schéma tout à fait général, résultant précisément de ce postulat universel qu'il n'y a, dans les phénomènes, que figures et mouvements, c'est-à-dire, des fonctions spatiales, postulat qui n'est, nous le savons, qu'une forme de celui de l'intelligibilité générale de la nature. Il est clair, par conséquent, que nous ne pouvons en tirer aucune garantie qu'il en est réellement ainsi, c'est-à-dire que nous ne parviendrons jamais, dans le cas précis de la couleur rouge des substances synthétiques dont nous venons de parler, à établir une chaîne de déductions dépourvue de lacunes. En d'autres termes, nous pouvons fort bien, en cherchant à établir cette chaîne, nous heurter à des irrationnels. Ainsi, puisqu'il est question de la manière dont la molécule et ses atomes réagissent à la lumière, l'absorbent et la réfléchissent, l'irrationnel ou les irrationnels dont les débats du *Conseil* de Bruxelles font prévoir l'existence peuvent jouer un rôle dans le phénomène. Ou bien encore, comme il s'agit de rayons lumineux, il peut y avoir, ainsi que M. V. Henri a l'air de le supposer (chap. VI, p. 220), des anomalies d'un ordre différent. En général, on ne saurait, évidemment, rien affirmer à ce sujet avant d'avoir réussi la réduction complète du phénomène, les irrationnels dont nous parlons en ce moment étant, nous l'avons vu, par essence imprévisibles.

Que si, maintenant, mettant de côté ou oubliant en quelque sorte ces irrationnels présents ou futurs, nous cherchons à embrasser d'un seul coup d'œil l'ensemble des explications *possibles*, nous arriverons à une constatation quelque peu surprenante : à savoir que l'explication de l'être nous paraît, en général, moins éloignée, moins inaccessible que celle du devenir. Sans doute, au sens absolu, l'une est aussi irréalisable que l'autre. Il est aussi absurde de vouloir démontrer que quand les deux gaz que nous appelons oxygène et hydrogène se sont combinés pour former de l'eau, il ne s'est rien produit de nouveau, que de vouloir ramener les propriétés de chacun de ces deux gaz à celles d'une substance unique n'ayant elle-même que des propriétés géométriques, c'est-à-dire constituant une hypostase de l'espace. Mais nous savons de reste que ces visées dernières, la science, de manière plus ou moins consciente, les écarte en quelque sorte de son champ visuel habituel, se contentant, en guise d'explications, de satisfactions plus proches. Or, il paraît certainement, dans cet ordre d'idées, moins ardu, moins paradoxal de chercher l'explication rationnelle de la couleur rouge de la fuchsine par une particularité de la structure chimique, que de tenter de démontrer (pour ne considérer que le cas le plus simple) que chaque fois où nous voyons un mouvement mécanique commencer, il a dû préexister et que, quand nous le voyons cesser, il doit néanmoins en réalité continuer.

Ainsi, pour ne considérer qu'un phénomène que nous avons sans cesse sous les yeux, nous voyons constamment le mouvement se transformer en *tension* et inversement : il suffit de considérer un pendule pour constater avec quelle facilité s'opère cette métamorphose dans les deux sens. Or, il est clair que si nous voulons comprendre quelque chose à ce phénomène, nous devons supposer qu'à l'instant où le pendule est parvenu au point le plus élevé de son chemin et où par conséquent sa vitesse visible est rigoureusement nulle, le mouvement a néanmoins persisté. L'affirmation n'est pas absurde en soi : Nous avons vu, en effet, au chapitre précédent (p. 307) comment la théorie cinétique explique la force d'expansion d'un gaz par des chocs moléculaires. Dès lors, dans le cas du mouvement d'un piston qui comprime un gaz (ou qui inversement est poussé par un gaz qui se dilate), la transformation du mouvemement en tension ou de la tension en mouvement se trouve ramenée à une persistance réelle du mouvement, lequel assume, alternativement, la forme molaire et la forme moléculaire [1]. Mais il suffit précisément de considérer ce qu'est cette explication modèle pour se rendre compte à quelles difficultés elle se heurtera partout où la gravitation entre en jeu (comme c'est le cas pour le pendule). Par le fait, la seule théorie cinétique consistante de la gravitation qui ait jamais été formulée est, selon l'avis autorisé de Maxwell, celle de Le Sage [2] et elle entraîne

---

1. M. Lodge, dans la note que nous avons citée p. 309, met en avant, avec raison, cet exemple typique de l'explication cinétique d'une énergie potentielle.

2. MAXWELL, *Encyclopædia Britannica*, 9ᵉ éd., article *Atom*, p. 47.

des conséquences telles que, certes, bien peu de physiciens contemporains oseraient la considérer comme susceptible d'être reprise un jour [1]. Ainsi, le cas du mouvement le plus simple d'un corps grave nous apparaît, au point de vue de l'explication véritablement causale, comme tout à fait désespéré.

Cependant, il n'y a pas à en douter, au point de vue logique, l'explication de l'être constitue un besoin moins pressant, moins immédiat de notre raison que l'explication du devenir. Riemann nous l'a dit : primitivement le concept de cause, le besoin de l'explication, naît à propos du changement. L'histoire des sciences d'ailleurs confirme cette vue, car elle nous présente toute une série de théories physiques qualitatives : l'atomistique hindoue tout entière semble devoir être rangée dans cette classe et les systèmes, issus au moyen âge de la philosophie péripatétique, en tant qu'ils ne se contentaient pas de l'appareil purement logique d'Aristote, mais tendaient à développer une véritable physique, étaient nettement qualitatifs. La Renaissance revient aux traditions de l'atomisme, mais là encore il y a à relever le curieux système, à la fois atomistique et qualitatif, de Bérigard [2]. En outre, à l'intérieur même de la science en apparence mécaniste des XVIIᵉ et XVIIIᵉ siècles, des conceptions qualitatives subsistent, comme nous l'avons vu, par la théorie des fluides porteurs de qualités. Or, de toute évidence, une théorie qualitative, par le fait qu'elle pose la qualité qui passe comme quelque chose de persistant et de fondamental, refuse de l'expliquer, c'est-à-dire renonce, de ce côté, à l'explication de l'être, cherchant uniquement à ramener les phénomènes au déplacement de cette même qualité, c'est-à-dire se contentant de l'explication du devenir.

1. Cf. *Identité et réalité*, p. 80.
2. Cf. *ib.*, pp. 381 et suiv.

CHAPITRE X

L'ÉTAT DE PUISSANCE

La preuve de la primauté de cette explication du devenir, de l'ardeur sans égale avec laquelle notre raison la
recherche, nous est fournie en outre par cette circonstance,
infiniment digne de remarque, que là où cette explication
nous fait trop manifestement défaut, où la tâche consistant
à égaler l'antécédent et le conséquent nous apparaît comme
trop ardue, l'intellect humain a forgé un concept spécial
pour suppléer, ou du moins pour paraître suppléer à ce
qui constitue forcément à nos yeux une anomalie dans l'ordre des choses. Ce concept est celui de *l'état de puissance*,
et il suffit d'examiner les circonstances dans lesquelles il
surgit dans l'histoire du savoir humain, pour se convaincre
que le but que vise cette création est réellement celui que
nous venons d'indiquer. Chez Aristote, c'est « surtout de
quelque chose qui est en puissance que vient le corps
effectif et réel[1] ». Il en vient, c'est-à-dire que, selon le système logique de Stagyrite, il doit s'en déduire, ce qui à
son tour, si nous abandonnons le formalisme métaphysique, et cherchons comment cela peut se traduire par
des théories proprement physiques, ne peut, nous l'avons
vu, vouloir dire qu'une chose, à savoir qu'il y a identité
fondamentale entre les deux états. On sait à quel point la
science du moyen âge a usé et abusé de ce stratagème et il
est aisé de se rendre compte que chaque fois qu'il a été
mis en œuvre, c'était pour expliquer l'apparition ou la dis-

---

1. Cf. *Identité et réalité*, p. 401. M. Hœffding constate également que le
passage de la possibilité à la réalité, qu'Aristote appelle κίνησις (mouvement)
« forme une analogie avec ce que nous appelons aujourd'hui le passage de
l'énergie potentielle à l'énergie actuelle » (*La pensée humaine*, p. 281).

parition de quelque chose d'existant, son inexistence, alors qu'il *pouvait* paraître. La science moderne a d'ailleurs, tout aussi copieusement, fait usage de notions semblables. La chaleur latente de Black est, en effet, manifestement tributaire de la même manière de penser et aussi l'énergie *potentielle* de Rankine. Ce dernier concept intervient partout où nous voyons un mouvement se transformer en tension, ou inversement. Nous avons constaté tout à l'heure que les physiciens n'avaient pas abandonné l'espoir de parvenir, dans ce cas, à une explication cinétique, c'est-à-dire de démontrer que la tension elle-même est l'effet d'un mouvement. Mais nous avons dit aussi les difficultés formidables d'une telle explication. Ce qui est certain, c'est qu'en attendant, la mécanique est obligée de traiter mouvement et tension comme deux choses différentes. Mais elle cherche à les assimiler en effet l'un à l'autre, en déclarant que ce ne sont que deux formes d'une seule et même chose, *l'énergie*. Or, seule, l'énergie de mouvement est visible, elle se mesure par le carré de la vitesse acquise. L'énergie potentielle, au contraire, se soustrait à notre perception directe, elle ne peut se mesurer que par l'énergie de mouvement qu'elle est capable d'engendrer, elle n'est donc qu'une *tendance*, quelque chose dont nous supposons l'existence pour expliquer l'apparition de ce qui peut en résulter.

Il est évident, d'ailleurs, que c'est uniquement grâce à cet artifice que nous parvenons à parler de la conservation de l'énergie. En effet, même dans les cas où cette conservation, selon l'opinion commune, se démontre directement, ce que l'on démontre en réalité, c'est uniquement le fait qu'elle est susceptible de reparaître. Mais qu'elle ait continué d'exister, sans se manifester d'aucune façon, pendant le laps de temps qui s'est écoulé entre sa disparition et sa réapparition, c'est là une véritable fiction, que seule notre tendance causale transforme en réalité.

Il en est de même pour un concept, connexe de celui de l'énergie, mais bien antérieurement constitué, à savoir le concept de la force, tel que le rend nécessaire la supposition d'une action à distance. La force d'attraction entre les corps célestes se manifeste sans doute par des mouvements, mais elle-même, cela est clair, n'est pas un mouvement ni d'ailleurs rien qui soit perceptible directement, elle n'est que la cause des mouvements, du mouvement en puissance. Nous ne la connaissons d'ailleurs que par ces mouvements, ce sont eux qui nous la font imaginer et ce concept n'est créé, selon toute évidence, que pour les expliquer.

Le cas est encore analogue en ce qui concerne la conservation de la matière. Sans doute, nous pouvons (depuis que nous savons peser le gaz) démontrer directement la constance du poids. Mais, nous l'avons vu (p. 153), cet énoncé n'épuise pas réellement le contenu du principe : nous affirmons en outre la conservation de l'élément qualitatif. Or, il est certain que l'élément, en apparence, disparaît dans le composé : l'acide sulfureux ne manifeste en aucune façon les propriétés du soufre ni celles de l'oxygène. Elles doivent pourtant y être, puisqu'elles peuvent reparaître, elles y sont donc en puissance. C'est là la conviction que nous exprimons en écrivant la formule du composé SO^2.

Voici un autre exemple, tout aussi probant, que nous emprunterons à celui des philosophes modernes dont la conception passe généralement pour être la plus éloignée de celle de la science, à Hegel. Hegel, on l'a vu tout au début de notre travail (p. 4), traite dans sa *Philosophie de l'histoire* de « l'esprit du monde » qui, dans le cours de l'histoire, développe son « unique nature », laquelle en même temps, cependant, « demeure toujours la même ». Quelques pages plus loin Hegel précise cette conception. « Dans ce sens nous pouvons dire que l'histoire du monde est la représentation de la manière dont l'esprit parvient à la connaissance de ce qu'il signifie en soi ; et de même que le germe porte en lui la nature entière de l'arbre, le goût et la forme des fruits, de même les premières traces de l'esprit contiennent virtuellement l'histoire entière[1]. »

1. HEGEL, *Werke*, Berlin, 1837, vol. IX, p. 20.

Ainsi, l'histoire ne développe que ce qui se trouvait déjà dans l'esprit ; mais cela ne s'y trouvait qu'*en soi*, *virtuellement* ; en traduisant *en puissance*, nous ne trahirions certainement pas la pensée de l'auteur. Voici en effet de quelle manière il explique cette existence *en soi* : « Ce qui est en soi, c'est une réalité, un pouvoir, mais qui, de son intérieur, n'est pas encore parvenu à l'existence [1] ». Ici l'emploi de ce terme de *pouvoir* (*Vermoegen*, on pourrait aussi traduire *puissance*) est tout aussi significatif que l'image de l'arbre et des fruits, qui est la même que chez Bossuet et où en effet notre conception intime du développement causal se révèle avec une clarté particulière. Hegel est, d'ailleurs, revenu sur cette image dans une autre partie de son œuvre et l'y a traitée avec plus d'ampleur. Dans la *Logique* de l'*Encyclopédie*, en parlant du concept, il dit : « Le mouvement du *concept* est *développement*, par lequel développement on ne pose que ce qui se trouve déjà présent en soi. Dans la nature, c'est la vie organique qui correspond à la phase du concept. Ainsi, par exemple, la plante se développe de son germe. Ce dernier contient déjà en lui la plante entière, mais de manière idéale, et c'est pourquoi il ne faut point concevoir son développement de telle manière que les diverses parties de la plante, racine, tronc, feuilles, etc. se trouveraient déjà dans le germe, mais toutes petites. C'est là l'hypothèse de l'emboîtement, dont le défaut par conséquent consiste en ce que ce qui n'est présent que de manière idéale est conçu comme étant déjà existant. Ce qu'il y a au contraire de juste dans cette hypothèse, c'est le fait que le concept au cours de son processus reste en lui-même (*bei sich selbst*) et que par ce processus rien de nouveau n'est posé en ce qui concerne le contenu, mais que seule une modification de la forme se trouve produite [2]. »

Que si, des hauteurs de la métaphysique hégélienne, nous descendons vers les notions les plus simples du sens

----

1. *Ib.*, p. 26.
2. *Ib.*, vol. VI, *Encyclopædie*, I. Thl., *Logik*, § 161, p. 317.

commun, il est aisé de reconnaître que c'est ce même
procédé que nous mettons continuellement en œuvre,
qu'en fait la conception entière de la réalité telle que la
saisit le sens commun, du monde de notre perception
directe, n'est que le résultat de son application inconsciente. En effet, le monde ne peut être que notre sensation ; or, le sens commun suppose que le monde existe en
dehors de celle-ci, en soi, qu'il continue à exister quand
il n'est pas présent à notre sensation.

Les objets ne sont donc pas, contrairement à ce que
l'on affirme quelquefois, de simples possibilités de sensation, ils sont, tout comme les objets que crée la science
(nous l'avons dit au chap. Iᵉʳ, pp. 25 et suiv.), quelque chose
de plus. Mais la proposition est vraie en ce sens que cette
ontologie est cependant *constituée* à l'aide de possibilités
de sensation : c'est parce que nous savons que des sensations que nous n'éprouvons pas momentanément peuvent
apparaître ou reparaître dans des conditions données, que
nous les hypostasions en objets. A ce point de vue, l'objet est bien (ainsi que l'indique du reste ce terme de *possibilité*) une sensation ou un groupe de sensations en puissance.

Le sens commun, on le sait de reste, n'hésite pas à
attribuer aux objets des propriétés que l'expérience scientifique la plus immédiate (d'accord, sur ce point, avec
l'analyse apriorique telle que l'avaient mise en œuvre les
fondateurs du mécanisme grec) nous démontre appartenir
en propre à notre sensation, comme la couleur par exemple. Ces propriétés ou qualités sont donc aussi des sensations et, en tant que nous ne les éprouvons pas directement, des sensations en puissance. Affirmer, comme le
fait le sens commun, que nos sensations existent en dehors
de nous, indépendamment de notre sensation, est évidemment absurde, mais fort utile au point de vue de la constitution d'une image cohérente de la réalité, en ce sens
que nous savons que ces sensations, que nous n'éprouvons
pas momentanément, *peuvent* y paraître ou reparaître dans
des conditions données.

Mais le concept de l'être en puissance, l'exemple de Hegel nous le rappelle, ne s'applique pas seulement au domaine du sens commun et à celui des sciences physiques. Il surgit, en quelque sorte spontanément, partout où la tâche consistant à égaler l'antécédent et le conséquent nous paraît par trop ardue. La graine contenait-elle l'arbre préformé ? Nous n'osons plus l'affirmer. Mais le contenait-elle *en puissance* ? Assurément. Et de même, la théorie de la descendance des êtres organisés implique que le mammifère se trouvait *en puissance* dans l'amibe, puisqu'il en est sorti par le simple jeu de circonstances extérieures (comme chez Darwin) ou de facultés qui étaient inhérentes à l'organisme primitif (comme chez Lamarck).

De même il est aisé de reconnaître que les sciences historiques (l'histoire proprement dite, la biographie, etc.) usent à peu près constamment, d'une manière plus ou moins franche, de conceptions analogues. Il paraît tout naturel de supposer que l'humanité barbare recélait dans son sein l'humanité civilisée et que chaque peuple, tel qu'il nous apparaît dans le passé le plus lointain, contenait en puissance ce peuple tel que nous le connaissons aujourd'hui. Cette dernière conception surtout, depuis que les idées nationalistes ont pris dans la vie politique l'importance que l'on sait, est devenue fort populaire et sert de substrat, plus ou moins avoué, à des déclamations sans nombre. Sans doute, l'historien digne de ce nom se rend-il compte parfaitement de la multiplicité presque insaisissable des facteurs qui ont concouru à créer les *nations* contemporaines. Mais l'orateur ou le journaliste populaire, à l'âme plus simpliste, se contente de projeter en arrière l'image qui lui est familière. Les Allemands notamment — chez qui la doctrine nationaliste a assumé ses formes les plus excessives — se sont livrés avec prédilection à ce jeu; ce n'est pas seulement dans les élucubrations enfantines des *Deutschthuemler* qu'Arminius apparaissait comme le prototype du *Turner* et du *Freiwilliger* de 1813[1], des histo-

---

1. Même Victor Scheffel (si nationaliste cependant à l'occasion) a cru devoir se moquer de cette manière grotesque de travestir l'histoire. Dans la

riens soi-disant sérieux prétendaient faire admirer chez les barbares envahissant l'empire romain toutes les vertus qu'ils attribuaient à l'Allemand moderne, y compris, et même surtout ce fameux « idéalisme » (le terme pris dans son sens éthique) considéré, dès lors, comme un apanage de la race « supérieure ». Mais ailleurs même cet état d'esprit n'est pas tout à fait inconnu, et telle déclamation sur les vertus des ancêtres l'étale avec une complaisance suffisante. C'est que, ici comme partout, le concept de puissance n'est que le remplaçant, le bouche-trou de celui d'identité et qu'il aspire à retourner vers ce dernier, à se confondre avec lui.

D'ailleurs il est aisé de reconnaître que les qualités dont on dote ces peuples primitifs sont bien souvent, tout comme celles des objets du sens commun, des hypostases. Seulement ce que l'on hypostasie ainsi, ce ne sont plus de simples sensations, ce sont les événements historiques dont le peuple a été le héros. Taine s'est moqué d'affirmations telles que : « La destinée de Rome était de conquérir l'univers. » Il a parfaitement raison d'ajouter que la phrase signifie simplement que « le peuple romain conquit le bassin de la Méditerranée avec quelques contrées du nord-ouest et que cela était nécessaire [1] ». Il cherche ensuite à expliquer la conquête par la supériorité militaire et politique des Romains et il conclut que « la destinée d'un peuple n'est rien que l'effet combiné des circonstances, de ses facultés et de ses penchants ».

Cela est manifeste, et il est tout aussi certain que chaque fois que l'on pourra se débarrasser d'une qualité, telle que l'est cette prétendue *destinée* du peuple romain, cela constituera un progrès. Mais il n'en est pas moins clair que si l'on a inventé cette expression, c'est parce qu'on a

chanson sur la bataille de la forêt de Teutoburg, chanson si populaire parmi les étudiants allemands (elle fait partie du *Commersbuch*, la « Clef du caveau » officielle des beuveries) les Chérusques combattent « avec Dieu, pour le roi et la patrie », ce qui était, comme on sait, la devise des volontaires prussiens de 1813.

1. H. TAINE, *Les philosophes classiques du XIXᵉ siècle en France*, 11ᵉ éd., Paris, 1912, p. 329.

voulu expliquer par là l'histoire de Rome. Cette histoire est prodigieuse : comment cette petite communauté, constituée par une population d'origine incertaine, déchirée à peu près constamment de discordes civiles, posée en un endroit quelconque, parmi une campagne peu fertile, aux bords d'une rivière sans importance, a-t-elle pu, pendant de longs siècles, remporter une série de succès éclatants et presque ininterrompus et finir par se soumettre et absorber les plus vieux empires du monde alors connu ? Et alors, pour diminuer cet étonnement, pour concevoir que cela était *nécessaire* (Taine le dit)[1], on imagine que toute cette suite d'événements était préformée *idéalement* (comme l'eût dit Hegel) : le petit groupe romain primitif la contenait en puissance, elle était un attribut, une qualité de ce groupe, sa *destinée*. Et de même, quand on parle du génie d'un homme, on résume par ce terme toute la suite des œuvres ou des actes par lesquels il a manifesté sa grandeur. Mais l'on entend en même temps insinuer qu'alors qu'aucune de ces manifestations ne s'était encore produite, elles *subexistaient* cependant déjà, elles existaient potentiellement, en leur auteur ; elles sont sorties de lui, donc elles s'y trouvaient déjà, dirons-nous en rappelant un fois de plus le raisonnement de M. Maeterlinck (cf. chap. VI, p. 160). Napoléon à Brienne, c'était Marengo, le 18 brumaire et Austerlitz en puissance, de même que Jean-Jacques Rousseau, arrivant chez Mᵐᵉ de Warens,

1. Ce terme, cependant, prête, dans le raisonnement de Taine, à équivoque. Ainsi il déclare que « l'air s'appliquant sur le baromètre, le mercure montera nécessairement » ; de même « la barre, étant chauffée, se dilatera nécessairement » et « le fer exposé à l'air humide se combinera nécessairement avec l'oxygène ». La nécessité, ici, serait donc simplement tirée de l'expérience. Mais il faut noter que ces affirmations se trouvent placées dans l'exposé, intentionnellement positiviste, de M. *Pierre*. M. *Paul*, au contraire, qui se nourrit surtout de l'*Éthique* de Spinoza et de la *Logique* de Hegel (*l. c.*, p. 348) insiste beaucoup sur l'importance de la déduction, qui est conçue évidemment comme logique (*ib.*, p. 351. — Taine s'appuie sur des passages de Cuvier que nous avons cités nous-même et dont la portée, on l'a vu, ne saurait être méconnue — cf. d'ailleurs sur le rôle de la déduction dans le positivisme de Taine, Appendice III, p. 404). On saisit là sur le vif la tentative de superposer au positivisme de Comte un idéalisme se rapprochant de Hegel et l'équivoque dont nous venons de parler en est évidemment une conséquence.

apportait idéalement, dans son mince bagage, l'*Émile* et le *Contrat social*.

Si nous pouvions nourrir le moindre doute en ce qui concerne la véritable nature de ces conceptions, il nous suffirait de considérer la manière dont Taine, dans l'exposé auquel nous avons fait allusion, parle de cette *destinée* du peuple romain. Il la met, en effet, en parallèle avec des expressions usitées en physique telles que « l'air pesant est une force », « la chaleur a une force de dilatation » ou « le fer et l'oxygène ont une force d'affinité réciproque [1] ». Or, il est manifeste (ainsi que nous l'avons fait ressortir plus haut à propos de la force de gravitation) que cette force, en tant qu'elle représente quelque chose d'autre qu'une simple fonction du mouvement actuel, ne peut être que du changement futur, du changement en puissance.

Toutes ces conceptions, évidemment, contiennent une grande part de fiction. S'ensuit-il qu'en en usant on commette un abus ? On pourrait répondre en mettant au défi ceux qui l'affirment de raisonner en s'abstenant rigoureusement d'imaginations de ce genre. Nous avons vu plus haut ce qu'il en est de la physique prétendument positive, et sans même fouiller profondément les assises des sciences historiques, on peut remarquer qu'en renonçant à toute tentative d'explication véritablement causale (ce qui serait inévitable si l'on n'avait recours au concept de puissance) on ferait œuvre fort ennuyeuse. Mais on peut serrer la question d'un peu plus près, en analysant simplement les procédés particuliers au sens commun. Faisons abstraction de la constitution même du monde d'objets, puisque, nous l'avons vu, sens commun et science sont d'accord en cette matière. Observons le sens commun là où il est, au contraire, en désaccord avec la science. L'objet est-il jaune ? Il n'est point douteux, au contraire, que le *quid proprium* de la qualité appartient, dans ce cas, entièrement à ma sensation. Ce qu'il y a dans l'objet, c'est une constitution de sa surface telle que certaines radiations qui le frappent

---

1. *Ib.*, p. 327.

sont réfléchies de manière à produire sur l'œil humain une sensation ressemblant à celle qu'il reçoit en contemplant, dans des conditions analogues, un morceau de soufre. Mais le sens commun n'est pas constitué en vue de la science, il est constitué en vue de la vie de tous les jours. Y aurait-il utilité à substituer, dans cette vie, au simple terme *jaune*, la phrase que nous venons d'écrire ? Il est à remarquer que la circonlocution qu'elle renferme n'est pas seulement fort embarrassée, mais qu'elle souffre en outre d'une grande indétermination, et que ce défaut est inévitable. La couleur jaune étant un phénomène lumineux, il faudrait, pour dire clairement ce qui la conditionne dans l'objet, savoir ce qu'est la lumière. Or, nous l'ignorons, et les vagues idées que la science se fait à ce sujet varient constamment. Naguère c'était une ondulation de l'éther, que l'on s'imaginait purement mécanique, maintenant c'est une vibration électrique. D'ailleurs si les conceptions les plus récentes de la science dans cet ordre d'idées sont exactes, nous ne pourrons jamais dire ce qu'est la lumière, puisque, pour le faire, il faudrait une théorie mécanique de l'électricité, et que l'électricité au contraire ne paraît pas susceptible d'être réduite de cette façon, qu'elle reste donc inexplicable (cf. chap. VI, p. 194).

Ainsi il n'est pas douteux qu'il y a avantage, tout en sachant que la couleur n'est pas réellement une qualité de l'objet, à se servir cependant, dans la vie de tous les jours, d'une locution qui l'affirme, parce que cette locution est beaucoup plus brève et plus précise que celle qui exprimerait la vérité scientifique, et que néanmoins elle a infiniment de chances de se trouver vérifiée dans l'immense majorité des cas que nous rencontrons ordinairement. Il suffira, pour ne pas risquer de nous tromper, de nous rappeler que l'affirmation n'exprime qu'une vérité relative et que, dans des cas extraordinaires, par exemple, si l'objet se trouvait éclairé par de la lumière monochromatique, nous verrions cette qualité, supposée inhérente à l'objet, se modifier.

C'est, de même, l'avantage pratique qui décidera dans d'autres cas. Est-il utile de supposer l'existence de l'énergie potentielle ? Il n'est pas douteux que la science actuelle répond affirmativement : le principe de la conservation de l'énergie fait partie de ses fondements les plus essentiels et il disparaîtrait si l'on abandonnait cette conception de l'énergie cachée et pourtant réelle. Mais pour ce qui est de la force, il y a certainement des physiciens qui estiment que la science doit se passer de cette hypostase. Et si la chimie actuelle semble bien proclamer la conservation de l'élément qualitatif, il y a eu cependant des chimistes, tels que Henri Sainte-Claire Deville, qui affirmaient au contraire la disparition de l'élément dans la combinaison.

On peut faire des observations analogues en ce qui concerne les concepts historiques que nous avons mentionnés. En tenant compte du génie de Napoléon, nous comprendrons peut-être mieux sa conduite dans les affaires de la Corse, antérieurement au siège de Toulon, qui marque le début de sa carrière dans la France continentale, et le génie particulier de Rousseau pourra nous aider à nous rendre compte, du moins dans une certaine mesure, de quelques traits étranges de son caractère qui se manifestent dès sa prime jeunesse. Parler de la destinée du peuple romain sera dangereux si l'on entend faire naître, dans l'esprit du lecteur, l'impression qu'il y a là une véritable et complète explication des prodiges de l'histoire de Rome. Mais cela peut être utile si l'auteur entend au contraire donner à cette expression le sens d'une simple métaphore, car cela peut lui permettre d'expliquer plus commodément des événements anciens, de montrer, dans la Rome primitive, l'action de forces que l'organisme n'a véritablement révélées que beaucoup plus tard. Sans doute, il peut aussi, en parlant d'événements antérieurs, invoquer directement ceux qui ont suivi beaucoup plus tard. Mais l'emploi de ce terme de *destinée*, pour résumer toute cette évolution postérieure, peut certainement rendre service dans cet ordre d'idées. Cet emploi peut aussi être utile si l'auteur, loin de supposer que la *destinée* de Rome explique complètement son histoire (ce qui est l'intention que lui prête Taine), entend faire comprendre au contraire qu'il y a, dans cette histoire de la Ville éternelle, comme une sorte de mystère, quelque chose dont les éléments que nous connaissons ne permettent pas de fournir une explication véritablement satisfaisante pour l'esprit. Taine, dans quelques pages d'ailleurs fort belles, croit pouvoir résumer tout ce qui devait caractériser la Rome primitive et ce qui, selon lui, explique son histoire[1]. Ce n'est pas lui faire injure que de dire que, sans parler du fait que certains traits essentiels du tableau qu'il brosse sont sujets à caution (ainsi, nous ne sommes plus aussi sûrs aujourd'hui que Rome fut, à l'origine, un asile), l'explication reste fort incomplète. Taine raille Virgile qui, dit-il, en tant que « poète et poète du gouvernement de Rome » fait le prophète après coup. Mais si Virgile par son *tu regere populos, Romane, memento* a voulu simplement traduire l'étonnement, le sentiment de mystère que tout observateur éprouve immanquablement devant ce morceau d'histoire, il faut reconnaître que l'impression de l'homme moderne, moins immédiate et moins intense sans doute que pour celui qui avait sous les yeux les splendeurs de la Rome d'Auguste, demeure cependant du même ordre.

Ce que nous venons d'exposer — le lecteur sans doute s'en est déjà aperçu — n'est que le développement de ce que nous avons indiqué antérieurement (chap. III, p. 74 et suiv., chap. V, p. 154) au sujet des hypostases. Il est, en effet, manifeste qu'aucune hypostase n'est concevable si nous n'admettons la possibilité d'une existence en puissance. Aussi, en examinant la question de savoir dans quel cas il est loisible ou non de supposer un état de puissance, n'avons-nous fait en réalité que préciser l'emploi du « rasoir d'Occam ».

Ce qui est encore fort remarquable, dans tous les cas où intervient, consciemment ou inconsciemment, le concept

---

1. *Ib.*, pp. 364 et suiv.

de puissance, c'est la confusion en quelque sorte forcée
qui s'y produit entre le point de vue temporel, historique,
et le point de vue rationnel, logique. C'est la même confusion que nous avons déjà constatée, à l'intérieur même
des limites de la logique, dans l'emploi des termes tels
qu'*antérieur, postérieur, suite* (pp. 63, 113 et suiv.). Elle
reparaît ici, plus complète encore, si possible. Elle l'est à
tel point que, parfois, nous serions bien en peine de dire
laquelle des deux conceptions, pourtant si foncièrement
distinctes, nous avions en vue. Telle chose « était en
germe » dans telle autre. Qu'est-ce à dire ? Qu'elle l'a suivie dans le temps ? Cela devrait le signifier, car tout ce
que nous savons d'un germe, c'est qu'il produit, avec le
temps et dans des circonstances favorables, une plante ;
nous ne connaissons, entre le germe et la plante, aucun
rapport *logique*, nous ne pouvons certainement indiquer,
fût-ce de la manière la plus générale, *pourquoi* un germe
doit nécessairement devenir plante. C'est cependant à une
conception de cet ordre que fait allusion, ordinairement,
l'emploi de ce vocable de germe. Ce que l'on entend affirmer, ou du moins insinuer, c'est qu'il y ayait là quelque
chose qui était *en puissance*, d'où ce qui a suivi devait sortir nécessairement, logiquement, en d'autres termes on
prétend *expliquer* ce qui est arrivé.

Il en est de même (quoique dans un sens opposé) en ce
qui concerne les termes *évolution* ou *développement*. Nous
en avons parlé dans notre chapitre V (p. 162) et avons
reconnu que l'image qui fait le fond de ces locutions est
préformiste. Mais, à défaut de l'identité complète, c'est le
concept de puissance qui intervient et, étant donné son
indétermination, la confusion devient, tout comme pour
le « germe », inextricable. Ici, l'étymologie l'indique, il ne
devrait être question que de rapports *nécessaires*. Mais le
fait seul que M. Bergson ait pu, sans nous choquer, parler d'évolution *créatrice* — dans un sens par conséquent
directement opposé au sens étymologique, préformiste —
prouve que nous nous servons de ce terme aussi pour
caractériser le phénomène au point de vue, purement exté-

rieur, d'un changement survenu dans le temps. Sans doute,
le sens étymologique, celui de la liaison nécessaire, n'est-il
jamais totalement absent ; mais il devient un sens en
quelque sorte caché, secondaire, que nous sommes prêts
à nous rappeler ou à oublier selon nos convenances, et
c'est de cette dualité précisément que résulte la confusion en quelque sorte permanente dont nous venons de
parler.

Une question qui se pose pour ainsi dire toute seule,
dès que l'on se rend compte du rôle considérable que l'état
de puissance joue dans nos explications, c'est la suivante : comment cet état peut-il se concevoir à la fois
comme identique à l'état d'actualité et comme différent
de lui ?

Constatons tout d'abord que le degré d'identité (si l'on
ose se permettre ce terme) est loin d'être le même dans
les diverses circonstances où nous avons relevé l'emploi
du concept. Nous avons, à l'un des bouts de la chaîne
pour ainsi dire, les *objets* du monde extérieur, et là il est
évident que le sens commun affirme un identité complète
entre ce qui fait ou ne fait pas momentanément partie de
notre sensation. Que je la regarde et la touche ou que je
lui tourne le dos, la table, dans ma conscience immédiate,
reste bien ce qu'elle est, ma sensation ne lui ajoute de
réalité d'aucune sorte. Ainsi que Spinoza l'a fait ressortir,
le terme même de *perception* semble « indiquer que l'âme
est passive à l'égard de l'objet [1] », et Schelling a parfaitement raison d'affirmer que c'est dans cette identité de l'objet et du perçu et dans son inaptitude de distinguer, durant
la perception, celle-ci de son objet, que le sens commun
puise la conviction de la réalité des choses extérieures [2].
Cette conviction, comme il est facile de s'en rendre
compte, résiste à tous les raisonnements conscients ultérieurs, ou du moins n'y cède qu'en apparence, prête à re-

1. B. Spinoza, *Éthique*, 2ᵉ partie, 3ᵉ définition, explication (éd. Appuhn,
p. 119).
2. Schelling, *Ideen zu einer Philosophie der Natur*. *Werke*, 1ᵉ s., vol. II,
Stuttgart, 1857, p. 15.

prendre ses droits dès que la pression que ces raisonnements exercent faiblit si peu que ce soit. C'est ce qui fait que chez les philosophes le plus rigoureusement idéalistes, les concepts que l'on prétend soigneusement dégagés de la gangue réaliste, ont cependant une fâcheuse tendance à se transformer en notions que seules des distinctions verbales différencient de celles du sens commun le plus grossier, au point que le système entier, comme l'a remarqué malicieusement Ed. Hartmann, devient simplement un « réalisme naïf retourné » *(umgekrempelt)* [1]. Ce retour vers les notions « inévitables » du sens commun (pour user de l'excellente expression de M. A. Balfour [2]) s'opère, bien entendu, avec une facilité particulière chez les penseurs dont le sentiment scientifique est très puissant. La conviction de la réalité du monde extérieur les domine à tel point qu'ils ne peuvent pour ainsi dire s'en affranchir. C'est pourquoi chez J.-S. Mill les « possibilités de sensation » se transforment, pour ainsi dire automatiquement et instantanément, en véritables objets, alors que M. Bertrand Russell, chez qui ces possibilités s'appellent *sensibilia*, en arrive à déclarer qu'il ne sent pas personnellement qu'il soit monstrueux « d'affirmer qu'une chose peut présenter une apparence quelconque dans un endroit où il n'existe aucun organe nerveux ni aucune structure à travers laquelle elle pourrait apparaître [3] ». Il est tout à fait évident, au contraire, pour parler avec M. Balfour (qui applique ces expressions aux « pensées implicites » dont certaines déductions métaphysiques supposent l'existence — mais cela est encore plus vrai, si possible, dans le domaine de la sensation), que la définition même de la possibilité de sensation implique qu'en tant que sensation elle n'a pas d'existence ; l'affirmation de cette existence n'est au fond qu'une simple figure de rhétorique, ce n'est en aucune fa-

1. Ed. v. Hartmann, *Das Grundproblem der Erkenntnistheorie*, Leipzig, s. d., pp. 14 et suiv.

2. A.-J. Balfour, *L'idée de Dieu et l'esprit humain*, tr. Bertrand, Paris 1916, p. 15.

3. B. Russell, *The relation of sense-data to physics*, Scientia, XV, juillet 1914, pp. 4, 10.

çon une sensation, c'est « une création du langage qui ne peut rien constituer, parce qu'elle n'est rien [1] ».

A l'autre bout de la chaîne, nous avons, par contre, les notions scientifiques et, étant donnée leur précision, on ne s'étonnera point de constater qu'ici la non-identité est avouée, patente. Jamais aucun partisan de Black n'a affirmé que la chaleur latente fût réellement ce que nous appelons de la chaleur, toujours il était entendu qu'elle ne se révélait ni à notre sensation thermique directe, ni à aucun instrument de mesure, qu'elle se trouvait, comme l'indique son nom, cachée, dissimulée. De même, le partisan le plus intransigeant du cinétisme ne saurait traiter l'énergie potentielle comme quelque chose de réellement identique à l'énergie de mouvement, les formules s'y opposent, étant donné que l'une et l'autre y apparaissent sous des aspects différents. Ce que les physiciens affirmaient et affirment dans les deux cas, c'est qu'il peut y avoir transformation, réapparition : la chaleur latente est bien une possibilité de chaleur et l'énergie potentielle une possibilité de mouvement, tout comme l'objet absent de notre perception immédiate est une possibilité de sensation, mais avec cette nuance importante que dans la science aucune confusion entre le possible et le réel, le potentiel et l'actuel n'est plus à redouter.

Entre ces deux extrêmes viennent se placer les diverses conceptions de l'état de puissance que les philosophes ont mises en œuvre. Ce serait sortir entièrement du cadre du présent travail que de vouloir les suivre et les examiner en détail. Peut-être même une telle étude ne serait-elle pas très utile, à moins qu'il ne s'agît de révéler la puissance d'auto-suggestion et d'auto-déception (si l'on ose user de ces termes irrespectueux) à laquelle ont succombé parfois les esprits les plus élevés et les plus vigoureux dont l'humanité ait eu à s'enorgueillir.

C'est que le penseur, aussitôt qu'il a recours à ce concept de l'état de puissance, se trouve en proie à deux ten-

1. A.-J. BALFOUR, *A Defense of Philosophic Doubt*, Londres, 1879, pp. 95, 99, 101.

dances opposées : Il *faut* que le potentiel se distingue de l'actuel et il *faut* cependant qu'en dépit de cette distinction il puisse lui donner naissance, ce qui n'est possible que s'il lui est identique, s'il peut être confondu avec lui. Il faut donc que la pensée pose simultanément ces états comme semblables et comme différents et qu'elle concilie, ou du moins ait l'air de concilier, de résoudre cette contradiction. C'est là à quoi l'ingéniosité des philosophes s'est inlassablement appliquée. Comment Hegel entend-il expliquer le développement de la plante ? Par la supposition que tous ses traits caractéristiques se trouvaient déjà dans son germe. Seulement, ils n'y étaient qu'*idéalement*. Ne cherchons pas à pénétrer les miracles d'astuce dialectique par lesquels le philosophe s'efforce de définir cet état idéal. Contentons-nous de constater que cette inclusion idéale, tout en étant foncièrement différente de l'hypothèse de l'emboîtement (que Hegel rejette avec mépris comme infiniment trop grossière), doit cependant amener en fin de compte le même résultat, à savoir nous faire concevoir comme préexistant ce qu'à première vue nous jugions entièrement nouveau [1]. D'ailleurs, pour nous convaincre qu'il s'agit réellement d'une identité foncière, supposée et affirmée en dépit de tout, nous n'aurons qu'à noter combien Hegel se donne de peine pour nous prémunir contre cette manière de considérer ses conceptions. A plusieurs reprises il y revient et renouvelle avertissements et protestations. Ainsi, dans sa *Philosophie de l'histoire*, après avoir une première fois exposé, dans le passage que nous avons cité tout au début de notre travail, comment l'esprit du monde *explique* sa nature dans l'histoire, il rappelle quelques pages plus loin : « J'ai déjà attiré l'attention sur la différence entre ce principe [de la liberté] comme tel et son application, c'est-à-dire son introduction et son achèvement (*Durchfuehrung*) dans la

---

1. Schelling, d'ailleurs, lui avait donné l'exemple, en fulminant contre la théorie de l'emboîtement dans le sens où elle est conçue d'ordinaire, ce qui ne l'a pas empêché de déclarer qu'il y a préformation ; mais celle-ci n'est pas *individuelle*, elle n'est que *dynamique*. (*Erster Entwurf eines Systems der Naturphilosophie*, *Werke*, 1ʳᵉ s., vol. III, pp. 46 et suiv., 60.)

réalité de l'esprit et de la vie ; c'est là une disposition fondamentale dans notre science, disposition qu'il faut essentiellement tenir présente à l'esprit. » A la page suivante, de nouveau la même injonction, dans des termes presque identiques : « J'ai déjà attiré l'attention sur l'importance de l'infinie distinction entre le principe, entre ce qui n'est encore qu'en soi *(an sich)*, et ce qui est réellement. » Et trois pages plus loin, encore cette explication : « Un principe, et de même un énoncé fondamental ou une loi, sont quelque chose d'intérieur qui, si vrai qu'il soit en lui-même *(in ihm)*, n'est pas complètement réel. Ce qui existe en soi, c'est une réalité, un pouvoir qui cependant, de son intérieur, n'a pas encore atteint à l'existence. » De toute évidence, s'il faut constamment tenir présente à l'esprit la distinction entre les deux états afin d'empêcher de les confondre, c'est que la marche du raisonnement lui-même, tout aussi constamment, tend à cette confusion.

Ce tour de la pensée est-il particulier au grand dialecticien ? En aucune façon. Voici en quels termes un historien de la philosophie résume la pensée du stoïcien Mnésarque : « Ce qui existe véritablement, c'est le *pneuma* primitif. Celui-ci est impérissable et soustrait aussi bien à l'accroissement qu'à la diminution. Ces changements n'atteignent en effet que les êtres singuliers qui se forment ou sont formés de ce *pneuma* ; ils ne diffèrent pas de ce dernier par leur substance propre, cependant, en tant qu'ils constituent des espèces et des modalités de l'existant, ils ne sont pas non plus la même chose que lui [1]. »

Et Spinoza dit, tout à fait dans le même esprit, en entendant concilier l'unité de matière cartésienne avec la diversité apparente des choses dans l'espace : « La matière est la même partout et il n'y a pas en elle de parties distinctes, si ce n'est en tant que nous la concevons affectée de diverses manières ; d'où il suit qu'entre ses diverses parties il y a une différence modale seulement et non réelle [2]. »

<hr>

1. A. Schmekal, *Die Philosophie der mittleren Stoa*, Berlin, 1892, p. 217.
2. B. Spinoza, *Éthique*, 1ʳᵉ partie, prop. XV, scolie (éd. Appuhn, p. 57).

Ainsi voilà, avec plus de franchise encore que chez Hegel, des modalités et des espèces à la fois distinctes de la substance primitive et identiques à elle.

Faut-il s'étonner de ces efforts, toujours renouvelés, tendant à concilier l'inconciliable, à amener la raison à concevoir simultanément des notions qui, dépouillées du prestige métaphysique, apparaissent certainement comme contradictoires, comme devant mutuellement s'exclure? Faut-il même voir dans ces efforts des défaillances des grands esprits qui s'y sont livrés ? Tout notre exposé ne tend-il pas au contraire à nous montrer qu'il y a là une condition inévitable du fonctionnement même de notre raison, fonctionnement dont nous pouvons suivre les procédés depuis la genèse des conceptions les plus frustes du sens commun ? Qu'est-ce, en effet, que le sens commun, sinon (comme nous l'avons vu) la supposition que les objets, qui ne sont que des ensembles de sensations, existent indépendamment de la sensation, c'est-à-dire, selon la fameuse formule de Hume, « que les sens continuent à opérer, même quand ils ont cessé toute sorte d'opération », c'est-à-dire encore, manifestement, « une contradiction dans les termes [1] » ? Et la science procède-t-elle autrement quand, cherchant à composer ses atomes à l'aide de « points singuliers » de l'éther, elle conçoit cet éther à la fois comme différent de celui qui l'environne et comme identique à lui ? Ou quand elle traite l'énergie cinétique et l'énergie potentielle et même des énergies foncièrement différentes, telles que la chaleur, l'électricité, l'énergie mécanique, comme des « formes » d'une seule et même essence fondamentale (nous dirions, en usant du terme de Mnésarque, comme des modalités), pouvant se transformer l'une dans l'autre sans cesser de se *conserver* ? Comment dès lors la philosophie, dont la tâche propre consiste dans l'effort tendant à composer une image cohérente du grand Tout, échapperait-elle à cette nécessité inéluctable ?

1. Hume, *A Treatise on Human Nature*, Londres, 1878, p. 19.